应用型本科资产评估专业系列教材

资产评估学

蔡树龙／主编　肖南云　徐妍／副主编

立信会计出版社
LIXIN ACCOUNTING PUBLISHING HOUSE

图书在版编目(CIP)数据

资产评估学／蔡树龙主编. 一上海：立信会计出版社，2021.5

ISBN 978-7-5429-6811-1

Ⅰ. ①资… Ⅱ. ①蔡… Ⅲ. ①资产评估-高等学校-教材 Ⅳ. ①F20

中国版本图书馆 CIP 数据核字(2021)第 084124 号

策划编辑　张善涛
责任编辑　张善涛
封面设计　南房间

资产评估学
Zichan Pingguxue

出版发行	立信会计出版社		
地　　址	上海市中山西路 2230 号	邮政编码	200235
电　　话	(021)64411389	传　　真	(021)64411325
网　　址	www.lixinaph.com	电子邮箱	lixinaph2019@126.com
网上书店	http://lixin.jd.com		http://lxkjcbs.tmall.com
经　　销	各地新华书店		

印　　刷	浙江临安曙光印务有限公司	
开　　本	787 毫米×1092 毫米	1/16
印　　张	20.25	
字　　数	475 千字	
版　　次	2021 年 5 月第 1 版	
印　　次	2021 年 5 月第 1 次	
书　　号	ISBN 978-7-5429-6811-1/F	
定　　价	56.00 元	

前言
PREFACE

资产评估是现代高端服务业，是经济社会发展中的重要专业力量，是财政管理中的重要基础工作。随着中国市场经济的不断深入和信息技术的发展，资产评估不仅在国有企业改革、上市公司并购重组、资产投资以及知识产权交易等领域发挥着重要的作用，也在管理咨询等非估值领域产生着广泛的影响，社会对资产评估从业人员专业性的要求也日益提高。资产评估行业已经形成了全方位、多领域、深层次服务中国经济社会发展的新格局。

本书根据最新的资产评估师考试教材及最新相关法律、法规编写而成。全书共分为三篇：第一篇基础理论，全面系统地阐述了资产评估基本方法、资产评估程序以及资产评估报告；第二篇实务评估，重点突出流动资产评估、长期投资性资产评估、无形资产评估、机器设备评估、房地产评估和企业价值评估。第三篇相关准则，列示与本书章节相关的资产评估基本准则、具体准则、资产评估指南以及资产评估指导意见。本书是"一流课程教育建设项目"的主要成果，既着眼于与国际评估行业理念趋同，又立足于中国资产评估实践需求，力求从实用出发，注重解决资产评估领域的实际问题。本书可作为以应用能力培养为目标的资产评估课程教材，也可供资产评估工作者以及相关研究人员使用或参考。

本书具有如下特色：

1. 本书每章节编写配套练习及详细答案解析，便于学生更好的理解知识重点，掌握理论体系的核心要点。

2. 案例丰富，实务性较强，深入浅出地将理论与实践相结合，满足学生未来实务操作需求。

3. 结合我国资产评估的前沿理论，将最新颁布的与课程相关的资产评估准则编辑到本书中。

参加本书编写的人员具体分工如下：蔡树龙负责编写第一章、第二章和第三章；肖南云负责编写第四章、第五章和第九章；王金龙负责编写第六章和第七章；徐妍负责编写第八章和第十章；修雪丹负责编写第十一章、第十二章和第十四章；牛胜芹负责编写第十三章。全书由蔡树龙定稿。

在本书编写过程中，我们参考了国内专家的优秀研究成果。此外，本教材的顺利出版得到了立信会计出版社和资产评估事务所的大力支持与帮助，在此一并表示衷心的感谢。由于时间紧迫，加之学识水平有限，本书难免有错漏之处，真诚欢迎广大读者给予批评指正。

编者

2021 年 3 月

前言

目录
CONTENTS

第一篇 基础理论

第二篇　实务评估

第三篇　相关准则

第一篇　基础理论

第一章 资产评估概述

第一节 资产评估的形成与发展

一、国际资产评估行业发展历史

资产评估植根于传统的市场经济，并在当代经济中得到迅速发展。从资产评估的发展历史来说，在国际范围内，资产评估行业都是为适应市场经济的需要而产生、发展，并且进一步为市场经济的发展提供服务的。资产评估行业经历了从各国自发发展逐步过渡到地区性、国际性协调发展的过程，也经历了一个从纯民间自律性行业管理到政府部门不断加强管理和干预的过程。

资产评估作为一种中介、鉴证、咨询服务，在世界各国早已有之。资产评估的历史可以追溯到很久以前，当社会生产力发展到商品生产和商品交换的阶段以后，根据等价交换的原则也就产生了合理评估商品价值的需要。由此产生了早期的原始评估，那时的评估具有直观性、偶然性和非专业性的特点。资本主义发展初期，科学技术逐渐被引入到评估工作中来，资产评估也随之发展到科学评估阶段，并逐步形成一个提供中介、鉴证、咨询服务的行业。十九世纪后期，美国出现了专业评估公司。1868 年，英国皇家特许测量师协会的前身正式成立，成为评估业的专业团体，并于 1881 年由英国维多利亚女王授予"皇家特许"称号。截至 2019 年，英国皇家特许测量师协会拥有会员 18 万人，发展成为英国乃至世界上影响力最大的评估行业组织之一。

资产评估作为一个行业在许多国家得到不同程度的发展，在很多国家早已建立了主要方面类似的评估原则和技术。资产评估作为一个独立完整的中介行业逐渐被国际社会和各经济组织认可，并得到了较快发展，但是还没有成为一个国际性的行业。英国、美国、澳大利亚、加拿大等许多国家在本国资产评估行业迅速发展的基础上，纷纷成立了资产评估协会或学会等专业性评估团体，对评估业实行自律性管理，并制定有关评估师的专业资格、评估指南等规定。在专业评估师所应具备的条件方面作出许多相似的规定。许多国家评估行业团体授予那些符合专门教育、资历条件规定的人员相应的职称及地位。二十世纪六七十年代，几个国家的评估行业团体为其会员发展制定了行业操作准则，其他国家也随之进行了类似的工作，有的国家还制定评估业职业道德守则。根据评估行业和市场的实际需要，这些准则的内容汇集了评估师执业时所应考虑的事项。在有的国家，评估准则被部分甚至全部地纳入该国制定的法律、法规之中，具有法律效力。许多国家的行业团体还制定了执业检查和处罚程序，会员违反准则或相关职业道德守则将会受到训诫或吊销专业资格的处罚。

二十世纪七十年代末期这些趋势仍在继续延续，随着国际经济的发展和市场的全球化，制定国际评估准则成为迫切需要。由于各国实际情况有很大差别，各国评估理论和实践也各有侧重，再加上语言、专业术语等在实践中易导致误解，如果没有关于评估标准的国际性协定，就可能产生理论和实践上的混乱甚至是根本性错误。同时许多国家的国内评估标准运用也会受到限制，不同国家的评估行业专业团体之间的重要观点分歧，也会导致非故意的误解。这些因素是产生国际评估准则的行业内在动力。同时世界各国迅速发生的商业和经济变化，使专业资产评估在市场经济中的重要性得到广泛认可，这为国际评估准则打下了外部客观基础。合格、客观、专业化发展的资产评估服务对各种各样的经济行为来说都是很需要的。特别是通过资产评估能在财务报告中反映资产的现行价值，这一重要性受到了越来越广泛的认可。在财务会计报告中反映资产价值时，以评估后的资产现行价值为基础的倾向也越来越明显。欧洲联盟在有关公司的法令中规定，公司即使采用历史成本计价，在年度财务会计报告中也需报告固定资产的市场价值或现行价值。

基于以上各种因素，1981 年国际资产评估标准委员会（TIAVSC）成立了，现改名为国际评估标准委员会（IVSC）。国际评估标准委员会（简称委员会）由代表各自国家的各国评估协会、学会组成。这些专业团体必须具有与资产评估相关的目标，并且具有足够数量的会员有能力从事这些评估工作。国际评估标准委员会的会员须支持委员会出版的准则和指南，并努力争取在适当的情形下使国际评估准则得到其所在国的认可。会员也应向委员会披示本国准则与国际准则之间的任何重大差异，这样，委员会可以向其他国际团体公告。当然国际评估标准委员会强调评估师必须依法执业，遵守执业所在国的法律和规定。各国会员有义务与本国法定的或自发组成的管理和制定法规的权威部门以及其他行业协会进行合作，以促使本国资产评估符合国际评估标准委员会的准则和指南。国际评估标准委员会的主要宗旨是为公共利益制定和出版资产评估准则和程序指南，并促使它们在世界范围内得到认可和遵守。协会的第二个宗旨是在世界各国之间协调评估准则，披露各国评估准则规定中的差异以及说明评估准则发布后的适用范围。委员会的另一个重要任务是使国际评估准则在国际会计准则及其他相关准则中得到认可，并提醒评估师认识到按照其他行业规定的标准他们需要做什么。国际评估标准委员会与国际会计标准委员会、国际会计师联合会、国际审计委员会和国际证券组织委员会等国际组织保持密切联系。国际评估标准委员会的另一宗旨是向会计等相关行业提供与评估有关的咨询、建议，从公共利益出发协调评估准则与其他执业原则有关的工作程序，并与以上这些国际组织以及其他国际组织合作以制定、发展新的准则。国际评估标准委员会于 1985 年 3 月在联合国经济和社会委员会注册，并成为其成员。

二十世纪八十年代后期以来，世界经济一体化趋势进一步加强，特别是近 10 年来各国和地区政治经济发生巨大变化，资产评估行业在世界范围内正处于一个前所未有的高速发展时期。发展中国家和经济转轨国家（如东欧的前社会主义国家）在经济体制变革和发展本国经济的过程中，高度重视资产评估在反映资产现行价值、维护各方权益等方面的重要作用，积极引进资产评估理论，培养评估师队伍，发展本国本地区的评估业，并逐步规范资产评估行业的管理和操作。马来西亚、波兰等国在这方面取得了很大成就。各发展中国家评估业的发展中也存在一些共同问题,如评估行业多头管理、评估与会计的协调问题、评估责任、收集数据困难等,大多数发展中国家也不同程度地都存在。传统的评估业发达国家在新形势下也面临着新的压力和挑战,在资产评估理论上不断深入并拓宽领域,在实践上也积极抢占新兴市场,开拓资产评估市场。国际评估准则和有关国家评估准则也日益得到各方面重视和进一步发展,评估业在理论和实践上出现联合统一的趋势,成立了许多地区性和国际性组织。

在评估业民间管理逐步发展壮大的同时,各国政府为适应经济发展的需要,出于规范评估行业、维护国家和公共利益的目的,对评估业不断加强干预和管理,使原先被视为自由职业、以行业自律性管理为主的评估业开始带有越来越浓厚的行政管理色彩。资产评估的作用不仅在微观经济运行中得到了充分体现,而且也被作为政府重要的管理手段开始运用于宏观经济管理。

二、我国资产评估行业的发展历史

我国资产评估行业诞生于二十世纪八十年代末九十年代初,虽然经历时间不长,但发展迅速。经过近 30 年的努力,我国资产评估行业为维护国有资本权益、规范资本市场运作、防范金融系统风险、保障社会公共利益和国家经济安全作出了重要贡献。2016 年 7 月 2 日全国人大常委会审议通过并于当年 12 月 1 日开始施行的《中华人民共和国资产评估法》(以下简称《资产评估法》)正式奠定了我国资产评估的法律地位,标志着我国资产评估行业进入了法制化发展的新阶段。

不同于西方发达国家资产评估行业的发展,我国资产评估是在经济体制改革和对外开放政策背景下,为满足国有资产管理工作的需要而产生的,并走出了一条适合中国特色社会主义市场经济的评估服务专业之路。

1978 年 12 月,党的十一届三中全会作出对国家经济管理体制和国有企业经营管理方式进行改革的重大决策,作为国有资产管理的必备程序和保护国有资产权益的专业手段,资产评估应运而生。二十世纪八十年代末,我国国有企业改革进入纵深阶段。为防止国有资产流失,规范国有资产交易行为,政府部门出台一系列政策,规定企业兼并和出售国有小型企业产权,国有资产实行租赁、联营、股份经营,兼并和出售国有企业,资产折股出售,破产清理,企业结业清理,中外合资、合作经营,必须进行资产评估工作,初步确立了资产评估的法律地位。

1989 年,原国家体改委、财政部、原国家国有资产管理局共同发布了《关于出售国有小型企业产权的暂行办法》,明确规定:被出售企业的资产(包括无形资产)要认真进行清查评估。同年,原国家体改委、原国家计委、财政部、原国家国有资产管理局共同发布了《关于企业兼并的暂行办法》,明确规定对兼并方的有形资产和无形资产,一定要进行评估作价,并对全部债务予以核实。如果兼并方企业在兼并过程中转换为股份制企业,也要进行资产评估。同年,原国家国有资产管理局发布了《关于在国有资产产权变化时必须进行资产评估的若干暂行规定》。1990 年 7 月,原国家国有资产管理局成立了资产评估中心,负责资产评估项目和资产评估行业的管理工作。这些早期资产评估管理文件的发布和资产评估管理机构的成立，标志着我国资产评估工作正式起步。

二十世纪九十年代初，原国家国有资产管理局负责管理资产评估行业，建立了资产评估机构资格准入制度，和资产评估收费管理制度，组织编写了资产评估专业培训教材。特别是1991年以国务院第91号令发布的《国有资产评估管理办法》，是我国第一部对资产评估行业进行政府管理的最高行政法规，标志着我国资产评估行业走上法制化的道路。该办法明确规定：凡是涉及国有资产产权或经营主体发生变动的经济行为都要进行评估，同时还规定全国资产评估管理的政府职能部门是国有资产管理部门，将审批评估机构纳入国有资产管理部门的职责范围，规定了被评估资产的管理范围、评估的程序和方法及法律责任等，为推动我国资产评估行业的发展，起到了历史性的作用。

1993年12月，中国资产评估协会成立大会召开，并于1995年代表我国资产评估行业加入国际评估准则委员会。中国资产评估协会的成立标志着中国资产评估行业已经开始成为一个独立的中介行业，我国资产评估行业管理体制也开始走向政府直接管理与行业自律管理相结合的道路。

1993年以后，我国经济体制改革的深入推进为资产评估行业提供了重要的发展机会，资产评估行业得到空前发展。资产评估机构和人员数量迅速增加；资产评估师制度建立；行业准入制度得到了进一步完善；发布了资产评估操作规范意见等技术性规范。

1998年，根据政府机构改革方案，原国家国有资产管理局被撤销，相应的资产评估管理工作移交到财政部，中国资产评估协会划归财政部管理。1999～2000年，我国资产评估行业完成了资产评估机构脱钩改制工作。

2001年12月31日，国务院办公厅转发财政部《关于改革国有资产评估行政管理方式加强资产评估监督管理工作意见的通知》(国办发〔2001〕102号)，对国有资产评估管理方式进行重大改革，取消财政部门对国有资产评估项目的立项确认审批制度，实行财政部门的核准制或财政部门、集团公司及有关部门的备案制。之后财政部相继制定《国有资产评估管理若干问题的规定》《国有资产评估违法行为处罚办法》等配套改革文件。评估项目的立项确认制度改为核准、备案制，加大了资产评估机构和资产评估师在资产评估行为中的责任。与此相适应，财政部将资产评估机构管理、资产评估准则制定等原先划归政府部门的行业管理职能移交给行业协会。这次重大改革不仅是国有资产评估管理的重大变化，同时也标志着我国资产评估行业的发展进入一个强化行业自律管理的新阶段。

2003年，国务院设立国有资产监督管理委员会，财政部有关国有资产管理的部分职能划归国务院国资委。国务院国资委作为国务院特设机构，以出资人的身份管理国有资产，包括监管所属企业资产评估项目的核准和备案。财政部则作为政府管理部门负责资产评估行业管理工作，并行使国有金融企业及烟草、铁路、邮政、科学、教育、文化、农业、司法等行业的中央企业和行政事业单位国有资产管理职责。这次改革对我国资产评估行业的发展具有重大影响，基本实现了国有资产评估管理与资产评估行业管理的分离，表明我国资产评估行业成为一个独立的专业服务行业。

2004年2月，财政部发布《资产评估准则——基本准则》《资产评估职业道德准则——基本准则》，中国资产评估协会继续单独设立。同期，财政部组织在全国范围内对资产评估行业进行全面检查，进一步推动了我国资产评估行业的健康发展。

2004年以来，根据《行政许可法》等相关法律法规和国务院文件的规定，资产评估行业进一步完善行政管理和行业自律管理相结合的管理体制。实施行政许可的项目有：由财政部门实施的资产评估机构设立许可；由财政部和中国证监会共同实施的资产评估机构从事证券期货业务许可；人事部门与财政部门共同实施的资产评估师执业资格许可（含珠宝评估专业），资产评估师由中国资产评估协会管理。2005年5月11日，财政部发布《资产评估机构审批管理办法》（财政部令第22号），对资产评估机构及其分支机构的设置、变更和终止等行为进行规范。我国自1993年开始，要求资产评估机构开展证券评估相关业务，必须取得证券评估许可证。为规范管理，原国家国有资产管理局和证监会联合印发了《关于从事证券业务的资产评估机构资格确认的规定》。2004年，根据国务院的要求，财政部和证监会对102家持有证券评估许可证的资产评估机构开展了综合性检查，并暂停受理证券评估资格的申请和变更。2004年《行政许可法》施行后，根据新修订的《证券法》和《国务院对确需保留的行政审批项目设定行政许可的决定》，国家继续对资产评估机构从事证券业务实施行政许可。财政部和中国证监会联合印发《关于从事证券期货相关业务的资产评估机构有关管理问题的通知》，对资产评估机构申请证券评估资格应当满足的条件和应当提交的材料、具有证券评估资格的资产评估机构后续监管等问题作出了明确规定，不仅加强了资格的准入管理，还建立了"优胜劣汰"的退出机制。

2009年12月，财政部发布《关于推动评估机构做大做强做优的指导意见》（财企〔2009〕453号），明确提出了要加快培养一批与我国经济发展水平相适应、具有较大规模、较强实力和较高水平的评估机构，推动评估行业科学发展。2010年11月，财政部发布《关于评估机构母子公司试点有关问题的通知》，鼓励证券评估机构集团化发展，采用母子公司经营模式。

2011年8月11日，财政部发布《资产评估机构审批和监督管理办法》（财政部令第64号），进一步规范了资产评估机构审批行为。

2014年8月12日，国务院发布《关于取消和调整一批行政审批项目等事项的决定》（国发〔2014〕27号），取消了注册资产评估师等11项职业资格许可和认定事项。2014年8月13日，人力资源和社会保障部印发《关于做好国务院取消部分准入类职业资格相关后续工作的通知》（人社部函〔2014〕44号），将资产评估师职业资格调整为水平评价类职业资格。

2016年7月2日，十二届全国人大常委会第二十一次会议审议通过《资产评估法》，自2016年12月1日起施行。对资产评估机构和资产评估专业人员开展资产评估行业务、资产评估行业行政监管和行业自律管理、资产评估相关各方的权利义务责任等一系列重大问题作出了明确规定，全面确立了资产评估行业的法律地位，对促进资产评估行业发展具有重大历史和现实意义。2017年4月21日，财政部出台《资产评估行业财政监督管理办法》（财政部令第86号），为在财政部门实施监督管理的资产评估行业落实资产评估法的管理要求提供了依据。2017年8月23日财政部发布《资产评估基本准则》，9月8日中国资产评估协会发布修订后的25项资产评估执业准则和职业道德准则，实现了资产评估准则的与时俱进。

三、我国资产评估行业的现状与发展特点

我国资产评估经过三十多年的发展，已经在机构、人员、评估理论、行业组织和国际交流等方面构成了能够在市场经济中占据位置、发挥作用的专业服务行业。

(一) 我国资产评估行业现状

1. 评估机构和评估专业人员

截至 2019 年年底，全国共有资产评估机构 4 400 多家，执业资产评估师 37 000 多人，从业人员 11 万多人。据中国资产评估协会统计数据显示，我国资产评估行业收入总额维持稳定增长趋势。2015～2018 年，行业收入总额年增长率保持在 14%以上水平。2019 年，我国资产评估行业业务收入总额约为 223 亿元。

2. 资产评估理论

我国资产评估行业初步形成具有中国特色的资产评估理论框架，从价值理论的经济学基本论点出发，形成了资产评估的基本要素和基本原理，根据成本核算、收益预期及市场博弈等技术方法，形成资产评估的具体路径、方法和参数。我国的资产评估行业在基本理论与原理、基本评估方法等方面与国际评估行业保持趋同和一致，在具体操作和参数上的某些方面体现了中国社会主义市场经济的特色。

3. 行业自律组织

资产评估作为市场经济中不可或缺的一个重要组成部分，其行业协会组织建设对保障行业健康发展、维护经济秩序、实现社会稳定具有重要意义。目前，我国资产评估协会建立了由会员代表大会、理事会、专门和专业委员会、协会秘书处与地方协会构成的完整的行业自律管理组织体系。

4. 国际交流

中国资产评估协会在多个重要国际评估组织担任要职，包括世界评估组织联合会副主席、副秘书长，国际评估准则理事会管委会委员、资格委员会委员，国际财产税学会常务理事，国际企业价值评估学会常务理事等，在我国评估行业参与行业国际规则制定，反映我国评估行业发展诉求，维护我国国家利益和评估行业权益方面发挥了重要作用。此外，中国资产评估协会还与 50 多个国家和地区评估组织建立了联系或合作关系，为我国评估行业国际化发展奠定了坚实的基础。

(二) 我国资产评估行业发展特点

1. 改革开放催生了我国资产评估行业

我国资产评估行业源自我国改革开放，并直接服务于对外开放、国企改制等改革的重点领域。随着国有企业对外合资合作、承包租赁、兼并、破产等经济行为日益增多，在与境外企业合资合作中如何客观反映国有资产的价值，防止国有资产流失，引起了社会的广泛关注。1989 年大连市政府率先做出尝试，规定国有企业在与外资企业合资合作经营时，必须对中方资产价值进行评估，同年我国进行了第一个资产评估项目——大连炼钢厂中外合资项目，这标志着资产评估行业在我国的诞生。

2. 服务国有企业成为资产评估行业发展壮大的基础

国有企业改革是经济体制改革的中心环节。随着国有企业改革的不断深入，国有资产在国有企业改组、改制、改造、破产进程中的流失问题同样暴露出来。在这样的背景下，资产评估作为加强国有资产管理、维护国有资产权益的重要手段应运而生。我国资产评估行业将国有企业作为主要服务对象一直延续至今。也正是政府在发展初期赋予评估机构国有资产评估这一法定业务，才使评估行业区别于其他中介行业，具备了较高的发展起点。

3. 产权市场的形成促进了资产评估行业的发展

产权市场是企业实物资产交易市场，适用于企业资产的整体出售、拍卖和直接并购。产权市场进行的产权流动和重组行为，正是资产评估行业存在的逻辑基础。资产评估作为产权市场的一种嵌入式制度安排，在规范产权转让、发现投资人和发现价格的功能方面得到了充分的体现，实现了产权在流转过程中的保值增值和公众对产权处置的知情权，防止了产权交易过程中的商业贿赂行为。

4. 金融市场的建立加快了资产评估行业发展

改革开放使我国金融市场取得了长足的发展，从单一的货币市场转变为货币与资本市场并存、多品种、多层次的市场体系，也为资产评估释放了更多的市场空间。货币市场对资产评估的需求不断增加，尤其是抵押贷款评估和不良金融债权评估市场。资本市场的建立也加快了资产评估行业的发展。我国证券市场发展初期，发行上市的法人主体主要是国有企业。国有企业的股份制改造直接对资产评估提出了市场需求。上市公司收购、重大资产重组等需要资产评估为其提供公允价值专业意见，为资本市场的投资与交易定价提供参考。

5. 政府主导推动了资产评估行业走向规范

近 30 年的发展表明，我国资产评估行业属于政府主导模式。我国的资产评估行业起步较晚，法制化环境有待完善，协会的功能有待提升，这种特殊的国情决定了我们不可能像西方资本主义国家那样实现行业高度或完全自治，而是需要政府部门的大力支持。特别是由于国有企业事关国计民生和国家经济命脉，而国有资产评估在我国整个评估业务体系中占有很大的比重，同时，资本市场的资产评估还涉及以上市公司投资者为主体的公众利益。无论从国有资产所有者的角度，还是从公共管理者的角度，政府都有必要加强对评估行业的监管。因此政府主导行业规范发展的模式仍将在一定时期内存在。

第二节　资产的内涵及类型

一、资产的内涵

关于资产的表述主要有：①资产是由企业、机构或个人拥有的，具有商业或交换价值的物品。②资产是由个人、公司或主权实体拥有的，能够用来产生附加价值或提供流动资金的，同时具有价值的金融合约及物质实体，包括现金、投资、应收账款、库存、房地产、厂房及设备、无形资产。③资产是因以往的交易或事项而形成的，由特定实体获得或控制的未来经济利益。④资产是具有市场价值或交换价值的一种实体，是其所有者的财富或财产的构成部分之一。经济学家把资产分为实物资产和金融资产。前者包括诸如工厂设备、建筑物和土地等提供生产性服务和直接为消费者提供服务的有形资源；后者包括货币、债券和股票等能够取得收入或从别人那里取得价值的债权或所有权凭证。因而，可以说资产是指特定经济主体拥有或者控制的，能够给其带来经济效益的经济财物。关于“资产”与“财产”的关系，康芒斯曾经有过精辟的论断：财产的经济意义就是“资产”，而资产的法律意义就是

“财产”。也就是说,“资产”与“财产”的含义是基本相同的,不过前者多用于经济,而后者多用于法律。

资产是资产评估的客体,即资产评估的对象。在资产评估中,资产是指特定权利主体所拥有或控制的、能够给特定权利主体带来未来经济利益的经济资源。

对此可以从以下方面理解:

1. 资产是能够为特定主体带来未来经济利益的经济资源

经济资源既可以是实体,也可体现为无形的权利。其所具有的能够带来未来经济利益的潜在能力,是特定主体愿意拥有或控制这种资源的主要动因。这种利益可以表现为两个方面:一是资产本身给特定主体带来的利益;二是通过所有权或控制权的变动给特定主体带来的利益。资产的价值取决于其能够带来的未来经济利益的能力,资产评估就是通过适当的方法量化这种能力,反映资产的价值。

2. 资产必须是特定主体所拥有或控制的

对资产的拥有或控制主要体现在对资产产权的界定和保护上。依法取得拥有或控制资产的权利是特定主体能够拥有或支配相关资产的前提条件。

资产的产权是与资产所有权相关的“权利束”,是基于所有权派生的一系列权利,通常包括对资产的占有权、使用权、收益权和处分权等。这种“权利束”一方面可以表现为某项资产的完整产权,即包括对其占有、使用、收益和处分的所有权利,如土地所有权。另一方面,“权利束”还具有可分解性,可以从中分离设定出不同类型的权利,例如,按照我国法律规定,国有建设用地所有权人可以通过出让或划拨方式实现其使用权的让渡,建设用地使用权人可以通过对相关建设用地设定抵押权实现土地资产的融资功能,还可以基于邻里需要为相邻单位提供通行用地而设定地役权。相对于完整产权,被分离设定部分权利的有限产权的权利人,行使资产权利就会受到分设权利时所承诺义务的限制。因此,不同权利的类型及组合构成了资产的具体产权状态,如专利所有权、被授予独家许可后的专利所有权、专利使用权等。资产的权利状态不同,为权利人带来的经济利益通常会存在差异,所对应的资产价值也不同。资产的所有权价值一般会高于使用权的价值。即使是同样的资产载体,可能会因为所赋予的权利不相同,表现出不同的经济价值。这也是资产评估中要求资产评估专业人员关注被评估资产的权利状况,重视权利状况对资产评估约束和影响的原因。

资产评估中的资产不应仅以所有权作为界定依据。企业只有控制权而无所有权的资产,如特许经营权、采矿权等,由于能够为企业带来持续的经济利益,也应作为企业的资产加以确认。资产评估中的资产边界应当以经济资源的控制权为依据。

对资产所有权或控制权的确立使特定主体对资产的相关权利具有了排他性,其他主体要取得相关权利就要付出相应的代价。

3. 资产的价值应当能以货币计量

能够给特定主体带来可量化的效用或利益的资产才是资产评估中所涉及的资产。资产的可计量性是以其能带来的未来利益为基础的,表现为特定主体继续使用或让渡所有(控制)权所能产生的经济收益能力(主要为形成净现金流入的能力)。资产的价值应当能够运用货币计量和反映。

二、资产的类型

资产可以按照存在形态、能否独立存在、是否具有综合获利能力等标准进行分类。

(一) 有形资产和无形资产

资产按照存在形态可以划分为有形资产和无形资产。有形资产是指那些具有实物形态的资产,如机器设备、房地产、河流、森林、矿产等,一般也可以将有形资产的财产权利归属于有形资产。无形资产是指那些没有实物形态的资产,如专利技术、著作权、商标权、商誉等。

(二) 可辨认资产和不可辨认资产

资产按照能否独立存在的标准,可以划分为可辨认资产和不可辨认资产。可辨认资产是指能够独立存在的资产。所有的有形资产和除商誉以外的无形资产,都是可辨认资产。不可辨认资产是指不能独立于有形资产而单独存在的资产,商誉是唯一的不可辨认资产。商誉通常是由名称或特许使用的声誉、信誉、历史文化、经验等因素综合形成。由于商誉是不可辨认的资产,因而也无法单独进行转让。

(三) 单项资产和整体资产

资产按照是否具有综合获利能力分为单项资产和整体资产。单项资产是指单台、一单件资产,如一台车床、一栋厂房。整体资产是由一组单项资产组合而成的具有综合获利能力的资产综合体,如一个具有正常经营活动能力或潜在能力的企业的所有资产、一个单独的生产车间。

在会计学的资产负债表中,按照资产流动性的不同,将资产划分为流动资产、长期投资、固定资产、无形资产、其他资产等。

资产的分类及其关系如图 1-1 所示。

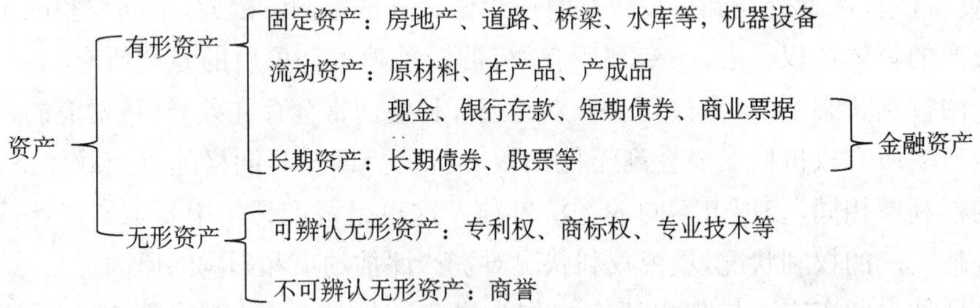

图 1-1 资产的分类及其关系示意图

第三节 资产评估的内涵及其特点

一、资产评估的内涵

(一) 资产评估的定义

资产评估,即对资产价值形态的评估。我国《资产评估准则——基本准则》规定,资产评估是指资产评估师依据相关法律、法规和资产评估准则，对评估对象在评估基准日特定目的下的价值进行分析、估算并发表专业意见的行为和过程。《资产评估法》指出，资产评估是指由专业机构及人员对资产价值进行测算的市场服务行为。

(二) 资产评估要素

通常情况下资产评估包括 10 个要素，即评估主体、评估对象、评估依据、评估目的、评估原则、评估假设、价值类型、评估基准日、评估程序、评估方法。

1. 评估主体

评估主体是指由谁来进行资产评估。资产评估的主体是从事资产评估的专门机构和人员。他们是资产评估的执行者，即具有资产评估资格的中介机构和资产评估师。

2. 评估对象

评估对象也称资产评估的客体，主要是指被评估的资产。作为资产评估对象的资产比会计学上所称的资产具有更广泛的含义，它不仅包括具有独立实体形态的有形资产，而且包括不具有独立实体形态的无形资产；既包括各种单项资产，也包括一组具有获利能力的资产综合体，即整体资产。

3. 评估依据

评估依据是从事资产评估工作的基础，包括行为依据、法律依据、准则依据、权属依据、取价依据。

4. 评估目的

资产评估的目的，即需要进行资产评估的原因。评估的目的不同，评估的方法、原则以及应该遵循的价格标准甚至评估的程序都可能有所差别。

5. 评估原则

评估原则即资产评估工作的行为规范，是处理评估业务的行为准则。

6. 评估假设

资产评估假设是指对资产评估过程中某些未被确切认识的事物，根据客观的正常情况或发展趋势所做的合乎情理的推断。资产评估假设也是资产评估结论成立的前提条件。

7. 价值类型

价值类型是指资产评估价值质的规定，它取决于评估目的。

8. 评估基准日

评估基准日是指评估结论对应的日期，评估基准日可以是现在时点，也可以是过去或者将来的时点。

9. 评估程序

评估程序，即资产评估具体进行的环节、步骤，体现评估机构按照相应的要求以及评估工作所必须遵循的评估顺序。

10. 评估方法

评估方法，即在资产评估时运用的符合国家规定的各种专门的方法。资产评估的主要方法是成本法、收益法和市场法。

二、资产评估的特点

在通常情况下，资产评估具有以下特点。

（一）时点性

时点性是指资产评估是对评估对象（即待评估资产）在某一时（间）点的价值的估算。这一时点是所评估价值的适用日期，也是提供价值评估基础的市场供求条件及资产状况的日期，我们将这一时点称为评估基准日。评估基准日相对于评估（工作）日期而言，既可以是过去的某一天，也可以是现在的某一天，还可以是将来的某一天。具体的评估基准日需要根据客户的资产业务要求，与客户协商确定，或者由客户指定。由于资产评估结果（即评估价值）所反映的是在评估基准日这一时点的资产市场供求状况和资产自身状况下的资产价值，因而评估结果具有较强的时效性。

（二）市场性

资产评估一般要估算的是资产的市场价值，因而资产评估就需要通过对评估基准日的市场实际状况进行模拟，以求评估价值（或评估价格）尽可能地接近资产在评估基准日的市场价值。评估价值（价格）是否客观，需要接受市场价格的检验，如果二者的差异在允许的范围内，则说明评估结果是比较客观的。市场价格又可以称为交易价格，它是指在市场交易中，特定交易的买卖双方实际成交的货币额。市场价值是"一资产在公开竞争的市场上出售，买卖双方行为精明，且对市场行情及交易物完全了解，没有受到不正当刺激因素影响下所形成的最高价格"。更明确地说，市场价值是最可能的市场交易价格。

（三）预测性

一般来说，一项资产之所以有价值，是因为预期能够产生净收益。一项资产的市场价值是对其未来产生的净收益的现实反映。通常是对资产预期能够产生的净收益进行预测，然后将各个时期的净收益预测值折现为现值后汇总，来估算资产价值。

（四）公正性

资产评估工作服务于资产业务的需要，而不是服务于资产评估业务当事人任何一方的需要。资产评估的公正性表现为：①资产评估遵循正确适用的评估原则，依照法定的评估程序。运用科学的评估方法，这是公正性的技术基础。②评估主体应当与资产业务及其当事人没有利害关系，这是公正性的组织基础。

（五）咨询性

资产评估为资产业务所提供的评估价值，是一种专业化、市场化的咨询服务。评估结果本身并没有强制执行的效力，评估主体只是对评估结论的客观性负责，而不对资产交易价格的确定负责。评估价值是为资产业务提供的一个参考价值，最终的成交价格取决于资产业务当事人讨价还价的能力。

三、资产评估与会计计价的区别

资产评估不同于会计计价，这主要表现为：资产评估是由与资产业务无利害关系的评估主体，即独立的具有资产评估资格的社会中介机构，为资产的交易和投资提供公平的价值尺度。它反映的是资产在评估基准日的客观价值；会计计价一般是由企业的财会人员或个人理财人员，为投资者、债权人和经营管理者提供资产价值信息的一种经常性工作，它以持续经营为前提，遵循的计价原则是历史成本原则。会计计价有时需要以评估价值为依据，对资产的账面价值进行调整。

第四节 资产评估的目的及假设

一、资产评估目的

资产评估目的是指资产评估行为所服务的经济活动，即评估结果的期望用途。对资产的价值进行评估，一般是为了给资产的买卖、租赁、抵押、保险理赔、课税、征用补偿、确定拍卖底价、分割或合并、损害赔偿以及企业价值管理等行为提供参考的价值基础。市场交易主体之间是否必须要进行资产评估，一般应当根据资产业务当事人的意愿和具体情况而定。对涉及国有资产业务的资产评估，国家做了明确的规定。

国家规定占有国有资产的企业和事业单位，在发生下列行为时必须对相关国有资产进行评估：整体或部分改建为有限责任公司或者股份有限公司；以非货币对外投资；合并、分立、清算；除上市公司以外的原有股东股权比例变动；除上市公司以外的整体或者部分产权转让；资产转让、置换、拍卖；整体资产或者部分资产租赁给非国有单位；确定涉讼资产价值；法律法规规定的其他需要进行评估的事项。占有国有资产的企业和事业单位，在发生下列行为时必须对相关非国有资产进行评估：收购非国有资产；与非国有资产单位置换资产；接受非国有单位以实物资产偿还债务。经过各级人民政府及其授权部门批准，对整体企业或者部分资产实施无偿划拨的，以及国有独资企业、行政事业单位下属的独资企业（事业单位）之间进行合并、资产（产权）划转、置换和转让的，可以不进行资产评估。其他经济行为是否需要进行资产评估，取决于当事人的意愿。

二、资产评估假设

资产评估假设是指对资产评估过程中某些未被确切认识的事物，根据客观的正常情况或发展趋势所作的合乎情理的推断。资产评估假设也是资产评估结论成立的前提条件。同一资产在不同的假设条件下，其价值实现受到的约束不同，因而会产生不同的评估价值。《资产评估准则基本准则》第十七条规定，资产评估师执行资产评估行业务，应当科学合理地使用评估假设，并在评估报告中披露评估假设及其对评估结论的影响。资产评估假设通常包括以下3点。

（一）持续使用假设

持续使用假设是指资产按照现行用途继续使用，或转换用途继续使用。现实中的表现主要有三种情况：一是资产按照现行用途原地继续使用；二是资产转换用途后在原地继续使用；三是资产的地理位置发生迁移后继续使用。

在确定是否可以采用持续使用假设时，需要充分考虑待评估资产从经济上、法律上、技术上是否允许转变利用方式、变换产权主体及其前提条件。

（二）公开市场假设

公开市场是指充分发达与完善的市场条件，是一个有自愿的买者和卖者的竞争性市场，在这个市场上，买者和卖者的地位是平等的，彼此都有获取足够市场信息的机会和时间，买卖双方的交易行为都是在自愿的、理智的而非强制或不受限制的条件下进行的。公开市场假设是指待评估资产能够在完全竞争的市场上进行交易，从而实现其市场价值。不同类型的资产其性能、用途不同，因而市场化程度也有差异。

在资产评估时，对于具备在公开市场上交易的资产，宜作公开市场假设，并根据资产的位置、特点、市场供求等因素确定其最佳利用方式，按照其最佳利用方式进行评估。

(三) 清算假设

清算(清偿)假设是指资产所有者在某种压力下，如破产、抵押权实施等，被迫以协商或拍卖方式，出售其资产。清算可分为强制清算和有序清算。强制清算是指在公开市场上限时出售，而有序清算则允许在一定的合理时间内寻找购买者。由于卖方一般是非自愿地即被迫出售资产，买方处于相对有利的地位，再加上此类交易被限制在较短时间内完成，对有关买方的市场信息了解不充分，资产的交易价格明显低于持续使用或公开市场条件下的价格，因而评估价值往往也低于持续使用和公开市场假设下的评估价值。

第五节 资产评估的原则

资产评估原则是规范评估行为和业务的准则。规定评估原则是为了确保不同的评估人员在遵循规定的评估程序，采用适宜的评估方法和正确的处理方式的前提下，对同一评估对象的评估结果能具有一致性。资产评估原则包括工作原则和经济原则。

一、资产评估的工作原则

(一) 独立性原则

独立性原则是指评估机构和评估师在执业过程中，不受利害关系影响、不受外界干扰的执业原则。评估主体在资产评估过程中处于中立地位，应当不受任何权势、金钱、亲情等外界因素的影响，以确保评估结果的公正性。影响独立性的情形通常是评估机构、资产评估师或者其亲属，与委托方或者相关当事方之间存在经济利益关联、人员关联或者业务关联。这里的亲属是指配偶、父母、子女及其配偶。

经济利益关联是指评估机构、评估师或者其亲属，拥有委托方或者相关当事方的股权、债权、有价证券、债务，以及存在担保等可能影响独立性的经济利益关系。

人员关联是指评估师或者其亲属，在委托方或者相关当事方担任董事、监事、高级管理人员，以及其他可能对评估结论施加重大影响的特定职务。

业务关联是指评估机构从事的业务之间可能存在利益输送或者利益冲突关系。

对此类影响需要加以识别和判断，并采取人员回避、业务回避、消除关联关系、第三方审核、充分披露等相应措施，以消除不利影响。当所采取的措施不能消除对独立性的不利影响时，评估机构和评估师不得承接该评估业务，或者应当终止该评估业务。

(二) 客观性原则

客观性原则是指评估结果应有充分的事实依据，从实际出发，按照客观规律办事。一方面，评估机构在评估操作过程中，要以市场为参照，以现实为基础，预测、推算和逻辑运算等主观判断过程要建立在市场与现实的基础资料上，以求得资产价值的客观性的结论；另一方面，待估单位对被评估的资产或债权债务等必须提供真实的、客观的情况，既不能夸大也不能隐瞒，以便评估人员取得评估所需要的确实可靠的资料、数据。

（三）科学性原则

科学性原则是指评估人员在评估过程中，必须根据特定的评估目的选择恰当的评估标准和科学的评估方法，并制订科学的评估方案，使资产评估结果准确、可靠。科学性原则具体体现在：

(1) 在选用评估方法时，不仅要注意方法本身的科学性，而且更重要的是，必须严格注意评估方法与评估标准相匹配。评估标准对评估方法具有约束性，不能以方法取代标准，如果以技术方法的多样性和可替代性模糊评估标准的唯一性，就会影响评估结果的科学性。

(2) 制订科学、合理的评估方案。资产评估的具体业务不同，其评估程序也有繁简的差别。因此，应根据国家的有关规定和评估本身的规律性，结合资产评估的实际情况来确定科学、合理的评估方案。这样既有利于节约评估的人力、财力和物力，降低评估成本，又有利于提高评估效率，保证评估工作顺利进行。

二、资产评估的经济原则

（一）贡献原则

贡献原则可看作预期收益原则的一种具体化原则。也就是说，资产价值的高低要由该资产的贡献来决定。贡献原则主要适用于构成某整体资产的各组成要素资产的贡献，或者是当整体资产缺少该项要素资产时将蒙受的损失。

（二）替代原则

作为一种市场规律，在同一市场上，具有相同使用价值和质量的商品，应有大致相同的交换价值，包括评估数据、评估方法等的合理替代。如果具有不同的交换价值或价格，买者会选择价格较低者。根据替代原则，假如不存在因延缓供应而引起的不适当的代价，则被评估资产的价格可以根据建造一项具有相似效用的资产的成本或取得一项同等效用的现存资产的价格来确定。

（三）预期收益原则

预期收益原则是指资产的价值本质在于其未来的获利能力，而不取决于过去的生产成本或销售价格。资产预期的获利能力越大，其价值就越高。预期收益原则是资产评估专业人员判断资产价值的一个最基本的依据。

（四）供求原则

供求原则是经济学中关于供求关系影响商品价格原理的概括。假定在其他条件不变的前提下，商品的价格随着需求的增长而上升，随着供给的增加而下降。尽管商品价格随供求变化并不成固定比例变化，但变化的方向带有规律性。供求规律对商品价格形成的作用同样适用于资产价值的评估。资产评估专业人员在判断资产价值时应充分考虑和依据供求原则。

由于均衡价格是由需求和供给共同作用的结果，在均衡价格中，生产费用和效用是影响价格的两个均等因素，所以资产评估既需要考虑资产的购建成本，又需要考虑资产的效用。

(五) 最佳(也称最高最佳)使用原则

最佳使用原则是指按照评估对象的最佳使用方式评估资产的价格。最佳使用是指在法律上允许、技术上可能、经济上可行的前提条件下，能够使评估对象产生最高价值的利用方式。在评估对象已经处于使用状态的情况下，应根据最佳使用原则对评估前提作如下选择：①保持利用现状前提，即认为继续保持利用现状为最佳使用时，应以保持现状继续使用作为评估前提；②转换用途前提，即认为转换用途再予以使用最有利时，应以转换用途后的使用假定为评估前提；③投资改造前提，即认为不转换用途但需要进行投资改造后再予以使用最为有利时，应以改造后的使用假定为评估前提；④重新利用前提，即认为拆除现有资产的某一部分再予以利用最为有利时，应以拆除该部分后的使用假定为评估前提；⑤上述四种情形的某种组合。

本章习题

一、单选题

1. 使用专业的理论和方法对资产的价值进行定量的估计和判断的是(　　)。

A. 资产评估　　B. 价值评估
C. 资产分析　　D. 财务管理

【正确答案】 A

【答案解析】 资产评估是使用专业的理论和方法对资产的价值进行定量的估计和判断。

2. 下列关于资产的说法中，不正确的是(　　)。

A. 资产是资产评估的客体，即资产评估的对象
B. 资产是能够为特定主体带来未来经济利益的经济资源
C. 依法取得是特定主体能够拥有或支配相关资产的前提条件
D. 资产的价值应当能以货币计量

【正确答案】 C

【答案解析】 对资产的拥有或控制主要体现在对资产产权的界定和保护上。依法取得拥有或控制资产的权利是特定主体能够拥有或支配相关资产的前提条件。所以选项C的说法不正确。

3. 下列各项中，不属于资产评估机构及其资产评估专业人员在开展资产评估行业务中应当遵循的原则的是(　　)。

A. 独立　　B. 客观　　C. 公平　　D. 公正

【正确答案】 C

【答案解析】 资产评估机构及其评估专业人员开展资产评估行业务应当遵守法律、行政法规和评估准则，遵循独立、客观、公正的原则。

4. 公正进行资产评估的重要保证是正确运用(　　)。

A. 预期收益原则　　B. 替代原则　　C. 评估时点原则　　D. 贡献原则

【正确答案】 B

【答案解析】正确运用替代原则是资产评估公正性的重要保证。

5. 在资产评估过程中,资产的价值不在于过去的生产成本或销售价格,而是应当基于其对未来收益的预期加以决定,这体现的是资产评估的(　　)。

A. 预期收益原则　　B. 贡献原则　　C. 评估时点原则　　D. 最高最佳使用原则

【正确答案】A

【答案解析】资产之所以有价值,是因为它能够为其拥有或控制者带来未来经济利益。因此在资产评估过程中,资产的价值不在于过去的生产成本或销售价格,而是应当基于其对未来收益的预期加以决定。因此预期收益原则是资产评估专业人员判断资产价值的一个最基本的依据。

二、多选题

1. 下列各项中,不属于资产评估经济技术原则的有(　　)。

A. 独立原则　　B. 预期收益原则

C. 贡献原则　　D. 客观原则

E. 最高最佳使用原则

【正确答案】AD

【答案解析】资产评估的经济技术原则包括供求原则、最高最佳使用原则、替代原则、预期收益原则、贡献原则、评估时点原则、外在性原则。资产评估工作原则包括:独立、客观、公正。

2. 下列各项中,属于资产评估中的资产的有(　　)。

A. 被评估企业的固定资产　　B. 被评估企业的动产

C. 被评估企业获得的特许经营权　　D. 被评估企业获得的采矿权

E. 被评估企业的存货

【正确答案】ABCDE

【答案解析】资产评估中的资产不应仅以所有权作为界定依据。企业只有控制权而无所有权的资产,如特许经营权、采矿权等,由于能够为企业带来持续的经济利益,也应作为企业的资产加以确认。资产评估中的资产边界应当以经济资源的控制权为依据。

3. 下列关于资产评估经济技术原则的说法中,正确的有(　　)。

A. 商品的价格随着需求的增长而上升,随着供给的增加而下降,商品价格与供求变化成正比

B. 最高最佳使用原则强调商品在交换时,应以最佳用途及利用方式实现其价值

C. 相同效能的资产,最低价格的资产需求最大

D. 在资产评估过程中,资产的价值由过去的生产成本或销售价格决定

E. 同一市场上,具有相同使用价值和质量的商品应有大致相同的交换价值

【正确答案】BCE

【答案解析】假定在其他条件不变的前提下,商品的价格随着需求的增长而上升,随着供给的增加而下降。尽管商品价格随供求变化并不成固定比例变化,但变化的方向带有规律性,所以选项A的说法不正确。资产之所以有价值是因为它能够为其拥有或控制者带来未来经济利益。因此在资产评估过程中,资产的价值不在于过去的生产成本或销售价

格,而是应当基于其对未来收益的预期加以决定。所以选项D的说法不正确。

4. 下列各项中,不属于资产评估主体的是(　　)。

A. 评估专业人员　　B. 委托人　　C. 企业价值　　D. 资产损失

E. 资产评估公司

【正确答案】 BCD

5. 下列关于评估时点原则的说法中,正确的有(　　)。

A. 资产评估具有动态性特点,资产的价值会随着时间因素的变化而变化,因此必须选取一个评估基准日

B. 评估基准日为资产评估提供了一个时间基准

C. 评估时点原则也是对持续经营假设和有序清算假设的一个反映

D. 评估基准日为“特定的时间点”,资产评估专业人员的价值意见为该时点的价值意见,价值标准是该时间点适用的价值标准

E. 资产的评估值就是资产评估基准日的资产价值

【正确答案】 ABDE

【答案解析】 评估时点原则也是对交易假设和公开市场假设的一个反映,所以选项C的说法不正确。

第二章 资产评估方法

资产评估方法是确定资产评估价值,完成评估任务的重要手段。资产评估方法体系由多种具体的资产评估方法构成。这些具体方法按分析原理和技术路线的不同可以归纳为三种基本类型,或称三种基本方法,即市场法、收益法和成本法。《资产评估基本准则》(财资〔2017〕43 号)要求:资产评估师应当熟知、理解并恰当运用这三种基本方法。在执行资产评估业务时,应当根据评估对象、价值类型、资料收集情况等相关条件,分析三种资产评估方法的适用性,选择恰当评估方法,形成合理的评估结论。在资产评估理论和实践中,资产评估的方法具有重要的作用。资产评估方法的选择和运用是否科学、合理,直接影响资产评估结论的准确性、合理性。

第一节 市场法

一、市场法的概念及理论依据

(一) 市场法的概念

市场法,是指利用市场上同样或类似资产的近期交易价格,经过直接比较或类比分析以估算资产价值的各种评估技术方法的总称。市场法是资产评估中若干评估思路的一种,也是实现该评估技术思路的若干评估技术方法的集合。市场法要求充分利用类似资产成交的价格信息,并以此为基础判断和估测被评估资产的价值。运用已被市场检验了的结论来评估被评估对象,显然是容易被资产业务各当事人接受的。因此,市场法是资产评估中最为直接、最具说服力的评估方法之一。

(二) 市场法的理论依据

市场法的理论依据是替代原理。任何一个理性的投资者在购置某项资产时,其愿意支付的价格不会高于市场上具有相同效用的替代品的现行市价。市场法要求充分利用类似资产成交价格信息,并以此为基础判断和估测被评估资产的价值。

二、市场法的应用条件

应用市场法进行资产评估需要满足两个基本的应用条件:一是要有一个活跃的公开市场;二是公开市场上要有可比的资产及其交易活动。

公开市场是一个充分竞争的市场，市场上有自愿的买者和卖者，在交易信息充分交换，或者交易信息公开的前提下，有相对充裕的时间，买卖双方进行平等交易，排除了个别交易的偶然性，市场成交价格基本上可以反映市场行情。在公开市场中交易行为发生得越频繁，与被评估资产相同或相类似的资产价格越容易获得，按市场行情估测被评估资产价值，评估结果会更贴近市场，更容易被资产交易各方接受。

资产及其交易的可比性，是指选择的可比资产及其交易活动在近期公开市场上已经发生，且与被评估资产及资产业务相同或相似。这些已经完成交易的资产就可以作为被评估资产的参照物，其交易数据是进行比较分析的主要依据。资产及其交易的可比性具体体现在以下几个方面：

(1) 参照物与被评估资产在功能上具有可比性，包括用途、性能上的相同或相似。该差异性会对价格产生影响。一般情形下，功能越强，价值越大。但是，在考虑功能对价格影响时，有时需要考虑评估的价值类型是市场价值还是投资价值，针对特定主体来作评判。例如，某一具有特殊功能的机器设备，对于特定的使用者具有特殊的用途和价值，但是对于另外一类市场主体，其特殊功能并非所需。因此，该设备对于这部分购买主体来说就没有特殊的价值。

(2) 参照物与被评估资产面临的市场条件具有可比性，包括市场供求关系、竞争状况和交易条件等。

(3) 参照物成交时间与评估基准日间隔时间不宜过长，应在一个适度时间范围内，同时，时间对资产价值的影响是可以调整的。

参照物与被评估资产的可比性是运用市场法评估资产价值的重要前提。把握参照物与被评估资产功能上的一致性，可以避免张冠李戴；把握参照物与被评估资产所面临的市场条件，可以明确评估结果的价值类型；选择近期交易的参照物，可以减少调整时间因素对资产价值影响的难度。

三、市场法的步骤

(一) 选择参照物

无论被评估资产是单项资产还是整体资产，运用市场法评估时都需选择参照物。对参照物的要求关键是一个可比性问题，包括功能、市场条件及成交时间等。另外，与被评估资产相同或相类似的参照物越多，越能够充分和全面反映资产的市场价值。按市场行情估测被评估资产价值，评估结果会更贴近市场，评估中对参照物的数量要求是不可避免的。评估实践中，评估专业人员通常是在众多与被评估资产相似的交易实例中选择具有可比性的交易实例作为比较、测算的参照物。运用市场法评估资产价值时，参照物成交价高低会影响被评估资产的评估值。参照物成交价又不仅仅是参照物自身功能的市场表现，它还受买卖双方交易地位、交易动机、交易时限等因素的影响。为了避免某个参照物个别交易中的特殊因素和偶然因素对成交价及评估值的影响，运用市场法评估资产时应尽可能选择多个参照物。

(二) 在被评估资产与参照物之间选择比较因素

资产评估中，需要对搜集到的信息资料进行筛选，确定具有可比性的交易实例作为与被评估资产对比分析、评估量化的比较参照物。从理论上讲，影响资产价值的基本因素大致相同，如资产性质、功能、规模、市场条件等。具体到每一种资产时，影响资产价值的因素又各有侧重，如影响房地产价值的主要因素是地理位置、环境状况等因素；而技术水平则在机器设备评估中起主导作用；收入状况、盈利水平、企业规模等因素在企业价值评估中相对更突出。所以，运用市场法时应根据不同种类资产价值形成的特点和影响价值的主要因素，选择对资产价值形成影响较大的因素作为对比指标，形成综合反映参照物与被评估资产之间价值对照关系的比较参数体系，从多方面形成对比，使影响价值的主要因素能够得以全面反映。

（三）指标对比和量化差异

根据选定的对比指标体系，评估专业人员在参照物及被评估资产之间进行参数指标的比较，并将两者的差异进行量化。对比主要体现在交易价格的真实性、正常交易情形、参照物与被评估资产可替代性的差异等方面。例如，在不动产评估中要求参照物与被评估资产应在同一供需圈内、处于相同区域或近邻地区等，但其交易情形、交易时间、建筑特征等方面可能存在差异；在机器设备评估中尽管要求资产功能指标，包括规格型号、出厂日期等相同或相似，但在生产能力、产品质量以及在资产运营过程中的能耗、料耗和工耗等方面可能有不同程度的差异；在企业价值评估中虽然要求参照物与被评估资产在所属行业、生产规模、收益水平、市场定位、增长速度、企业组织形式、资信程度等方面相同或相似，但企业所在地区经济环境、产品结构、资产配置、销售渠道等方面可能存在差异。运用市场法的一个重要环节就是将参照物与被评估资产对比指标之间的上述差异数量化和货币化。

（四）分析确定已经量化的对比指标之间的差异

市场法以参照物的成交价格作为评定、估算被评估资产价值的基础，对所选定的对比参数体系中的各差异因素进行分析比较，通过多形式的量化途径，形成对价值的调整结果。在实际操作中，评估专业人员将已经量化的参照物与被评估资产之间的对比指标差异进行调增或调减，就得到以每个参照物价格为基础的被评估资产的初步评估结果。

（五）综合分析确定评估结果

运用市场法进行评估时，如果选择多个参照物，对参照物进行指标对比和差异量化后，对应各参照物，会形成多个初步评估结果。对于一项资产，通常应以一个结果来进行表示，最终的评估结果为一个确定数值，这就需要评估专业人员对若干评估初步结果进行综合分析，以确定最终的评估值。确定最终的评估值，主要取决于评估专业人员对参照物的把握和对被评估资产的认识。如果参照物与被评估资产可比性都很好，评估过程中没有明显的遗漏或疏忽，评估专业人员可以采用算术平均法或加权平均法等方法将初步结果转换成最终评估结果。

四、市场法常用的具体方法

市场法中的具体方法可以根据不同的划分标准进行分类，仅仅是为了叙述的便利和便于学习。按照参照物与被评估资产的相近相似程度，市场法中的具体方法可以分为直接比较法和间接比较法两大类，如图 2-1 所示。

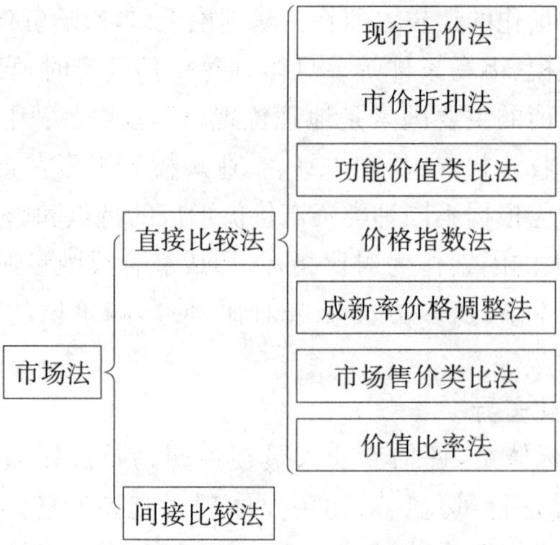

图 2-1　市场法具体分类示意图

直接比较法是指利用参照物的交易价格，以被评估资产的某一或若干特征与参照物的同一及若干特征直接进行比较，得到两者的特征修正系数或特征差额，在参照物交易价格的基础上进行修正从而得到被评估资产价值的方法。其基本计算公式为：

$$\text{被评估资产价值} = \text{参照物成交价格} \times \text{修正系数}1 \times \text{修正系数}2 \times \cdots \times \text{修正系数}n$$

或：

$$\text{被评估资产价值} = \text{参照物成交价格} \pm \text{特征差额}1 \pm \text{特征差额}2 \pm \cdots \pm \text{特征差额}n$$

直接比较法直观简洁、便于操作，但通常对参照物与被评估资产之间的可比性要求较高。参照物与被评估资产要达到相同或基本相同的程度，或参照物与被评估资产的差异主要体现在某几项明显的因素上，如新旧程度、交易时间、功能、交易条件等。根据存在差异因素的不同，直接比较法的具体技术方法也不相同。

间接比较法是利用资产的国家标准、行业标准或市场标准（标准可以是综合标准，也可以是分项标准）作为基准，分别将被评估资产和参照物整体或分项对比打分从而得到被评估资产和参照物各自的分值。再利用参照物的市场交易价格以及被评估资产的分值与参照物的分值的比值（系数）求得被评估资产价值的一类评估方法。该方法并不要求参照物与被评估资产必须一样或者基本一样。只要参照物与被评估资产在大的方面基本相同或相似，通过被评估资产和参照物与国家、行业或市场标准的对比分析，掌握参照物与被评估资产之间的差异，在参照物成交价格的基础上调整估算被评估资产的价值。

由于间接比较法需要利用国家、行业或市场标准，应用起来有较多的局限，在资产评估实践中应用并不广泛。本节重点介绍直接比较法的具体方法。

当参照物与被评估资产的差异仅仅体现在某一基本特征上的时候，直接比较法会演变成以下具体评估方法，如现行市价法、市价折扣法、功能价值类比法、价格指数法和成新率价格调整法等。

(一) 现行市价法

当被评估资产本身具有现行市场价格或与被评估资产基本相同的参照物具有现行市场

价格的时候，可以直接利用被评估资产或参照物在评估基准日的现行市场价格作为被评估资产的评估价值。例如，可上市流通的股票和债券可按其在评估基准日的收盘价作为评估价值；企业拥有的原材料、备品备件、批量生产的设备、汽车等可按同品牌、同型号、同规格、同厂家、同批量的设备、汽车等的现行市场价格作为评估价值。现行市价法是以成交价格为标准的，有的资产在市场交易过程中，报价或目录价与实际成交价之间会因交易对象、交易批量等原因存在差异。在运用现行市价法时要注意，被评估资产或参照物在评估基准日的现行市场价格要与被评估资产的价值内涵相同。

（二）市价折扣法

市价折扣法是以参照物成交价格为基础，考虑到被评估资产在销售条件、销售时限或销售数量等方面的差异，按照评估专业人员的经验或有关部门的规定，设定一个价格折扣率来估算被评估资产价值的方法。其计算公式为：

$$\text{资产评估价值} = \text{参照物成交价格} \times (1 - \text{价格折扣率})$$

此方法一般只适用于被评估资产与参照物之间仅存在交易条件方面差异的情形。

下面的例子仅仅在于说明评估方法本身的应用，并不是严格意义上的实践运用。

【例 2-1】 评估某拟快速变现资产，在评估基准日与其完全相同的参照物正常变现价为 100 万元，经资产评估师综合分析，认为快速变现的折扣率应为 50%。计算该资产的评估价值。

$$\text{资产评估价值} = 100 \times (1 - 50\%) = 50(\text{万元})$$

（三）功能价值类比法

功能价值类比法（亦称类比估价法）是以参照物的成交价格为基础，考虑参照物与被评估资产之间的功能差异进行调整来估算被评估资产价值的方法。根据资产的功能与其价值之间的关系可分为线性关系和指数关系两种情形。

资产价值与其功能呈线性关系的情形，通常被称作生产能力比例法。其计算公式为：

$$\text{资产评估价值} = \text{参照物成交价格} \times \frac{\text{评估对象生产能力}}{\text{参照物生产能力}}$$

当然，功能价值类比法不仅仅表现在资产的生产能力这一项指标上，还可以通过对参照物与被评估资产的其他功能指标的对比，利用参照物成交价格推算出评估对象价值。

【例 2-2】 被评估资产年生产能力为 100 吨，参照资产的年生产能力为 160 吨，评估基准日参照资产的市场价格为 20 万元。计算该资产的评估价值。

$$\text{资产评估价值} = 20 \times 100 \div 160 = 12.5(\text{万元})$$

资产价值与其功能呈指数关系的情形，通常被称作规模经济效益指数法。其计算公式为：

$$\text{资产评估价值} = \text{参照物成交价格} \times (\text{评估对象生产能力} \div \text{参照物生产能力})^x$$

式中，x 为功能价值指数。

【例 2-3】 被评估资产年生产能力为 100 吨，参照资产的年生产能力为 160 吨，评估基准日参照资产的市场价格为 20 万元，该类资产的功能价值指数为 0.6。计算该资产的评估价值。

$$资产评估价值 = 20 \times (100 \div 160)^{0.6} = 15.09(万元)$$

(四) 价格指数法

价格指数法(亦称物价指数法)是基于参照物的成交时间与被评估资产的评估基准日之间的时间间隔引起的价格变动对资产价值的影响,以参照物成交价格为基础,利用物价变动指数(价格指数)调整参照物成交价从而得到被评估资产价值的方法。

其计算公式为:

$$资产评估价值 = 参照物成交价格 \times (1 + 价格变动指数)$$

$$资产评估价值 = 参照物资产交易价格 \times \frac{1 + 评估基础日同类资产定基价格变动指数}{1 + 参照物交易日同类资产定基价格变动指数}$$

或:

$$资产评估价值 = 参照物资产交易价格 \times 参照物交易期至评估基准日各期(1 + 环比价格变动指数)乘积$$

$$资产评估价值 = 参照物资产交易价格 \times 价格指数$$

(1) 运用定基指数修正。如果能够获得参照物和被评估资产的定基价格指数或定基价格变动指数,价格指数法的计算公式可以概括为:

$$资产价值评估 = 参照物资产交易价格 \times \frac{评估基准资产定基价格指数}{参照物交易日资产定基价格指数}$$

(2) 运用环比指数修正。如果能够获得参照物和被评估资产的环比价格指数或环比价格变动指数,价格指数法的计算公式可以概括为:

$$资产评估价值 = 参照物资产交易价格 \times 参照物交易日至评估基准日各期环比价格指数乘积$$

价格指数法一般只运用于被评估资产与参照物之间仅有时间因素存在差异的情形,且时间差异不能过长。

【例 2-4】 与被评估资产完全相同的参照资产 3 个月前的正常成交价格为 100 万元,3 个月间该类资产的价格上升了 4%。运用公式,计算该评估资产的评估价值。

$$资产评估价值 = 100 \times (1 + 4\%) = 104(万元)$$

【例 2-5】 被评估房地产于 2019 年 6 月 30 日进行评估,该类房地产 2019 年上半年各月月末的价格同 2018 年年底相比,分别上涨了 2.5%、3.2%、3.6%、4.3%、5.1%和 5.8%。其中参照房地产在 2019 年 3 月底的正常成交价格为 9 800 元/平方米,运用公式,计算被评估房地产于 2019 年 6 月 30 日的价值。

$$9\,800 \times (1 + 5.8\%)/(1 + 3.6\%) = 10\,008(元/平方米)$$

【例 2-6】 已知某参照物资产在 2019 年 1 月初的正常交易价格为 400 万元,该种资产已不再生产,但该类资产的价格变化情形如下:2019 年 1~5 月的环比价格指数分别为 102.4%、97.2%、102.8%和 104.1%。根据公式,计算被评估资产于 2019 年 5 月初的评估价值。

$$400 \times 102.4\% \times 97.2\% \times 102.8\% \times 104.1\% = 426.06(万元)$$

(五) 成新率价格调整法

成新率价格调整法是以参照物的成交价格为基础,考虑参照物与被评估资产新旧程度上的差异，通过成新率调整估算出被评估资产的价值。其计算公式为：

$$资产评估价值 = 参照物成交价格 \times 被评估资产成新率 \div 参照物成新率$$

其中：

$$资产的成新率 = \frac{资产的尚可使用年限}{资产的已使用年限 + 资产的尚可使用年限} \times 100\%$$

此方法一般只运用于被评估资产与参照物之间仅有成新程度差异的情形。当然，此方法略加改造也可以作为计算被评估资产与参照物成新程度差异调整率和差异调整值的方法。

（六）市场售价类比法

市场售价类比法是以参照物的成交价格为基础，考虑参照物与被评估资产在功能、市场条件和销售时间等方面的差异，通过对比分析和量化差异，调整估算出被评估资产价值的一种方法。其计算公式为：

$$资产评估价值 = 参照物售价 + 功能差异值 + 时间差异值 + \cdots + 交易情形差异值$$

或：

$$资产评估价值 = 参照物售价 \times 功能差异修正系数 \times \cdots \times 时间差异修正系数$$

（七）价值比率法

价值比率法，是指利用参照物的市场交易价格，与其某一经济参数或经济指标相比较形成的价值比率作为乘数或倍数，乘以被评估资产的同一经济参数或经济指标，从而得到被评估资产价值的一种具体评估方法。价值比率法中的价值比率种类非常多，包括了盈利类指标的价值比率，如息税前收益价值比率、税后现金流量价值比率和每股收益价值比率（市盈率）等；收入类指标的价值比率，如销售收入价值比率（市销率）；资产类指标的价值比率，如净资产价值比率、总资产价值比率等；其他类指标的价值比率，如成本市价比率、矿山可开采储量价值比率等。

价值比率法通常被用作评估企业价值。由于企业存在规模、营利能力等方面的差异，因此为了增强可比性，就需要采用某种可比的“价值联系”将待估企业与可比企业的价值联系起来。这种联系通常可以用价值比率来反映，对其进行调整，得到待估企业的价值比率。根据所选取的可比参照物不同，分为“上市公司比较法”和“交易案例比较法”。①上市公司比较法是指获取并分析可比上市公司的经营和财务数据，计算适当的价值比率，在与被评估企业比较分析的基础上，确定待估企业价值的具体方法。上市公司比较法中的可比企业应当是公开市场上正常交易的上市公司。②交易案例比较法是指获取并分析可比企业的买卖、收购及合并案例资料，计算适当的价值比率，在与待估企业比较分析的基础上，确定待估企业价值的具体方法。运用交易案例比较法时，应当考虑待估企业与交易案例的差异因素对价值的影响。

无论采用上述哪种方法计算企业价值，都应当对以下关键点进行把握：

(1) 可比参照物相关数据信息来源及可靠性。市场法评估主要依赖可比参照物的数据来确定待估企业的价值。因此，前者的数据是否真实可靠就显得尤为重要。这不仅需要保证数据的真实性，同时也要保证所获得数据的途径是合法的、有效的。

（2）可比参照物与可比标准的确定。①分析可比参照物是否可比时，需要考虑企业生产的产品或提供的服务是否相同、相似，或者企业的产品或服务是否都受相同的经济因素影响。②待估企业与可比企业的规模和获利能力是否相似。在这里，并不一定要求两者完全相同，但是，由于企业规模与生产能力之间并非呈现完美的线性关系，通常存在“规模效应”，所以如果企业规模差异太大，其获利能力可能失去可比性。因此，应当选取规模较为相似的企业进行比较。③未来成长性相同或相似。从本质上来说，企业当前的价值来源于其未来的获利能力。成长性差异较大的公司，通常所处的生命周期不同，对于当前时点的可比性就存在较大差异。因而，评估专业人员在选取可比公司时将这一点纳入考虑范围之内，有助于提升其可比性。

（3）可比参照物数量选择的把握。从理论上分析，我们所选取的可比参照物应当与待估企业情形相似。因此，所选取的可比参照物数量并不一定要求多，而是要求具有较高的可比性。选用上市公司作为可比参照物时，得益于数据公开且易得，因此在选取时，灵活性和可选择的范围比较大。资产评估专业人员要斟酌可比性，设置较为严格的可比标准，选择最为可比的企业或企业组合。但是，如果选用交易案例，则其数据的完整性和可靠性可能会受到限制。为了避免个别企业数据的特殊性，且这种特殊性无法从公开市场中获得，可以选用更多的交易案例来中和这种特殊性。所以，在运用交易案例比较法时，可以尽量选择多个可比实例。

（4）价值比率的选取。由于价值比率在可比企业与待估企业的价值之间建立了一座桥梁，而这座桥梁是否能更好地反映价值就成为选取价值比率的关键。通常情形下，评估专业人员需要考虑以下因素：①亏损企业一般不采用与净利润相关的价值乘数；②可比参照物与待估企业的资本结构存在较大差异，则不宜选择部分投资口径的价值乘数；③轻资产企业不宜选择与资产规模相关的价值乘数，应当考虑与收益口径相关的指标；④对于成本和利润较为稳定的企业，可以采用收益口径的价值乘数进行评估；⑤可比参照物与待估企业的税收政策不一致，偏向于采用与扣税前收益相关的指标，从而避免了由于税收不一致而导致的价值差异性。尽管价值比率有很多种（见表 2-1），但在评估实务中，最常用的有市销率、市净率和市盈率。

表 2-1　价值比率类型

分母	分子	
	权益价值(P)	企业整体价值(EV)
销售收入	P/Sales	EV/Sales
息税折旧摊销前利润	P/EBITDA	EV/EBITDA
息税前利润	P/EBIT	EV/EBIT
净利润	P/E	EV/E
净现金流	P/FCFE（对股东的现金流）	EV/FCFF（对公司的现金流）
账面价值	P/BV（账面权益价值）	EV/TBVIC(总资产或有形资产账面值)

下面介绍两种简单的价值比率及其相应的具体评估方法。

1. 成本市价法

成本市价法是以被评估资产的现行合理成本为基础，利用参照物的成本市价比率来估算被评估资产价值的方法。其计算公式为：

资产评估价值 = 被评估资产现行合理成本 × 参照物成交价格 / 参照物现行合理成本

【例 2-7】 评估基准日某设备的成本市价率为 160%，已知待估全新设备的现行合理成本为 25 万元。计算该资产评估价值。

资产评估价值 = 25 × 160% = 40(万元)

2. 市盈率倍数法

市盈率倍数法主要适用于企业价值的评估。市盈率倍数法是以参照物(企业)的市盈率作为乘数(倍数)，以此乘数与被评估企业相同口径的收益额相乘估算被评估企业价值的方法。其计算公式为：

企业评估价值 = 被评估企业相同口径收益额 × 参照物(企业)市盈率

【例 2-8】 某待估企业的年净利润为 2 000 万元，评估基准日资本市场上同类企业平均市盈率为 10 倍。计算该企业的评估价值。

该企业的评估价值 = 2 000 × 10 = 20 000(万元)

当参照物与被评估资产的差异不仅仅体现在某一特征上的时候，上述评估方法，如现行市价法、市价折扣法、功能价值类比法、价格指数法和成新率价格调整法等的运用就可以演变成参照物与被评估资产各个特征修正系数的计算了，如交易情形修正系数(正常交易情形 ÷ 参照物交易情形)、功能价值修正系数(被评估资产生产能力 ÷ 参照物生产能力)、交易时间修正系数(被评估资产的定基价格指数 ÷ 参照物的定基价格指数)和成新程度修正系数(被评估资产成新率 ÷ 参照物成新率)等。

直接比较法具有适用性强、应用广泛的特点。虽然比较直观、简单明了，但此方法强调参照对象与被评估资产之间的可比性。影响被评估资产价值的因素较多，如可能同时有时间因素、价格因素、功能因素、交易条件等因素存在。另外，该法对信息资料的数量和质量要求较高，而且要求评估专业人员要有较丰富的评估经验、市场阅历和评估技巧。因为，直接比较法可能要对参照物与被评估资产的若干可比因素进行对比分析和差异调整。没有足够的数据资料以及对资产功能、市场行情的充分了解和把握，很难准确地评定估算出被评估资产的价值。

在上述各种具体评估方法中，许多具体评估方法既适用于直接评估单项资产的价值，也适用于在市场法中估测评估标的与参照物之间某一种差异的调整系数或调整值。在市场经济条件下，单项资产和整体资产都可以作为交易对象进入市场流通，不论是单项资产还是整体资产的交易实例都可以为运用市场法进行资产评估提供可参照的评估依据。当然，上述具体方法只是市场法中的一些经常使用的方法，市场法中的具体方法还有许多，在此不赘述。

五、市场法的适用范围与局限

(一) 市场法的适用范围

市场法通常被用于评估具有活跃公开市场且具有可比成交案例的资产,如二手机器设备和房地产以及部分软件著作权等。通常二手设备市场可以成为机器设备评估的重要参照物选取市场;房地产评估则更多地选取其所在区域范围内的类似资产。

市场法被用于评估整体资产价值时,通常是用来评估企业价值。其中,最常用的是价值比率法,以参照企业的价值比率作为调整手段,以此比率与待估企业的相关的财务指标(如利润、息税前利润、销售收入)相乘估算待估企业价值。

除了上述所经常使用的市盈率外,用来评估企业价值的乘数还有很多种类。在实务中,评估专业人员通常根据被评估企业自身和所在行业特征综合判断采用一种或几种价值比率进行评估。

(二) 市场法的局限

市场法作为目前资产评估的重要方法之一,有其重要的意义和优势。它是相对来说具有客观性的方法,也比较容易被交易双方所理解和接受。因而,如果不存在资产的成本和效用以及市场对其价值的认知严重偏离的情形下,市场法通常是资产评估三种方法中较为有效、可理解、客观的方法。

在经济较为发达、市场认知较为稳定的国家,市场法是运用较为广泛的方法。它不仅仅被用于包括设备和房地产在内的单项资产的评估,还被用于企业整体资产评估中。

然而,目前我国市场对诸如企业价值等资产的认知和反映仍会受到非理性因素的影响,评估专业人员在使用市场法进行资产评估的过程中就需要特别关注可比案例和被评估资产在风险、收益方面的差异,深刻把握当前市场价格和资产价值之间的差异性,避免用价格取代价值;在充分分析市场认知与价值内在差异性的基础上,合理调整价值乘数等相关因子,得到待估资产的评估价值。

第二节 收益法

一、收益法的概念及理论依据

(一) 收益法的概念

收益法,是指通过估测被评估资产未来预期收益的现值,来估算资产价值的各种评估技术方法的总称。收益法利用投资回报和收益折现等技术手段,把评估对象的预期获利能力和获利风险作为两个相辅相成的关键指标,根据评估对象的预期收益及获利能力来评估其价值,体现出资产价值的本质。所以,收益法是资产评估中常用的评估方法之一。

其计算公式为:

$$P=\sum_{i=1}^{n}\frac{R_i}{(1+r)^i}$$

式中，P 表示评估价值；R_i 表示未来第 i 年的预期效益；r 表示折现率；n 表示收益年限；i 表示年序号。

(二) 收益法的理论依据

收益法的理论依据是效用价值论。资产的效用越大，获利能力越强，它的价值也就越大。收益法的立足点是站在资产购买者的角度去分析、判断被评估资产的价值。资产购买者购置资产是为了获得预期收益。理智的投资者在购置或投资某一资产时，愿意支付或投资的货币数额不会高于所购置或投资的资产在未来能给其带来的回报，即收益额。显然，投资者投资购买资产时一般要进行可行性分析，其预计的内部报酬率只有超过评估时的折现率时才愿意支付货币以取得该项资产。投资者为购置资产所支付的货币量不会超过该项资产的期望收益折现值。这是资产售价的最高限价，同时也是买主购买资产预期获利的最低要求。因此，与资产售价相等的未来收益折现值是资产购买者投资的盈亏平衡点。

资产购买者不仅要求资本增值，而且还要补偿由于投资带来的其他方面的损失。这些损失主要有：①机会成本，即由于投资使资金失去了另做他用的机会，在这些其他用途中所能获得的最高收益就是该项投资的机会成本；②灵活偏好成本，即由于投资使资金丧失因持有现金而可以自由使用的机会；③交易成本，即投资所增加的有关投资业务处理成本如谈判、申请登记、产权转让等；④风险成本，即投资增加了投资者的风险，因为资本可能亏损甚至完全丧失。因此，在用收益法评估资产价值时，必须认真考虑上述有关因素，并将这些因素在未来收益的折现率和资本化率等指标中体现出来，否则会导致对资产价值的高估或低估。

二、收益法的应用条件

收益法是依据资产未来预期收益经折现或本金化处理来估测资产价值的，涉及三个基本要素：①被评估资产的预期收益；②折现率或资本化率；③被评估资产取得预期收益的持续时间。因此，能否清晰地把握上述三要素就成为能否运用收益法的应用前提。从这个意义上来讲，应用收益法必须具备的应用条件是：

(1) 被评估资产的未来预期收益可以被预测并可以用货币来衡量。

(2) 资产拥有者获得预期收益所承担的风险可以被预测并可以用货币来衡量。

(3) 被评估资产预期获利年限可以被预测。

上述应用条件表明：①评估对象的预期收益必须能被较为合理地估测。这就要求被评估资产与其经营收益之间存在着较为稳定的比例关系。同时，影响资产预期收益的主要因素，包括主观因素和客观因素。这些因素也应被明确，评估专业人员可以据此分析和测算出被评估资产的预期收益。②被评估资产所具有的行业风险、地区风险及企业风险是可以进行比较和测算的，这是测算折现率或资本化率的基本参数之一。评估对象所处的行业不同、地区不同和企业差别都会不同程度地体现在资产拥有者的获利风险上。对于投资者来说，风险大的投资，要求的回报率就高；投资风险小，其回报率也可以相应降低。③评估对象获利期限的长短，即评估对象的寿命，也是影响其价值和评估值的重要因素之一。

三、收益法的基本步骤和主要参数

（一）收益法的基本步骤

从收益法的概念可以看到，资产未来的预期收益和风险的量化是收益法应用的主要工作。因此，采用收益法进行评估的基本步骤如下：

（1）搜集或验证与评估对象未来预期收益有关的数据资料，包括资产配置、生产能力、资金条件、经营前景、产品结构、销售状况、历史和未来的财务状况、市场形势与产品竞争、行业水平、所在地区收益状况以及经营风险等。

（2）分析测算被评估资产的未来预期收益。

（3）分析测算折现率或资本化率。

（4）分析测算被评估资产预期收益持续的时间。

（5）用折现率或资本化率将评估对象的未来预期收益折算成现值。

（6）分析确定评估结果。

（二）收益法的主要参数

运用收益法进行评估涉及许多经济技术参数，其中最主要的参数有三个：收益额、折现率和收益期限。

1. 收益额

收益额是运用收益法评估资产价值的基本参数之一。在资产评估中，资产的收益额是指根据投资回报的原理，资产在正常情形下所能得到的归其产权主体的所得额。资产评估中的收益额有两个比较明确的特点：①收益额是资产未来预期收益额，而不是资产的历史收益额或现实收益额；②用于资产评估的收益额通常是资产的客观收益，而不一定是资产的实际收益。收益额的上述两个特点是非常重要的，评估专业人员在执业过程中应切实注意收益额的特点，以便合理运用收益法来评估资产的价值。因资产种类较多，不同种类资产的收益额表现形式亦不完全相同，如企业的收益额通常表现为净利润或净现金流量，而房地产则通常表现为净收益等。

一般来说，资产预期收益有三种可以选择的类型：净利润、净现金流量和利润总额。

净利润与净现金流量都属于税后净收益，都是资产持有者的收益，在收益法中被普遍采用。两者的差异在于确定的原则不同，净利润是按权责发生制确定的，净现金流量是按收付实现制确定的。两者之间的关系可以简单表述为：

净现金流量 ＝ 净利润 ＋ 折旧 － 追加投资（包括资本性支出和营运资金追加投资）

从资产评估的角度看，净现金流量更适宜作为预期收益指标，与净利润相比有两点优势。

（1）净现金流量能够更准确地反映资产的预期收益。净现金流量包含了计算净利润时扣除的折旧或摊销等非现金性支出，反映了当期企业可自由支配的实际现金净流量。折旧和摊销是会计上对企业已发生资本性支出的回收安排，作为非付现项目归集在企业的成本费用之中。但被其抵减的收入实际已归属企业，并成为企业可自主动用的资金。因此，将其作为企业预期收益的一部分具有合理性。

(2) 净现金流量体现了资金的时间价值。净现金流量是动态指标，它不仅是对数量的描述，而且与发生的时间密不可分。净利润没有考虑现金流入流出的时间差异，它并不一定表明在未来某个时点资产持有者可支配的现金流量。由于收益法是通过将资产未来某个时点的收益折算为现值来估算资产的价值，因此用净现金流量来表示收益更准确，更能体现资金的时间价值。

实际在评估操作中，为了反映评估对象的价值内涵，在预期收益的口径上会进行适当的调整，对于现金流量而言，资产评估采用的是自由现金流量。

预测资产未来收益的方法很多，但主要有两种：时间序列法和因素分析法。

时间序列法是建立资产以往收益的时间序列方程，然后假定该时间序列将会持续，并以此来预测资产未来收益的方法。时间序列方程是根据历史数据，用回归分析的统计方法获得的。如果在评估基准日之前，资产的收益随着时间的推移，呈现出平稳增长趋势，同时预计在评估基准日之后这一增长趋势仍将保持，则适合采用时间序列方法来预测资产的未来收益。

因素分析法是一种间接预测收益的方法。它首先确定影响一项资产收入和支出的具体因素；然后建立收益与这些因素之间的数量关系，如销售收入增长1%对收益水平的影响等，同时对这些因素未来可能的变动趋势进行预测；最后估算出基于这些因素的未来收益水平。这种间接预测收益的方法比较难操作，因为它要求对收入和支出背后的原因作深入分析，但它的适用面比较广，预测结果也具有一定的客观性，因而在收益预测中被广泛采用。

2. 折现率

从本质上讲，折现率是一种期望投资报酬率，是投资者在投资风险一定的情形下，对投资所期望的回报率。折现率就其构成而言，由无风险报酬率和风险报酬率组成。无风险报酬率，亦称安全利率，是指没有投资限制和障碍，任何投资者都可以投资并能够获得的投资报酬率。在具体实践中，无风险报酬率可以参照同期政府债券收益率。风险报酬率是对风险投资的一种补偿，在数量上是指超过无风险报酬率之上的那部分投资回报率。在资产评估中，因资产的行业分布、种类、市场条件等的不同，其折现率亦不相同。确定折现率，首先应该明确折现的内涵。折现作为一个时间优先的概念，被认为将来的收益或利益低于现在的同样收益或利益，并且，随着收益时间向将来推迟的程度而有序地降低价值。同时，折现作为一个算术过程，是把一个特定比率应用于预期的收益，从而得出当前的价值。

1) 折现率与资本化率的区别。

折现率与资本化率在本质上都是回报率，都是将未来的预期收益折算成现值的比率，只是适用场合不同。折现率是将未来有限年期的预期收益折算成现值的比率；资本化率是将未来永续性预期收益(年金)转化为现值的比率。

在内涵上，折现率与资本化率略有区别。折现率可被视为投资中对收益流要求的回报率，需考虑投资的机会成本和收益的不确定性，因此折现率一般由无风险报酬率与风险报酬率组成，前者通常由政府债券收益率决定，后者取决于特定资产的风险状况。资本化率除了反映无风险报酬率和风险报酬率，还反映资产收益的长期增长前景。

2) 确定折现率的方法。

在收益法运用中，折现率的确定十分关键，确定折现率的方法有加和法、资本资产定价模型、资本成本加权法和市场法等。

（1）加和法。加和法是以折现率包含无风险报酬率与风险报酬率两部分为计算基础的，通过分别求取每一部分的数值，然后相加即得到折现率。

无风险报酬率的确定比较容易，政府债券收益率常被用作测量无风险收益率的替代值。通常认为政府短期债券（如3个月期限的政府债券）是最没有风险的投资对象，但是对资产评估而言，最好用较长期的政府债券收益率（1年或1年以上）作为基本收益率。尽管长期债券在平价变现方面有一定风险，但评估通常涉及基于长期收益趋势的资产，因此，选择长期债券利率作为无风险报酬率更为合适。实务中具体采用的政府债券收益期间，应与评估对象的预期收益期间相匹配。

折现率的风险报酬率部分反映两种风险：一是市场风险，二是与特定的被评估资产或企业相联系的风险。表2-2以企业为例列出了风险报酬率确定过程中需考虑的主要因素。

表2-2　风险报酬率相关考虑因素

与市场相关的风险	与被评估资产相联系的风险
行业的总体状况	产品或服务的类型
宏观经济状况	企业规模
资本市场状况	财务状况
地区经济状况	管理水平
市场竞争状况	资产状况
法律或法规约束	收益数量及质量
国家产业政策	区位

考虑表2-2中的因素后就会发现，风险报酬率的量化实际上是相当困难的，且对于每一个潜在的投资者而言都会有所不同，在评估实践中风险报酬率的确定方法有多种，需根据被评估资产的具体状况选择。

（2）资本资产定价模型（Capital Assetpricing Model，CAPM）。资本资产定价模型是通过β系数来量化折现率中的风险报酬率部分的常用方法。其计算公式为：

$$R = R_f + \beta(R_m - R_f)$$

式中，R表示被评估企业所在行业（或待估企业自身）的风险报酬率；R_m表示市场平均收益率；R_f表示无风险收益率；β表示风险系数。

上述公式中，无风险报酬率是投资无风险资产所获得的投资回报率。它具备两个条件：①没有投资违约风险。这一点通常只有主权国家的政府信用才可以保证。②在特定的时间内，可以确定投资和再投资完成，即在一定的时间内，可以按照预期来进行完全的投资行为，也可以对本金和利息进行顶期的再投资。在我国企业价值评估实务中，这一数值通常取我国中长期国债的到期收益率平均值。

$(R_m - R_f)$表示市场平均风险报酬率，又称为系统性市场风险报酬率。它的本质是进行股权投资预期获得的超过无风险报酬率的收益率。

β系数的计算过程则较为复杂。在国外有专门的机构根据上市公司的经营状况和市场表现编制行业和公司的 β 系数。在国内也出现了专门的财经咨询服务机构，针对国内证券市场及上市公司，提供公司的 β 系数。由此可见 β 系数法适用于股权被频繁交易的上市公司的评估。对于非上市公司来说，可以参照上市公司中情形相似的公司的 β 系数来确定自己的 β 系数，或者先确定公司所在的行业的 β 系数，计算行业风险报酬率。

β 系数是通过对单只股票价格变动和大盘变动的历史数据统计分析得出的，是股票与大盘之间的联动性的体现。它所反映的是某一只股票的股价变动相对于大盘的表现情形，体现其收益变化幅度相对于大盘的变化幅度；绝对值越小，显示其变化幅度相对于大盘越小。如果是负值，则显示其变化的方向与大盘的变化方向相反，体现出该只股票的投资风险与大盘变动呈负相关性。

具体来说，如果 β 系数为 1，则说明当大盘整体上涨 10%时，该只股票的报酬率上涨 10%；反之，则下降 10%。如果 β 系数为 1.1，则说明市场整体上涨 10%时，该只股票上涨 11%；如果 β 系数为 0.8，则市场整体变动 10%时，该只股票同向变动 8%。

实际中，一般用单只股票资产的历史收益率对同期大盘指数收益率进行回归，回归系数就是 β 系数。图 2-2 反映了单只股票历史收益率的线性回归及 β 系数的测算，图中显示该股的 β 系数为 0.611。

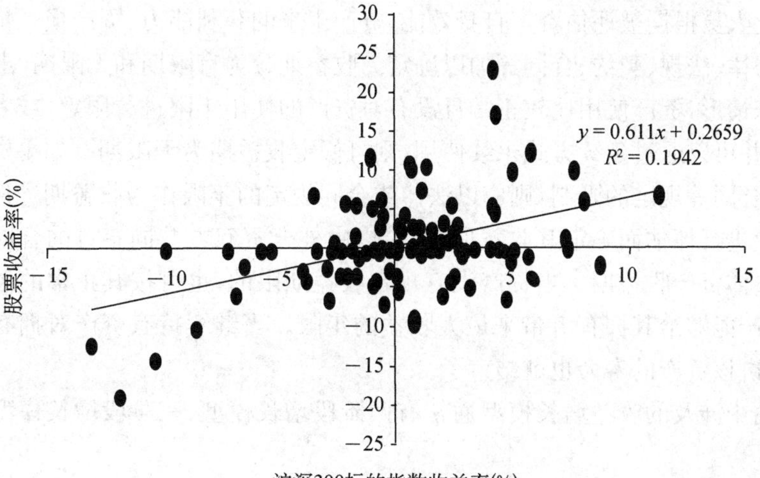

图 2-2 某只股票 β 系数的计算

需要指出的是，尽管当前实务中多采用单只股票历史数据得出 β 系数，作为未来预期收益的折现率计算指标之一，但它所反映的应当是未来的变动情形。因此，不应当简单地直接使用历史 β 系数，而应该在充分分析被评估企业当前及未来发展状况的情形下，将其历史的 β 系数调整为能够反映未来情形的值，从而更为贴切地反映未来收益风险的变化情形。

(3) 资本成本加权法。资本成本加权法是以企业的各种资本在企业全部资本中所占的比重为权数，对各种长期资金的资本成本加权平均计算出来的资本总成本。如果我们把资产视作投入资金总额，即构成一个持续经营的所有有形资产和无形资产减去流动负债的净额，那么企业资产可以理解为长期负债与所有者权益之和。

当我们从长期负债和所有者权益两个方面来认识资产，长期负债和所有者权益所表现出的利息率和投资收益率必然影响折现率的计算。对于这一问题，可以采用加权平均法来处理，其计算公式为：

$$折现率=\frac{长期负债占资}{产总额的比重}\times\frac{长期负债}{利息率}\times(1-所得税率)+\frac{所有者权益占}{资产总额的比重}\times\frac{投资}{报酬率}$$

其中，投资报酬率＝无风险报酬率＋风险报酬率，在企业价值评估中一般使用股权资本报酬率。

(4) 市场法。市场法是通过寻找与被评估资产相类似的资产的市场价格以及该资产的收益来倒求折现率，而不像加和法那样由折现率的各组成部分相加得出。用公式表示为：

$$被评估资产的折现率=(\sum_{i=1}^{n}样本资产的收益/样本资产资格)\div n$$

样本资产是指与被评估资产在行业、销售类型、收益水平、风险程度、流动性等方面相类似的资产。同时市场法要求尽可能多的样本，否则不能准确反映市场对某项投资回报的普遍要求。市场法的具体运用需视具体评估对象而定。

3. 收益期限

收益期限是指资产具有获利能力并产生资产净收益的持续时间，通常以年为时间单位。它由评估专业人员根据被评估资产自身效能、资产未来的获利能力、资产损耗情形及相关条件以及有关法律、法规、契约、合同等加以确定。收益期分为有限期和无限期(永续)。

如无特殊情形，资产使用比较正常且没有对资产的使用年限进行限定，或者这种限定是可以解除的，并可以通过延续方式永续使用，则可假定收益期为无限期。如果资产的收益期限受到法律、合同等规定的限制，则应以法律或合同规定的年限作为收益期。例如在对中外合资经营企业进行评估而确定其收益期时，应以中外合资双方共同签订的合同中规定的期限作为企业整体资产收益期。当资产没有规定收益期限的，也可按其正常的经济寿命确定收益期，即资产能够给其拥有者带来最大收益的年限。当继续持有资产对拥有者不再有利时，从经济上讲该资产的寿命也就结束了。

资产评估中涉及的收益增长模型通常有两阶段增长模型、三阶段增长模型以及永续增长模型。

两阶段增长模型假设企业收益增长呈现两个阶段：第一阶段为观测期，其增长率高于第二个阶段的增长率。第二阶段被称为永续增长阶段，增长率为正常稳定的增长率，是对观测期以外时间跨度的年均复合增长率预期。这两个阶段的划分通常以企业预期达到稳定的年份为标准。尽管该方法是对收益预测较为可行和简便的方式，但两阶段的假设也只是一种近似正确的假设。企业发展从宏观上呈现这样一种趋势，但具体到每一个企业未必均完全符合。近几年出现的互联网企业可以部分说明这样一种问题：它的发展通常在前期呈现出巨大的亏损，但当某种技术研究成功后，其收入则成倍增长。与传统的贸易企业相比，它的初始成本很高，边际成本却很低。

在实务中，采用收益法进行评估时，两阶段增长模型通常是使用最多的预测方法。一般情形下，对第一阶段的预测采用 3～5 年。但是，这不是绝对的，也不是强制性的要求。对于企业评估基准日后若干年的预测收益进行预测，若干年可以是 3 年，也可以是 5 年，或其他时间跨度。若干年的时间跨度的长短取决于评估专业人员的预测手段和总体考虑。事实上，第二阶段的值也是预测值。

三阶段增长模型最早是由谢尔曼·查蒂纳(Sherman Chattiner)等三人于1965年在《普通股定价——原则、目录和应用》一文中提出的。它是基于假设所有的公司都经历三个阶段。在成长阶段，由于生产新产品并扩大市场份额，公司取得快速的收益增长。在过渡阶段，公司的收益开始成熟并且作为整体的经济增长率开始减速。公司处于成熟阶段，公司收入继续以整体经济的速度增长。在超常阶段假设红利的增长率为常数。

三阶段增长模型也逐渐被更为广泛地用于资产评估收益法之中。相比于两阶段增长模型，它更好地体现了企业发展的周期性特点，易于理解，且可被广泛应用于各类企业的收益预测。但是，对诸如增长率、增长时间跨度这类参数也较难确定。

永续增长模型是将未来收益的折现率假设为一个确定的值，通常被用于较为成熟的企业价值评估。

四、收益法中的主要技术方法

收益法实际上是在预期收益还原思路下若干具体方法的集合。收益法中的具体方法可以分为若干类：①针对评估对象未来预期收益有无限期的情形划分，可分为有限期和无限期的评估方法；②针对评估对象预期收益额的情形划分，又可分为等额收益评估方法、非等额收益评估方法等。为了便于学习收益法中的具体方法，下面先对这些具体方法中所用的字符含义作统一的定义：

P 表示评估价值；i 表示年序号；P_n 表示未来第 n 年的预计变现值；P_i 表示未来第 i 年的预期收益；r 表示折现率或资本化率；n 表示收益年期；t 表示收益年期；A 表示年金。

(一) 净收益不变

1. 在收益永续、各因素不变的条件下

其计算公式为：

$$P = A/r$$

其成立条件是：①净收益每年不变；②资本化率固定且大于零；③收益年期无限。

【例 2-9】 被评估资产为一份未公开的食品配方。预计在未来无限年期其所产生的年收益为300万元，资本化率为10%。计算该食品配方的价值。

$$P = A/r = 300/10\% = 3\,000\text{(万元)}$$

2. 在收益年期有限，折现率大于零的条件下

其计算公式为：

$$P = \frac{A}{r}\left[1 - \frac{1}{(1+r)^n}\right]$$

这是一个在评估实务中经常运用的计算公式。其成立条件是：①净收益每年不变；②折现率固定且大于零；③收益年期有限为 n。

【例 2-10】 被评估资产为某一种饮料配方的使用权。根据许可方与被许可方所签订

的合同，在评估基准日，该饮料配方使用权尚可使用年限为 6 年。根据以往的经营数据和消费者对该饮料口感的认可程度，预计其未来年收益将会维持在 300 万元。折现率假定为 10%，计算该饮料配方使用权价值。

$$P=\frac{A}{r}\left[1-\frac{1}{(1+r)^n}\right]=\frac{300}{10\%}\left[1-\frac{1}{(1+10\%)^6}\right]$$
$$=1\ 306.58(\text{万元})$$

3. 在收益年期有限，折现率等于零的条件下

其计算公式为：

$$P=A\times n$$

其成立条件是：①净收益每年不变；②收益年期有限为 n；③折现率为零。

(二) 净收益在若干年后保持不变

1. 无限年期收益

其计算公式为：

$$P=\sum_{i=1}^{n}\frac{R_i}{(1+r)^i}+\frac{A}{r\,(1+r)^n}$$

这是一个在评估实务中经常运用的计算公式。其成立条件是：①净收益每年不变；②折现率固定且大于零；③收益年期有限为 n。

2. 有限年期收益

$$P=\sum_{i=1}^{t}\frac{R_i}{(1+r)^t}+\frac{A}{r\,(1+r)^t}[1-\frac{1}{(1+r)^{n-t}}]$$

其成立条件是：①净收益在 t 年(含第 t 年)以前有变化；②净收益在 t 年(不含第 t 年)以后保持不变；③收益年期有限为 n；④r 大于零。

这里需要注意的是，净收益 A 的收益年限是$(n-t)$而不是 n。

(三) 净收益按等差级数变化

1. 在净收益按等差级数递增，收益年期无限的条件下

其计算公式为：

$$P=\frac{A}{r}+\frac{B}{r^2}$$

其成立条件是：①净收益按等差级数递增；②净收益逐年递增额为 B；③收益年期无限；④r 大于零。

2. 在净收益按等差级数递增，收益年期有限的条件下

其计算公式为：

$$P=\left(\frac{A}{r}+\frac{B}{r^2}\right)\left[1-\frac{1}{(1+r)^n}\right]-\frac{B}{r}\times\frac{n}{(1+r)^n}$$

其成立条件是:①净收益按等差级数递增;②净收益逐年递增额为 B;③收益年期有限为 n;④r 大于零。

3. 在净收益按等差级数递减,收益年期无限的条件下

其计算公式为:

$$P=\frac{A}{r}-\frac{B}{r^2}$$

其成立条件是:①净收益按等差级数递减;②净收益逐年递减额为 B;③收益年期无限;④r 大于零;⑤收益递减到零为止(注:该数学计算公式是成立的,但完全套用于资产评估是不合适的。因为资产产权主体会根据替代原则,在资产收益递减为零之前停止使用该资产或变现资产,不会无限制地永续使用下去)。

4. 在净收益按等差级数递减,收益年期有限的条件下

其计算公式为:

$$P=\left(\frac{A}{r}-\frac{B}{r^2}\right)\left[1-\frac{1}{(1+r)^n}\right]+\frac{B}{r}\times\frac{n}{(1+r)^n}$$

其成立条件是:①净收益按等差级数递减;②净收益逐年递减额为 B;③收益年期有限为 n;④大于零。

(四) 净收益按等比级数变化

1. 在净收益按等比级数递增,收益年期无限的条件下

其计算公式为:

$$P=\frac{A}{r-s}$$

其成立条件是:①净收益按等比级数递增;②净收益逐年递增比率为 s;③收益年期无限;④r 大于零;⑤$r>S>0$。

2. 在净收益按等比级数递增,收益年期有限的条件下

其计算公式为:

$$P=\frac{A}{r-s}\left[1-\left(\frac{1+s}{1+r}\right)^n\right]$$

其成立条件是:①净收益按等比级数递增;②净收益逐年递增比率为 s;③收益年期有限;④r 大于零;⑤$r>s>0$。

3. 在净收益按等比级数递减,收益年期无限的条件下

其计算公式为:

$$P=\frac{A}{r+s}$$

其成立条件是:①净收益按等比级数递减;②净收益逐年递减比率为 s;③收益年期无限;④r 大于零;⑤$r>s>0$。

4. 在净收益按等比级数递减，收益年期有限的条件下

其计算公式为：

$$P=\frac{A}{r+s}\left[1-\left(\frac{1-s}{1+r}\right)^{n}\right]$$

其成立条件是：①净收益按等比级数递减；②净收益逐年递减比率为 s；③收益年期有限为 n；④大于零；⑤$0<s\leqslant 1$。

5. 已知未来若干年后资产价格的条件下

其计算公式为：

$$P=\frac{A}{r}\left[1-\frac{1}{(1+r)^{n}}\right]+\frac{P_{n}}{(1+r)^{n}}$$

其成立条件是：①净收益在第 n 年（含 n 年）前保持不变；②预知第 n 年的价格为 P_n；③r 大于零。

【例 2-11】 某企业尚能继续经营，3 年的营业收益全部用于抵充负债，现评估其 3 年经营收益的折现额。经预测得出 3 年内各年预期收益的数据如表 2-3：

表 2-3　某企业各年预期收益表

时间	收益额(万元)	折现率	折现系数	收益折现值(万元)
第 1 年	400	8%	0.9259	370.36
第 2 年	500	8%	0.8573	428.65
第 3 年	300	8%	0.7938	238.14

由此可以确定其折现额为：

$$\text{资产评估价值}=370.36+428.65+238.14=1\,037.15(\text{万元})$$

【例 2-12】 某收益性资产预计未来 5 年的收益额分别是 13 万元、16 万元、14 万元、12 万元和 15 万元。假定从第 6 年开始，以后各年收益均为 16 万元，确定的折现率和资本化率均为 12%，确定该收益性资产在持续经营下和 50 年收益的评估值。

(1) 持续经营条件下的评估过程：

① 确定未来 5 年收益额的现值：

$$\text{现值总额}=\frac{13}{1+12\%}+\frac{16}{(1+12\%)^{2}}+\frac{14}{(1+12\%)^{3}}+\frac{12}{(1+12\%)^{4}}+\frac{15}{(1+12\%)^{5}}=50.46(\text{万元})$$

② 将第 6 年以后的收益进行资本化处理，即：

$$16\div 12\%=133.33(\text{万元})$$

③ 确定该企业的评估价值：

$$\text{企业的评估价值}=50.46+133.33\times 0.6209=133.24(\text{万元})$$

(2) 50 年收益的评估过程：

$$\text{评估价值}=\frac{13}{1+12\%}+\frac{16}{(1+12\%)^{2}}+\frac{14}{(1+12\%)^{3}}+\frac{12}{(1+12\%)^{4}}+\frac{15}{(1+12\%)^{5}}+\frac{16}{10\%\times(1+12\%)^{5}}\times\left[1-\frac{1}{(1+12\%)^{50-5}}\right]=90.23(\text{万元})$$

五、收益法的适用范围与局限

(一) 收益法的适用范围

在单项资产评估中,收益法通常被用于以下类型资产的评估:①无形资产,包括专利及专有技术、商标、著作权、客户关系、特许经营权等。②房地产。通常是具有收益性的房产类别,如商铺、酒店、写字楼等。③机器设备。一般情形下,单台机器设备很难独立产生收益,因此该类型资产不易采用收益法进行评估。对于可出租的机器设备或可独立产生现金流的生产线、成套设备,可以采用收益法进行评估。④其他资产,如非上市交易的股票、债券、长期应收款、长期股权投资、投资性房地产等。

收益法在整体资产评估中的应用通常是对企业价值进行评估。企业经营的本质是获得收益,因此,收益法与其他评估方法相比更能体现企业存在和运营的本质特征,也是其价值更为直观的体现。通常情形下,评估专业人员依据收益口径的不同,选择不同的收益法具体方法进行评估。常见的方法有股利折现模型、现金流折现模型、经济利润模型,它们分别对应的收益口径为股利、自由现金流量以及经济利润。

对于轻资产类型的企业价值评估,收益法通常占据极为重要的地位。与传统生产性企业相比,轻资产企业所拥有的固定资产、有形资产较少,其获利的主要来源是无法体现在企业财务报表中大量的无形资产。因而,如果采用成本法对其进行评估,则其作为盈利主体而具有的价值可能无法全面体现出来,企业价值或被严重低估。在此状况下,收益法就成为更为合理的方法。

用于企业评估的收益额可以有不同的口径,如净利润、净现金流量(股权自由现金流量)、息前净利润、息前净现金流量(企业自由现金流量)等。而折现率作为一种价值比率,要注意其计算口径。有些折现率是从股权投资回报率的角度考虑,有些折现率既考虑了股权投资的回报率同时又考虑了债权投资的回报率。净利润、净现金流量(股权自由现金流量)是股权收益形式,因此只能用股权投资回报率作为折现率。而息前净利润、息前净现金流量或企业自由现金流量等是股权与债权收益的综合形式,因此,只能运用股权与债权综合投资回报率,即只能运用通过加权平均资本成本模型获得的折现率。评估专业人员在运用收益法评估资产价值时,必须注意收益额与计算折现率所使用的收益额之间口径上的匹配和协调,以保证评估结果合理且有意义。

(二) 收益法的局限

首先,收益法的应用需具备一定的应用条件,对于没有收益或收益无法用货币计量以及风险报酬率无法计算的资产,该方法将无法使用。其次,收益法的操作含有较大成分的主观性,如对未来收益的预测、对风险报酬率的确定等,从而使评估结果较难把握。

虽然从理论上讲收益法的计算公式较完美,但是如果所使用的假设条件和基于假设条件选取的数据存在问题,那么由此进行的预测也不可能准确,评估结果也就没有意义。它既需要评估专业人员具有科学的态度,又需要其掌握预测收益和确定风险报酬率的正确方法。此外,收益法的运用也需要一定的市场条件,否则一些数据的选取就会存在困难。例如在证券市场不完善的情形下,β 系数的准确性、适用性就会存在一定问题。同样,在市场机制不健全的市场上,对未来收益的预测由于不确定因素会较多,收益法的运用也会比较困难。

第三节 成 本 法

一、成本法的概念及理论依据

(一) 成本法的概念

成本法是指通过估测被评估资产的重置成本，然后估测被评估资产已存在的各种贬值，并将其从重置成本中予以扣除而得到被评估资产价值的各种评估技术方法的总称。资产的价值是一个变量，是影响资产价值量变化的因素，除了重置成本以外，还有因使用磨损和自然力作用而产生的实体性损耗，因技术进步而产生的功能性损耗，因资产外部环境因素变化而产生的经济性损耗。其计算公式为：

评估价值 = 重置成本 − 实体性损耗 − 功能性损耗 − 经济性损耗

(二) 成本法的理论依据

成本法的理论依据是生产费用价值论。在条件允许的情形下，任何潜在的投资者在决定投资某项资产时，所愿意支付的价格不会超过该项资产的现行购建成本。如果投资对象并非全新，投资者所愿支付的价格会在投资对象全新的购建成本的基础上扣除各种贬值。

1. 资产的价值取决于资产的成本

资产的原始成本越高，其原始价值越大；反之则越小。二者在质和量的内涵上是一致的。根据这一原理，采用成本法对资产进行评估，必须首先确定资产的重置成本。重置成本是按在现行市场条件下，在评估基准日重新购建一项全新资产所支付的全部货币总额。重置成本与原始成本的内容构成是相同的，但二者反映的物价水平是不同的，前者反映的是资产评估基准日的市场物价水平，后者反映的是当初购建资产时的物价水平。资产的重置成本越高，其重置价值越大。

2. 影响资产价值变动的其他因素

(1) 资产投入使用后，由于使用磨损和自然力的作用，其物理性能会不断下降，价值会逐渐减少。这种损耗一般称为资产的实体性损耗或有形损耗，也称实体性贬值。

(2) 由于新技术和新工艺的推广和运用，使企业原有资产与社会上普遍推广和运用的资产相比较技术明显落后、性能降低，其价值也就相应减少，这种损耗称为资产的功能性损耗，也称功能性贬值。

(3) 由于使用资产的外部环境因素变化导致资产价值降低。这些因素包括政治因素、宏观经济因素等。例如，政府实施新的经济政策或发布新的法规限制了某些资产的使用，使得资产价值下降，这种损耗一般称为资产的经济性损耗，也称经济性贬值。

二、成本法的应用前提

成本法从再取得资产的角度反映资产价值，即通过资产的重置成本扣减各种贬值来反映资产价值。只有当被评估资产处于继续使用状态下，再取得被评估资产的全部费用才能构成其价值的内容。资产的继续使用不仅仅是一个物理上的概念，还包含着有效使用资产的经济意义。只有当资产能够继续使用并且在持续使用中为潜在所有者或控制者带来经济利益时，资产的重置成本才能为潜在投资者和市场所承认、接受。从这个意义上讲，成本法主要适用于继续使用前提下的资产评估。对于非继续使用前提下的资产，如果运用成本法进行评估，需对成本法的基本要素做必要的调整。从相对准确合理、减少风险和提高评估效率的角度，把继续使用作为运用成本法的前提是有积极意义的。

1. 采用成本法评估资产的应用条件

(1) 被评估资产处于持续使用状态或被假定处于继续使用状态。持续使用假设又被分为现状续用、转用续用和移地续用假设。

(2) 被评估资产必须是可再生、可复制的资产。如果被评估资产不具有再生性或可复制性，采用成本法从重建的角度计算成本则不具有理论上和现实上的意义。另外，如果资产不可再生，其价值也可能无法通过简单的重置成本来反映，比如包含了社会效应和文化效应的历史性不动产。

(3) 应当具备可利用的历史资料。成本法的应用是建立在历史资料基础上的，许多信息资料、指标需要通过历史资料获得。同时，现时资产与历史资产具有相同性或可比性。

2. 运用成本法评估时应注意事项

(1) 形成资产价值的耗费是必需的。耗费是形成资产价值的基础，但耗费包括有效耗费和无效耗费。采用成本法评估资产，首先要确定这些耗费是必需的，而且应体现社会或行业平均水平，而不应是某项资产的个别成本耗费。

(2) 最佳使用和快速变现情形。最佳使用是指市场参与者实现一项资产的价值最大化时该资产的用途。如果一项资产在法律允许、经济可行、技术可实现的条件下，有多种使用方式的选择，通常要求采用能使其价值最大化的用途。快速变现假设通常被用于由法院或者债权人等强制要求的情形。在这种情形下，资产变现的时间有限，因此，与正常的市场状况相比，快速变现前提下的资产价值通常较低。在实务中，对该前提下的资产进行评估通常会将正常市场条件下的资产价值乘以折扣比重，得到被评估资产的价值。

三、成本法的基本步骤和基本参数

(一) 成本法的基本步骤

资产评估专业人员运用成本法对被评估资产进行评估时，应当遵循以下步骤：

(1) 确定被评估资产，并估算重置成本。

(2) 确定被评估资产的使用年限。

(3) 测算被评估资产的各项损耗或贬值额。

(4) 测算被评估资产的价值。

(二) 成本法的主要参数

成本法的运用涉及四个基本要素，即资产的重置成本、资产的实体性贬值、资产的功能性贬值和资产的经济性贬值。在实际评估实践中，或者说在具体运用成本法评估资产的项目中，不是所有的评估项目一定都存在三种贬值，这需要根据评估项目的具体情形来定。就成本法理论而言，上述四个参数都可能存在。

1. 资产的重置成本

简单地说，资产的重置成本就是资产的现行再取得成本。重置成本是一个价格范畴，包含了取得资产所耗费的合理必要费用及合理必要的资金成本和利润。具体来说，重置成本又分为复原重置成本和更新重置成本两种。

（1）复原重置成本是指采用与评估对象相同的材料、建筑或制造标准、设计、规格及技术等，以现时价格水平重新购建与评估对象相同的全新资产所发生的费用。

（2）更新重置成本是指采用与评估对象并不完全相同的材料、建筑或制造标准、设计、规格和技术等，以现时价格水平购建与评估对象具有同等功能的全新资产所需的费用。

2. 资产的实体性贬值

资产的实体性贬值，亦称有形损耗，是指资产由于使用及自然力的作用导致的资产的物理性能的损耗或下降而引起的资产的价值损失。资产的实体性贬值通常采用相对数计量，即实体性贬值率，用公式表示为：

$$\text{资产实体性贬值率} = \frac{\text{资产实体性贬值}}{\text{资产重置成本}} \times 100\%$$

3. 资产的功能性贬值

资产的功能性贬值是指由于技术进步引起的资产功能相对落后而造成的资产价值损失。它包括由于新工艺、新材料和新技术的采用，而使原有资产的建造成本超过现行建造成本的超支额以及原有资产超过体现技术进步的同类资产的运营成本的超支额。功能性贬值可以体现在两个方面：一是从运营成本角度看，在产出量相等的情形下，被评估资产的运营成本要高于同类技术先进的资产；二是从产出能力角度看，在运营成本相类似的情形下，被评估资产的产出能力要低于同类技术先进的资产。

估算功能性贬值时，主要根据资产的效用、生产加工能力、工耗、物耗、能耗水平等功能方面的差异造成的成本增加或效益降低，相应确定功能性贬值额。同时，还要重视技术进步因素，注意替代设备、替代技术、替代产品的影响以及行业技术装备水平现状和资产更新换代速度。

4. 资产的经济性贬值

资产的经济性贬值是指由于外部条件的变化引起资产闲置、收益下降等而造成的资产价值损失。就表现形式而言，资产的经济性贬值有两种：一是资产利用率下降，甚至闲置等；二是资产的运营收益减少。

四、成本法各个参数的估算方法

通过成本法评估资产的价值不可避免地要涉及被评估资产的重置成本、实体性贬值、功能性贬值和经济性贬值四大因素。成本法中的各种具体方法实际上都是在成本法总的评、估思路基础上，围绕着上述因素采用不同的方式方法测算形成的（见图 2-3）。在评估实务中，人们可能会采用不同的具体方式估算成本法中的各个参数，以及根据采用不同具体方式估算的各个参数的性质、特点来考虑与成本法中其他参数的相互关系。下面所介绍的成本法中的各个具体参数的估测或测算，其结果可能并不是严格意义上的每个参数本身，评估专业人员需要了解参数的估测方法对参数内涵的影响。

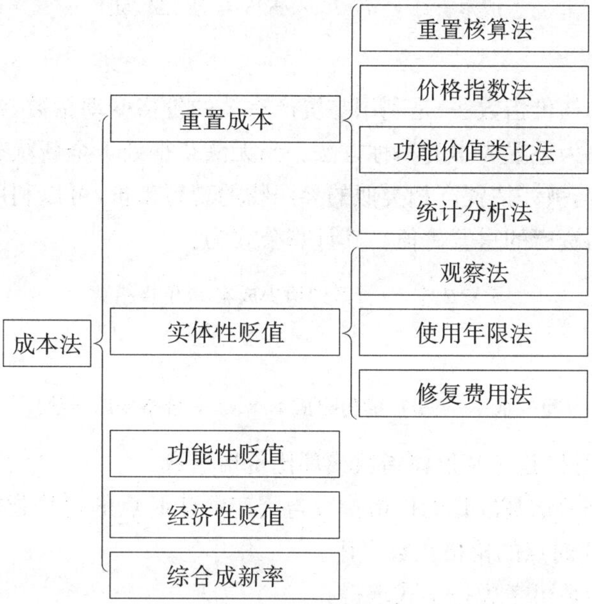

图 2-3 成本法具体分类

（一）资产的重置成本的估算

资产的重置成本可以通过若干种方法进行估算，这里对在评估实务中应用较为广泛的几种方法介绍如下：

1. 重置核算法

重置核算法也称细节分析法、核算法等，是利用成本核算的原理，根据重新取得资产所需的费用项目，逐项计算然后累加得到资产的重置成本。其实际测算过程又具体划分为两种类型，即购买型和自建型。购买型是以购买资产的方式作为资产的重置过程，购买的结果一般是资产的购置价，如果被评估资产属于不需要运输、安装的资产，购置价就是资产的重置成本。如果被评估资产属于需要运输、安装的资产，资产的重置成本具体由资产的现行购买价格、运杂费、安装调试费以及其他必要费用构成，将上述取得资产的必需费用累加起来，便可计算出资产的重置成本。自建型是把自建资产作为资产重置方式，根据重新建造资产所需的料、工、费及必要的资金成本和开发者的合理收益等分析和计算出资产的重置成本。

资产的重置成本应包括开发者的合理收益。一是重置成本是按在现行市场条件下重新购建一项全新资产所支付的全部货币总额，应该包括资产开发和制造商的合理收益。二是资产评估旨在了解被评估资产在模拟条件下的交易价格，一般情形下，价格都应该含有开发者或制造者的合理收益部分。资产重置成本中的收益部分的确定，应以开发者或制造者所在行业平均资产收益水平为依据。

【例 2-13】 重置购建机械设备一台，现行市场价格为每台 750 000 元，运杂费 1 500 元，直接安装成本 1 200 元，其中原材料 450 元，人工成本 750 元。根据统计分析，计算求得安装成本中的间接成本为每台人工成本 0.7 元。该机器设备的重置成本为：

$$直接成本 = 75\,000 + 1\,500 + 1\,200 = 77\,700(元)$$

$$间接成本 = 750 \times 0.7 = 525(元)$$

$$重置成本合计 = 77\,700 + 525 = 78\,225(元)$$

2. 价格指数法

价格指数法也称物价指数法，是利用与资产有关的价格变动指数，将被评估资产的历史成本(账面价值)调整为重置成本的一种方法。当无法获得处于全新状态的被评估资产的现行市价，也无法获得与被评估资产相类似的参照物的现行市价，可以利用与资产有关的价格变动指数计算被评估资产的重置价值。其计算公式为：

$$重置成本 = 资产的历史成本 \times 价格指数$$

或：

$$重置成本 = 资产的历史成本 \times (1 + 价格变动指数)$$

式中，价格指数可以是定基价格指数或环比价格指数。

定基价格指数是评估基准日的价格指数与资产购建时点的价格指数之比（评估基准日价格指数 ÷ 资产构建时点的价格指数之比。

环比价格变动指数可考虑按下式求得：

$$X = (1 + a_1) \times (1 + a_2) \times (1 + a_3) \times \cdots \times (1 + a_n) \times 100\%$$

式中，X 表示环比价格指数；a_n 表示第 n 年环比价格变动指数，$n=1, 2, 3, \cdots, n$。

【例 2-14】 某被评估资产购建于 2014 年，账面原值为 80 000 元，当时该类资产的定基价格指数为 92%，评估基准日该类资产的定基价格指数为 130%，计算被评估资产重置成本。

$$被评估资产重置成本 = 80\,000 \times (130\% \div 92\%) \times 100\% \approx 113\,043(元)$$

又如，某被评估资产历史成本(账面价值)为 300 000 元，2014 年建成，2019 年进行评估，经调查已知同类资产环比价格变动指数分别为：2015 年为 12.3%，2016 年为 14.2%，2017 年为 16.5%，2018 年为 10.9%，2019 年为 6.8%，计算被评估资产重置成本。

$$\begin{aligned}被评估资产重置成本 = {} & 300\,000 \times (1 + 12.3\%) \times (1 + 14.2\%) \times (1 + 16.5\%) \\ & \times (1 + 10.9\%) \times (1 + 6.8\%) \times 100\% \approx 530\,879(元)\end{aligned}$$

价格指数法的相关内容还可以参见市场法中的价格指数法部分所介绍的内容。

需要强调的是，该方法所依据的历史成本应当是原始购置所发生的支出，经评估调整后以及二手交易价格均不能作为该方法使用的依据。

价格指数法与重置核算法是重置成本估算较常用的方法，但二者具有明显的区别：

(1) 价格指数法估算的重置成本仅考虑了价格变动因素，因而确定的是复原重置成本；而重置核算法既考虑了价格因素，也考虑了生产技术进步和劳动生产率的变化因素，因而可以用来估算更新重置成本。

(2) 价格指数法建立在不同时期的某一种或某类甚至全部资产的物价变动水平上；而重置核算法则建立在现行价格水平与购建成本费用核算的基础上。

明确价格指数法和重置核算法的区别，有助于在重置成本估算中方法的判断和选择。一项科学技术快速发展中的资产，采用价格指数法估算的重置成本往往会偏高。当然，价格指数法和重置核算法也有其相同点，即都是建立在利用历史资料的基础之上。因此，注意分析、判断资产评估时重置成本口径与委托方提供的历史资料（如财务资料）的口径差异，是上述两种方法应用时需注意的共同问题。

3. 功能价值类比法

功能价值类比法，是指利用某些资产的功能（生产能力）的变化与其价格或重置成本的变化呈某种指数关系或线性关系，通过参照物的价格或重置成本以及功能价值关系估测评估对象价格或重置成本的技术方法（该方法亦称为类比估价法—指数估价法）。当资产的功能变化与其价格或重置成本的变化呈线性关系时，人们习惯把线性关系条件下的功能价值类比法称为生产能力比例法，而把非线性关系条件下的功能价值类比法称为规模经济效益指数法。

（1）生产能力比例法。生产能力比例法是寻找一个与被评估资产相同或相似的资产为参照物，根据参照资产的重置成本及参照物与被评估资产生产能力的比例，估算被评估资产的重置成本。其计算公式为：

$$被评估资产重置成本=\frac{被评估资产年产量}{参照物年产量}\times 参照物重置成本$$

【例 2-15】 某重置全新的一台机器设备价格为 10 万元，年产量为 10 000 件。现知被评估资产的年产量为 8 000 件，计算被评估资产重置成本。

$$被评估资产重置成本=8\,000\div 10\,000\times 100\,000=80\,000(元)$$

这种方法运用的应用条件和假设是资产的成本与其生产能力呈线性关系，生产能力越大，成本越高，而且是成正比例变化。应用这种方法估算重置成本时，首先应分析资产成本与生产能力之间是否存在这种线性关系，如果不存在这种关系，这种方法就不可以采用。

（2）规模经济效益指数法。通过不同资产的生产能力与其成本之间关系的分析我们可以发现，许多资产的成本与其生产能力之间不存在线性关系。当资产 A 的生产能力比资产 B 的生产能力大 1 倍时，其成本却不一定大 1 倍。也就是说，资产生产能力和成本之间只呈同方向变化，而不是等比例变化，这是规模经济效益作用的结果。两项资产的重置成本和生产能力相比较，其关系可用下列公式来表示：

$$\frac{被评估资产重置成本}{参照物资产重置成本}=\left(\frac{被评估资产的产量}{参照物资产的产量}\right)^x$$

推导可得：

$$被评估资产重置成本=参照物资产重置成本\times\left(\frac{被评估资产的产量}{参照物资产的产量}\right)^x$$

公式中的 x 被称为规模经济效益指数，事实上它的取得是靠统计分析得到的。目前在我国，这样的统计分析并不多见，实践中通常采用的是一个经验数据。在美国，这个经验数据一般在 0.4～1.2，这些数据也会随着社会经济的发展和行业发展等而发生变化。

我国到目前为止尚未有统一的经验数据，评估过程要谨慎使用这种方法。公式中参照物一般可选择同类资产中的标准资产。

上述三种方法均可用于确定在成本法运用中的重置成本(估测资产重置成本的具体方法并不局限于上述几种方法)。至于选用哪种方法，应根据具体的评估对象和可以收集到的资料来确定。这些方法，对某项资产可能同时都能用，有的则不然，应用时必须注意分析方法运用的应用条件，否则将得出错误的结论。

另外，在用成本法对企业整体资产及某一相同类型资产进行评估时，为了简化评估业务，节省评估时间，可以采用统计分析法确定某类资产的重置成本，这种方法运用的步骤是：

(1) 在核实资产数量的基础上，把全部资产按照适当标准划分为若干类别，如房屋建筑物按结构划分为钢结构、钢筋混凝土结构等；机器设备按有关规定划分为专用设备、通用设备、运输设备、仪器、仪表等。

(2) 在各类资产中抽样选择适量具有代表性的资产，应用功能价值类比法、价格指数法或重置核算法等方法估算其重置成本。

(3) 依据分类抽样估算资产的重置成本额与账面历史成本，计算出分类资产的调整系数。其计算公式为：

$$K = \frac{R'}{R}$$

式中，K 表示资产重置成本与历史成本的调整系数；R' 表示某类抽样资产的重置成本；R 表示某类抽样资产的历史成本。

根据调整系数 K 估算被评估资产的重置成本。计算公式为：

$$\text{被评估资产重置成本} = \sum \text{某类资产账面历史成本} \times K$$

式中，某类资产账面历史成本可从会计记录中取得。

【例 2-16】 评估某企业某类通用设备，经抽样选择具有代表性的通用设备 6 台，估算其重置成本之和为 40 万元。而该 6 台具有代表性的通用设备历史成本之和为 25 万元，该类通用设备账面历史成本之和 600 万元。计算该类通用设备重置成本。

$$K = 40 \div 25 = 1.6$$

$$\text{该类通用设备重置成本} = 600 \times 1.6 = 960(\text{万元})$$

(二) 资产实体性贬值的估算

资产的实体性贬值亦称有形损耗，是指资产由于使用及自然力的作用导致的资产的物理性能的损耗或下降而引起的资产的价值损失。资产的实体性贬值通常采用相对数计量，即实体性贬值率，用公式表示为：

$$\text{实体性贬值率} = \frac{\text{资产实体性贬值}}{\text{资产重置价值}}$$

资产的实体性贬值的计算一般可以选择以下几种方法：

1. 观察法

观察法是指由具有专业知识和丰富经验的工程技术人员，对被评估资产的实体各主要部位进行现场勘查，并综合分析资产的设计、制造、使用、磨损、维护、修理、大修理、改造情形和物理寿命等因素，将评估对象与其全新状态相比较，考察由于使用磨损和自然损耗对资产的功能、使用效率带来的影响，判断被评估资产的成新率，从而估算资产的实体性贬值。其计算公式为：

$$资产实体性贬值 = 重置成本 \times 实体性贬值率$$

或：

$$资产实体性贬值 = 重置成本 \times (1 - 实体性成新率)$$

【例 2-17】 被评估资产于 2013 年 1 月 1 日购进，其购置时成本为 100 万元。该设备于评估基准日 2015 年 12 月 31 日的全新购置价格为 150 万元。经过专家鉴定，该设备由于使用磨损所造成的贬值率为 20%。则，在不考虑其他因素的条件下，计算该设备的实体性贬值。

$$实体性贬值 = 重置成本 \times 实体性贬值率 = 150 \times 20\% = 30(万元)$$

2. 使用年限法(或称年限法)

使用年限法是利用被评估资产的实际已使用年限与其总使用年限的比值来判断其实体贬值率(程度)，进而估测资产的实体性贬值。

使用年限法的数学表达式为：

$$资产实体性贬值率 = \frac{实际已使用年限}{使用年限} \times 100\%$$

$$资产实体性贬值 = 重置成本 \times 资产实体性贬值率$$

$$资产实体性贬值 = 重置成本 \times \frac{实际已使用年限}{使用年限}$$

式中，总使用年限指的是实际已使用年限与尚可使用年限之和。其计算公式为：

$$总使用年限 = 实际已使用年限 + 尚可使用年限$$

$$实际已使用年限 = 名义已使用年限 \times 资产利用率$$

由于资产在使用中负荷程度的影响，必须将资产的名义已使用年限调整为实际已使用年限。

尚可使用年限是根据资产的有形损耗因素，预计资产的继续使用年限。名义已使用年限是指资产从购进使用到评估时的年限。名义已使用年限可以通过会计记录、资产登记簿、登记卡片查询确定。实际已使用年限是指资产在使用中实际损耗的年限。实际已使用年限与名义已使用年限的差异，可以通过资产利用率来调整。资产利用率的计算公式为：

$$资产利用率 = \frac{截至评估日资产累计实际利用时间}{截至评估日资产累计法定利用时间} \times 100\%$$

(1) 当资产利用率>1时，表示资产超负荷运转，资产实际已使用年限比名义已使用年限要长；

(2) 当资产利用率$=1$时，表示资产满负荷运转，资产实际已使用年限等于名义已使用年限；

(3) 当资产利用率<1时,表示开工不足,资产实际已使用年限小于名义已使用年限。

评估实践中,资产利用率需要根据资产开工情形、修理间隔时间、工作班次等方面进行确定。

【例 2-18】 某资产于2009年3月购进,2019年3月评估时,名义已使用年限是10年。根据该资产技术指标,在正常使用情形下,每天应工作8小时,该资产实际每天工作7小时。计算该资产利用率。

$$资产利用率 = 10 \times 360 \times 7 \div (10 \times 360 \times 8) \times 100\% = 87.5\%$$

$$实际已使用年限 = 10 \times 87.5\% = 8.75(年)$$

由此可确定其实际已使用年限为8.75年。

在实际评估过程中,一些企业基础管理工作较差,再加上资产运转中的复杂性,资产利用率的指标往往很难确定。评估专业人员应综合分析资产的运转状态,如资产开工情形、大修间隔期、原材料供应情形、电力供应情形、是否为季节性生产等各方面因素分析确定。

使用年限法所显示的评估技术思路是一种应用较为广泛的评估技术。在资产评估实际工作中,评估专业人员还可以利用使用年限法的原理,根据被评估资产设计的总的工作量和评估对象已经完成的工作量、评估对象设计行驶里程和已经行驶的里程等指标,利用使用年限法的技术思路测算资产的实体性贬值。

此外,评估中经常遇到被评估资产是经过更新改造过的情形。对于更新改造过的资产而言,其实体性贬值的计量还应充分考虑更新改造投入的资金对资产寿命的影响,否则可能会过高地估计实体性贬值。对于更新改造问题,一般采取加权法来确定资产的实体性贬值。也就是说,先计算加权更新成本,再计算加权平均已使用年限。其计算公式为:

$$加权更新成本 = 已使用年限 \times 更新成本(或购建成本)$$

$$加权平均已使用年限 = \frac{\sum 加权更新成本(或购建成本)}{\sum 更新成本(或购建成本)}$$

需要注意的是,这里所涉及的成本可以是原始成本,也可以是复原重置成本。尽管各时期的投资或更新金额并不具有可比性,但从方便以及可以获得数据而言,采用原始成本比重新确定成本更具可行性,同时也反映了各特定时期的购建或更新所经历的时间顺序。

3. 修复费用法

修复费用法是利用恢复资产功能所支出的费用金额来直接估算资产实体性贬值的一种方法。所谓修复费用包括资产主要零部件的更换或者修复、改造、停工损失等费用支出。如果资产可以通过修复恢复到其全新状态,可以认为资产的实体性损耗等于其修复费用。

【例 2-19】 甲公司于2年前购买了一台电脑,交易价格为1.5万元。目前,该种型号的电脑全新状态下市场价值为8 000元。由于使用不当,该电脑光驱已损坏,更换光驱需要1 000元。假设该电脑的经济寿命为6年,含光驱的电脑整体残值率为10%,光驱的残值率为0%,试估算该电脑当前的市场价值。

根据上述条件,由于10%为电脑整体的残值率,即包含光驱部分。因此,首先将电脑本体(不包含光驱)的残值率计算出来。

$$电脑残值率=\frac{电脑本体残值率\times 电脑本体现行市价+光驱残值率\times 光驱现行市价}{电脑本体现行市价+光驱现行市价}$$

则，

$$电脑本体残值率=\frac{电脑残值率\times(电脑本体现行市价+光驱现行市价)-光驱残值率\times 光驱现行市价}{电脑本体现行市价}$$

已知：

电脑残值率为10%；

$$电脑本体现行市价=电脑市价-光驱市价=8\,000-1\,000=7\,000(元)$$

光驱残值率为0%；

则：

$$\begin{aligned}电脑本体残值率&=\frac{电脑残值率\times(电脑本体现行市价+光驱现行市价)-光驱残值率\times 光驱现行市价}{电脑本体现行市价}\\&=\frac{10\%\times(7\,000+1\,000)-0\times 1\,000}{7\,000}=11.43\%\end{aligned}$$

其次，计算电脑本体贬值额；

$$\begin{aligned}电脑本体贬值额&=电脑本体现行市价\times(1+电脑本体残值率)\times 已使用年限\div 经济使用年限\\&=7\,000\times(1-11.43\%)\times 3\div 6=3\,100(元)\end{aligned}$$

最后，计算该电脑的市场价值。

$$\begin{aligned}电脑评估值&=电脑市价-电脑本体贬值额-光驱现行市价+旧光驱残值\\&=8\,000-3\,100-1\,000-0=3\,900(元)\end{aligned}$$

(三) 资产功能性贬值的估算

资产的功能性贬值是由于技术相对落后造成的贬值。估算功能性贬值时，主要根据资产的效用、生产加工能力、工耗、物耗、能耗水平等功能方面的差异造成的成本增加或效益降低，相应确定功能性贬值额。同时，还要重视技术进步因素，注意替代设备、替代技术、替代产品的影响以及行业技术装备水平现状和资产更新换代速度。

功能性贬值的估算可以通过对超额投资成本和超额运营成本来进行估算，超额投资成本其计算公式为：

$$功能性贬值=复原重置成本-更新重置成本$$

超额运营成本的估算可以按下列步骤进行：

(1) 将被评估资产的年运营成本与功能相同但性能更好的新资产的年运营成本进行比较。

(2) 计算二者的差异，确定净超额运营成本。由于企业支付的运营成本是在税前扣除的，因此企业支付的超额运营成本会引致税前利润额下降。所得税额降低，使得企业负担的运营成本低于其实际支付额。因此，净超额运营成本是超额运营成本扣除其抵减的所得税以后的余额。

(3) 估计被评估资产的剩余寿命。

(4) 以适当的折现率将被评估资产在剩余寿命内每年的净超额运营成本折现，这些折

现值之和就是被评估资产的功能性损耗(贬值)。其计算公式为:

$$被评估资产功能性贬值额=\sum(被评估资产年净超额运营成本\times折现系数)$$

应当指出,新老技术设备的对比,除生产效率影响工资成本超额支出以外,原材料消耗、能源消耗以及产品质量等指标都需全面关注,单因素的情形存在,多因素影响的情形也很多。

【例 2-20】 评估某种机器设备,技术先进的设备比被评估设备生产效率高,节约工资费用,评估基准日为 2019 年 1 月 1 日,计算其功能性贬值额。该设备的技术资料如表 2-4 所示。

表 2-4 **某设备的技术资料**

项目	技术先进设备	被评估设备
月产量	20 000 件	20 000 件
单件工资	0.90 元	1.3 元
月工资成本	18 000 元	26 000 元
所得税税率		25%
资产剩余使用年限		6 年
假定折现率为		12%

首先,根据以上资料,计算该设备年税后工资成本的超额支出:

年工资成本净超额支出

=(被评估设备月产量×被评估设备单件工资-技术先进设备月产量×技术先进设备单件工资)×12×(1-所得税率)

$=(20\,000\times1.3-20\,000\times0.9)\times12\times(1-25\%)=72\,000$(元)

其次,计算资产剩余使用年限工资成本超支的折现额,即被评估设备的功能性贬值额:

$$功能性贬值额=\frac{年工资成本净超额支出}{折现率}\times\left[1-\frac{1}{(1+折现率)^{剩余使用年限}}\right]$$

$$=\frac{72\,000}{12\%}\times\left[1-\frac{1}{(1+12\%)^{6}}\right]=296\,021.33(元)$$

(四) 资产经济性贬值的估算

资产的经济性贬值是由于外部经济和外部环境变化而引起的资产贬值,主要表现在:一是运营中的资产利用率下降;二是资产的闲置,并由此引起资产的运营收益减少。资产的经济性贬值可根据生产能力的变化加以确定,经济贬值额的计算可以采用直接计算法和间接计算法。

1. 间接计算法

该方法主要测算的是因资产利用率下降所导致的经济性贬值。其计算公式为:

$$经济性贬值率=\left[1-\left(\frac{资产预计可被利用的生产能力}{资产原设计生产能力}\right)^{x}\right]\times100\%$$

式中，x 表示功能价值指数，实践中多采用经验数据，数值一般在 0.6～0.7。

经济性贬值额的计算应以评估对象的重置成本或重置成本减去实体性贬值和功能性贬值后的结果为基数，按确定的经济性贬值率估测。

2. 直接计算法

该方法主要测算的是因收益额减少所导致的经济性贬值。其计算公式为：

$$\text{经济性贬值额} = \text{资产年收益损失额} \times (1 - \text{所得税税率}) \times (P/A, r, n)$$

式中，$(P/A, r, n)$ 表示年金现值系数。

在实际评估工作中也有经济性溢价的情形，即当评估对象及其产品有良好的市场及市场前景，或有重大政策利好时，评估对象就可能存在着经济性溢价。

(五) 综合成新率的估算

综合成新率是指在综合分析实体性贬值、功能性贬值和经济性贬值的基础上确定的成新率。

五、成本法的适用范围与局限

(一) 成本法的适用范围

成本法之所以能够从一定层面上反映资产的价值，是因为资产的成本反映了资产在购建过程中的必要花费，也体现了取得该项资产所需要付出的价格。单项资产的价值不仅可以由成本部分反映，在使用过程中的消耗、磨损以及由于市场情形的变化而产生的价值减损都会影响单项资产的价值。因而，评估专业人员在使用成本法评估单项资产时，既要考虑重置成本，也要将由使用和其他因素所造成的实体性损耗、由技术落后带来的功能性损耗以及由市场状况、政治因素等外部因素造成的经济性损耗考虑在内。

由于成本法无法反映被评估资产所能带来的潜在收益，它通常可以被用在评估某些没有获利能力的无形资产，或者正处于使用初期的这类资产，比如新注册但还未运用于任何产品的注册商标。

成本法运用于企业价值评估中，是将各项可以确认的资产、负债的现实价值逐项评估出来，最终确定企业价值。单项资产作为企业的一部分而存在，其发挥作用的价值与它作为一项单独的资产发挥作用，这两者的价值可能有所不同。比如，在一条生产线中，某单项设备对整个生产线产能的贡献程度很高，那么若将其放在该生产线中进行评估，则其价值有可能会高于单独对其进行评估时候的价值。因此，要特别明晰这两种假设条件下的价值差异。

在采用成本法对企业价值进行评估时，可以根据不同资产的实际状态、使用方式等特殊性选用合适的评估方法进行评估。例如，对于某些二手办公设备，可采用市场法评估；对于自主研发的专利，则可以采用收益法评估，等等。因此，成本法作为企业价值评估的一种方法，更多地体现为一种加和的理念和方式，并不一定要求对其中各单项资产和负债均采用成本法进行评估。

(二) 成本法的优缺点

成本法是资产评估中最为基础的评估方法。它充分考虑了资产的损耗，使得评估结果更能反映市场对于获得某单项资产平均愿意付出的资金，有利于评估单项资产和具有特定用途的资产；另外，在无法预测资产未来收益和市场交易活动不频繁的情形下，成本法给出了比较客观和可行的测算思路和方法。

但是，由于成本法的理论基础是成本价值论，因而使用该方法所测算出的企业价值无法从未来收益的角度反映企业真实能为其投资者或所有者带来的收益，未来收益与成本之间并没有直接和必然的联系，因此该方法评估的企业价值很难直接为投资者提供价值参考。尤其是对于轻资产的企业而言，如果使用成本法进行评估，则通常很难将账面没有记载的各类无形资产算入评估资产的价值之中，因此其成本法评估值与使用收益法或市场法得出的结果可能差异极大。

尽管如此，成本法在以企业并购为目的的评估中并非完全没有意义。收购方虽然重视被收购方未来的获利能力，但同时也关注收购行为真正所获得的实物资产价值。此外，成本法评估企业价值也为可能的破产清算、资产分割提供了一定的价值参考。

第四节 资产评估方法的选择

2016 年 7 月 2 日通过的《资产评估法》第二十六条规定："评估专业人员应当恰当选择评估方法，除依据评估执业准则只能选择一种评估方法的外，应当选择两种以上评估方法，经综合分析，形成评估结论，编制评估报告。"评估专业人员正确、合理、科学地选择资产评估方法是法定要求。恰当选择评估方法是资产评估程序中必不可少的一个关键步骤，资产评估程序准则对资产评估方法的选择和运用作出了原则性规定。资产评估执业准则进一步细化和落实《资产评估法》相关规定的要求。

资产评估方法是确定资产价值的途径、手段及各种技术方法，主要包括市场法、收益法和成本法三种基本方法及其衍生方法。资产评估方法的选择和运用是从事资产评估行业务的重要环节，也是影响资产评估结论和资产评估报告质量的重要因素。规范资产评估方法的选择、运用和披露，有利于促进资产评估机构和资产评估专业人员在资产评估执业实践中合理使用资产评估方法，提高资产评估执业质量。

一、评估方法选择的要求

资产评估专业人员在选择资产评估方法时，应当充分考虑影响评估方法选择的因素。所考虑的因素主要包括：①评估目的和价值类型；②评估对象及预期用途；③可行的评估方法的优势和劣势；④评估方法应用所依据数据的质量和数量等。

当满足采用不同评估方法的条件时，资产评估专业人员应当选择两种以上评估方法，通过综合分析形成评估结论。

（一）评估方法应当与评估目的和评估价值类型相适应

评估价值类型的确定首先取决于评估目的，评估目的是根本，资产评估方法作为获得特定资产价值的技术方法，需要与价值类型相适应。例如，对一项投资性房地产（以成本模式进行后续计量）进行评估，为减值测试提供价值参考，评估目的为财务报告目的，价值类型为市场价值(公允价值)，评估方法首选市场法，在无法使用市场法的前提下，选用收益法，但是通常不适用成本法。

(二) 评估方法的选取应当与评估对象的类型和现实状态相适应

不同的评估方法有不同的条件要求和程序要求，比如收益法主要适用于持续使用前提下的资产评估，并且评估对象具有预期获利能力；而市场法要求在公开市场上有可比的交易案例，并且评估对象与案例的价值影响因素差异可以合理比较和量化。这就要求资产评估专业人员充分分析评估对象的类型和现实状态，考虑各种评估方法的适用性和局限性，恰当选择评估方法，避免在评估对象不具备合理条件的情况下滥用评估方法。

(三) 评估方法的选取应当与资料收集情况相适应

评估方法的应用会涉及特定的数据、参数，只有评估过程中所收集的资料和确定的依据可靠、合理、有效、充分，才能保证评估结果的合理性。在评估实践中，由于条件的制约往往会导致某种评估方法所需资料的数量和质量达不到要求，那么评估专业人员应当考虑采用其他替代的评估方法进行评估。

二、可以采用一种评估方法的情形

资产评估专业人员在评估实践中，当存在下列情形时，可以采用一种评估方法：

(1) 基于相关法律、行政法规、规章的要求或者限制而采用一种方法。

(2) 由于评估对象仅满足一种评估方法的适用条件而采用一种评估方法。例如，交易不活跃、无法单独产生收益的非标准工业建筑或专用设备等，一般选择成本法。

(3) 因操作条件限制而采用一种评估方法。因评估方法的适用性或操作限制导致无法采用两种以上评估方法进行评估的，资产评估专业人员可以采用一种方法进行评估，但需要在评估报告中说明理由。操作条件限制应当是资产评估行业通常的执业方式普遍无法排除的，而不应以个别资产评估机构或者个别资产评估专业人员的操作能力及条件作为判断标准。

(4) 依据资产评估执业准则，经分析现有评估方法的适用性，只能选择一种评估方法的，但应当在资产评估报告中说明理由。

三、评估方法选择的披露

资产评估专业人员应该在资产评估报告中对资产评估方法的选择及其理由进行披露。因适用性受限而选择一种评估方法的，应当在资产评估报告中披露其他基本评估方法不适用的原因；因操作条件受限而选择一种评估方法的，应当对所受的操作条件限制进行分析、说明和披露。

本章习题

一、单选题

1. 由于技术进步引起的资产功能相对落后而造成的资产价值损失是指(　　)。

A. 资产的重置成本　　　　B. 资产的实体性贬值

C. 资产的经济性贬值　　D. 资产的功能性贬值

【正确答案】D

【答案解析】资产的功能性贬值是指由于技术进步引起的资产功能相对落后而造成的资产价值损失。

2. 在成本法下,资产的评估价值为(　　)。

A. 资产的重置成本

B. 资产的重置成本一资产实体性贬值一资产功能性贬值一资产经济性贬值

C. 资产的重置成本一资产实体性贬值

D. 资产的重置成本一资产实体性贬值一资产功能性贬值

【正确答案】B

【答案解析】资产评估价值=资产的重置成本一资产实体性贬值一资产功能性贬值一资产经济性贬值

3. 某评估机构采用统计分析法对某企业的100台某类设备进行评估,其账面原值共计2 000万元,评估人员经抽样选择了10台具有代表性的设备进行评估,其账面原值共计120万元,经估算其重置成本之和为150万元,则该企业被评估设备的重置成本最接近于(　　)万元。

A. 1 200　　B. 1 800　　C. 1 300　　D. 2 500

【正确答案】D

【答案解析】运用统计分析法,被评估设备的重置成本=2 000×(150/120)=2 500(万元)

4. 超额运营成本形成的功能性贬值,等于资产剩余使用年限内的(　　)。

A. 各年超额运营成本的折现值之和

B. 各年运营成本的折现值之和

C. 各年运营成本净值的折现值之和

D. 各年净超额运营成本的折现值之和

【正确答案】D

【答案解析】被评估资产功能性贬值额=$\sum$(被评估资产年净超额运营成本×折现系数)。由于企业支付的运营成本是在税前扣除的,因此企业支付的超额运营成本会引致税前利润额下降。所得税额降低,使得企业负担的运营成本低于其实际支付额,因此净超额运营成本是超额运营成本扣除其抵减的所得税以后的余额。

5. 利用市场上同样或类似资产的近期交易价格,经过直接比较或类比分析以估算资产价值的各种评估技术方法指的是(　　)。

A. 市场法　　B. 直接比较法

C. 间接比较法法　　D. 账面价值法

【正确答案】A

【答案解析】市场法,是指利用市场上同样或类似资产的近期交易价格,经过直接比较或类比分析以估算资产价值的各种评估技术方法的总称。

二、多选题

1. 应用市场法进行资产评估需要满足的基本前提条件有(　　)。

A. 要有一个活跃的公开市场

B. 有充分时间进行分析判断

C. 公开市场上要有可比的资产及其交易活动

D. 有可预测的资产收益

E. 折现率可以预测

【正确答案】 AC

【答案解析】 应用市场法进行资产评估需要满足两个基本的前提条件：一是要有一个活跃的公开市场；二是公开市场上要有可比的资产及其交易活动。

2. 运用市场法评估企业价值，可比性的判断标准有(　　)。

A. 行业标准　　B. 财务标准　　C. 市场条件　　D. 未来的增长速度

E. 交易条件

【正确答案】 AB

【答案解析】 运用市场法评估企业价值时评估人员应当重点考虑所选取参照企业的可比性。可比性可以通过以下两个标准来判断：①行业标准；②财务标准。

3. 市场法作为目前资产评估的重要方法之一，在合理的认知情况下，其在三种评估方法中的优势有(　　)。

A. 有效　　B. 可理解　　C. 综合　　D. 客观

E. 科学

【正确答案】 ABD

【答案解析】 市场法作为目前资产评估的重要方法之一，有其重要的意义和优势。它是相对来说具有客观性的方法，也比较容易被交易双方所理解和接受。因而，如果不存在资产的成本和效用以及市场对其价值的认知严重偏离的情形下，市场法通常是资产评估三种方法中较为有效、可理解、客观的方法。

4. 单项资产评估中，收益法通常被用来评估的类型有(　　)。

A. 专利及专有技术　　B. 商铺或写字楼

C. 可出租的机器设备　　D. 单台机器设备

E. 非上市交易的股票

【正确答案】 ABCE

【答案解析】 在单项资产评估中，收益法通常被用于以下类型资产的评估：①无形资产，包括专利及专有技术、商标、著作权、客户关系、特许经营权等；②房地产，通常是具有收益性的房产类别，如商铺、酒店、写字楼等；③机器设备，一般情形下，单台机器设备很难独立产生收益，因此该类型资产不易采用收益法进行评估，对于可出租的机器设备或可独立产生现金流的生产线、成套设备，可以采用收益法进行评估；④其他资产，如非上市交易的股票、债券、长期应收款、长期股权投资、投资性房地产等。

5. 下列选项中属于采用成本法评估资产的前提条件的有(　　)。

A. 被评估资产处于持续使用状态或被假定处于继续使用状态

B. 被评估资产必须是可再生、可复制的资产

C. 被评估资产不具有再生性或可复制性

D. 应当具备可利用的历史资料，同时，现时资产与历史资产具有相同性或可比性
E. 现时资产与历史资产不具有可比性

【正确答案】 ABD

【答案解析】 采用成本法评估资产的前提条件：①被评估资产处于持续使用状态或被假定处于继续使用态。持续使用假设又被分为现状续用、转用续用和移地续用假设。②被评估资产必须是可再生、可复制的资产。如果被评估资产不具有再生性或可复制性，采用成本法从重建的角度计算成本则不具有理论上和现实上的意义。③应当具备可利用的历史资料。成本法的应用是建立在历史资料基础上的，许多信息资料、指标需要通过历史资料获得。同时，现时资产与历史资产具有相同性或可比性。

第三章
资产评估程序

第一节 资产评估程序概述

一、资产评估程序的概念

资产评估程序是指评估机构与评估人员执行资产评估行业务，形成资产评估结论所履行的系统性的工作步骤。资产评估程序由具体的工作步骤组成，不同的资产评估业务由于评估对象、评估目的、资产评估资料收集情况等相关条件的差异，评估人员执行具体程序或工作步骤会稍有不同，但由于资产评估业务的共性，基本程序是相同或相通的，适用于各种类型资产、各种评估目的的资产评估业务。

按照资产评估程序执行评估业务，有助于规范资产评估机构与评估人员的行为，避免工作疏漏和减少评估人员的随意性，突出评估机构专业形象，切实保证评估业务质量。资产评估程序规定了工作内容和工作步骤，为评估机构和评估人员提供了必要的指导和规范，同时也为委托方提供评价服务内容与质量的凭据，以及为有关部门提供了监督管理依据。资产评估程序可以有效预防内部管理风险和工作制度风险，这对于保障评估机构与评估人员的合法利益有着重要意义。

根据《资产评估准则》(中评协〔2018〕36 号)，资产评估基本程序如图 3-1 所示。

由于不同资产评估机构和人员的专业胜任能力、经验各自不同，所承接的主要业务范围和执业风险也各有不同，各资产评估机构应当结合本机构实际情况，在资产评估基本程序的基础上进行必要的细化，形成本机构资产评估程序制度，并在资产评估执业过程中切实履行，不断完善。同时，资产评估机构应当建立相关工作制度，指导和监督资产评估项目经办人员及助理人员实施资产评估程序。

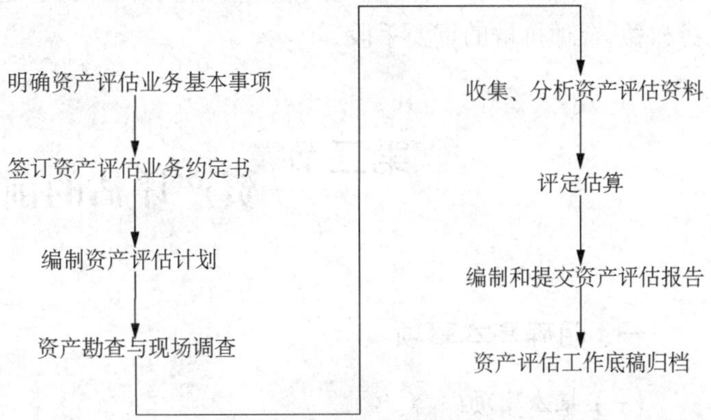

图 3-1　资产评估基本程序

由于资产评估项目的特殊

性，资产评估机构和人员无法或没有履行资产评估程序中的某个基本环节，如在损害赔偿评估业务中评估对象已经毁失，无法进行必要的现场勘查，或受到其他限制无法实施完整的资产评估程序，资产评估机构和人员应当考虑这种状况是否会影响到资产评估结论的合理性，并在资产评估报告书中明确披露这种状况及其对资产评估结论可能具有的影响，必要时应当拒绝接受委托或终止资产评估工作。

资产评估机构和人员应当将资产评估程序的组织实施情况形成工作底稿，并将主要资产评估程序执行情况在资产评估报告书中予以披露。

二、资产评估程序的意义

（一）执行资产评估程序是规范资产评估行为、提高资产评估业务质量和提升资产评估公信力的重要保证

恰当履行资产评估程序对于提高资产评估机构业务水平乃至资产评估行业整体业务水平具有重要意义。不仅有利于规范资产评估机构和人员的执业行为，而且能够有效地避免由于机构和人员水平不同而导致的在执行具体资产评估业务中可能出现的程序上的重要疏漏，切实保证资产评估业务质量。另外，资产评估是一项专业性很强的中介服务工作，评估机构和人员严格履行评估程序也是赢得客户和社会公众信任、提高评估行业社会公信力的重要保证。

（二）资产评估程序是相关当事方评价资产评估服务的重要依据

相关当事方包括委托人、资产占有方、资产评估报告使用人、相关利益当事人、司法部门、证券监督及其他行政监督部门、资产评估行业主管协会、社会公众、新闻媒体等。是否履行资产评估程序不仅是衡量资产评估机构和人员执行资产评估业务是否规范的重要标准，也为上述相关当事方提供了评价资产评估服务的重要依据，也是委托人、司法和行政监管部门及资产评估行业协会监督资产评估机构和人员、评价资产评估服务质量的主要依据。

（三）恰当执行资产评估程序是资产评估机构和人员防范执业风险、保护自身合法权益、合理抗辩的重要手段之一

随着我国资产评估行业的发展，有关各方对资产评估的认识逐步提高，目前已经开始由对资产评估结论做出“高低”“对错”的简单二元判断逐步转向重点关注资产评估机构和人员在执行业务过程中，是否恰当履行了必要的资产评估程序。因此，恰当履行资产评估程序不仅是资产评估机构和人员防范执业风险的主要手段，也是在产生纠纷或诉讼后，合理保护自身权益、合理抗辩的重要手段。

第二节 资产评估的前期工作

一、明确基本事项

（一）基本事项内容

资产评估机构和人员应当采取与委托人等相关当事人讨论、阅读基础资料、进行必要初

步调查等方式，与委托人等相关当事人共同明确以下资产评估业务基本事项：①委托方和相关当事方基本状况；②资产评估目的；③评估对象基本状况；④价值类型及定义；⑤资产评估基准日；⑥资产评估限制条件和重要假设；⑦其他需要明确的重要事项。

在资产评估项目中，相关当事方主要包括资产占有方、资产评估报告使用方、其他利益关联方等。由于不同的企业其资产规模、资产种类、行业归属、生产与经营等多方面都会存在差异，因此资产评估机构和人员应当了解相关当事方的基本状况，尤其是委托人与相关当事方之间的关系，这对于理解评估目的、相关经济行为以及防范恶意委托等十分重要。

资产评估机构和人员应当做尽可能多的调查，了解和熟悉评估对象及其权属基本状况，包括其法律、经济和物理状况，如资产类型、规格型号、结构、数量、购置（生产）年代、生产（工艺）流程、地理位置、使用状况、企业名称、住所、注册资本、所属行业、在行业中的地位和影响力、经营范围、财务和经营状况等。资产权属事项对规范委托方经济行为，明确相关责任，维护公共利益与各方当事人利益有着重要影响。

资产评估机构和人员应当与委托方就资产评估目的达成明确、清晰的共识，并尽可能细化资产评估目的，说明资产评估业务的具体经济行为和用途。评估目的不能模糊不清，不能是多重目的。同时还应当在明确资产评估目的的基础上，根据评估环境和资产价值实现的可能性选择恰当的价值类型，确保所选择的价值类型适用于特定的资产评估目的，并就所选择价值类型的定义与委托方进行沟通，避免出现误解。

评估基准日的选取较为灵活，资产评估机构和人员应当通过与委托方的沟通，综合考虑经济行为批准日、评估目的实现日、报表报出日、资产盘点日等，遵循与评估时点接近的原则明确资产评估基准日。评估基准日的选择应当有利于资产评估结论，有效地服务于资产评估目的，减少和避免不必要的资产评估期后事项。

执行资产评估业务，因法律法规规定、客观条件限制，无法或者不能完全履行资产评估基本程序，经采取措施弥补程序缺失，且未对评估结论产生重大影响时，资产评估机构及其资产评估专业人员可以继续开展业务，对评估结论产生重大影响或者无法判断其影响程度的，不得出具资产评估报告。资产评估假设是指对资产评估过程中某些未被确切认识的事物，根据客观的正常情况或发展趋势所作的合乎情理的推断。资产评估假设也是资产评估结论成立的前提条件。

（二）职业风险与胜任能力

资产评估属于中介服务，评估人员对评估对象价值进行估算并发表意见。资产的真实状况、权属状况、效用与价值预期、评估结论的使用等都可能在一定程度上存在不确定性。因此评估机构和人员应当根据初步掌握的评估业务基础信息，具体分析资产评估项目的执业风险，判断其是否超出合理范围，同时分析本机构和评估人员是否具有完成该项目的专业胜任能力及相关经验。

实际中，评估人员可以采用多种措施来降低或避免风险，如在承接评估业务前，充分了解所有对资产评估业务可能构成影响的限制条件和重要假设；了解客户的生产经营状况、产品质量、经营特点、市场形象以及企业管理层的职业素质、有无重大违规违纪的历史纪录；查阅与审核相关数据资料和报表；分析资产的权属状况与继续利用可能；分析经济行为的合法性与可行性，有无产权证明、过户手续等，判断独立、客观执业的可能性，确认与委托人或相关当事方是否存在现实或潜在利害关系；在可能的情况下，要求委托人明确资产评估报告的使用人或使用人范围以及资产评估报告的使用方式；评估工作能否按必要的评估程序顺利进行；估计作业量与作业难度等。

二、签订资产评估业务约定书

资产评估业务约定书是资产评估机构与委托人共同签订的，确认资产评估业务的委托与受托关系，明确委托目的、被评估资产范围及双方权利义务等相关事项的合同。

根据我国资产评估行业的现行规定，资产评估师承办资产评估业务，应当由其所在的资产评估机构统一受理，并由评估机构与委托人签订书面资产评估业务约定书，这属于法人行为，资产评估师不得以个人名义签订资产评估业务约定书。资产评估业务约定书内容应当全面、具体，含义清晰准确，符合国家法律、法规和资产评估行业的管理规定。

资产评估业务约定书包括以下基本内容：①评估机构和委托方名称；②评估目的；③评估对象；④评估基准日；⑤出具评估报告的时间要求；⑥评估报告使用范围；⑦评估收费；⑧双方的权利、义务及违约责任；⑨签约时间；⑩双方认为应当约定的其他重要事项。其格式如下：

资产评估业务约定书

A科技有限公司（甲方）委托B资产评估有限公司（乙方）进行资产评估业务，甲乙双方经友好协商，共同制定和签署本约定书。

资产占有方：C科技有限公司

报告使用者：A科技有限公司、C科技有限公司

评估目的：为委托方与资产占有方处理企业并购事宜提供C科技有限公司企业价值的参考意见。

评估对象：C科技有限公司的企业价值

评估范围：C科技有限公司的全部资产及负债

价值类型：市场价值

评估基准日：2019年12月31日

资产评估项目执行时间安排：自2020年1月8日起至2020年2月28日止。委托方应在2020年1月18日前按评估方要求提供完备资料，若特定事件或不可预见事项影响时，双方另行约定评估业务进行与完成时间安排事宜。

甲方联系与组织人：×××。联系电话：×××××。

乙方联系与组织人：×××。联系电话：×××××。

乙方指派×××为评估项目负责人，共10人参与本项目工作。

甲方的责任与义务：

1. 甲方的责任：

(1) 对评估目的所涉及相关经济行为的合法性、可行性负责；

(2) 提供评估对象法律权属等资料，并对所提供评估对象法律权属资料的真实性、合法

性和完整性承担责任；

(3) 提供评估必要的资料，并对提供给评估机构的会计账册、评估明细表、资产清查及使用情况等评估数据、资料和其他有关文件、材料的真实性、合法性、完整性负责；

(4) 根据评估目的对应经济行为的需要恰当地使用评估报告。

2. 甲方的义务：

(1) 及时按资产评估的要求向乙方提供真实、充分、合法的资料，法律权属证明文件及其他相关法律文件；根据资产评估的要求，对各项资产进行全面清查、盘点；

(2) 认真填写各项清查明细报表，在乙方要求的时间内报送乙方；对提供的评估明细表及相关证明材料以签字、盖章或者其他方式进行确认；

(3) 在评估过程中组织人力、物力协助乙方，以及为乙方的评估人员提供必要的工作条件和配合；

(4) 根据评估业务的需要，负责资产评估师与评估项目相关当事方之间的协调和沟通；

(5) 除法律、法规规定以及甲、乙双方另有约定之外，未征得乙方同意，对乙方提供的包括评估报告、补充说明、解释、建议等文件和材料在内的各项内容不得被摘抄、引用或者披露于公开媒体；

(6) 按照约定条件及时足额支付评估服务费用。因甲方原因造成的与本约定不符的事由，甲方承担相应责任，并另行支付追加费用或终止约定事项。

乙方的责任与义务：

1. 乙方的责任：

(1) 遵守国家有关法律、法规和资产评估准则要求，对评估对象在评估基准日特定目的下的价值进行分析、估算并发表专业意见；

(2) 维护所发表专业意见的独立性、客观性、公正性；

(3) 对甲方或被评估单位所提供的有关文件资料和执业过程中获知的商业秘密，应妥善保管并负保密责任。除法律、法规另有规定的以外，未经甲方书面许可，乙方和资产评估师不得将评估报告内容，以及甲方或被评估单位提供的有关文件资料和执业过程中获知的商业秘密向第三方提供或者公开。

2. 乙方的义务：

(1) 遵守相关资产评估的有关法规和规范要求，及时拟定资产评估工作方案和工作计划，确定评估途径和方法；

(2) 在收到符合评估要求的各项报表、资料后，及时组织相关的专职评估人员做好评估对象现场勘察工作；

(3) 配合委托方相关经济行为的实施进度，在合理的工作时间内完成评估分析、估算，并将问题及时反馈给委托方；

(4) 在委托方和相关当事方的协助下，根据资产评估工作方案和计划如期完成资产评估工作；

(5) 按照相关资产评估规范中对评估质量和评估报告的要求发表专业意见和出具评估报告；

(6) 督促执行评估业务的人员遵守职业道德，诚实正直，勤勉尽责，恪守独立、客观、公正的原则。

因乙方原因造成的与本约定不符的事由,乙方承担相应责任,若终止约定事项须退还已收取的费用。

根据国家发展改革委、财政部《资产评估收费管理办法》(发改价格〔2009〕2914 号)及××省物价局《关于资产评估收费有关问题的通知》规定,参考评估业务的工作量计算评估服务收费。

本评估项目的承办实行有偿服务,乙方完成评估约定事项,甲方按国家规定的收费标准向乙方支付以下三项费用:

评估费用¥______元,人民币大写____万____仟____佰____拾____圆整;

差旅外勤费用¥______元,人民币大写____万____仟____佰____拾____圆整;

特别约定费用¥______元,人民币大写____万____仟____佰____拾____圆整;

合计¥______元,人民币大写____万____仟____佰____拾____圆整;

本约定书一经双方签订,甲方应预付乙方评估费用的30%,其余费用在乙方提交评估报告时一次付清。

本约定书未尽事宜由双方另行商定,其法律效力等同。

本约定书有效期为签署之日起至评估报告提交日止。

本协议一式两份,甲乙双方各持一份。

甲方(签章)　　　　　　　　　　乙方(签章)

代表(签字)　　　　　　　　　　代表(签字)

签署日:2020 年 1 月 8 日

在签订了资产评估业务约定书后,评估机构就应着手组建成立以项目经理为首的资产评估工作小组。对于企业价值评估及较大的评估项目,除了选派项目经理外,还要按照资产分类分别设立专业组及其负责人,以便在分工负责的基础上进行总体协调工作。

三、编制资产评估计划

为高质、高效地完成资产评估业务,评估机构和人员应当编制评估计划,对评估过程中的每个工作步骤以及时间和人力进行规划与安排。评估计划是评估机构和人员为执行评估行业务拟定的工作思路和实施方案,主要包括评估的基本事项、技术路线和方法、需要收集的资料及其收集渠道、预计所需要的时间和费用、工作步骤和人力资源及进度安排等。由于评估项目千差万别,评估计划也不尽相同,其详略程度取决于评估业务的规模和复杂程度。

评估机构和人员应当在评估计划编制过程中同委托人等就相关问题进行洽谈,根据所承接的具体评估项目情况,编制合理的评估计划,并根据执行评估业务过程中的具体情况,及时修改、补充评估计划。

评估计划应当涵盖评估工作的全过程,并报经评估机构负责人审核批准。编制评估工作计划应当重点考虑以下因素:

(1) 评估目的、评估对象状况;

(2) 评估业务风险、评估项目的规模和复杂程度;

(3) 评估对象的性质、行业特点、发展趋势；

(4) 资产评估项目所涉及资产的结构、类别、数量及分布状况；

(5) 相关资料收集状况；

(6) 委托人或资产占有方过去资产评估的经历、诚信状况及提供资料的可靠性、完整性和相关性；

(7) 资产评估人员的专业胜任能力、经验及助理人员配备情况。

第三节/资产评估的现场调查

对资产进行现场调查目的在于确定委估资产的真实性、合法性和完整性，以及委估资产与卡、账、表的一致性。调查的内容主要是各类资产是否存在以及它们的产权状况、技术状况、新旧程度、运行状况、质量等技术参数。当现场调查工作因客观原因导致受限时，应判断对评估结论是否有重大影响，是否需要采取必要措施予以弥补。

一、现场调查的手段和方式

(一) 现场调查的手段

现场调查的手段通常包括询问、访谈、核对、监盘、勘查等。

(1) 询问通常是指资产评估专业人员在阅读、分析评估申报资料的基础上，与评估对象的相关人员进行沟通，以全面了解评估对象的有关具体信息。

(2) 访谈通常是针对无法通过书面资料说明或证明的，涉及多个专业或部门、具有较大不确定性的综合项目或事项，通过对特定人员或者相关人员访谈，以及时获得全面的、综合性的信息，从而对评估对象的状况做出合理判断。

(3) 核对通常是对委托人申报评估的资产进行账卡核对、账表核对、账实核对以及将申报内容与相关权证、文件载明的信息核对等，了解资产的存在及法律权属，如果存在盘盈、盘亏等现象，还需要调查原因。

(4) 监盘是运用较多的核实方法，即参与企业组织的现金、存货等资产的清查核对工作，主要对清查实施方案、人员安排、清查方式、清查结果等进行了解，判断清查结果能否反映实际状况，并根据清查结果对资产数量、质量、金额等做出恰当的判断。

(5) 勘查主要是指对实物资产的数量、质量、分布、运行和利用情况(经营情况)等进行的调查，对相关技术检测结果的收集、观察，对其运行记录和定期专业检测报告的收集和分析等工作。在评估实务中，对特殊资产实施勘查可以聘请行业专家协助开展工作，但应当采取必要措施确信专家工作的合理性。

(二) 现场调查的方式

资产评估专业人员可以根据重要性原则采用逐项或者抽样的方式进行现场调查。

(1) 逐项调查是指对纳入评估范围的所有资产及负债进行逐项核实，并进行相应的勘查和法律权属资料核实。当存在下述两种情形之一时，资产评估专业人员应当考虑进行逐项调查:①评估范围内资产数量少、单项资产的价值量大;②资产存在管理不善等风险,产权持有人或被评估单位提供的相关资料无法反映资产实际状况,并且从其他途径也无法获取充分、恰当的评估证据。

(2) 抽样调查是指对于无法或不宜对评估范围内所有资产、负债等有关内容进行逐项调查的,采用抽样调查方式进行的现场调查。它是按一定程序从评估对象的全体(总体)中抽取一部分单位(样本)进行调查或观察获取数据,并以此对总体的一定目标做出推断。抽样调查的基本方法包括简单随机抽样、分层抽样、系统抽样、整群抽样、不等概率抽样、多阶段抽样、重点项目抽样等。如果采用抽样调查方式,在制定评估计划时,应考虑抽样风险,要保证抽样调查形成的结论合理,能够基本反映资产的实际状况,抽样误差要适度。另外,选择抽样调查方式的理由要形成评估工作底稿。

二、现场调查内容

资产评估的现场调查内容包括权属状况调查、技术状况调查、使用状况调查、质量鉴定、磨损程度鉴定等,不同类型的资产其调查方法和内容不同,这里主要说明一般的调查方法。

(一) 账面资产及负债的调查

为了核实账面资产,必须对其真实性、准确性进行调查,具体方法包括函证、查验凭证等。其中,函证的内容及标准,应在专业判断的基础上,结合重要性水平加以确定。对于函证的款项,除特殊情况无法收回外,应当积极催收,尽量取得回函,如第一次询证未回,应再次函证。如始终没有取得回函,应采取适当的替代程序进行审核。

债权清查中的难点是获取相关损失证据,为此必须明确有关损失确认的条件和依据。

(二) 实物资产的调查

实物资产的调查是指通过查阅有关技术资料和使用手册,查看资产外观和使用环境、了解保管条件与维修情况、咨询有关管理人员等方法对实物资产的使用状况、技术性能、品质质量、损耗程度等进行分析判断的活动。

1. 存货的调查

存货资产的调查主要是关注是否存在存货损失,一般在取得以下证据的前提下确认资产损失:

(1) 盘亏、锈蚀、腐烂的存货,依据盘点记录、损失报告、公司董事会、经理办公会或权力机构的决议或批准文件直接确认损失。

(2) 技术淘汰、质量报废、毁损报废的产品,应取得专业的技术管理部门、行业技术鉴定委员会、中介技术鉴定部门的鉴定或咨询报告、评估机构报告、物价部门价格公告、媒体公告等确认损失。

(3) 已经过期且无转换价值的存货、生产中已不再需要且已无使用价值和转让价值的存货,应取得专业的技术鉴定部门的报告,证明该存货已过期且无利用价值。

(4) 自然灾害、被盗损失、事故损失等造成的存货损失,需提供公安、交通(安检)、保险部门的证明资料、保险索赔资料、法律诉讼文书、主管机构的裁定书、事故报告书等,损失金额应按保险理赔后的净值计算。

2. 固定资产的调查

一般情况下，固定资产的调查可以分为定性调查和定量调查两种。定性调查主要是指通过工程技术人员、专业人员和被鉴定资产的管理人员的专业知识和长期实践经验，根据被评估资产的实际使用情况，经过分析和目测做出的关于固定资产的好坏和新旧程度的判断。定量调查主要是指采用仪器、仪表和其他测试手段，通过相关参数指数的计算，对固定资产做出的关于技术性能、物理状况以及几何精度等方面的判断。

对于房屋建筑物的调查，主要考察的是其原设计状况（包括房屋建筑物的面积、结构、高度、容积率、装饰等）和现存状况，调查的关键在于成新率。在对房屋建筑物进行调查时，应当编制和填写《房屋建筑物质量鉴定表》。

与房屋建筑物相比，机器设备的调查更为复杂，因为机器设备的种类、技术等级及使用行业成千上万，很难形成一个统一的标准。机器设备的调查一般应逐台、逐套进行，现场调查中应重点关注是否存在以下几种情况：

（1）长期闲置不用，在可预见的未来不会再使用，且已无转让价值的机器设备。

（2）由于技术进步等原因，已不可使用的机器设备。

（3）虽然固定资产尚可使用，但使用后产生大量不合格品的机器设备。

（4）已遭毁损，以至于不再具有使用价值的机器设备。

（5）其他实质上已经不能再给企业带来经济利益的机器设备。

以上五种情形的机器设备，均需取得专业技术鉴定部门出具的相关文书。

三、现场调查工作受限及其处理

现场调查评估受限是指因客观原因无法进行实地勘查的情形，也就是现场调查程序受到了限制。当遇到评估受限无法履行现场调查程序时，资产评估专业人员应当重点考虑以下因素，判断是否继续执行或中止评估业务：一是所受限制是否对评估结论造成重大影响或者无法判断其影响程度；二是能否采取必要措施弥补不能实施调查程序的缺失。

如果无法采取替代措施对评估对象进行现场调，或者即使履行替代程序，也无法消除其对评估结论产生重大影响的事实，资产评估机构应当终止执行评估业务。如果通过实施替代程序之后，受限事项并不会对评估结论产生重大影响，资产评估机构可以继续执行评估业务，但是资产评估专业人员应当在工作底稿中予以说明，分析其对评估结论的影响程度，并在资产评估报告中以恰当方式说明所受限制情况、所采取的替代程序的合理性及其对评估结论合理性的影响。

第四节　资产评估资料的收集与评定估算

一、资产评估资料的收集

资料收集工作是资产评估业务质量的重要保证，也是进行分析、判断进而形成评估结论的基础。资产评估工作实际上就是对被评估资产的有关信息资料进行收集、分析判断、加工处理并做出披露的过程。由于资产评估的专业性和评估对象的广泛性，不同的项目、不同的评估目的、不同的资产类型对评估资料有着不同的需求。另外由于评估对象及其所在行业的市场状况、信息化和公开化程度差别较大，相关资料的可获取程度也不同。因此资产评估机构和人员的执业能力在一定程度上就体现在其收集、占有与所执行项目相关信息资料的能力上。

(一) 资产评估需要收集的资料

资产评估人员应当在其力所能及的条件下，独立获取评估所依据的信息，并确信信息来源是可靠的，同时为达到这种确信程度而采取的必要措施是行业内所公认的。资产评估人员在执行业务过程中，不能随意地采用那些不具有可靠来源和明显不合理的信息资料。

资产评估人员在资产评估过程中，应当考虑下列相关信息：

(1) 有关资产权利的法律文件或其他证明资料。

(2) 资产的性质、目前和历史状况信息。

(3) 有关资产的剩余经济寿命和法定寿命信息。

(4) 有关资产的使用范围和获利能力的信息。

(5) 资产以往评估及交易情况信息。

(6) 资产转让的可行性信息。

(7) 类似的资产的市场价格信息。

(8) 卖方承诺的保证、赔偿及其他附加条件。

(9) 可能影响资产价值的宏观经济前景信息。

(10) 可能影响资产价值的行业状况及前景信息。

(11) 可能影响资产价值的企业状况及前景信息。

(12) 其他相关信息。

(二) 资产评估所需资料的来源

在执行资产评估行业务过程中，资产评估人员所依据的信息通常由资产所有者或占有者内部的资料信息和外部的资料信息构成。

1. 收集资产所有者或占有者内部的信息资料

资产所有者或占有者内部的信息资料通常包括公司历史沿革、组织结构、股权架构、宣传手册及目录、关键人员、客户及供应商基数、合同义务、有关目标资产的历史经营情况及其未来发展前景的信息数据，如财务报告等；目标资产的相关文件，如产权证明、技术说明等；使资产达到目前状态(截止到评估基准日)所花费的所有成本；涉及目标资产及类似资产的交易；作为现行企业经营一部分的资产的未来应用及效用；资产预期剩余使用寿命的信息，以及法律、合同、物理、功能、技术、经济等影响因素的信息。

资产评估人员通常应事先编制常见的评估资料清单，由资产所有者或占有者根据资料清单提供或者协助调查才能取得这些信息。

2. 收集资产所有者或占有者外部的信息资料

资产所有者或占有者外部的信息资料一般包括行业资料、技术发展趋势、宏观经济及人口统计资料、市场交易定价资料等。它们一般来源于公开市场和公共信息领域，是资产评估过程中不可或缺的重要信息。

（1）市场信息。公开市场是评估人员获取信息资料的最主要来源，市场信息具有公开性、直接性等特点，同时直接获得的市场信息也可能存在未充分反映交易内容和条件的问题，因此对市场信息的收集应当尽可能全面，并进行必要的分析调整。评估人员应当掌握必要的市场信息渠道，在日常工作中收集必要的市场信息，并根据具体评估业务的需要，及时获得与评估业务相关的市场信息。

（2）政府部门。许多有关企业的信息可通过查看各级政府部门的资料获取，如各级工商行政管理部门都保存有注册公司的基本登记信息。政府部门的资料包括有关产业的统计数据，这些数据对资产评估中分析行业及产业状况非常重要，包括详尽的库存情况、生产情况、需求情况等。政府部门的资料一般比较正式，具有较高的权威性和可信度，但在时效性等方面也可能存在问题。

（3）证券交易机构。有关上市公司的资料可在证券交易所查询。公开上市公司都必须向监管部门和有关证券交易所提交年度报告和中期报告，并予公告。上市公司的这些公开信息要接受审计师审计，反映的情况相对而言较为可靠，资产评估人员查询收集这些信息也较为方便。利用这些信息，评估人员不仅可了解资产所有者的状况，也可了解其竞争对手状况及其所处行业的情况。对于未上市公司，也可从上市公司中挑选可比的对象作为目标公司的参照物，进行类比分析，了解相关状况。

（4）媒体。媒体一般包括新闻媒介、专业杂志等。新闻媒介的信息不仅包含了原始信息，并且通常都有一些分析，有助于评估人员加深对所需信息的理解，并能节约分析时间。但应注意新闻媒介在报道一些产业、公司和政府机构时往往带有一定的倾向性，评估人员要注意对信息进行鉴别。对资产评估来说，权威的专业杂志具有重要价值。这些刊物上发表的文章专业性突出，披露的信息也更详细，分析也较有深度。

（5）行业协会或管理机构及其出版物。通常可从行业协会得到有关产业结构与发展情况、市场竞争情况等信息，还能咨询到有关专家的意见。行业协会一般都出版该行业的专业刊物和书籍，这些出版物是了解该行业情况的重要资料来源。例如我国的证券交易机构出版的行业分析报告等。

（6）学术出版物。已出版的有关资产评估和经济分析的文章，可以通过标准索引进行查询。这些标准索引可以从绝大部分的公共和学术图书馆中找到。还可查询学术和行业出版的文章资料，通过相关的和专业的书籍，收集有关的信息资料。随着经济全球化的发展，评估人员还应加强国外信息资料的收集。但是利用国外的信息资料一定要谨慎，应充分研究其适用的条件和环境，并需要做出适当地调整才能加以利用。随着我国市场经济的建立，这方面的书籍、杂志和有关资料也在增多，应当注意收集。

（三）资产评估资料的处理

由于资产评估中需要收集的信息数量大、覆盖面广，评估人员应对收集的相关信息进行必要的分析，做到去伪存真、去粗取精，要保证信息收集、分析的充分性和合理性。

资产评估师应当根据评估业务具体情况对收集的评估资料进行必要分析、归纳和整理，形成评定估算的依据。

1. 资产评估资料的分析

资产评估资料的分析是指对被评估资产信息资料合理性和可靠性的识别。由于收集资料的方法多种多样,收集上来的资料难免有失真情况。对于失真的资产信息资料要及时鉴别并剔除。另外,对所收集的数据是否具有合理性、相关性也需要进行分析,以提高评估所依据的资产信息的可靠性。资产信息资料的分析,通常可通过确定信息源的可靠性和资料本身的可靠性来解决。信息源的可靠性可通过对如下因素的考察判断:

(1) 该渠道过去提供信息的质量;

(2) 该渠道提供信息的动因;

(3) 该渠道是否被通常认为是该种信息的合理提供者;

(4) 该渠道的可信度。

信息资料本身的可靠性可通过其他来源进行佐证,必要时也可以进行适当的调查验证。实践中常采用电话询问查证和扩大调查范围的做法。

根据信息的准确度和信息源的可靠性可将收集的信息"定级"。这种"定级"不仅能帮助评估人员分析所收集的信息,而且还能帮助评估人员掌握各种信息源的概况。评估人员把对信息源的可靠性评价积累下来,对以后收集信息十分有用。

通常信息源的可靠性分为:①完全可靠;②通常可靠;③比较可靠;④通常不可靠;⑤不可靠;⑥无法评价可靠性。

信息本身的准确度可分为:①经其他渠道证实;②很可能是真实的;③可能是真实的;④真实性值得怀疑;⑤很不可能:⑥无法评价真实性。

2. 资产评估资料的归纳与整理

在对资产信息资料的可靠性进行分析的基础上,还要对资产信息资料进行归纳、整理。

1) 按可用性原则划分

(1) 可用性资产信息资料,是指在某一具体评估项目中可以作为评估依据的资产信息资料。

(2) 不可用信息资料,是指在某一个具体的评估项目中,与此项评估业务没有直接联系或根本无用的资产信息资料。

2) 按信息来源划分

(1) 一级信息是从信息源来的未经处理的事实。这些信息是没有经过变动、调整或根据有关人员的观点选择处理过的。公司的年度报告、证交所的报告或其他出版物通常被认为是一级信息。此外,评估人员直接观察到的信息、政府资料也可视为一级信息。一级信息的可靠性高,是评估人员分析的最重要资料。

(2) 二级信息是指经过处理的信息。二级信息比一级信息更容易找到,包括报纸、杂志、行业协会出版物、有关公司的学术论文和分析员的报告等提供的信息。二级信息是有选择地加工过的或按一定思想倾向改动过的信息,具有重点突出、容易理解的特点。例如证券分析师的投资分析报告等可帮助评估人员更全面地了解目标公司及所处产业的状况。对这类信息,评估人员应做去伪存真和去粗取精的分析。

二、资产评估的评定估算

(一) 评定估算的定义

评定估算是资产评估工作最关键的阶段。它是资产评估人员根据评估的特定目的和掌握的有关资料,选择适当的价值类型,采用适当的评估方法,对委托评估的资产价值进行的评定估算和分析的过程。一般来说,在现场调查和勘查及收集评估所需的资料工作完成以后,资产评估人员就对收集和掌握的有关数据、资料进行分析、归纳和整理在此基础上,根据制订的评估综合计划和评估程序计划对待估资产价值进行评定估算。

(二) 评定估算工作步骤

评定估算包括的主要具体工作步骤有:分析评估资料、选择评估方法、形成评估结论、综合分析结论。

评估人员对收集的评估资料要进行分析,去伪存真,去粗取精,作为评估的依据。在此基础上选择恰当的评估方法,评估方法应当与评估目的、价值类型、市场条件、评估对象的处理化状态、占有资料的情况相适应。选择评估方法包括选择评估技术思路、具体方法以及技术经济参数等内容。评估人员在选定评估方法后就可以运用评估方法来形成评估结论。当采用多种方法评估时,评估人员应当对各种方法所得出的结论进行比较分析,在分析评估资料、数据、参数的质量和数量等因素的基础上,综合考虑不同评估方法和评估结论的合理性,分析可能存在的问题并作出相应的调整,形成最终合理的评估结论。

(三) 评定估算的内容

对单项资产进行评定估算一般需要如下几个步骤:

(1) 划分资产类别,选择评估方法。由于各类资产的性质和特点不同,对各种评估方法的适用性也不尽相同。评估人员应根据各类资产的不同特点,考虑评估的目的和价值类型,选择恰当的评估方法。

(2) 确定待估资产的经济技术参数。评估人员应根据评估的目的、价值类型以及所选择的途径和方法,科学合理地确定评估所需要的各类经济技术参数,评估人员可根据资产清查过程中的资料,对待估资产的具体状况,包括质量、技术性能、成新率、尚可使用年限、产品完工程度等做出准确的评定,取得客观的参数。

(3) 估算资产价值。评估人员根据掌握的有关资料以及有关经济技术参数,运用恰当的评估方法,估算出资产的价值,各单项资产的具体评定估算方法已在有关章节详细介绍,这里不再赘述。

(四) 企业价值的评定估算

企业价值评估常用的方法有成本法(资产基础法)、收益法和市场法。由于企业是由各单项资产有机组合而成的,因此采用资产基础法评定估算企业价值的程序和各单项资产评定估算的程序基本相似,而收益法和市场法以企业整体为评估对象,以企业资产获利能力及可比企业市场价值为基础,其评估程序不同于单项资产评定估算的程序,企业价值的评定估算方法详见“第十章企业价值评估”。

第五节 资产评估报告的编制与底稿归档

一、编制和提交评估报告

评估人员应在执行评定估算程序后，根据法律、法规和资产评估准则的要求编制资产评估报告。评估报告不仅是对评估结果的系统陈述，也是履行评估程序情况的全面检验，更重要的是通过报告对形成评估结论的原因、过程、前提和注意事项等的披露，可以在一定程度上规避执业风险。

通过编制评估报告，评估机构和评估人员一方面可以告知报告使用者评估结论形成的依据、采用的方法、评估过程以及形成的最终结论；另一方面可以系统地检查评估业务洽谈和受理、评估前期准备、现场调查、收集评估资料、评定估算所有评估环节的执行情况，发现是否存在疏漏，是否存在尚未解决的问题，现场调查勘查、收集评估资料与评定估算的初步结论是否存在逻辑上的必然联系，有没有需要披露和揭示的重大问题等。

评估报告编制完成后，评估机构内部应该对评估报告进行必要的审核，评估机构内部审核可以是多种层次和形式。在向委托方提交正式评估报告前，可以在不影响对最终评估结论进行独立判断的前提下，与委托方或者委托方许可的相关当事方就评估报告的有关内容进行必要的沟通，听取委托方产权持有者及相关当事方对评估结论的意见，并引导委托方、产权持有者等合理理解资产评估结论。

评估报告需要经过评估机构内部相关责任人的复核，并与委托方就评估报告进行必要的沟通后，由评估机构以恰当的方式将评估报告提交给委托方。

二、工作底稿归档

资产评估机构完成资产评估报告并提交给委托方（如是涉及国有资产的评估项目，还应经国有资产监管单位核准或备案），评估人员应当按照《资产评估执业准则——资产评估档案》（中评协〔2018〕37 号）规定对评估工作全过程中形成或取得的一切文件资料进行整理归档。

（一）资产评估工作底稿

资产评估工作底稿，是指资产评估人员在评估过程中形成的，反映评估程序实施情况、支持评估结论的工作记录和获取的相关资料，是资产评估师形成评估报告的依据。工作底稿应如实反映资产评估计划与方案的制订及实施情况，包括与形成评估报告有关的所有重要事项以及资产评估师评定估算的全部依据、过程及专业判断。

工作底稿并不是越详尽越好，工作底稿的繁简程度与以下基本因素相关：

（1）资产评估业务约定书约定的评估目的及要求。

（2）被评估资产的规模及复杂程度。

（3）委托人所申报和提供的资产评估资料。

（4）被评估资产的产权。

（5）评估的假设前提条件、重要事项的说明。

（二）工作底稿基本内容

一般来说，编制的工作底稿应包括以下基本内容：委托方、产权持有者和被评估企业的名称，评估对象名称，评估基准日，评估程序、过程记录，评估标识及说明，索引号及页次编制者姓名及编制日期，复核者姓名及复核日期，评估结果及其他应说明事项等。

工作底稿一般分为管理类工作底稿和操作类工作底稿两类。

1. 管理类工作底稿

管理类工作底稿是指评估项目负责人在评估过程中，为规划、安排、控制和管理整个评估项目过程，并出具评估报告所形成的文字记录，主要包括以下内容：

（1）项目洽谈记录。

（2）评估业务约定书。

（3）评估计划及实施情况。

（4）评估委托人及被评估企业基本情况的调查记录和资料，资产规模及主要资产状况。

（5）评估执业过程中重大问题处理记录。

（6）有关部门的审核意见。

（7）评估机构内部的审核意见。

（8）资产评估工作小结。

（9）评估报告和评估结果汇总表。

（10）其他。

2. 操作类工作底稿

操作类工作底稿是指评估人员在评估实施阶段为执行具体评估程序所形成的评估工作底稿，主要包括以下内容：

（1）被评估资产范围内各类资产或负债的汇总表。

（2）客户所申报的资产明细表。

（3）评估人员用于勘测和计算的评估明细表。

（4）各类专项调查记录。

（5）资产产权归属证明文件或使用权证明文件。

（6）价格信息、市场调研记录。

（7）分析计算说明、调整说明和重要事项说明。

（8）被评估单位的整体分析资料。

（9）有关原始凭证，包括会计报表、盘点表、对账单、平面图、鉴定证书、决算资料、重要资产购置发票、重要合同、重要设备运行记录和大修理、改造记录等。

（10）现场核实资产的工作记录。

（11）委托方及被评估企业的反馈意见及修改记录。

（三）工作底稿的复核与审阅

资产评估机构应当建立工作底稿复核制度。复核人在复核工作底稿时，应做出必要的复核记录，书面表示复核意见并签名。在复核过程中，复核人如发现已执行的评估程序或做出的评估记录存在问题，应指示有关人员予以答复、处理，并形成相应的评估记录。工作底稿的所有权属于接受委托进行资产评估的评估机构。评估机构应当对工作底稿进行分类整理，形成评估档案，并建立评估工作底稿保密制度，对工作底稿中涉及的商业秘密保密。

但以下列情况查阅评估工作底稿的，不受此限制：

(1) 执法部门按法定程序进行查询的。

(2) 依法有权审核评估业务的政府部门按规定程序对工作底稿进行查阅的。

(3) 资产评估行业协会按规定程序对执业质量进行检查的。

(4) 其他依法可以查询的情形。

因评估工作需要，并经委托人和被评估企业同意，在仲裁评估、联合评估和拥有工作底稿的评估机构认为合理的其他情况下，不同评估机构的资产评估人员可以要求查阅评估工作底稿。拥有工作底稿的评估机构应当对要求查阅者提供适当的协助，并根据工作底稿的内容及性质，决定是否允许要求查阅者阅览其评估工作底稿及复印或摘录有关内容。查阅者如误用评估工作底稿而造成的后果，与拥有工作底稿的评估机构无关。

(四) 资产评估档案管理

当评估工作结束后，项目负责人应当在规定时间内把在评估工作全过程中形成或取得的一切文件资料整理归档，不得拒绝归档或据为己有。按现行评估准则的要求，工作底稿应在报告日后 90 天内归档。具体归档要求详见第四章相关内容。

本章习题

一、单选题

1. 开展和实施评估业务的第一个环节是(　　)。

A. 明确业务基本事项　　B. 签订业务委托合同

C. 制定资产评估准则　　D. 编制资产评估计划

【正确答案】 A

【答案解析】 明确业务基本事项是开展和实施评估业务的第一个环节，明确业务基本事项可以对评估业务有充分、全面的了解，为评估业务的承接和执行做好准备。

【该题针对“资产评估业务基本事项”知识点进行考核】

2. 评估机构洽谈人员根据了解的情况提出评估收费标准及报价，并与委托人就评估费用、支付时间和方式进行沟通。以下不属于评估服务费构成的是(　　)。

A. 业务洽谈费用　　B. 现场办公费用

C. 差旅及食宿费用　　D. 专业服务费

【正确答案】 A

【答案解析】 评估机构洽谈人员根据了解的情况提出评估收费标准及报价，并与委托人就评估费用、支付时间和方式进行沟通。委托人需要了解评估机构报价确定依据和口径，除专业服务费以外，差旅及食宿费用、现场办公费用等是否也在预计数额以及如何负担等，应在双方达成一致后，体现在评估委托合同中。

【该题针对“明确业务基本事项的主要内容及要求”知识点进行考核】

3. 评价资产评估机构的专业能力时，对于缺乏专业能力的业务的补救措施，不正确的是（ ）。

A. 可以聘请专家协助工作

B. 可以利用或引用专业机构的工作成果

C. 特别关注拟受理的项目是否存在新型或特殊的业务、专业领域、资产

D. 需要具备保证相关工作成果合理的制度安排和技术措施

【正确答案】C

【答案解析】对于缺乏专业能力的业务，是否有弥补对评估对象和资产评估经验和专业能力不足的可行措施，比如聘请专家协助工作、利用或引用专业机构的工作成果；是否有保证相关工作成果合理的制度安排和技术措施。

【该题针对“专业能力、独立性、业务风险的分析与评价”知识点进行考核】

4. 下列各项中，不属于编制资产评估计划应当考虑的因素的是（ ）。

A. 评估业务风险、评估项目的规模和复杂程度

B. 评估对象及其法律、经济、技术、物理等因素

C. 评估项目所涉及资产的结构、类别、数量及分布状况

D. 关联关系筛查

【正确答案】D

【答案解析】编制资产评估计划时，其应当考虑以下因素：①资产评估目的以及相关管理部门对资产评估开展过程中的管理规定；②评估业务风险、评估项目的规模和复杂程度；③评估对象及其法律、经济、技术、物理等因素；④评估项目所涉及资产的结构、类别、数量及分布状况；⑤委托人及相关当事人的配合程度；⑥相关资料收集状况；⑦委托人、评估对象产权持有人（或被评估单位）过去委托资产评估的情况、诚信状况及其提供资料的可靠性、完整性和相关性；⑧资产评估人员的专业能力、经验及人员配备情况；⑨与其他中介机构的合作、配合情况。

【该题针对“编制资产评估计划”知识点进行考核】

5. 下列各项中，不属于市场信息特点的是（ ）。

A. 公开性　　B. 直接性　　C. 易获得性　　D. 独立性

【正确答案】D

【答案解析】公开市场是评估专业人员获取评估资料的主要来源，市场信息具有公开性、直接性、易获得性等特点。

【该题针对“评估资料的分类、收集评估资料的主要工作内容”知识点进行考核】

二、多选题

1. 项目承接阶段和项目组织阶段需要履行的工作有（ ）。

A. 明确业务基本事项　　B. 订立业务委托合同

C. 编制资产评估计划　　D. 收集整理评估资料

E. 整理归集评估档案

【正确答案】ABC

【答案解析】依据资产评估法，财政部制定发布了资产评估基本准则，明确规定资产评估通常包括八大基本评估程序：明确业务基本事项、订立业务委托合同、编制资产评估计划、进行评估现场调查、收集整理评估资料、评定估算形成结论、编制出具评估报告、整理归集评估档案。以上基本评估程序中，前三项程序是项目承接阶段和项目组织阶段需要履行的工作。

【该题针对“资产评估程序概述”知识点进行考核】

2. 资产评估机构和评估专业人员了解可能影响独立性的情形，判断是否存在明显或潜在的利益冲突、现实或潜在的利益关系的方式包括（　　）。

A. 关联关系回避　B. 关联关系筛查　C. 关联关系申报　D. 关联关系核查

E. 关联关系函证

【正确答案】BCD

【答案解析】资产评估机构和评估专业人员主要通过关联关系筛查、申报、核查等方式，了解可能影响独立性的情形，判断是否存在明显或潜在的利益冲突、现实或潜在的利益关系。

【该题针对“专业能力、独立性、业务风险的分析与评价”知识点进行考核】

3. 关于资产评估委托合同，下列说法正确的有（　　）。

A. 明确了评估业务基本事项　B. 约定评估机构和委托人权利和义务

C. 约定了评估事项的违约责任　D. 可以是口头合同，也可以是书面合同

E. 由资产评估机构和委托人签订

【正确答案】ABCE

【答案解析】资产评估委托合同，是指评估机构与委托人订立的，明确评估业务基本事项，约定评估机构和委托人权利、义务、违约责任和争议解决等内容的书面合同。

【该题针对“订立业务委托合同”知识点进行考核】

4. 下列有关现场调查的说法中，错误的有（　　）。

A. 现场调查的手段包括勘查和检查

B. 现场调查包括了解评估对象的现状和关注评估对象法律权属两项内容

C. 对于应收账款、股权或其他经济权益，可通过核查会计记录、权益证明、股权转让协议核实其存在性

D. 对于存货、动产、不动产等实物资产，评估专业人员可通过实地查看、核查合同、盘点、函证等方式核实其存在性

E. 评估专业人员在现场调查时，应当取得评估对象的权属证明

【正确答案】AC

【答案解析】现场调查，针对评估对象，在法律允许的范围内，通过勘查、检查、核实等手段，收集资产状况相关的信息，对资产进行客观、全面地了解，为判断资产状况提供合理依据，选项 A 不正确；对于应收账款、股权或其他经济权益，可通过核查会计记录、公司章程、权益证明、股权转让协议及函证等方式核实其存在性，选项 C 不正确。

【该题针对“现场调查的目的、意义和内容”知识点进行考核】

5. 下列各项中属于现场调查的手段的有（　　）。

A. 访谈　　B. 监盘　　C. 核查权属文件　　D. 询问
E. 函证

【正确答案】ABD

【答案解析】现场调查的手段包括询问、访谈、核对、监盘、勘查等。

【该题针对“现场调查的手段和方式”知识点进行考核】

三、综合题

【综合题1】　甲公司与乙公司存在业务上的往来，并形成了负债，由于甲公司经营不善，无力偿还债务，双方经过协商，以甲公司位于北京中关村的一处建筑面积3 200平方米的物业偿债，委托资产评估公司对上述房产进行以资抵债评估。在此项业务中评估人员应如何履行系统性的工作步骤？

参考答案：

(1) 明确该项业务的基本事项。包括了解当事人之间的业务关系，评估目的、对象、范围、基准日、价值类型，评估报告提交期限和方式，评估服务费及支付方式等。

(2) 考虑相关人员的配合情况，资料提供情况，对专业胜任能力、独立性、业务风险的分析与评价。

(3) 订立业务委托合同、根据业务具体情况制定评估计划，进行评估现场调查了解评估对象的现状和关注评估对象法律权属。

(4) 现场调查的手段包括询问、访谈、核对、监盘、勘查等，收集整理评估资料，并对资料进行核查验证。

(5) 评定估算，恰当选择评估方法，形成初步评估结论，综合分析确定资产评估结论。

(6) 评定估算形成评估结论后，编制提交评估报告。

(7) 按照法律、行政法规和资产评估准则的规定及时对工作底稿进行整理并与其他相关资料形成评估档案。

【综合题2】　某生产设备系2007年5月从英国W公司引进。账面价值6 753万元人民币，生产能力为15万吨/年，公司改制需对此设备进行评估，评估基准日为2017年9月5日。经调查了解，市场同类设备的合同价（到岸价）是750万美元，生产能力为19万吨/年。银行财务费率0.7%，外贸手续费率为1.3%，海关监管费率为0.4%，国内运杂费率为0.9%，安装调试费率为5%，其他费率为1.2%。设备从订购到安装完毕投入使用需半年，银行贷款利率5.8%，美元兑人民币的汇率为1∶6.285。

经专业人员对该设备运行情况检测，运行状态良好，设备运转率在90%以上，属完好设备，尚可使用15年。如何对该机器设备进行评估和鉴定？

参考答案：

(1) 接受业务委托阶段：向客户了解待估设备的背景、现状、评估目的和报告的用途及评估涉及的其他因素，评估胜任能力及风险后订立业务委托合同。

(2) 评估准备阶段：①要求委托方提供资产评估所需资料；②根据具体情况制订评估计划；③各种途径收集评估数据资料。

(3) 现场调查阶段：①清查核实评估对象数量和权属；②对机器设备进行勘察技术鉴定。

(4) 确定设备估价数据与经济参数阶段:①对收集到的数据进行筛选、分析和整理,确定适合本次评估的估价数据;②根据现场勘察和技术检测所掌握的资料情况,测定各种技术参数,如设备磨损系数、完好率、尚可使用年限、有形损耗率、成新率等。

(5) 评定估算阶段:科学地选用评估计算方法对机器设备进行评定估算。

(6) 撰写及出具评估报告阶段:报告初稿进行内部复核,对设备的估价依据和参数等进行再一次全面核对。在重新核对无误的基础上,完成最终评估报告书及评估说明。

第四章
资产评估报告

第一节 资产评估报告概述

一、资产评估报告的基本概念

资产评估报告是评估师按照评估工作制度的有关规定，在实施了必要的评估程序对特定评估对象价值进行估算后编制的，并由其所在评估机构向委托方（客户）提交的反映其专业意见的书面文件。它是按照一定的格式和内容来反映评估目的、假设、程序、依据、方法、结果及适用条件等基本情况。评估师应当根据评估业务的具体情况，向客户提供能够满足委托方和其他报告使用者合理需求的评估报告，在评估报告中应提供必要和足够的信息，使评估报告使用者能够合理理解和使用评估结论。

美国《专业评估执业统一准则》(XUSPAP)是从报告类型和报告要素对评估报告进行规范的。《国际评估准则》(IVS)和我国2018年发布的《资产评估准则——评估报告》都是从报告内容和报告要素进行规范的。我国2017年发布的《企业国有资产评估报告指南》和2017年发布的《金融企业国有资产评估报告指南》，则是从国有资产评估报告的基本内容和格式方面进行规范的。

二、资产评估报告的基本内容

（一）资产评估报告基本内容概述

资产评估报告是为客户服务的渠道和形式，因此资产评估报告内容应该满足用户的使用要求，使客户和其他报告的使用者或利用者可以很容易地复核评估报告，并了解评估结论是如何作出的。因此，资产评估报告应以清楚地表达评估结果和充分的依据说明为目标，根据影响资产评估价值的因素进行分析说明，完整、清楚地说明评估结论是如何做出的以及评估结论成立的条件。一般来说，一份符合用户需要的资产评估报告至少应包括以下内容：

1. 评估委托人及报告使用者

评估人员必须谨慎地对客户身份进行确认，一般情况下要写明委托人的身份。在个别情况下，如果用户希望匿名，评估人员可以在评估报告中略去客户的身份，但必须在评估档案中记录用户的身份。评估报告的使用者可能包括委托人、贷款人、政府部门、客户合作伙伴、客户雇用的律师和会计师等，评估报告中要予以披露。但在我国，涉及国有资产的评估报告用户不能匿名。

2. 资产评估的对象和范围

评估对象是评估的标的物，评估范围是评估对象涉及的资产内容。评估对象的描述、范围的界定是评估结论科学合理的基础。因此，评估报告中对评估对象的信息应充分描述，包括评估对象的权益、法律、物理、经济等方面的特性。

3. 评估目的

评估目的不同，评估结果可能不同。准确地描述评估目的对理解评估结论具有重要意义。

4. 评估结果的价值类型和定义

评估结果的价值类型是评估结果的质的规定性。评估报告中应明确指出评估价值的价值类型并进行定义，以及包括使报告使用者明确了解如何使用价值定义所需要的任何说明。

5. 评估基准日和报告日

资产评估是对资产在某一时点的价值发表意见，评估基准日是确定价值意见的基础，评估报告中必须写明评估基准日。评估报告日表明评估师对评估基准日市场和资产状况的评价是现行的、未来的还是历史的角度。

6. 评估方法及其重要参数确定的依据和过程

评估方法是获得评估结果的途径和手段。评估过程中，应根据评估方法适用的前提条件、评估时的市场条件以及评估对象本身的特征、状态、条件等选择合适的方法。在评估报告中应说明选定所使用评估方法的理由，当采用一种以上方法时，还应说明最终评估价值确定的方法和过程。报告中应阐述分析的资料，以及评估分析、判断的依据，对重要的参数应列示其获得的来源、渠道和方法。

7. 评估结论

评估报告应清楚、明确地列示评估结论以及评估结论成立的假设和限定条件，以便评估报告使用者理解评估结论。

8. 评估人员署名的重要声明

为了更好地使评估委托人及其他报告使用者有效使用评估报告和规避评估人员的风险，根据目前国内外的评估报告要求，一份评估报告中一般应包括一份评估人员署名的声明。评估人员的声明一般应包括但不限于如下内容：

(1) 本评估报告所叙述的事实是真实和正确的。

(2) 评估报告的分析、判断和结论仅受评估报告所阐述的假设和限定条件的限制，评估人员的专业分析、判断和结论是公正的、无偏见的。

(3) 对评估报告中所评估的资产，评估人员对其不拥有现存的或将来的利益，对于评估报告涉及的各方，不涉及任何评估人员个人的利益。

(4) 对于评估报告中所评估的资产和评估工作中所涉及的各方，评估人员不存在任何偏见；

(5) 评估人员的分析、判断结论和评估报告都是遵循有关资产评估法规、准则和规范的规定进行的；

(6) 评估人员对于评估报告中所评估的资产亲自进行了现场清查与勘查；

(7) 无人对本评估报告的签署者提供重要的专业帮助(如有,则对于每一位提供帮助的专业人员必须列示其姓名)。

在以上内容规范的基础上,评估人员有充分的表达空间,使每一份评估报告更加科学、合理、有用,实现资产评估服务于用户和社会的目的。

(二) 我国资产评估报告准则要求的资产评估报告基本内容

依照《资产评估执业准则——资产评估报告》(中评协〔2018〕35号)的要求,评估报告应当包括标题及文号、声明、摘要、正文、附件。下面分别按声明、摘要、正文和附件的顺序介绍各自的基本内容,具体可参阅有关准则。

1. 评估报告声明的基本内容

评估报告的声明应当包括以下内容:

(1) 资产评估师恪守独立、客观和公正的原则,遵循有关法律、法规和资产评估准则的规定,并承担相应的责任。

(2) 提醒评估报告使用者关注评估报告特别事项说明和使用限制。

(3) 其他需要声明的内容。

评估报告准则中没有明确声明是否需要署名,但按照惯例既然是声明就应该署名,签署评估报告的评估人员都应该署名。

2. 评估报告摘要的基本内容

评估报告摘要应当提供评估业务的主要信息及评估结论。

评估报告准则中并没有详细列示摘要应包括的内容,一般来说摘要中应该包括的内容有:评估委托人、评估目的、评估对象、评估基准日、评估方法、评估结论等以及资产评估师签字盖章、评估机构盖章、法定代表人或者合伙人签字等。

3. 评估报告正文的基本内容

评估报告正文应当包括:

(1) 委托方、产权持有者和委托方以外的其他评估报告使用者。评估报告使用者包括委托方、业务约定书中约定的其他评估报告使用者和国家法律、法规规定的评估报告使用者。

(2) 评估目的。评估报告载明的评估目的应当唯一,表述应当明确、清晰。

(3) 评估对象和评估范围。评估报告中应当载明评估对象和评估范围,并具体描述评估对象的基本情况,通常包括法律权属状况、经济状况和物理状况。

(4) 价值类型及其定义。评估报告应当明确价值类型及其定义,并说明选择价值类型的理由。

(5) 评估基准日。评估报告应当载明评估基准日,并与业务约定书约定的评估基准日保持一致。评估报告应当说明选取评估基准日时重点考虑的因素。评估基准日可以是现在时点,也可以是过去或者将来的时点。

(6) 评估依据。评估报告应当说明评估遵循的法律依据、准则依据、权属依据及取价依据等。

(7) 评估方法。评估报告应当说明所选用的评估方法及其理由。

(8) 评估程序实施过程和情况。评估报告应当说明评估程序实施过程中现场调查、资料收集与分析、评定估算等主要内容。

(9) 评估假设。评估报告应当披露评估假设及其对评估结论的影响。

(10) 评估结论。资产评估师应当在评估报告中以文字和数字形式清晰说明评估结论。通常评估结论应当是确定的数值。经与委托方沟通，评估结论可以使用区间值表达。

(11) 特别事项说明。特别事项是指在评估过程中已经发现可能影响评估结论，但非评估人员执业水平和能力所能评定的事项。评估报告的特别事项说明通常包括：①产权瑕疵；②未决事项、法律纠纷等不确定因素；③重大期后事项；④在不违背资产评估准则基本要求的情况下，采用的不同于资产评估准则规定的程序和方法。资产评估师应当说明特别事项可能对评估结论产生的影响，并重点提示评估报告使用者予以关注。

(12) 使用限制说明。评估报告的使用限制说明通常包括下列内容：①评估报告只能用于评估报告载明的评估目的和用途；②评估报告只能由评估报告载明的评估报告使用者使用；③未征得出具评估报告的评估机构同意，评估报告的内容不得被摘抄、引用或披露于公开媒体，法律、法规规定以及相关当事方另有约定的除外；④评估报告的使用有效期；⑤因评估程序受限造成的评估报告的使用限制。

(13) 评估报告日。评估报告载明的评估报告日通常为资产评估师形成最终专业意见的日期。

(14) 资产评估师签字盖章、评估机构盖章、法定代表人或者合伙人签字。按 2011 年修订后的《评估报告准则》，有限责任公司制评估机构的法定代表人可以授权首席评估师或者其他持有资产评估师证书的副总经理以上管理人员在评估报告上签字，有限责任公司制评估机构可以授权分支机构以分支机构名义出具除证券期货相关评估业务外的评估报告，加盖分支机构公章。评估机构的法定代表人可以授权分支机构负责人在以分支机构名义出具的评估报告上签字。

4. 评估报告附件的基本内容

评估报告附件通常包括：

(1) 评估对象所涉及的主要权属证明资料。

(2) 委托方和相关当事方的承诺函。

(3) 评估机构及签字资产评估师资质、资格证明文件。

(4) 评估对象涉及的资产清单或资产汇总表。

当然资产评估报告准则只是对评估报告格式和内容的基本规范要求，具体的资产评估报告中需披露的内容还应符合相关具体准则的相应规范要求。

三、资产评估报告的作用

资产评估报告的作用主要有以下几个方面：

(一) 资产评估报告是资产评估的最终工作成果，是维护资产所有者和经营者权益的具体体现

我国的资产评估事业是在改革开放和社会主义市场经济发展过程中兴起的，这个行业一经形成，就显示出它在社会经济生活中的重要地位和作用。随着我国社会主义市场经济体制的逐步完善，产权主体多元化和经济发展的全球化，我国资产评估行业在维护多元化主

体利益，维护公共利益，维护证券和金融市场稳定，维护财政收入稳定等领域将进一步发挥重要的作用。特别是随着社会主义市场经济的进一步发展，资产评估事业已成为优化资源配置、促进结构调整、保障各类产权主体合法权益的基础性工具，在社会主义市场经济中发挥着越来越重要的作用。

（二）资产评估报告为被评估资产价值提供咨询性的专家意见

资产评估报告是经具有资产评估资格的机构接受委托，组织专业人员根据评估目的、遵循评估准则，按照规范的程序，运用科学的方法，“独立、客观、公正”地对被评估资产价值进行评定和估算，并最终形成专业化估价意见。该估价意见不代表任何当事人一方的利益，是一种独立专家估价的意见，具有较强的公正性与客观性。同时它只是给相关当事人提供有关资产交换价值方面的专业判断，作为被委托评估资产估价的参考依据，该意见本身并无强制执行的效力。

（三）资产评估报告是明确各方责任的依据

资产评估报告以文字的形式，对受托资产评估业务的目的、范围、依据、程序、方法等过程和评定的结果进行说明和总结，体现了评估机构的工作成果。同时资产评估报告具有法律效力，在出具评估报告时，相关评估人员需要签名盖章，并加盖评估机构公章，从而明确受托的资产评估机构与执业人员的权利与义务，以及明确委托方、受托方等有关方面的法律责任。另外，资产评估报告书是评估机构履行评估协议和向委托方或有关方面收取评估费用的依据。

（四）资产评估报告是管理部门完善资产评估管理的重要手段

资产评估管理机构是指对资产评估进行行政管理的主管机关和对资产评估行业进行自律管理的行业协会。我国目前对资产评估报告采取核准制或备案制，资产评估管理机构通过对评估报告审核，了解评估机构的管理水平和评估人员的执业能力，从而有效地开展业务监督和自律管理。

（五）资产评估报告是归集评估档案资料的重要信息来源

广义的评估程序终止于评估档案的归集与整理。评估机构和评估人员在完成资产评估任务之后，应当将包括工作底稿、评估报告等各项资料分类归档，建立信息资料库。由于资产评估报告是评估工作的总结，必须按照评估档案管理的有关规定进行管理和使用。它既是评估机构重要的信息来源，也有助于评估人员不断总结经验，提高执业能力。

第二节　资产评估报告的编制与使用

一、资产评估报告的编制

（一）资产评估报告书的编制步骤

资产评估报告书的编制是评估机构完成评估工作的最后一道工序，也是资产评估工作中的一个重要环节。编制资产评估报告书主要有以下几个步骤。

1. 整理工作底稿和归集有关资料

资产评估现场工作结束后，有关评估人员必须着手对现场工作底稿进行整理，按资产的性质进行分类。同时对有关询证函、被评估资产背景材料、技术鉴定情况和价格取证等有关资料进行归集和登记。对现场未予确定的事项，还须进一步落实和查核。这些现场工作底稿和有关资料都是编制资产评估报告的基础。

2. 评估明细表的数字汇总

在完成现场工作底稿和有关资料的归集任务后，评估人员应着手进行评估明细表的数字汇总。明细表的数字汇总应根据明细表的不同级次先进行汇总，然后分类汇总，再到资产负债表汇总。不具备采用电脑软件汇总的评估机构，在数字汇总过程中应反复核对各有关表格的数字的关联性和各表格栏目之间数字勾稽关系，防止出错。

3. 评估初步数据的分析和讨论

在完成评估明细表的数字汇总，得出初步的评估数据后，应召集参与评估工作过程的有关人员，对评估报告的初步数据的结论进行分析和讨论，比较有关评估数据，复核估算结果的工作底稿，对存在作价不合理的部分评估数据进行调整。

4. 编写评估报告书

编写评估报告书又可分为两步。

第一步：在完成资产评估初步数据的分析和讨论，对有关部分的数据进行调整后，由具体参加评估的各组负责人员草拟出各自负责评估部分资产的评估说明，同时提交全面负责、熟悉本项目评估具体情况的人员草拟出资产评估报告书。

第二步：将评估基本情况和评估报告书初稿的初步结论与委托方交换意见，听取委托方的反馈意见后，在坚持独立、客观、公正的前提下，认真分析委托方提出的问题和建议，考虑是否应该修改评估报告书，对评估报告中存在的疏忽、遗漏和错误之处进行修正，待修改完毕即可撰写出资产评估正式报告书。

5. 资产评估报告书的签发与送交

评估机构撰写资产评估正式报告书后，经审核无误，按以下程序进行签名盖章：先由负责该项目的评估师签章（两名或两名以上），再送复核人审核签章，最后送评估机构负责人审定签章并加盖机构公章。

资产评估报告书签发盖章后即可连同评估说明及评估明细表送交委托单位。对中外合资、合作项目的评估报告书及有关资料的送交，应按专门规定办理。

（二）资产评估报告书编制的技术要点

资产评估报告书编制的技术要点是指在资产评估报告编制过程中的主要技能要求，它具体包括了文字表达方面、格式和内容方面的技能要求，复核与反馈等方面的技能要求等。

1. 文字表达方面的技能要求

资产评估报告书既是一份对被评估资产价值有咨询性和公正性作用的文书，又是一份用来明确资产评估机构和评估人员工作责任的文字依据，所以它的文字表达技能要求既要清楚、准确，又要提供充分的依据说明，还要全面地叙述整个评估的具体过程。其文字的表达必须准确，不得使用模棱两可的措辞。其陈述既要简明扼要，又要把有关问题说清楚，不得带有任何诱导、恭维和推荐性的陈述。当然，在文字表达上也不能带有大包大揽的语句，尤其是涉及承担责任条款的部分。

2. 格式和内容方面的技能要求

对资产评估报告书格式和内容方面的技能要求，应当遵循《资产评估执业准则——资产评估报告》(中评协〔2018〕35 号)的要求，涉及国有资产评估的，还要遵循《企业国有资产评估报告指南》的要求。

3. 评估报告书的复核与反馈方面的技能要求

资产评估报告书的复核与反馈也是资产评估报告书编制的具体技能要求。通过对工作底稿、评估说明、评估明细表和报告书正文的文字、格式及内容的复核和反馈，可以将有关错误、遗漏等问题在出具正式报告书之前得到修正。对评估人员来说，资产评估工作是一项必须由多个评估人员同时作业的中介业务，每个评估人员都有可能因能力、水平、经验、阅历及理论方法的限制而产生工作盲点和工作疏忽，所以，对资产评估报告书初稿进行复核就成为必要。就对评估资产情况的熟悉程度来说，大多数资产委托方和占有方对委托评估资产的分布、结构、成新等具体情况总是会比评估机构和评估人员更熟悉，所以，在出具正式报告之前征求委托方意见，收集反馈意见也很有必要。

对资产评估报告进行复核，必须建立起多级复核和交叉复核的制度，明确复核人的职责，防止流于形式的复核。收集反馈意见主要是针对委托方或占有方熟悉资产具体情况的人员。对委托方或占有方意见的反馈信息，应谨慎对待，应本着独立、客观、公正的态度去接受其反馈意见。

4. 撰写报告书应注意的事项

资产评估报告书的编制技能除了需要掌握上述三个方面的技术要点外，还应注意以下几个事项：

(1) 实事求是，切忌出具虚假报告。报告书必须建立在真实、客观的基础上，不能脱离实际情况，更不能无中生有。报告拟定人应是参与该项目并较全面了解该项目情况的主要评估人员。

(2) 坚持一致性做法，切忌出现表里不一。报告书文字、内容前后要一致，摘要、正文、评估说明、评估明细表内容与格式口径、格式甚至数据要一致，不能出现各弹各调的不一致情况。

(3) 提交报告书要及时、齐全和保密。在正式完成资产评估工作后，应按业务约定书的约定时间及时将报告书送交委托方。送交报告书时，报告书及有关文件要送交齐全。涉及外商投资对中方资产评估的评估报告，必须严格按照有关规定办理。此外，要做好客户资料保密工作，尤其是对评估涉及的商业秘密和技术秘密，更要加强保密工作。

二、资产评估报告的使用

资产评估报告由评估机构出具后，资产评估的委托方(客户)、资产评估管理者、其他政府有关部门及社会公众等对资产评估报告及有关资料要根据需要进行使用。

(一) 委托方对资产评估报告的使用

一般来说，委托方应该是评估报告的主要使用者，是为了交易的需要而使用评估报告的使用者，而其他评估报告使用者使用或利用评估报告通常不是为了交易。市场经济条件下，资产评估的委托方可以是企业、个人,也可以是政府部门(如税务部门),也可以是法院(涉及司法诉讼)等。委托方在收到受托评估机构送交的正式评估报告及有关资料后,可以根据评估报告所揭示的评估目的和评估结论合理使用资产评估结果。根据有关规定,委托方依据评估报告所揭示的评估目的及评估结论,一般可以有以下几种具体的使用途径:

1. 作为资产交易作价的基础资料

资产评估委托人不同,资产评估报告也会有不同的用途,如资产评估报告及有关资料可以作为资产交易的参考基础,或作为各方确定投资比例、出资价格的证明材料,或作为确定税基的依据,或作为判案的价格参考等。但总的来说,委托方对评估报告及有关资料的使用的共同之处是作为确定资产价格的基础资料。

2. 作为企业进行会计记录或账项调整的依据

作为企业的委托方,在根据资产评估报告所揭示的资产评估目的使用资产评估报告及有关资料的同时,还可依据有关规定,根据资产评估报告及有关资料中揭示的评估价值进行会计记录或调整有关财务账项。如财务报告目的的评估完全是为企业的财务报告服务的。

3. 作为履行评估协议和支付评估费用的主要依据

当资产评估的委托方收到评估机构的正式评估报告及有关资料后,在没有异议的情况下,应根据委托评估协议约定,履行支付评估费用的承诺及其他有关承诺。

此外,资产评估报告及有关资料也是有关当事人因资产评估纠纷向纠纷调处机构申请调处的申诉材料之一。

当然,委托方在使用资产评估报告及有关资料时也应注意以下几个方面:

(1) 只能按资产评估报告所揭示的评估目的使用报告,一份评估报告只允许按一个用途使用。

(2) 通常只能在资产评估报告的有效期内使用报告,超过评估报告有效期的,原评估结果一般无效。

(3) 在使用报告时要注意评估基准日与资产实际交易日之间的差异,评估报告反映的评估结论是评估基准日的而不是实际交易日的。

(4) 涉及国有资产产权变动的资产评估报告及有关资料必须符合国有资产管理的相关程序要求后(目前来说主要是评估报告须经国有资产监管机构的核准或备案)方可使用。

(5) 作为企业会计记录和调整企业账项使用的资产评估报告及有关资料,必须根据国家有关法规规定及相关会计准则执行。

(二) 资产评估管理机构对资产评估报告的使用

资产评估管理机构主要指对资产评估实行行业行政管理的政府主管机关和对资产评估实行行业自律管理的行业协会。对资产评估报告的使用是资产评估管理机构实现对评估机构及评估人员的行政管理和行业自律管理的重要过程和手段。

(1) 资产评估管理机构可以通过对评估机构出具的资产评估报告的使用,大体了解评估机构从事评估工作的业务能力和组织管理水平。由于资产评估报告是反映资产评估工作过程的工作报告,通过对资产评估报告及资料的检查与分析,可以大致判断该机构的业务能力和组织管理水平。

(2) 资产评估报告是对评估结果质量进行评价的依据。资产评估管理机构通过对资产评估报告进行检查和审核，能够对评估机构评估结果质量的优劣作出客观的评价，从而有效实现对评估机构和评估人员的管理。

(3) 资产评估报告可以作为研究、分析、完善和改进资产评估行业管理和自律管理的资料。

(三) 其他政府有关部门对资产评估报告的使用

除了资产评估管理机构可利用资产评估报告外，有关政府管理部门也需要使用资产评估报告，这主要包括国有资产监督管理部门、证券监督管理部门、保险监督管理部门、工商行政管理部门、税务机关、金融和法院等有关部门。

根据现行的国有资产管理规定，涉及国有资产产权变动的资产评估报告及有关资料必须经国有资产监管部门(机构)核准或备案方可使用。因此国有资产监管部门(机构)对资产评估报告及其相关资料的审核，可作为对评估结果核准(备案)或不予核准(备案)的依据。另外国有资产监管部门(机构)通过对资产评估报告的使用，能够为国有资产管理提供重要的数据资料；通过对资产评估报告的统计与分析，可以及时了解国有资产占有和使用状况以及增减值变动情况，为进一步加强国有资产管理服务。

证券监督管理部门对资产评估报告的使用，主要表现在对申请上市的公司有关申报材料及招股说明书的审核，对上市公司发生定向发行股票、公司并购、公司合并、资产收购、资产置换等重大资产重组行为时的评估定价的审核。根据有关规定，公开发行股票公司的信息披露要列示资产评估的情况。另外，证券监督管理部门还可运用资产评估报告和有关资料加强对取得证券业务评估资格的评估机构及有关人员的业务管理。

工商行政管理部门对资产评估报告的使用主要表现在发生公司设立、公司重组、增资扩股等经济行为时，对资产定价依法进行审核。

税务部门使用资产评估报告，主要是有些情况下需要以评估结论作为确定税基的依据。

保险监督管理部门、金融部门及法院等也都能通过对资产评估报告的使用来实现其管理职能的目的。

(四) 资产评估机构对资产评估报告的使用

资产评估机构一般不是资产评估报告的使用者，在资产评估报告中也并不把资产评估机构列为资产评估报告的使用者，资产评估机构也并不需要使用评估报告。但评估机构对于自己出具的资产评估报告还是可以利用的，但应注意不能损害客户的利益，履行为客户保密的承诺。

资产评估机构对资产评估报告书的利用主要表现在以下三个方面：一是可作为信息积累之用；二是为不断总结评估经验、考核评估人员的实绩、研究改进评估工作之用；三是作为反映评估机构资格、能力的实践证明。

(五) 投资者对资产评估报告的使用

只有资产评估报告上列明的投资者才是资产评估报告的使用者，除此之外的投资者一般不是评估报告的使用者。但作为一般的投资者，可以利用现行法规规定必须公开的一些资产评估报告，来了解有关信息。如上市公司按规定对外披露资产评估的情况，就是为了供广大投资者利用，以便作出决策。

第三节 资产评估报告实例

资产评估师声明

一、我们在执行本资产评估业务中，遵循相关法律法规和资产评估准则，恪守独立、客观和公正的原则；根据我们在执业过程中收集的资料，评估报告陈述的内容是客观的，并对评估结论合理性承担相应的法律责任。

二、评估对象涉及的资产、负债清单由委托方、被评估单位申报并经其签章确认；所提供资料的真实性、合法性、完整性，恰当使用评估报告是委托方和相关当事方的责任。

三、我们与评估报告中评估对象没有现存或者预期的利益关系；与相关当事方没有现存或者预期的利益关系，对相关当事方不存在偏见。

四、我们已对评估报告中的评估对象及其所涉及资产进行现场调查；我们已对评估对象及其所涉及资产的法律权属状况给予必要的关注，对评估对象及其所涉及资产的法律权属资料进行了查验，并对已经发现的问题进行了如实披露，且已提请委托方及相关当事方完善产权以满足出具评估报告的要求。

五、我们出具的评估报告中的分析、判断和结论受评估报告中假设和限定条件的限制，评估报告使用者应当充分考虑评估报告中载明的假设、限定条件、特别事项说明及其对评估结论的影响。

ABC 集团有限公司拟服务中心整体出租项目
资产评估报告书摘要
××评报字〔2019〕第 012 号

ABC 集团有限公司：

××资产评估有限公司接受贵公司的委托，根据国家有关法律、法规和资产评估准则、资产评估原则，采用成本法，按照必要的评估程序，对 ABC 集团有限公司因拟服务中心整体出租事宜所涉及的服务中心年租金，在评估基准日 2019 年 10 月 31 日所表现的市场价值进行了评估。现将资产评估情况报告如下：

一、评估目的

因 ABC 集团有限公司拟服务中心整体出租事宜，需要对涉及的服务中心年租金进行评估，以确定其在评估基准日 2019 年 10 月 31 日的市场价值，为其提供价值参考。

二、评估对象和评估范围

根据本次评估目的，评估对象和评估范围为因拟服务中心整体出租事宜所涉及的服务中心年租金。

三、价值类型

本次评估价值类型采用市场价值。

四、评估基准日

评估基准日为2019年10月31日。

五、评估方法

本次评估采用成本法。

六、评估结论及其使用有效期

在评估基准日2019年10月31日，ABC集团有限公司因拟服务中心整体出租事宜所涉及的服务中心年租金评估价值为1 680 965.00元(人民币大写壹佰陆拾捌万零玖佰陆拾伍圆整)。评估结果详见资产评估明细表。

本评估结论有效期自评估基准日起一年，即超过2020年10月30日该评估结论无效。

以上内容摘自资产评估报告书正文，欲了解本评估项目的详细情况和合理理解评估结论，应当阅读评估报告书正文。

ABC集团有限公司拟公交机动车检测服务中心整体出租项目资产评估报告书

××评报字〔2019〕第012号

ABC集团有限公司：

××资产评估有限公司接受贵公司的委托，根据国家有关法律、法规和资产评估准则、资产评估原则，采用成本法，按照必要的评估程序，对ABC集团有限公司因拟服务中心整体出租事宜所涉及的服务中心年租金，在评估基准日2019年10月31日所表现的市场价值进行了评估。现将资产评估情况报告如下：

一、委托方、被评估单位及其他报告使用者

(一) 委托方及被评估单位

名　　称：ABC集团有限公司

类　　型：有限责任公司(国有独资)

法定代表人：×××

经营范围：道路普通货物运输。对交通运输业、能源行业进行投资；交通基础设施的投融资和开发、建设；交通科技开发；交通基础设施工程项目咨询；工程规划设计，工程监理，工程材料加工、销售；土地整理；交通运输场站经营及管理维护；销售智能卡；节能减排技术服务；设计、制作、代理、发布国内广告业务；新能源新技术开发、咨询、服务、转让。(依法须经批准的项目，经相关部门批准后方可开展经营活动)

注册资金：伍亿叁仟万圆整

成立日期：2014年05月24日

营业期限：长期

住　　所：×××市经开区××路120号

(二) 其他评估报告使用者

本评估报告仅供委托方和国家法律、法规规定的评估报告使用者使用，不得被其他第三方使用或依赖。

二、评估目的

因ABC集团有限公司拟服务中心整体出租事宜,需要对涉及的ABC集团有限公司所拥有的服务中心年租金进行评估,以确定其在评估基准日2019年10月31日的市场价值,为其提供价值参考。

三、评估对象和评估范围

根据本次评估目的,评估对象和评估范围为ABC集团有限公司因拟服务中心整体出租事宜所涉及的服务中心年租金。

本次评估的服务中心位于×××市××区××路7.5公里处,占地面积17 782.70平方米,已取得《国有土地使用证》,土地使用权人为ABC集团有限公司,用途为公共设施用地,使用权类型为划拨;已取得《建设工程规划许可证》,建设单位为ABC集团有限公司,建设规模为4 744.00平方米。

2019年10月15日,××会计师事务所有限责任公司出具《服务中心工程项目竣工财务决算审计报告》。

2019年10月31日,委托方对服务中心工程项目进行财务入账。账面价值与竣工财务决算审计报告交付使用资产价值之间存在差异,原因是部分工程款项尚未支付、未取得财务票据,未结转固定资产。

截至评估基准日2019年10月31日,本次评估的服务中心已全部完工,尚未投入使用。

纳入评估范围的资产与委托评估时确定的资产范围一致。

四、价值类型及其定义

根据评估目的和委估资产的特点,考虑市场条件及评估对象的使用等并无特别限制和要求,因此确定本次评估结论的价值类型为市场价值。市场价值是指自愿买方和自愿卖方,在各自理性行事且未受任何强迫的情况下,评估对象在评估基准日进行正常公平交易的价值估计数额。

五、评估基准日

本报告的评估基准日是2019年10月31日。此评估基准日期的确定是委托方在综合考虑被评估单位的资产规模、工作量大小、预计所需时间等因素的基础上确定的,评估中所采用的价格也均是评估基准日的标准。

本报告的评估基准日与资产评估委托合同的评估基准日一致。

六、评估依据

(一)行为依据

(1)中共ABC集团有限公司委员会会议纪要(2届51次扩大会议)。

(2)《资产评估委托合同》。

(二)法律法规及评估准则依据

(1)《中华人民共和国资产评估法》。

(2)《国有资产评估管理办法》(国务院91号令)。

(3)《国有资产评估管理办法施行细则》(原国家国有资产管理局发布的国资办发

〔1992〕36 号)。

(4)《财政部关于实行资产评估准则有关制度衔接问题的通知》(财政部财企〔2008〕343 号)。

(5)《资产评估基本准则》(财资〔2017〕43 号)。

(6)《资产评估职业道德准则》(中评协〔2017〕30 号)。

(7)《资产评估执业准则——资产评估程序》(中评协〔2018〕36 号)。

(8)《资产评估执业准则——资产评估报告》(中评协〔2018〕35 号)。

(9)《资产评估执业准则——资产评估委托合同》(中评协〔2017〕33 号)。

(10)《资产评估执业准则——不动产》(中评协〔2017〕38 号)。

(11)《资产评估执业准则——机器设备》(中评协〔2017〕39 号)。

(12)《企业国有资产评估报告指南》(中评协〔2017〕42 号)。

(13)《资产评估机构业务质量控制指南》(中评协〔2017〕46 号)。

(14)《资产评估价值类型指导意见》(中评协〔2017〕47 号)。

(15)《资产评估对象法律权属指导意见》(中评协〔2017〕48 号)。

(三) 权属依据

(1)《中华人民共和国国有土地使用证》。

(2)《中华人民共和国建设工程规划许可证》。

(3)《中华人民共和国建筑工程施工许可证》。

(4) 服务中心修建性详细规划图。

(5) 财务凭证及发票。

(四) 取价依据

(1)《服务中心工程项目竣工财务决算审计报告》。

(2)《服务中心工程结算评审报告》。

(3)《资产评估常用数据与参数手册》。

(4) 评估人员收集的现场调查和核实资料、市场价格信息、互联网资料和其他有关资料。

七、评估方法

市场法是评估人员对委估资产现行状况勘察的基础上,对同等状况的资产进行市场价值调查了解,对评估对象状况与市场调查对象状况的差异现象进行调整,经综合测算得出评估对象价值。

成本法是指首先估测被评估资产的重置成本,然后估测被评估资产业已存在的各种贬值因素,并将其从重置成本中予以扣除而得到被评估资产价值的评估方法。

收益法是指通过估测被评估资产未来预期收益的现值,来判断资产价值的各种评估方法的总称。

本次评估对象为服务中心的整体租金,考虑到该类型资产出租市场交易少,不宜采用市场法;考虑到服务中心整体出租,包含的各类型资产投资回收期及报酬率难以量化,不宜采用收益法进行评估。考虑本次评估目的及资产现状,服务中心整体出租所承担的各项费用等较易量化,本次采用成本法进行评估。成本法公式如下:

年租金＝地租＋折旧费＋维修费＋管理费＋投资利息＋保险费＋房产税＋利润

八、评估程序实施过程和情况

（一）接受委托

本公司接受委托前，与 ABC 集团有限公司的有关人员进行了会谈，并多次沟通，详细了解了此次评估的目的、评估对象与评估范围、评估基准日等。在此基础上，本公司遵照国家有关法规与 ABC 集团有限公司签署了《资产评估委托合同》，并拟定了相应的评估计划。

（二）资产清查

根据 ABC 集团有限公司提供的评估申报资料，评估人员与被评估单位人员进行了必要的调查、核实，并请委托方、被评估单位熟悉情况的相关人员介绍资产的形成及现状，了解评估对象的存在性、完整性以及使用状况等。

（三）评定估算

（1）根据本次评估目的、所选用的价值类型，以及委托评估资产的实际情况和特点，选择适宜的评估方法。

（2）评估人员开展调研，收集相关信息和市场价格资料，针对具体对象进行评定估算。

（四）评估汇总及报告

（1）根据专业组的初步评估结果，进行整理、分析工作，确认评估工作没有发生重评及漏评的情况，根据汇总分析对评估结果进行调整，向委托方提交评估报告书草稿。

（2）根据评估工作情况，听取委托方提出的意见，经讨论对不足之处进行修改，撰写说明与评估报告，内部复核，向委托方提交正式评估报告书。

九、评估假设

本评估报告中主要采用了以下假设以充分支持本评估价值结论。

（1）所需遵循的国家和地方的现行法律、法规、制度及社会政治和经济政策无重大变化。

（2）国家现行的税赋基准及税率，税收优惠政策、银行信贷利率以及其他政策性收费等无重大变化。

（3）未考虑通货膨胀对经营价格和经营成本的影响。

（4）所涉及的资产权属清晰，不存在产权纠纷，不存在共有权人且无权属争议等情况。

（5）无其他人力不可抗拒及不可预见因素造成的重大不利影响。

（6）资产数量，规格在评估基准日保持不变。

（7）未考虑所设立的抵押、担保以及如果该资产出售所发生的费用和税项等可能影响其价值的任何限制。

（8）在评估基准日至评估报告提出日期之间，尚未发现对评估结论造成较大影响的重大事项。

若将来实际情况与上述评估假设产生差异时，将对评估结论产生影响，报告使用者应在使用本报告时充分考虑评估假设对本评估结论的影响，需对评估结论进行调整或重新评估。

十、评估结论

(1) 在评估基准日2019年10月31日，ABC集团有限公司因拟服务中心整体出租事宜所涉及的服务中心年租金评估价值为1 680 965.00元(人民币大写壹佰陆拾捌万零玖佰陆拾伍圆整)。评估结果详见资产评估明细表。

(2) 评估结论成立的条件：本评估结论系对评估基准日资产公允价值的反映。评估结论系根据本报告书所述目的、依据、方法、程序得出，评估结论只有在上述目的、依据、方法存在的条件下，以及委托方所提供的所有原始文件都是真实与合法的条件下成立。

十一、特别事项说明

本评估报告中陈述的特别事项是指在已确定评估结果的前提下，评估人员已发现可能影响评估结论，但非评估人员执业水平和能力所能评定的有关事项。

(1) 由委托方和被评估单位及其相关当事方提供的与评估相关的经济行为文件、营业执照、资产明细及其他有关资料，是编制本报告的基础。在评估时，我们的责任在于对评估对象于评估基准日之价值进行估算并发表专业意见，对评估对象的法律权属不发表意见，也不做确认或保证。委托方、被评估单位和相关当事人应对其提供的以上评估原始资料的真实性、合法性和完整性负责。

(2) 本报告所称“评估价值”是依据所评估的资产现有用途不变、持续使用和在评估基准日所表现的特定经济环境前提下，本评估结果是对2019年10月31日这一评估基准日被评估资产的市场价值，对这一基准日后的资产发生重大变化不承担发表意见的责任。

(3) 本公司及参加本次资产评估的工作人员与拟进行交易的各方之间无任何利害关系，不受各方利益的影响。评估人员在评估过程中恪守职业道德和规范，并进行了充分努力，做到了勤勉尽职。

十二、评估报告使用限制说明

(1) 本评估报告只能用于评估报告载明的评估目的和用途。

(2) 本评估报告的全部或部分内容被摘抄、引用或者披露于公开媒体，需评估机构审阅相关内容，法律、法规规定以及相关当事方另有约定的除外。

(3) 评估结果有效期自评估基准日起一年，即超过2020年10月30日该评估结果无效。

(4) 本评估报告必须完整使用方为有效，对仅使用报告中部分内容所导致的可能的损失，本公司不承担责任。

十三、评估报告提出日期

评估报告提出日期为二〇一九年十二月九日。

(此页无正文)

评估机构名称：××资产评估有限公司

评估机构法定代表人：

中国资产评估师：

中国资产评估师：

二〇一九年十二月九日

第四节 资产评估档案管理

一、资产评估档案的含义

资产评估档案，是指评估机构在有关资产评估工作的过程中，形成的与评估业务相关有保存价值的各种文字、图表、声像等不同形式的记录。评估档案是资产评估过程和评估成果的真实写照，是澄清事实与责任的法律依据，是评估质量监控的重要手段。因此，加强资产评估档案管理是资产评估机构的重要任务，也是评估程序中不可缺失的一环。评估机构要设专人负责资产评估档案的立卷与保管。

二、资产评估业务档案工作环节

为健全资产评估机构内部管理，保证资产评估项目及其他档案的安全完整，2018 年中国资产评估协会制定了《资产评估执业准则——资产评估档案》，对评估档案的主要工作环节需要遵循的基本原则进行规范。

(一) 评估档案的整理

评估机构应当建立评估档案保管制度，评估机构全体人员要有明确的档案建设意识，以确保评估档案的安全、完整。评估档案应在评估报告完成后一个月内归档，当评估工作结束后，项目负责人必须把在评估工作全过程中形成或取得的一切文件移交，不得拒绝归档或据为己有。评估业务档案的整理要符合评估人员的专业要求，遵循专业管理的规律。在整理过程中，要坚持由评估项目负责人和档案管理人员共同负责的制度。归档的各种评估材料，应按照工作过程和内容进行整理，编写档案索引，以便于查阅。

资产评估业务档案按每个项目立卷归档，每卷档案的内容具体包括：

(1) 评估业务委托书及与项目有关的所有收费凭证复印件。

(2) 评估方案(包括项目负责人和业务人员安排、评估起止时间、评估范围等)。

(3) 资产评估工作底稿目录。

(4) 各类资产清查评估明细表、汇总表。

(5) 资产产权证明文件和其他与评估目的有关的文件。

(6) 资产及负债清理核实及调整情况说明。

(7) 有关原始凭证。

(8) 待核销、报废资产的情况说明及证明材料。

(9) 有关法规制度文件、价格标准及询价记录。

(10) 资产评估报告书及正式稿。

(11) 机构内部复核人员及机构负责人对评估报告的审核意见及修改调整情况。

(12) 若为确认项目，则还应有国有资产管理部门对资产评估报告的立项意见、审核验证意见和修改调整要求，评估机构进行的修改、调整和其他情况以及国有资产管理部门的立项、确认登记表及确认通知书。

(13) 其他。

接受委托的每个评估项目，无论其规模大小，是否属于单项资产评估或整体资产评估，都要单独编号立卷归档。具体如下：形式上应做到要素齐备、格式规范、索引明确、标志一致及记录清晰；内容繁简要恰当；业务档案的建立要与评估目的、被评估资产的规模，产权关系等要求一致；注明资料来源，分清责任，对搜集的资料要进行分析判断。

资产评估机构进行委托洽谈、签订业务委托书、制定评估方案、组织实施、评估作业、汇总分析、撰写评估说明和评估报告以及文件传达和报国有资产管理部门立项确认，每一个环节中重要的资产评估资料都应立卷作为档案保存，评估项目业务委托书签订后即可组织立卷。资产评估机构应根据档案管理的有关规定和评估机构的实际情况，采用分年度制，对业务档案本着便于查找利用的原则，进行归类整理立卷，并编制案卷目录，填写案卷封面。按照一个委托单位一项业务或按一个评估目的，还要考虑按年度分开，在每个年度下，按业务项目分类，组成一个案卷。并根据业务需要组成若干分册，且在每册封面下注明本卷共有多少册，此册为第几册。按资产类别编制页码，案卷开首要填写“卷内文件目录”，案卷封面填写要规范、整齐，由评估机构负责人和部门经理项目负责人的签字或盖章，同时装订的密封处要加盖评估机构公章。

(二) 评估档案的保管

档案保管是为了最大限度地延长档案的寿命。这就要求有关人员了解和掌握影响档案寿命的原因和规律，采用专门的、有的放矢的技术措施和方法，最大限度地消除各种可能影响档案寿命的不利因素，把档案毁损率降低并将其控制在最小的范围内。评估档案保管是指根据档案的成分和状况所采取的存放和安全防范措施，主要有三项工作：档案的库房管理、档案流动过程中的保护、保护档案的技术措施。

资产评估机构应当建立健全业务档案管理制度，有条件的单位还应设立档案管理工作岗位，指派专职或兼职档案管理人员，专门负责资产评估业务档案的立卷和保管，按规定要求做好评估档案的建设与管理工作。

资产评估机构应当在法定保存期内妥善保存资产评估档案，保证资产评估档案安全和持续使用。资产评估档案自资产评估报告日起保存期限不少于 15 年；属于法定资产评估业务的，不少于 30 年。

(三) 评估档案的查阅

评估档案的所有权归评估机构，但下列主体在履行合法手续后可以查阅评估档案：

(1) 评估机构内部因工作需要查阅档案的，在履行评估机构内部档案管理的手续后，可以进行查阅。

(2) 法院、检察院、行业主管部门及国家其他部门依法履行职责需了解评估情况，在办理必要的手续后，可以进行查阅。

(3) 其他评估机构因工作需要查阅档案的，须经原评估委托方和管理档案的评估机构负责人同意，可以进行查阅，但不得复印。

查阅档案时，涉及原评估委托方商业机密的，查阅人必须承担保密责任。查阅者因使用评估档案造成的后果与评估机构无关。

(四) 评估档案的销毁

业务档案保管期满后,应及时进行鉴定,对确实没有保存价值的档案,在销毁前必须由档案管理人员编造清单,经一定程序批准后,由法人代表和档案管理员共同在销毁清单上签字,方可销毁。评估机构应委派至少两人以上的人员,负责销毁,确保评估业务档案的保密性,杜绝评估档案流入外界。咨询服务性评估方面的资料销毁,可办理简单的内部审批手续,由法人代表签字后即可销毁。

本章习题

一、单选题

1. 下列各项评估报告中,仅仅为委托人使用的是(　　)。

A. 完整型评估报告　　B. 限制型评估报告

C. 简明型评估报告　　D. 整体资产评估报告

【正确答案】 B

【答案解析】 完整型评估报告、简明型评估报告、限制型评估报告三种评估意见的根本区别在于所提供的信息的详细程度不同。完整型评估报告应当包括解决评估问题所需要的所有重要信息的完整描述。简明型评估报告应该包含对解决评估问题具有重要意义的信息简要说明。当评估报告的预定使用者不包括除评估委托方之外的人员时,可以提供限制型评估报告。

2. 既是改制方案的依据,又是改制资产评估的基础的是(　　)。

A. 改制审计报告　　B. 资产负债表　　C. 改制利润表　　D. 改制现金流量法

【正确答案】 A

【答案解析】 改制审计报告是改制方案的依据,是改制资产评估的基础,未经审计不得实施改制资产评估。

3. 评估报告编制完成后,经资产评估机构对资产评估专业人员编制的评估报告复核认可,至少由( )名承办该项业务的资产评估专业人员签名并加盖评估机构印章。

A. 2　　B. 3　　C. 4　　D. 5

【正确答案】 A

【答案解析】 评估报告编制完成后,经资产评估机构对资产评估专业人员编制的评估报告复核认可,至少由两名承办该项业务的资产评估专业人员签名并加盖评估机构印章。

4. 关于资产评估报告,以下说法中错误的是(　　)。

A. 评估报告的内容可以披露于公开媒体

B. 报告拟订人应是参与该项目并较全面了解该项目情况的主要评估人员

C. 对评估涉及的商业秘密和技术秘密,更要加强保密工

D. 评估报告只能用于评估报告载明的评估目的和用途

【正确答案】 A

【答案解析】 除法律规定及相关当事方另有约定外,未征得出具评估报告的评估机构同意,评估报告的内容不得被摘抄、引用或披露于公开媒体。

5. 下列工作底稿资料中，属于管理类工作底稿的是(　　)。

A. 资产评估委托合同　　B. 房屋产权证明文件

C. 询价记录　　D. 市场调查及数据分析资料

【正确答案】A

【答案解析】管理类工作底稿是指在执行资产评估行业务过程中，为受理、计划、控制和管理资产评估行业务所形成的工作记录及相关资料。管理类工作底稿通常包括以下内容：①资产评估行业务基本事项的记录；②资产评估委托合同；③资产评估计划；④资产评估行业务执行过程中重大问题处理记录；⑤资产评估报告的审核意见。

二、多选题

1. 下列各项中，属于资产评估报告主要内容的有(　　)。

A. 摘要　　B. 标题及文号　　C. 目录　　D. 声明

E. 日期

【正确答案】ABCD

【答案解析】根据资产评估报告准则，资产评估报告的主要内容通常包括：①标题及文号；②目录；③声明；④摘要；⑤正文；⑥附件。

2. 下列各项中，属于国有资产评估报告附件内容的有(　　)。

A. 与评估目的相对应的经济行为文件

B. 被评估单位专项审计报告

C. 评估对象涉及的主要权属证明资料

D. 资产评估机构资格证书

E. 特殊经济委托合同

【正确答案】ABCD

【答案解析】国有资产评估报告附件通常包括下列内容：①与评估目的相对应的经济行为文件；②被评估单位专项审计报告；③委托人和被评估单位法人营业执照；④委托人和被评估单位产权登记证；⑤评估对象涉及的主要权属证明资料；⑥委托人和相关当事人的承诺函；⑦签名资产评估师的承诺函；⑧资产评估机构备案文件或者资格证明文件；⑨资产评估机构法人营业执照副本；⑩签名资产评估师资格证明文件；⑪资产评估委托合同；⑫其他重要文件。

3. 评估对象与评估范围说明的内容包括(　　)。

A. 委托评估的评估对象与评估范围

B. 资产的破损情况

C. 委托评估的资产类型、账面金额

D. 委托评估的资产权属状况(含应当评估的相关负债)

E. 资产的变现价值

【正确答案】ACD

【答案解析】评估对象与评估范围说明的内容包括三个方面：委托评估的评估对象与评估范围；委托评估的资产类型、账面金额；委托评估的资产权属状况(含应当评估的相关负债)。

4. 对于因资产性能的限制或者对于因存放地点的限制的资产，应该采取评估措施的方面有(　　)。

A. 工艺是否完整　B. 资产是否存在　C. 存在状态　D. 检测报告

E. 权属资料

【正确答案】BCE

【答案解析】通常情况下，对于因资产性能的限制(如输配电线路资产、地下管线资产等)或者因存放地点的限制(如分布十分广泛的固定资产、工艺流程中的在产品等)影响资产核实的事项，应当说明对资产是否存在、存在状态、权属资料三个方面采取的措施。

5. 在编制评估工作底稿时，要求对底稿的内容进行审核，主要包括对(　　)的审核。

A. 文字　B. 数字　C. 计算过程　D. 业务约定书

E. 评估报告

【正确答案】ABC

【答案解析】工作底稿一般是评估项目组的成员在评估时编制的，由于种种原因，编制人可能产生差错、遗漏等问题，因此，在工作底稿的编制过程中，需要经过必要的审核程序，包括对文字、数字、计算过程等内容的审核。

第二篇　实务评估

第五章 流动资产评估

第一节 流动资产评估概述

一、流动资产的概念及特点

(一) 流动资产的概念

根据现行《企业会计制度》,流动资产是指预计在一个正常营业周期内变现、出售或者耗用,或者主要为交易目的而持有,或者预计在资产负债表日起1年内(含1年)变现的资产,以及自资产负债表日起1年内交换其他资产或清偿负债的能力不受限制的现金或现金等价物。

流动资产主要包括现金及各种存款、交易性金融资产、存货、应收及预付款项等。流动资产还可以按其所处领域分为经营性流动资产和非经营性流动资产。经营性流动资产同时存在于生产领域和流通领域,包括货币性流动资产和非货币性流动资产。生产领域和流通领域中的货币性流动资产的内涵一致,均包括债权资产和货币资产;而非货币性资产内涵却不同,生产领域非货币性资产包括储备资产、生产资产、产品资产,流通领域非货币性资产包括商品资产和非商品资产。非经营性流动资产存在于行政、事业单位和政府部门,包括财政总预算单位流动资产和行政事业单位流动资产。

(二) 流动资产的特点

1. 周转速度快

流动资产在使用中经过一个生产经营周期,就改变其实物形态,并将其全部价值转移到所形成商品中去,构成成本费用的组成部分,然后从营业收入中得到补偿。可见,判断一项资产是否是流动资产,不仅仅是看资产的表面形态,而应视其周转状况而定。

2. 变现能力强

各种形态的流动资产都可以在较短的时间内出售和变卖,具有较强的变现能力,是企业对外支付和偿还债务的重要保证。变现能力强是流动资产区别于其他资产的重要标志。但各种形态的流动资产,其变现速度是有区别的。按其变现的快慢排序,货币形态的流动资产本来就是随时可用的资金,其次是可在短期内出售的存货和近期可变现的债权性资产,再次是生产加工过程中的在产品及准备耗用的物资。一个企业拥有的流动资产越多,企业对外支付和偿还债务的能力越强,企业的风险性就越小。

3. 形态多样化

流动资产在周转过程中不断改变其形态,依次由货币形态开始,经过供应、生产、销售等环节,从一种形态转化为另一种形态,最后又变成为货币形态。各种形态的流动资产在企业中同时并存,分布于企业的各个环节。这些流动资产按其存在形态可以归结为四种类型,即货币类流动资产,包括现金和各项存款;实物类流动资产,包括各种材料、在产品、产成品等;债权类流动资产,包括应收账款、预付款等;其他流动资产。

4. 存量波动大

由于企业的流动资产一般要不断地经历购买和售卖的全过程,因此它受市场商品供求变化和生产、消费的季节性影响较大。另外,还会受到外部经济环境、经济秩序等因素的制约,从而导致其占用总量以及不同形态构成比例呈现波动性。

5. 市价与成本相接近

由于流动资产具有较强的流动性,一般来说,在企业滞存的时间不长,市价与成本不会相差很大。

二、流动资产评估范围

依据流动资产的概念和特点以及现行《企业会计制度》对其的分类,流动资产评估的范围包括以下内容:

(一) 现金

现金是指企业的库存现金,通常是存放于财会部门、由出纳人员经管的货币。

(二) 银行存款

银行存款是指企业存入银行或其他金融机构的各种款项。

(三) 应收及预付款项

应收及预付款项是指企业在日常生产经营过程中发生的各项债权,包括应收账款、应收票据、预付账款和其他应收款等。

(四) 交易性金融资产

交易性金融资产是指企业为了近期内出售而持有的金融资产,例如企业以赚取差价为目的从二级市场购入的股票、债券、基金等。

(五) 存货

存货是指企业在日常经营活动中有以备出售的产成品或商品,处在生产过程中的在产品、在生产或提供劳务过程中耗用的材料或物品等,包括各类材料、商品、在产品、半成品、产成品以及低值易耗品、包装物和委托代销商品等。

(六) 待摊费用

待摊费用是指企业已经支出但应当在以后各期进行分期摊销的费用。

(七) 其他

除以上资产之外的其他流动资产。

三、流动资产评估的特点

(一) 流动资产评估属于单项评估

流动资产评估是以单项资产为对象进行的资产评估。因此,它不需要以其综合获利能力进行综合性价值评估。

(二) 必须选准流动资产评估的基准时间

流动资产与其他资产的显著不同在于其流动性和波动性。不同形态的流动资产会随着时间发生变化，而评估则是确定其某一时点上的价值，不可能人为地停止流动资产的运转。因此，所选评估基准日应尽可能在会计期末，必须在规定的时点进行资产清查、登记和确定流动资产数量及账面价值，避免重复登记和漏登记的现象发生。

(三) 既要全面，又要分清主次，掌握重点

流动资产评估之前必须进行认真仔细的资产清查，否则会影响评估结论的准确性。但是，流动资产一般具有数量大、种类多的特点，清查工作量很大，所以流动资产清查应考虑评估的时间要求和评估成本。对流动资产评估往往需要根据不同企业的生产经营特点和流动资产分布的情况，分清主次、分清重点，选择不同的方法进行清查和评估，做到突出重点，兼顾一般。清查采用的方法是抽查、重点清查和全面清查。当抽查核实中发现原始资料或清查盘点工作可靠性较差时，要扩大抽查面，直至核查全部流动资产。

(四) 流动资产周转速度快，价格波动小

由于流动资产周转速度快，在价格变化不大的情况下，资产的账面价值基本上可以反映出流动资产的现值。因此，在特定情况下，也可以采用历史成本作为评估值。同时，与其他长期资产不同的是，评估流动资产时无须考虑资产的功能性贬值因素，而资产的有形损耗(实体性损耗)的计算也只适用于低值易耗品及呆滞、积压流动资产的评估，因此流动资产评估价值很容易确定。

四、流动资产评估程序

(一) 确定评估对象、评估范围和评估基准日

进行流动资产评估前，首先要确定被评估资产的对象、范围和评估基准日，这是节约工作时间、保证评估质量的重要条件之一，被评估对象和评估范围应依据经济活动所涉及的资产范围而定。同时，应做好以下工作：

1. 鉴定流动资产

确定被评估流动资产的范围，必须注意划清流动资产与其他资产的界限，防止将不属于流动资产的机器设备等作为流动资产，也不得把属于流动资产的低值易耗品等作为其他资产，以避免重复评估和遗漏评估。

2. 查核待评流动资产的产权

企业中存放的外单位委托加工材料、代保管的材料物资等，尽管存在于该企业中，但不得将其列入流动资产评估范围。此外，根据国家有关规定，抵押后的资产不得用于转让和再投资，如该企业的流动资产已作为抵押物，则不能将其转让或投资，这类流动资产也不得列入评估范围。

3. 对被评估流动资产进行抽查核实，验证基础资料

一份准确的被评估资产清单是正确评估资产的基础资料，被评估资产的清单应以实存数量为依据，而不是以账面记载情况为标准。

流动资产评估基准日的选择应考虑以下几个因素：①为利用会计信息的方便，评估基准

日的选择应与会计报表的时间尽可能接近；②应选择在评估期或是与它邻近的某个时点；③为保证评估结果的可用性、减少价格调整的工作量，评估基准日的选择应尽可能地与资产业务发生或生效的时间相接近，有利于评估目的的实现。

（二）对有实物形态的流动资产进行质量检测和技术鉴定

对企业需要评估的材料、半成品、产成品、库存商品等流动资产进行检测和技术鉴定，目的是了解这部分资产的质量状态，以便确定其是否尚有使用价值，并核对其技术情况和等级状态与待估资产清单的记录是否一致。对待估资产进行技术检测是正确评估资产价值的重要基础。特别是对那些有时效要求的各种存货，如有保鲜期要求的食品和有效期要求的药品、化学试剂等，技术检测尤为重要。存货在存放期内质量发生变化，会直接影响其市场价格。因此评估必须考虑各类存货的内在质量因素。对各类存货进行技术质量检测，可由被评估企业的有关技术人员、管理人员与评估人员合作完成。

（三）对企业的债权、票据、分期收款发出商品等基本情况进行分析

根据对被评估企业与债务人经济往来活动中的资信情况的调查，了解每一项债权资产的经济内容、发生时间的长短及未清理的原因等因素，综合分析确定这部分债务、票据等回收的可能、回收的时间、回收时将要发生的费用及风险。

（四）合理选择评估方法

评估方法的选择，一是根据评估目的；二是根据不同种类流动资产的特点。如前所述，根据不同流动资产的特点，从评估角度将流动资产划分为四种类型，不同类型的流动资产在评估方法选择上有很大的影响。对于实物类流动资产，可以采用市场法和成本法。对存货中价格变动较大的要考虑市场价格。对购入价较低的要按现价调整；对购价较高的，除考虑市场价格外，还要分析最终产品价格是否能够相应提高，或存货本身是否具有按现价出售的现实可能性。对于货币类流动资产，其清核实后的账面价值本身就是现值，不需采用特殊方法进行评估，只是对外币存款应按评估基准日的国家外汇牌价进行折算。对于债权类流动资产评估只适用于按可变现值进行评估。对于其他流动资产，应分别不同情况进行评估，其中有物质实体的流动资产，应视其价值情形，采用与机器设备等相同的方法进行评估。

（五）评定估算流动资产，出具评估结论

五、流动资产评估应遵循的原则

由于流动资产存在形态的不同，评估时的价格标准也就有所不同，为了公正、客观地得出评估结论，评估时应遵循以下原则。

（一）根据具体情况界定流动资产范围的原则

流动资产与固定资产在概念方面的界限很明确，但是由于企业业务性质、企业规模不同，固定资产与流动资产的界限标准也有所不同。

（二）根据所有权和产权确定评估范围的原则

下列流动资产虽然在评估时为企业所占用，但因其所有权并不属于企业，故不应评估。

(1) 承接代加工的材料、客户交来的材料半成品等(不论是否加工)。

(2) 外单位寄存本企业或委托本企业代销、寄销、代管的材料、产品、商品等。

(3) 借入材料、包装物、商品等。

(4) 已开出发货票，但在评估基准日仍存放在企业的在产品，已销未提的材料、半成品、产品、商品，以及销货退回待返工、待退换的产品和商品等。

(5) 租入的包装物等(若租期已过，暂付押金已被没收者应列入评估盘存数)。

(6) 错发到本企业或来源不明的材料。

(三) 根据不同种类流动资产的特点选用适当的评估方法的原则

从评估的角度看，可将流动资产划分为三大类：第一类是存货，又可称之为有实体形态的流动资产，它包括企业库存原材料、辅助材料、半成品、修理用配件、产成品、在产品、低值易耗品以及商业企业的库存商品、陈列品等，对这类流动资产进行评估时，成本法、市场法和清算价格法均可以采用；第二类是货币，包括企业的库存现金、银行存款，这一类流动资产的账面价值本身就是现值，无须采用特殊方法进行评估，只是对外币存款需按评估当日的国家外汇牌价进行折算；第三类是应收账款、应收票据、发出商品等没有物质实体的流动资产，这一类资产按可变现价值进行评估。

(四) 根据不同种类流动资产的特点选择计价依据的原则

对原材料、辅助材料、修理用配件、低值易耗品、包装物等各类存货的评估，应以其质量状态为基础，充分考虑不同等级存货的市场价格水平、购进过程中支出的各种合理税费、存量人小、库存周期的长短，以及资产变现风险的大小等，并以此作为评估中的计价依据。

六、流动资产评估的一般方法

选择流动资产的评估方法，一是基于评估目的，二是依据不同种类流动资产的特点。目前我国的流动资产评估通常有以下四种评估计价标准和评估方法可供选择。

(一) 历史成本法

历史成本法是以企业流动资产的账面净值为重评估值。一般来说，在物价水平比较稳定且被评估对象购入企业的时间不长的情况下，可以采用历史成本作为计价标准，企业的长期资产，由于单位价值较大、变现周期长，历史成本与市场价值相差很大，一般不适用历史成本作为评估计价标准。这是流动资产与长期资产评估的重要区别之一。

(二) 重置成本法

重置成本法是企业在评估资产时按照被评估资产的现时完全重置成本减去应扣损耗或贬值来确定被评估资产价值的一种评估方法。其核心是通过一系列运算得出被评估资产的现时成本。在物价水平变化较大、币值不稳定的条件下，这种评估方法得出的评估结论具有真实性和公允性。

(三) 现行市价法

现行市价法是指通过与被评估资产相同或相似的资产市场价格的对比分析，来确定被评估资产价值的一种评估方法。

运用该方法一般应具备两个条件，一是必须有一个充分发育、完善活跃的资产交易市场，且市场所反映的资产价格真实、准确、正常；二是被评估资产的市场参照物及相比较的指标、技术参数等资料能够收集。

(四) 清算价格法

清算价格法是以清算价格为标准，对资产进行评估的一种方法。所谓清算价格，是指企业由于破产或其他原因，要求其在一定期限内将企业或资产变现，在企业清算之日预期出卖资产可收回的快速变现价格。

第二节　实物类流动资产的评估

如前文所述，实物类流动资产包括各种材料、在产品、产成品及库存商品等，实物类流动资产评估一般采用成本法、市场法和清算价格法。

一、材料的评估

(一) 材料评估的内容与步骤

企业中的材料，可以分为库存材料和在用材料。在用材料在再生产过程中形成产品或半成品，已不再作为单独的材料存在，因此，材料评估是对库存材料进行评估。

库存材料包括各种主要材料、辅助材料、燃料、修理用备件、包装物等。库存材料的特点是品种多，金额大，而且性质各异，计量单位、计价、购进时间、自然损耗各不相同。根据库存材料的特点，评估时可按下列步骤进行。

(1) 账、表与实物数量应相符，并明确有无霉烂、变质、毁损的材料，有无超储呆滞的材料等。

(2) 根据不同评估目的和待估资产的特点，选择适应的评估方法。在方法应用上，更多的是采用成本法、市场法。因为材料等流动资产，其功效高低取决于其自身，而且是生产过程中的“消费性”资产，所以，即使在发生投资行为情况下，仍可采用市场法和成本法。就这两种方法而言，如果在某种材料供求基本均衡、市场畅销情况下，二者可以替代使用。但如不具备上述条件，则应分析使用。

(3) 运用企业库存管理的 ABC 管理法，按照一定的目的和要求，对材料排队，分清重点，着重对重点材料进行评估。

(二) 材料评估的方法

对材料进行评估时，可以根据材料购进情况选择相适应的方法。

(1) 近期购进库存材料的评估。近期购进的材料库存时间短，在市场价格变化不大的情况下，其账面价值与现行市价基本接近。评估时，可以采用历史成本法，也可以采用市场法。

【例 5-1】 企业中某材料是两个月以前从外地购进，数量 4 000 千克，单价 800 元，当时支付的运杂费为 1 500 元。根据原始记录和清查盘点，评估时库存尚有 1 000 千克材料。根据上述资料，试计算该材料的评估值。

$$\text{材料评估值} = 1\,000 \times (800 + 1\,500 \div 4\,000) = 800\,375(\text{元})$$

评估时对于购进时发生运杂费的处理，如果是从外地购进的原材料(本地没有这种材料)因运杂费发生额较大，评估时应将由被评估材料分担的运杂费计入评估值；如果是本地购进，运杂费发生额较少，评估时则可以不考虑运杂费。

(2) 购进批次间隔时间长、价格变化大的库存材料评估。这类材料评估时，可采用最接近评估基准日的市场价格或直接以现行价格作为评估值。

【例 5-2】 某企业要求对其库存的某材料进行评估。该材料是分两批购进的，第一批购进时间是 2019 年 10 月，购进 800 吨，每吨 3 700 元；第二批是 2020 年 4 月，购进 300 吨，每吨 4 100 元。2020 年 5 月 1 日评估时，经核实上年购进此种材料尚库存 200 吨，2020 年 4 月购进的尚未使用。因此，需评估该材料数量是 500 吨，价格可采用 4 100 元计算。试计算该材料的评估值。

$$材料评估值 = 500 \times 4\ 100 = 2\ 050\ 000(元)$$

本例的评估中，因评估基准日 2020 年 5 月 1 日与 2020 年 4 月购进时间较近，直接采用 4 月购进材料价格。如果近期内该材料价格变动很大，或者评估基准日与最近一次购进时间间隔期较长，其价格变动很大，评估时应采用评估基准日的市价。另外，由于材料的分期购进，且购价各不相同，各企业采用核算方法不同，如个别计价法、先进先出法、加权平均法等，其账面余额就不一样。但核算方法的差异不应影响评估结果。评估时关键是核查库存材料的实际数量，并按最接近市场的价格计算确定其评估值。

(3) 购进时间早，市场已经脱销，没有准确市场现价的库存材料评估。这类材料的评估，可以通过寻找替代品的价格变动资料来修正材料价格；也可以在市场供需分析的基础上，确定该项材料的供需关系，并以此修正材料价格；还可以通过市场同类商品的平均物价指数进行评估。具体有以下三种方法可供选择：

① 通过寻找替代品的现行价格修正材料进价。其基本公式如下：

$$材料评估值 = 库存数量 \times 替代品现行市价 \times 调整系数 - 损耗$$

② 用同类商品的平均物价指数修正材料进价。其基本公式如下：

$$材料评估值 = 库存数量 \times 进价 \times 同类商品物价指数 - 损耗$$

③ 在市场供需分析的基础上，确定价格趋势，并以此修正材料进价。其基本公式如下：

$$材料评估值 = 库存数量 \times 进价 \times 市场供需升降指数 - 损耗$$

【例 5-3】 某企业 2019 年 9 月购进甲材料 50 吨，单价 3 000 元/吨。由于当时该材料属于紧俏物资，价格较高，而且该种材料的供应有明显的季节性，在 2020 年 12 月进行评估时，市场上已无大量的交易活动。经清查核实，此种材料的库存尚有 20 吨，因保管等原因造成的损耗占材料原值的 4%，评估时根据不同情况可选择不同的评估方法测算该材料的评估值。

① 市场上另有一种乙材料与甲材料功能类似，可作为甲材料的替代品，乙材料的现行市价为 2 500 元/吨，根据历史数据可知甲、乙材料的价格之比为 1∶0.9。

② 按照同类商品的物价指数进行评估。根据调查，同类商品的物价指数 2009 年 9 月为 100%，2010 年 12 月为 105%，即甲材料的价格上升了 3%左右。

③ 通过分析市场供需趋势，甲材料价格目前基本稳定，但需求略有上升，将价格拉动上升了 6%左右。

根据以上资料分别采用不同的评估方法得出：

甲材料的评估值＝20×2 500×1/0.9－3 000×20×4%＝53 156(元)

甲材料的评估值＝20×3 000×105%－3 000×20×4%＝60 600(元)

甲材料的评估值＝20×3 000×106%－3 000×20×4%＝61 200(元)

(4) 超储积压物资的评估。超储积压物资是指从企业库存材料中清理出来，需要进行处理的那部分资产。由于长期积压，时间较长，可能会因为自然力作用和保管不善而造成其使用价值的下降。对这类资产的评估，首先应对其数量和质量进行核实和鉴定，然后区别其不同情况进行评估。对其中失效、变质、残损、报废、无用的，应通过分析计算，扣除相应的贬值额后，确定评估值。

根据会计账面反映的库存材料，还有盘盈、盘亏材料，评估时应以有无实物存在为原则进行评估，并选用相适应的评估方法。

(5) 盘盈材料的评估。盘盈的材料由于没有历史成本数据，因此应采用成本法和市场法进行评估。若盘盈材料能取得同种材料的现行市价，以市价评估。其公式如下：

$$盘盈材料评估值 = 盘盈材料数量 \times 该种材料现行市场单价 - 损耗$$

若无法取得现行市价，则应以类似材料的交易价格为参照物进行评估。其公式如下：

$$盘盈材料评估值 = 盘盈材料数量 \times 参照物价格 \times (1 + 调整系数) - 损耗$$

二、低值易耗品的评估

低值易耗品是指单项价值在规定限额以下或使用期限不满一年，但能多次使用而基本保持其实物形态的劳动资料。低值易耗品与固定资产都是企业中的劳动资料，所不同的是固定资产是主要劳动资料。尽管财务制度规定了划分固定资产和低值易耗品的一般标准，但不同行业对二者划分却是不一样的。例如，作为服装行业主要劳动资料的缝纫机，在机械工业企业中通常是作为低值易耗品看待。因此，在评估过程中判断劳动资料是否为低值易耗品，原则上视其在企业中的作用而定，一般可尊重企业原来的划分方法。同时，低值易耗品又是特殊流动资产，与典型流动资产相比，它具有周转时间长、不构成产品实体等特点。

低值易耗品种类很多，为了评估需要，可以对其进行分类，分类方法有如下两种：

(1) 按用途分类，低值易耗品可以分为一般工具、专用工具、替换设备、管理用具、劳动保护用品和其他。

(2) 按使用情况分类，低值易耗品可以分为在库低值易耗品、在用低值易耗品。

上述第一种分类的目的在于可以按大类进行评估，简化评估工作；第二种分类则是考虑了低值易耗品的具体情况，直接影响评估方法的选用。在库低值易耗品的评估，可以根据具体情况，与库存材料评估相同的方法，可以采用历史成本、重置成本、现行市价或清算价格等方法。在用低值易耗品的评估，可以采用成本法进行评估。计算公式如下：

$$在用低值易耗品评估值 = 全新成本价值 \times 成新率$$

全新成本价值可以直接采用其账面价值(价格变动不大)，也可以采用现行市场价格，有时还可以在账面价值基础上乘以其物价变动指数确定。低值易耗品分外购和自制两种形式，确定评估值时，在细节分析上有所不同，应视具体情况分析计算。

在对低值易耗品评估时，由于其使用期限短于固定资产，一般不考虑其功能性贬值和经济性贬值。其成新率的计算公式如下：

$$\text{成新率} = \left(1 - \frac{\text{低值易耗品实际已使用月数}}{\text{低值易耗品可使用月数}}\right) \times 100\%$$

低值易耗品的价值采用摊销的方式。摊销的目的在于有效地计算成本、费用，基本不反映低值易耗品的实际损耗程度。评估者在确定低值易耗品成新率时，应根据其实际损耗程度确定，而不能按照其摊销方式确定。

【例 5-4】 某企业某项低值易耗品，原价为 9 000 元，预计使用 1 年，现已使用 8 个月，该低值易耗品现行市价为 7 500 元。试计算其评估值。

$$\text{在用低值易耗品的评估值} = 7\,500 \times (1 - 8/12) \times 100\% = 2\,500(\text{元})$$

三、在产品的评估

这部分流动资产包括制作过程中的在产品、已加工完成入库但不能单独对外销售的半成品(可直接对外销售的自制半成品视同产品评估，在此不做介绍)。在对这部分资产进行评估的难点在于：一是数量不容易清查核实；二是由于尚未加工或装配完毕，需要考虑其完工程度。因此在具体评估中，应结合在产品的特点，按照重置时的合理费用进行评估。

具体方法有以下两种：

(一) 成本法

成本法是根据技术鉴定和质量检测的结果，按评估时的相关市场价格及费用水平重置同完工程度在产品及自制半成品所需投入合理的料工费计算评估值。这种评估方法只适用于生产周期在半年以上或 1 年以上，仍需继续生产、销售并且有盈利的在产品等的评估。对生产周期短的在产品主要以其发生成本为计价依据，在没有变现风险的情况下，可根据其账面值进行调整。具体方法有以下几种：

1. 按价格变动系数调整原成本

对生产经营正常、会计核算水平较高的企业在产品的评估，可参照实际发生的原始成本，根据到评估日的市场价格变动情况，调整成重置成本。评估的方法如下：

(1) 对被评估在产品进行技术鉴定，将其中超出正常范围的不合格在产品成本从总成本中剔除；

(2) 分析原成本，将非正常的不合理费用从总成本中剔除；

(3) 分析原成本中材料从其生产准备开始到评估基准日止市场价格变动情况，并测算出价格变动系数；

(4) 分析原成本中的工资、燃料、动力等制造费用从开始生产到评估基准日，有无大的变动，是否做了调整，并测算出调整系数；

(5) 根据技术鉴定、原始成本的分析及价格变动系数的测算，调整成本，确定评估值，必要时还要从变现的角度修正评估值。

基本计算公式如下：

$$\begin{matrix}\text{某项或某类在产品、}\\\text{自制半成品评估值}\end{matrix} = \begin{matrix}\text{原合理}\\\text{材料成本}\end{matrix}(1 + \text{价格变动系数}) + \begin{matrix}\text{原合理工}\\\text{资、费用}\end{matrix}\left(1 + \begin{matrix}\text{合理工资、}\\\text{费用变动系数}\end{matrix}\right)$$

需要说明的是，在产品成本包括材料、工资和其他费用三部分。其他费用属间接费用，工资费用尽管是直接费用，但也同间接费用一样较难测算。因此评估时将工资和其他费用合为一项费用。

【例 5-5】 某企业准备继续生产已入库的某系列在产品，具体资料如下：

(1) 至评估基准日止该系列在产品账面累计总成本为 350 万元，该系列中有一种在产品 200 件报废，账面单位成本为 130 元/件，估计可回收的废料价值为 3 000 元；

(2) 该系列在产品的材料成本占总成本的 70%，所有材料为有色金属材料，从其生产准备开始到评估基准日有半年时间，从市场价格看，同类材料在半年内价格上涨 15%；

(3) 费用分析表明，本期在产品的单位产品费用偏高，主要是前期漏转费用 8 万元计入本期成本，其他费用在半年内未变化，试用价格变动系数调整原成本的方法对该系列在产品进行评估。

$$\text{该系列在成品总成本} = 350\ \text{万元}$$
$$\text{废品成本} = 200 \times 130 = 2.6(\text{万元})$$
$$\text{前期漏转费用} = 8\ \text{万元}$$
$$\text{材料涨价增加的成本} = (350 - 2.6) \times 70\% \times 15\% = 36.48(\text{万元})$$
$$\text{可回收废品残值} = 0.3\ \text{万元}$$
$$\text{该系列在产品评估值} = 350 - 2.6 - 8 + 36.48 + 0.3 = 376.18(\text{万元})$$

2. *按社会平均工艺定额和现行市价计算评估值*

即按重置同类资产的社会平均成本确定被评估资产的价格。用这样的方法对在产品等进行评估需要掌握以下资料：

(1) 被评估在产品的完工程度；

(2) 被评估在产品有关工序的工艺定额；

(3) 被评估在产品耗用物料的近期市场购买价格；

(4) 被评估在产品的合理工时费率(这个数据要采用正常情况下生产经营的工时费率)。

计算评估值的基本公式如下：

$$\begin{matrix}\text{某在产品}\\\text{评估值}\end{matrix} = \begin{matrix}\text{在产品}\\\text{实有数量}\end{matrix} \times \left(\begin{matrix}\text{该工序单价}\\\text{材料工艺定额}\end{matrix} \times \begin{matrix}\text{单位材料}\\\text{现行市价}\end{matrix} + \begin{matrix}\text{该工序单件}\\\text{工时定额}\end{matrix} \times \begin{matrix}\text{正常工资}\\\text{费用}\end{matrix}\right)$$

对于工艺定额的选取，如果有行业的平均物料消耗标准的，可按行业标准计算；没有行业统一标准的，按企业现行的工艺定额计算。

3. *按在产品的完工程度计算评估值*

因为在产品的最高形式为产成品，因此，计算确定在产品评估值，可以在计算产成品重置成本基础上，按在产品完工程度计算确定在产品评估值。计算公式如下：

$$\text{在产品评估值} = \text{产成品重置成本} \times \text{在产品约当量}$$
$$\text{在产品评估值} = \text{产成品重置成本} \times \text{在产品完工率}$$

在产品约当量、完工率可以根据其完成工序与全部工序比例、生产完成时间与生产周期比例确定。当然，确定时应分析完成工序、完成时间与其成本耗费的关系。

【例 5-6】 某产品需要经过 5 道工序加工制成。原材料是在第一道工序一次性投入。

评估时，在每道工序上均有20件在产品，从第一道工序到第五道工序的完工率分别为20%、45%、60%、85%、90%，该产品的单位定额成本为：材料400元，工资及附加费80元，其他各项费用7元。试评估该在产品的价值。

在产品的约当量 = 20 × 20% + 20 × 45% + 20 × 60% + 20 × 85% + 20 × 90% = 60(件)

在产品材料成本 = 60 × 400 = 24 000(元)

在产品工资费用及附加费 = 60 × 80 = 4 800(元)

在产品其他费用 = 60 × 7 = 4 200(元)

在产品评估值 = 24 000 + 4 800 + 4 200 = 33 000(元)

(二) 市场法

市场法是按同类在产品和半成品的市价，扣除销售过程中预计发生的费用后计算评估值。这种方法适用于因产品停产，在产品和自制半成品只能按评估时的状态向市场出售情况下的评估。一般来说，待估资产通用性好，尚能用于产品配件更换或用于维修，评估的价值就比较高。对不能继续生产，又无法通过市场调剂出去的专用配件只能按废料回收价格进行评估。计算评估值的基本公式如下：

某在产品评估值 = 该种在产品实有数量 × 可接受的不含税的单位市场价格 − 预计在销售过程中发生的费用

如果在调剂过程中有一定的变现风险，还要考虑设立一个风险调整系数，计算可变现的评估值。

某报废在产品评估值 = 可回收废料的重量 × 单位重量现行的回收价格

【例5-7】 某企业因产品技术落后而全面停产，准备并入另一家企业，现就这个企业的在产品进行评估。有关评估资料如下：

在产品原账面记载的成本为280万元，在产品的状态及通用性的好坏分为如下三类：

一类：已从仓库中领出但尚未进行加工的原材料，可按实有数量、技术鉴定情况、现行市场价格计算评估值，计算结果为95万元。

二类：已加工成部件、可通过市场调剂、流动性好的在产品，可根据市场可接受价格、调剂过程中的费用、调剂的风险确定评估值。本例中在半年内能直接销售的在产品有113万元，预计销售费用8万元。

三类：加工过程中无法调剂出去，又不能继续加工，只能报废处理的在产品，分别按报废的在产品名称、实有数量、可回收废料数量、单位回收价格，计算总回收价格为60万元。

试确定在产品的评估值。

在产品的评估值 = 95 + (113 − 8) + 60 = 260(万元)

四、产成品及库存商品的评估

这部分流动资产包括完工入库和已完工并经过质量检验但尚未办理入库手续的产成品、商业企业的库存商品等，应依据其变现的可能和市场接受的价格进行评估，适用的方法有成本法和市场法。

(一) 成本法

采用成本法对生产及加工工业的产成品评估，主要根据生产、制造该项产成品全过程中发生的成本费用确定评估值。具体应用过程中，可分以下两种情况进行：

(1) 当评估基准日与产成品完工时间较接近，成本升降变化不大时，可以直接按产成品账面成本确定其评估值。计算公式如下：

$$产成品评估值 = 产成品数量 \times 单位产成品账面成本$$

(2) 当评估基准日与产成品完工时间相距较远，制造产成品的成本费用变化较大时，产成品评估值可按下列两个公式计算：

$$\begin{matrix}产成品\\评估值\end{matrix} = \begin{matrix}产成品\\实有数量\end{matrix} \times \left(\begin{matrix}合理材料\\工艺定额\end{matrix} \times \begin{matrix}材料单位\\现行价格\end{matrix} + \begin{matrix}合理工\\时定额\end{matrix} \times \begin{matrix}单位小时合理\\工时工资、费用\end{matrix}\right)$$

$$\begin{matrix}产成品\\评估值\end{matrix} = \begin{matrix}产成品\\实际成本\end{matrix} \times \left(\begin{matrix}材料成\\本比例\end{matrix} \times \begin{matrix}材料综合\\调整系数\end{matrix} + \begin{matrix}工资、费用\\成本比例\end{matrix} \times \begin{matrix}工资、费用\\综合调整系数\end{matrix}\right)$$

【例 5-8】 某企业进行产成品评估。经核查，该企业产成品实有数量为 7 000 件，根据该企业的成本资料，结合同行业成本耗用资料分析，合理材料定额为 5 千克/件，现行市价为 20 元/千克，合理工时定额为 4 小时，每小时的标准工资率为 8 元/小时。根据上述分析和有关资料，试计算该企业的产成品评估值。

$$产成品评估值 = 7\ 000 \times (5 \times 20 + 4 \times 8) = 924\ 000(元)$$

【例 5-9】 某企业产成品实有数量 500 件，每件实际成本 250 元，根据会计核算资料，生产该产品的材料费用与工资、其他费用的比例为 3∶2，根据目前价格变动情况和其他相关资料，确定材料综合调整系数为 1.35，工资、费用综合调整系数为 1.25。试计算该产成品的评估值。

$$产成品评估值 = 500 \times 250 \times (60\% \times 1.35 + 40\% \times 1.25) = 163\ 750(元)$$

(二) 市场法

市场法应用于在成品、库存商品的评估时，是按不含税的可接受市场价格扣除相关费用后计算被评估产成品评估值的。

应用市场法评估产成品、库存商品的价值，在选择市场价格时应注意考虑以下几个方面的因素：

(1) 产成品及库存商品的使用价值。根据对产品本身的技术水平和内在质量的技术鉴定，确定产品是否具有使用价值以及产品的实际等级，以便选择合理的市场价格。

(2) 分析市场供求关系和被评估产成品的前景。

(3) 选择的价格应是在公开市场上所形成的近期交易价格，非正常交易价格不能作为评估的依据。

(4) 对于产品技术水平先进，但产成品外表存有不同程度的残缺，可根据其损坏程度，通过调整系数予以调整。

采用市场法评估产成品时，现行市价中包含了成本、税金和利润等因素，如何处理待实现的利润和税金就成为一个不可忽视的问题。对此，人们有不同的看法，一种意见认为，用市场法评估的产成品价格，应以扣除流转税、所得税和相应的销售费用后的余额作为评估价格;另一种意见认为,只应扣除流转税和相应的销售费用,不应扣除所得税;还有一种意见认为,只应扣除销售费用,不必扣除各种税。

本书认为,对这一问题应视产成品评估的特定目的,即将发生何种经济行为而定。假如以产成品出售为目的,就应直接以现行市场价格作为其评估值,而无须考虑扣除其销售费用和税金。这是因为,任何低于市场价格的评估值对于卖方来说都是不能接受的。另外,对于交纳增值税的产成品来说,其销项税额尽管向购买方收取,但并不构成产成品价格。而且,对于买方来说,支付给卖方的销项税额即为自身的进项税额,在它买进的产成品再卖出时,所支付税款是销项税款与进项税款的差额,本身意味着税款的扣除。在对企业以投资为目的的产成品进行评估时,要视产成品在企业的用途而定,如果产成品是供新企业销售的,那么将来流转税和所得税等就要流出新企业,追加的销售费用也应得到补偿,即按不含税金和销售费用的价格作为评估值。此外,产成品评估值折价后作为投资者权益,是分配收益的依据,在这种情况下,必须取投资方和被投资方均能接受的价格作为评估值。

在实际评估工作中,应用市场法评估产成品和库存商品,应根据《资产评估操作规范意见(试行)》相关条款的规定,对于十分畅销的产品,根据其出厂销售价格减去销售费用和全部税金确定评估值;对于正常销售的产品,根据其出厂销售价格减去销售费用、全部税金和适当数额的税后净利润确定评估值;对于勉强能销售出去的产品,根据其出厂销售价格减去销售费用、全部税金和税后净利润确定评估值;对于滞销、积压、降价销售的产品,应根据其可收回净收益确定评估值。

第三节 非实物类流动资产的评估

非实物类流动资产包括现金、各项存款、应收账款、预付账款、应收票据、待摊费用和交易性金融资产等。

一、现金评估

现金评估是对库存现金进行盘点,并与现金总账和现金日记账核对,账实相符后确认的数额作为评估值。

二、各项存款评估

各项存款是对评估基准日银行存款总账和日记账核对,并取得评估基准日银行存款对账单,通过编制银行存款余额调节表而确认的银行存款实有数额;如有外币存款,可按评估基准日的国家外汇牌价折算成人民币值,确认其评估值。

三、应收账款评估

应收账款主要指企业在经营过程中由于赊销原因而形成的尚未收回的款项。这些应收账款属于企业债权性流动资产。但由于存在回收风险,因此,在对这些资产估算时,一般应从两方面进行，一是清查核实应收账款数额；二是判断估计可能的坏账损失。确定应收账款评估值的基本公式表示为：

$$应收账款评估值=应收账款账面价值-已确定坏账损失-预计坏账损失$$

首先，确定应收账款账面价值。除了与账表核对外，一般尽可能地要求按户发函核对，查明各项应收账款的真实性和金额，以及每一笔账款是否具有合法、有效的原始凭证。此外，还要注意查明各笔款项发生的时间，并作记录，作为在评估时考虑其坏账损失的一种依据。

其次，确认已确定的坏账损失。已确定的坏账损失是指评估时债务人已经死亡或破产倒闭而确实无法收回的应收账款。对于已确定坏账损失，应严格按照有关经济合同法的有关条款进行。

再次，确定预计坏账损失。即对应收账款回收的可能性进行判断。一般可以根据企业与债务人的业务往来和债务人的信用情况将应收账款分为几类，并按分类情况估计应收账款回收的可能性。详细分类情况如下：

(1) 业务往来较多，对方结算信用好。这类应收账款一般能够如期全部收回。

(2) 业务往来少，对方结算信用一般。该类应收账款收回的可能性很大，但回收时间不确定。

(3) 一次性业务往来，对方信用情况不太清楚。这类应收账款可能只收回一部分。

(4) 长期拖欠或对方单位已撤销，这类应收账款可能无法收回。

上述分类方法既是对应收账款坏账损失可能性的判断过程，也是对预计坏账损失定量分析的准备过程。

对预计坏账损失定量分析的方法如下：

(1) 坏账估计法。即按坏账的比例，判断不可回收的坏账损失的数额。坏账比例的确定，可以根据被评估企业前若干年(一般为3～5年)的实际坏账损失额与其应收账款发生额的比例确定。计算公式如下：

$$坏账比例=\frac{评估前若干年发生的坏账数额}{评估前若干年应收账款}\times 100\%$$

【例5-10】 对某企业进行整体评估，经核实，截至评估基准日的账面应收账款余额为900万元，其中包含实际已发生的坏账损失为12万元，前3年的坏款损失合计为110万元，前3年应收账款余额合计为1 700万元。试计算应收账款的评估值。

$$前3年的平均坏账损失率=(110\div 1\,700)\times 100\%=6.47\%$$

$$预计坏账损失(900-12)\times 6.47\%=57.45(万元)$$

$$应收账款的评估值=900-12-57.45=830.55(万元)$$

(2) 账龄分析法。即按应收账款拖欠时间的长短，分析判断可收回的金额和坏账。一般来说，应收账款账龄越长，坏账损失的可能性越大。因此，可将应收账款按账龄长短分成几组，按组估计坏账损失的可能性，并进而计算坏账损失的金额。

【例5-11】 某企业评估时，经核实该企业应收账款实有额为720万元，其中账龄在4年以上为50万元，3～4年的70万元，2～3年的120万元，1～2年的150万元，1年以下为330万元，根据以往经验，账龄在4年以上的，基本无法收回，3～4年账龄的回收率为45%，2～3年账的回收率75%，1～2年账龄的回收率为80%，1年以下的回收率为90%。预计坏账损失为多少？

$$预计坏账损失 = 50 + 70 \times (1-45\%) + 120(1-75\%) + 150 \times (1-80\%) + 330 \times (1-90\%) = 181.5(万元)$$

$$应收账款评估值 = 720 - 181.5 = 538.5(万元)$$

应收账款评估时，账面上的"坏账准备"科目按零值计算，因为"坏账准备"科目是应收账款的备抵账户，是按会计制度规定的一定比例(3%～5%)计提的。对应收账款评估时，是按照实际可回收价值确定的，因此，应收账款评估值就不必再考虑坏账准备数额。

四、预付账款评估

预付账款之所以作为资产，是因为这类费用在评估基准日之前企业已经支出，但在评估基准日之后才能产生效益，如预付的报刊费、预付保险金、预付租金等。因而，可将这类预付账款看成未来取得服务的权利。

预付账款评估主要依据其未来可产生效益的时间。如果预付账款的效益已在评估基准日前全部实现，只因发生的数额过大而采用分期摊销的办法，这种预付账款不应在评估中作价。只有那些在评估基准日之后仍将发挥作用的预付账款，才是评估的对象。

【例5-12】 现就某企业预付账款进行单项评估，评估基准日为2020年6月30日。有关资料如下：企业截至评估基准日预付账款账面余额78万元(不含车间在产品成本)，其中有预付1年的保险金25万元，已摊销5万元，账面余额20万元；尚待摊销的低值易耗品(尚未使用)的账面余额18万元；预付的房租租金45万元，已摊销15万元，账面余额30万元。根据租约，始租时间为2018年6月30日，租约终止期为2023年6月30日。试对该企业的预付账款进行评估。

评估人员根据上述资料进行如下评估：

(1) 预付保险金的评估，根据保险金全年支付数额计算每月应分摊数额=25÷12=2.08(万元)。

$$预付保险金评估值 = 2.08 \times 6 = 12.48(万元)$$

(2) 低值易耗品根据实物数量和现行市场价格评估，评估值为17万元。

(3) 预付租金评估，按租约规定的租期和5年总租金计算：

$$每年的租金 = 45 \div 5 = 9(万元)$$

该房屋尚有3年使用权，预付租金评估值=9×3=27(万元)

$$最终预付账款评估值 = 12.48 + 17 + 27 = 56.48(万元)$$

五、应收票据评估

应收票据是指企业持有的还没有到期、尚未兑现的商业汇票。商业汇票是一种由出票人签发的，委托付款人在指定日期无条件支付确定金额给收款人或者持票的票据。应收票据按承兑人不同可分为商业承兑汇票和银行承兑汇票；按其是否带息分为带息商业汇票和不带息商业汇票。商业汇票可依法背书转让，也可以向银行申请贴现。而商业汇票有带息和不带息之分，不带息票据的评估值即为票面金额。对于带息票据，应收票据的评估值包括票据面值加利息。应收票据评估可采取下列两种方法：

（1）按本金加利息确定。计算公式如下：

$$应收票据评估值 = 本金 \times (1 + 利息率 \times 时间)$$

【例 5-13】 某企业拥有一张期限为半年的票据，本金 80 万元，年利率为 5%，截至评估基准日离付款期尚差两个月的时间。试确定评估值。

$$评估值 = 80 \times (1 + 5\%/12 \times 4) = 81.33(万元)$$

（2）按应收票据的贴现值计算。应收票据的贴现值指对企业拥有的尚未到期的票据，按评估基准日到银行可获得的贴现值计算确定评估值。计算公式如下：

$$应收票据评估值 = 票据到期价值 - 贴现息$$
$$贴现息 = 票据到期价值 \times 贴现率 \times 贴现期$$

【例 5-14】 某企业有一张面值为 200 万元，期限为 5 个月，票面利率 9%的票据，至评估基准日，已经持有 2 个月，贴现率为 7%。试计算该票据的评估值。

$$贴现息 = 200 \times 7\%/12 = 1.17(万元)$$
$$应收票据评估值 = 200 \times (1 + 9\%/12 \times 5) - 1.17 = 206.33(万元)$$

与应收账款相类似，如果被评估的应收票据是在规定时间内尚未能收回的票据，应按应收账款的评估方法，在分析调查其原因的基础上，做坏账处理。

六、待摊费用评估

待摊费用是指企业中已经支付或发生，但应由本月和以后各个月份负担的费用。费用本身不是资产，它是已耗用资产的反映，但它的支出可以形成一定形态的有形资产和无形资产。因此，要评估确定待摊费用的价值，实际上是确定其实体资产或某种权利的价值。对于待摊费用的评估，原则上应按形成的具体资产价值来确定。例如，某企业待摊费用中，发生的待摊修理费用 1 万元，而在机器设备评估时，由于发生大修理费用会延长机器设备寿命或增加其功能，使机器设备评估值增大，因此，待摊费用 1 万元已在机器设备价值中得以实现，这部分反映在待摊费用中的价值无须体现。

七、交易性金融资产评估

交易性金融资产是指企业为了近期内出售而持有的金融资产。例如，企业以赚取差价为目的从二级市场购入的股票、债券、基金等。其价值评估可参照长期投资评估的方法，详见第六章。通常，对于公开挂牌交易的有价证券可按评估基准日的收盘价计算确定其评估值；不能公开交易的有价证券可按其本金加持有期间利息计算其评估值。

本章习题

一、单选题

1. 评估目的不同时,流动资产按其自身特点可采取不同的方式进行评估。下列按变现净值评估的情形是(　　)。

A. 企业破产清算,进行资产变卖,要求流动资产快速变现

B. 企业股权转让,企业生产经营方式、产品结构不变的流动资产评估

C. 企业产权变动,生产经营方式调整,对待估流动资产的需求大大减少

D. 企业清产核资,企业持续经营,资产按在用用途使用的流动资产评估

【正确答案】C

【答案解析】企业产权变动后,生产经营方式、产品结构等进行调整,未来生产经营对待估流动资产的需求大大减少或不需要。这种情况下,按变现净值评估流动资产。

2. 某企业生产成品实有数量为 1 500 件,合理材料工艺定额为 600 公斤/件,合理工时定额为 20 小时/件。因为评估基准日与产成品完工时间间隔较长,评估时,生产该产品的材料价格由原来的 50 元/公斤涨至 60 元/公斤,单位小时合理工时工资、费用也由 15 元/小时涨至 20 元/小时。采用成本法评估时,该企业产成品评估值为(　　)。

A. 5 460 万元　　B. 4 545 万元　　C. 5 445 万元　　D. 4 560 万元

【正确答案】A

【答案解析】产成品评估值=1 500×(600×60+20×20)=5 460(万元)。

3. 甲公司去年 11 月,购进 A 材料 100 吨,单价为 300 元/吨;今年 1 月 14 日购进 100 吨,单价为 250 元/吨;今年 3 月 2 日,购进 200 吨,单价为 200 元/吨。今年 1 月 15 日甲企业对库存 A 材料进行价值评估,评估时,去年存货尚存 50 吨,本年购进尚未使用,A 材料的评估值为(　　)。

A. 37 500 元　　B. 40 000 元　　C. 45 000 元　　D. 25 000 元

【正确答案】A

【答案解析】因评估基准日 1 月 15 日与本年 1 月 14 日购进时间较近,直接采用 1 月 14 日购进材料价格作为评估值。A 材料的评估值=(50+100)×250=37 500(元)。

4. 采用成本法对产成品进行评估时,评估基准日与产成品完工时间较接近,成本变化不大时,直接按产成品(　　)确定其评估值。

A. 账面数量　　B. 账面成本　　C. 实有数量　　D. 市场价值

【正确答案】B

【答案解析】采用成本法对生产及加工工业的产成品评估,主要根据生产、制造该项产品发生的成本费用确定评估值。当评估基准日与产成品完工时间较接近,成本变化不大时,可以直接按产成品账面成本确定其评估值。计算公式为:产成品评估值=产成品数量×产成品账面单位成本。

5. 在用低值易耗品可以采用(　　)进行评估。

A. 收益法　　　　B. 市场法

C. 市场同类商品的平均物价指数　　D. 成本法

【正确答案】D

【答案解析】在库低值易耗品的评估，可以采用与库存材料评估相同的方法；在用低值易耗品，可以采用成本法进行评估。选项D正确。

二、多选题

1. 下列各项中属于工业企业流动资产的有(　　)。

A. 储备资产　　B. 生产资产　　C. 结算资产　　D. 商品资产

E. 货币资产

【正确答案】ABCE

【答案解析】工业企业的流动资产可分为储备资产、生产资产、成品资产、结算资产和货币资产。

2. 采用市场法评估产成品价值，下列各项中属于选择市场价格时应考虑的因素的有(　　)。

A. 库存商品的使用价值

B. 分析市场供求关系和被评估产品的前景

C. 所选择的价格应是在公开市场上所形成的近期交易价格

D. 对于产品技术水平先进，但产成品外表存有不同程度的残缺的情况，可根据其损坏程度，通过调整系数予以调整

E. 发出存货的计量方法

【正确答案】ABCD

【答案解析】采用市场法评估产成品价值，选择市场价格时应注意考虑下面几项因素：

(1) 库存商品的使用价值。根据对产成品本身的技术水平和内在质量的技术鉴定，确定产成品是否具有使用价值以及产品的实际等级，以便选择合理的市场价格。

(2) 分析市场供求关系和被评估产品的前景。

(3) 所选择的价格应是在公开市场上所形成的近期交易价格，非正常交易价格不能作为评估的依据。

(4) 对于产品技术水平先进，但产成品外表存有不同程度的残缺的情况，可根据其损坏程度，通过调整系数予以调整。

3. 下列各项中不属于流动资产评估的特点的有(　　)。

A. 流动资产评估时点要尽可能与评估结论使用时点接近

B. 流动资产一般具有数量大、种类多的特点，清查工作量很大

C. 流动资产评估实务受企业运营的牵制较小，对企业流动资产会计核算资料的依赖度低

D. 在正常情况下(流动资产周转速度快，变现能力强，在价格变化不大的情况下)，流动资产的账面价值基本上可以反映出流动资产的现值

E. 流动资产评估时与评估结论使用时点不一致

【正确答案】CE

【答案解析】流动资产评估的特点包括：

(1)流动资产评估时点要尽可能与评估结论使用时点接近。

(2)流动资产量大类繁，决定了在评估方法的选择和确定上，应采取抓住重点与兼顾一般

相结合的原则,重视分类评估的特点。

(3)流动资产评估实务受企业运营的牵制较大,对企业流动资产会计核算资料的依赖度高。

(4)在正常情况下(流动资产周转速度快,变现能力强,在价格变化不大的情况下),流动资产的账面价值基本上可以反映出流动资产的现值。

4. 评估应收账款时,下列关于确定可能发生的坏账损失的说法中,正确的有(　　)。

A. 一般来说,账面上的"坏账准备"科目按零值计算

B. 账龄分析法中,一般来说,账龄越长,发生坏账损失的可能性就越大

C. 账龄分析法,是根据应收账款的账龄估计坏账损失的方法

D. 坏账比例法中的坏账比例,一般通过分析以前若干年的实际坏账情况确定

E. 坏账比例法中的坏账比例,一般通过预测未来若干年的坏账情况确定

【正确答案】BCD

【答案解析】一般来说,应收账款评估以后,账面上的"坏账准备"科目按零值计算,评估结果中没有此项目,所以选项A不正确;坏账比例法,可以根据被评估单位以前若干年(一般为3～5年)的实际坏账损失额与其应收账款发生额的百分比确定坏账比例,所以选项E不正确。

5. 库存材料评估时,应根据材料购进情况的不同,选择适应的评估方法,并考虑其数量和质量,合理确定评估值。下列相关说法正确的有(　　)。

A. 库存材料计价方式的差异不应影响评价结果

B. 购进时间长、市场价格变化大的库存材料,可采用市场法

C. 失效、变质、残损、报废、无用的库存材料,应扣除相应的贬值额

D. 购进时间短、市场价格变化不大的库存材料,可采用成本法

E. 购进时间短、市场价格变化大的库存材料,可采用成本法

【正确答案】ABCD

【答案解析】对库存材料进行评估,可以根据购进情况的不同,选择相适应的评估方法。①近期购进的材料库存时间短,在市场价格变化不大的情况下,其账面价值与现行市价基本接近。评估时,可以采用成本法,也可以采用市场法。②购进批次间隔时间长、价格变化大的库存材料的评估,可以采用最接近市场价格的材料价格或直接以市场价格作为其评估值。需要注意的是,存货计价方式的差异不应影响评估结果。③对于缺乏准确现价的库存材料可以通过寻找替代品的价格变动资料修正材料价格,也可以在分析市场供需的基础上,确定该项材料的供需关系,并以此修正材料价格,还可以通过市场同类商品的平均物价指数进行评估。④呆滞材料的评估,首先应对其数量和质量进行核实和鉴定,然后区分不同情况进行评估。对其中失效、变质、残损、报废、无用的部分,应通过分析计算,扣除相应的贬值额后,确定评估值。

第六章 长期投资评估

第一节 长期投资评估概述

一、长期投资的概念

长期投资评估是指对长期投资的评估。长期投资是一个含义较为广泛的概念。通常把长期投资分为广义的长期投资和狭义的长期投资两种。广义的长期投资泛指企业投入财力（包括向本企业和企业以外的地方的投资活动），以期获得投资报酬的活动或行为。狭义的长期投资是指企业向那些并非直接为本企业使用的资产项目投入资金，以期获得投资报酬的活动和行为。

本章的长期投资，包括持有时间准备超过1年（不含1年）的各种股权性质的投资。长期投资通常可以理解为企业通过分配来增加收益，或为谋求其他利益，而将资产让渡给其他单位所获得的另一项资产。

企业的长期投资又可分为股权投资和债权投资。股权投资包括向附属企业、其他企业的投资。它有两种投资形式：一是直接投资形式，是指以现金、有形资产或无形资产等资产形式直接投入到被投资企业，并取得投资证明或股权证明；二是间接投资形式，是指通过证券市场购买其他企业的股票，以达到投资于其他企业的目的。债权投资是指通过购买国库券、各种企业债券或公债等所实现的投资。

二、长期投资的分类

（一）根据其投资方式分类

（1）货币资金投资。货币资金投资即以现金、存款、可兑付票据等货币性资产购买有价证券入股投资，并直接以货币单位计价交付。

（2）实物资产投资。实物资产投资即以实物资产形式，如厂房、机器设备、存货、材料等作为资本投入其他企业。

（3）无形资产投资。无形资产投资即以企业自己拥有的无形资产，如专利权、专有技术、商标权、土地使用权等作为资本投入其他企业。

（4）混合资产形式的投资。混合资产形式的投资即以上述三种投资方式的混合形式进行出资。

（二）按投资时限分类

（1）有期限长期投资。有期限长期投资即按约定届时可以收回本金的长期投资。

（2）永久性长期投资。永久性长期投资即资本一旦投入，投资者不能在公司的存续期随意抽走所投资本的长期投资。

三、长期投资的特点

长期投资是以对其他企业享有的权益而存在的，因此，长期投资评估主要是对长期投资评估所代表的权益进行评估。其主要特点是：

（一）长期投资评估是对资本金的评估

虽然投资者的出资形式有货币资金、实物资产和无形资产等，但是，一旦该项资产被转移到被投资企业，即发挥着资本金功能。长期投资中的股权投资是投资者在被投资企业所享有的权益。因此，对长期股权投资评估时并不对一般生产要素进行评估，而是评估资本金的价值。

（二）长期投资评估是对被投资企业获利能力

长期投资中的股权投资是投资者不准备随时变现，持有时间超过 1 年的对外投资。其根本目的是获取投资收益和实现投资增值。因此，被投资企业的经营状况、财务状况及获利能力就成为长期投资评估的决定因素。

（三）长期投资评估是对被投资企业偿债能力的评估

长期投资中债券投资的投资方重点关注被投资方能否定期支付利息和到期收回本金。因此，被投资企业的偿债能力成为债券投资的决定因素。

四、长期投资评估程序

（一）明确长期投资项目的具体内容

在进行长期投资评估时，要先明确投资的种类、初始投资额、评估基准日余额、投资收益计算方法、历史收益额、长期股权投资占被投资企业实收资本的比例以及相关会计核算方法等。

（二）判断长期投资核算数据的正确性

在明确长期投资项目的具体内容后，还应判断长期投资预计可收回金额计算的正确性与合理性，判断被评估的长期投资余额在财务报表上列示的准确性。

（三）根据长期投资的特点选择合适的评估方法

在证券市场上市交易的股票和债券一般采用现行市价法进行评估，按评估基准日的收盘价确定评估值；非上市交易及不能采用现行市价法评估的股票和债券一般采用收益法，评估人员应根据综合因素选择适宜的折现率，确定评估值。

（四）评定估算长期投资价值

根据长期投资不同的种类选择相应的评估方法，得出相应的评估结论。

第二节 长期股权评估

一、长期股权投资概念

长期股权投资是指债券投资、股票投资以外的投资，投资主体通常以现金、实物资产或无形资产等直接投入到被投资企业，从而组成联营企业、合资合作或股份企业等，以取得被投资企业的股权，旨在控制股权、获取收益。

二、长期股权评估具体内容

股权投资首先必须了解具体股权形成形式、收益获取方式和占被投资企业实收资本或所有者权益的比重，根据不同情况，采取不同方法进行评估。其中，根据投资收益的分配形式划分：按投资额占被投资企业实收资本的比例参与被投资企业净利润的分配；按被投资企业销售收入或利润的一定比例提成；按投资方出资额的一定比例支付资金使用报酬等。投资到期时本金的回收有两种形式：①核定投出资产的价格，到期以现金收回，评估时将收回现金额折现即可；②到期收回实物资产，必须先对回收资产进行评估，再把评估价格折现。

1. 非控股型股权投资（少数股权）评估

对于非控股型股权投资评估，可以采用收益法，即根据历史上的收益情况和被投资企业的未来经营情况及风险预测未来收益，再用适当折现率折算为现值得出评估值。对于合同、协议明确约定了投资报酬的长期投资，可将按规定应获得的收益折为现值，作为评估值；对到期收回资产的实物投资情况，可按约定或预测出的收益折为现值，再加上到期收回资产的现值，计算评估值；对于不是直接获取资金收入，而是取得某种权利或其他间接经济效益的，可通过了解分析测算相应的经济效益，折现计算。

非控股型股权投资也可以采取成本法评估。

不论采用什么方法评估非控股型股权投资，都应考虑少数股权因素对评估值的影响。

2. 控股型股权投资评估

对于控股型的股权投资，应对被投资企业进行整体评估后再测算股权投资的价值。整体评估应以收益法为主，也可以采用市场法，对被投资企业整体评估，基准日应与投资方的评估基准日相同。

评估控股型股权投资评估，应适当考虑控股权产生的溢价。资产评估人员应当在评估报告中披露是否考虑了控股权和少数股权等因素产生的溢价或者折现。

【例 6-1】 Z 公司以其固定资产向 B 股份公司投资，协议生产经营联合期限为 10 年，双方按各自投资比重分配 B 股份公司的利润。Z 公司投资 150 万元，占 B 股份公司资本总额的 30%。双方约定投资期届满时，B 股份公司按 Z 公司投入固定资产设备折余价值返回 Z 公司，确定年折旧率为 5%。评估时，双方联营期已届 5 年。经调查分析，评估人员预测今后

5 年 B 股份有限公司的经营规模和财务状况相对比较稳定，每年预计分得红利 20 万元。经测定折率为 8%。评估该投资的价值。

$$P = \sum_{t=1}^{5} \frac{A_i}{(1+i)^t} + \frac{P_n}{(1+i)^5}$$
$$= 200\ 000 \times 3.992 \times 750\ 000 \times 0.68 = 1\ 308\ 400(\text{元})$$

【例 6-2】 某资产评估公司受托对甲企业拥有的乙公司的股权投资进行评估，采用整体评估再测算股权投资价值的方法。两年前，甲企业对乙公司投入资本 30 万元，其中现金资产 10 万元、厂房作价 20 万元，占乙公司总资本的 30%，协议约定投资期为 10 年。合同约定，合营期满，以厂房返还投资。该厂房年折旧率为 5%，净残值率为 5%。评估前两年的利润分配方案是：第 1 年实现净利润 15 万元，甲企业分得 4.5 万元；第 2 年实现净利润 20 万元，甲企业分得 6 万元。预计未来乙公司每年收益率可稳定在 20%，期满后厂房折余价值 10.5 万元。经调查分析，折现率定为 15%，评估该投资价值。

$$P = 300\ 000 \times 20\% \times (P/A, 15\%, 8) + 105\ 000 \times (1+15\%)^{-8}$$
$$= 60\ 000 \times 4.4873 + 105\ 000 \times 0.3269$$
$$= 303\ 562.5(\text{元})$$

第三节 股票投资评估

一、股票投资概念及其特点

股票是由股份公司发行的用以证明投资者股东身份及权益，并据以获得股息和红利的有价证券。它表明股东与公司的约定关系，其实质是一种特殊的信用工具。股票代表着持有者取得一定收入的权利，因此具有价值，可以作为商品转让。但股票的转让并不直接影响真实资本的运动。股票按有无票面金额可分为有面值票和无面值股票；按票面是否记名可分为记名股票和非记名股票；按股票所得权益的同可分为普通股和优先股按股票是否上市可分为上市股票和非上市股票等。

股票投资就是企业通过购买等方式取得被投资企业股票而实现的投资行为。与债券投资相比，股票投资具有投资收益高、投资风险高、投资者拥有对公司的管理权等特点。

1. 投资收益高

股票投资者属于公司的所有者，公司所创造的利润理论上均属于股东所有，尽管股东从企业获得利润还要受到股利分配政策的影响，但只要公司能够创造更多的利润，企业的价值就会不断提高，股东可以从股利和股票买卖价差两个方面获取较高回报。

2. 投资风险高

一方面，股票投资的收益具有不确定性，股利收入除了受公司获利多少影响外还会受到利益分配政策的影响，股票市价更会受宏观经济形势、行业特点、公司经营管理水平、投资者心理因素的影响而波动较大，从而造成股票投资的风险大。另一方面，股票投资者无权要求股票发行公司还本，且一旦公司破产，在清算时股东的求偿权也是位于最后。因此除非公司债务得到完全清偿后还有剩余财产，股票投资者才能得到清偿，且可能只能得到一少部分清偿，有时甚至得不到任何清偿。

3. 投资者拥有对公司的管理权

股票投资者可以按所持股份数额直接通过股东大会参与公司的经营管理，赞成或否决公司议案，可以通过选举产生董事会、监事会间接参与公司的经营决策。

二、股票价格内涵及变动影响因素

(一) 股票价格内涵

股票的价格包括票面价格、发行价格、账面价格、清算价格、内在价格和市场价格。股票的价值评估通常与股票的票面价格、发行价格和账面价格的联系并不紧密，而与股票的内在价格、清算价格和市场价格有着较为密切的联系。

1. 股票的清算价格

股票的清算价格是指公司清算时，每股股票所代表的真实价格。公司的清算价格取决于股票的账面价格、资产处置损益、清算费用高低等因素。企业的许多资产在清算中只能压价，所以股票清算价格一般小于账面价格。

2. 股票的内在价格

股票的内在价格是指一种理论价值或模拟市场价格。它是根据评估人员对股票未来收益的预测，经过折现后得到的股票价格。股票的内在价格主要取决于公司的财务状况、管理水平、技术开发能力以及获利风险等因素。

3. 股票的市场价格

股票的市场价格是证券市场上交易股票的价格。在证券市场比较完善的条件下，股票的市场价格基本上是市场对公司股票内在价格的一种客观评价。当然，当证券市场发育尚未成熟且股票市场的投机成分太大时，股票的市场价格就不能完全代表其内在价格。因此，在具体进行股票价值评估时，也就不能直接将其市场价格作为股票的评估值。对于股票的价值评估，一般分为上市交易股票和非上市交易股票两类进行。

(二) 股票价格变动因素

股票价格变动因素大致可以从企业层面、产业层面及宏观经济层面三个层面进行分析。

1. 企业层面的因素分析

企业层面因素主要体现在以下四个方面：

(1) 公司的经营状况。公司的经营状况决定利润水平，相应决定了红利水平，同时公司的经营状况影响了人们对股票未来盈利能力的预期。

(2) 公司的财务状况。公司财务状况也是反映公司未来发展的重要因素。

(3) 公司的收益分配政策。如果公司的股息政策倾向于公司的长远发展，则就有可能少分红派息；反之，分红派息的量就会大一些。

(4) 公司人事结构。随着股票市场发展,公司领导层的经营管理水平和公司员工的整体素质都已经成为影响股价的重要因素。

2. 产业层面的因素分析

产业层面因素主要体现在以下三个方面:

(1) 产业性质。一般而言,如果企业所处的产业是朝阳产业,对投资者的吸引力就比较大,股价就相对要高或者上涨潜力较大。

(2) 产业生命周期。在开创期,股价相应就会因为前景不明而波动较大;在成长期,股价也会进入一个不断上升的阶段;在成熟期,股价相对稳定;在衰退期,股价重新进入波动较大的时期。

(3) 产业政策。政府有优惠和支持政策的出台,往往会引起股票价格的上涨;反之,政策限制会使相关股票价格下跌。

3. 宏观经济层面的因素分析

宏观经济环境会直接或间接地影响公司的利润水平和发展前景等,从而影响公司股票的价值。具体而言,宏观经济层面的影响因素主要有以下几个方面:

(1) 经济周期的变动,影响社会投资者的信心和预期。

(2) 政府的宏观经济政策主要包括财政政策和货币政策等。

(3) 汇率和国际收支状况。

(4) 国际经济形势。

除了企业层面、产业层面和宏观经济层面的因素以外,政治因素、市场因素以及心理因素也对股票价值有重要影响。

三、股票投资的评估

(一) 上市交易股票的价值评估

上市交易股票是指企业公开发行的、可以在证券市场上市交易的股票。对上市交易股票的价值评估,在正常情况下,可以采用现行市价法评估,股票的市场价格就可以代表评估时点被评估股票的价值。如市场存在扭曲,应采用评估非上市交易股票的方法,以股票的内在价值作为评估股票价值的依据。通过对股票发行企业的经营业绩、财务状况及获利能力等因素的分析,综合判断股票内在价值。以控股为目的而持有上市公司的股票,一般可采用收益法进行评估。

1. 上市交易股票评估中的指标分析

在对上市普通股的价值进行评估时,首先应确定所评估股票的某些特性,从而预测其可能的未来收益。这些特性可以分为两类:一类是与发行企业本身的盈利能力和发展前景相关,主要的分析指标包括每股净资产、市盈率等,它是决定股票收益大小的内部因素;另一类则是与市场有关的因素,表现为股票的系统性风险,一般用系数表示,它衡量了外部因素通过影响整个市场对股票收益产生的影响。

(1) 每股净资产。每股净资产实际上就是股票的账面净值,它反映了股东实际拥有的价值量,即每一股股票所对应的真实资本。其计算公式为:

$$V_c = \frac{T}{N_c}$$

式中，V_c 表示普通股每股的净资产值；T 表示公司净资产总额；N_c 表示普通股总股数。

每股净资产是一个静态指标，可以精确量化，也具有可操作性。但这个指标反映的是历史收益，或者说是事后收益，没有顾及股票未来的价值变动。而实际上股票的价格主要取决于它以后能为持有者带来多少收益，这种收益才是决定股价的更重要的因素。分析这个指标的意义在于希望其能有助于预期未来。

(2) 市盈率。市盈率也称本益比或市价盈利率，是一个反映股票收益与风险的重要指标，它是用当前每股市场价格除以该公司的每股税后利润。其计算公式如下：

$$m = \frac{P}{E}$$

式中，m 表示市盈率；P 表示股票每股市价；E 表示每股税后利润。

显然，在股价一定时，利润越多，市盈率越低；利润越少，市盈率越高。在利润一定时，股票价格越高，市盈率越高；反之，市盈率越低。因此，市盈率说明了股票的盈利能力，并且与盈利能力成反比。市盈率也属于静态指标，从理论上讲，市盈率越低的股票越值得投资，其价格下跌的风险也越小；反之亦然。不过从另外一个方面看，越多投资者看好的股票，才有可能享有越高的市盈率倍数。市盈率是由股价和企业的利润水平同时决定的，是一种相对价值指标，其高或低没有统一的标准。处在不同市场发展阶段的各国的股市，其市盈率一般都存在差异，同一股市上处于不同行业的股票，其市盈率水平也各不同。因此在评估过程中，除结合行业特点考虑市盈率之外，还应充分考虑其他因素，进行综合分析。在上海证券交易所的每日行情表中，市盈率计算采用当日收盘价格。

(3) β 系数。β 系数所反映的是某种股票的系数性风险的大小，也就是这种股票的价格会在多大程度上随整体市场的变化而变化。普通股所面临的风险中除了企业的经营风险、财务风险等某一企业或行业所面临的非系统性风险之外，就是与市场相关的系统性风险。β 系数是一种对风险的基本的度量，一般是根据对股票市场的历史数据进行回归分析得出的，如果我们假定在一定时期内系数是固定的，那就可以用它来表示系统风险的大小，然后据此对评估价值进行必要的调整。从长期来看，β 系数往往表现出不稳定性，因此，在评估中，不能完全依赖 β 系数来分析系统性风险。

2. 上市交易股票的市场法评估

市场法是评估上市普通股的最基本的方法。因为上市普通股具有随时变现的能力，因而可以认为，如果股价上涨，股票价值也随之增加；如果股价下跌，股票价值也随之下降。因此，对一般上市普通股的评估而言，市场法是一种很好的方法，简便易行且易于理解。市场法成立的假设前提是：股票市场是有效的；持有者的持有目的只是将股票作为一般的金融工具而长期持有。

市场法评估公式如下：

$$V = N \times P_a$$

式中，V 表示股票评估总值；N 表示持有的股票数量；P_a 表示每股股票在评估基准日的市场交易价格。

股票在每个交易日有开盘价、收盘价、最高价、最低价四个价格，实践中一般采用收盘价作为评估基准日的价格。依据股票市场价格进行评估的结果，应在评估报告书中说明所用的方法，并说明该评估结果应随市场价格变化而予以适当调整。

【例 6-3】 甲公司持有乙公司上市普通股 2 000 股，评估基准日该股收盘价为每股 25 元。请计算甲公司所持乙公司普通股的评估价值。

$$V = N \times Pa = 2\ 000 \times 25 = 50\ 000(\text{元})$$

3. 带调整系数的上市交易股票的市场法评估

使用市场法评估需要具备两个前提条件，其中之一就是股票市场应该是一个有效市场。实际上，这个假设的要求很高。在发达国家的金融市场中，有许多高度竞争化的投资中介机构的参与，市场就具备了高效率的均衡价格的发现功能和形成功能。但在我国，股票市场并不完全具备这些条件，市场很难说是一个有效的市场。这样用市场法进行评估就缺乏足够的说服力。因此考虑在市场法评估公式的基础上加一个调整系数 E，E 的大小根据市场情况确定。

使用带调整系数的市场法计算公式如下：

$$V = N \times P_a \times E$$

式中，E 表示调整系数；其余符号含义同前。

公式中最重要的就是 E 值的确定。在确定调整系数的大小时，首先应该对股票的内在价值进行分析，因为这是确定股票市场交易价格的基础，然后结合技术指标对股票价格的未来走势做出预测。在此基础上，再慎重地考虑是否要对股票价格进行调整，以及调整的幅度，即确定调整系数 E 的大小。

【例 6-4】 甲公司持有乙公司上市普通股 2 000 股，评估基准日该股收盘价为每股 25 元。经分析，评估时股票市场由于政府连续利好政策的出台，股市连续高涨，根据历史资料计算出该股的 β 系数为 1.07，该股价格走势与市场相关度较大，因此认为股票市价与上市公司实际业绩比较明显偏高，建议调整系数 E 取值 0.9。请计算甲公司所持乙公司所有上市普通股的评估值。

$$V = N \times P_a \times E = 2\ 000 \times 25 \times 0.8 = 40\ 000(\text{元})$$

采用市场法对上市普通股进行评估，另一个前提条件是要求投资者进行的是短期投资，股票随时准备变现。实际中，一些公司持有股票是做长期性投资，有的甚至持有较大比例的股份，已经足够影响被投资公司的经营和发展，股票没有随时变现的可能，即不能满足现行市价法所要求的非长期性投资的假设。在这种情况下，市场法就不是一种合理和稳健的评估方法了。这时，可以以该股票将给持有者带来的预期收益作为对长期投资股票评估的基础，即使用收益现值法进行评估，将未来各期的预期收益以某一个资本化比率进行折现，以未来预期收益的现值作为评估值。采用收益法对上市普通股进行评估和采用收益法对非上市交易股票进行评估在本质上是一致的。

（二）非上市交易股票的评估

非上市交易的股票，一般应采用收益法评估，即综合分析股票发行企业的经营状况及风险、历史利润水平和分红情况、行业收益等因素，合理预测股票投资的未来收益，并选择合理的折现率确定评估值。非上市交易股票可分为普通股和优先股，普通股没有固定的股利，其收益大小完全取决于企业的经营状况和盈利水平；优先股的股利是固定的，一般情况下，都要按事先确定的股利率支付股利。

1. 优先股的价值评估

1）优先股的特性

优先股是相对于普通股而言的，是股份公司发行的一种股息固定并在分配红利和剩余财产时比普通股具有优先权的股份。优先股也是一种无限期的所有权权证，股东一般不能在中途向公司要求退股。

（1）优先股的优先权主要表现在两个方面：①股息领取优先权。股份公司分派股息的顺序是优先股在前，普通股在后。股份公司不论其盈利多少，只要股东大会决定分派股息，优先股就可按照事先确定的股息率领取股息，即使普通股股息普遍减少或没有股息，优先股也应照常分派股息。②剩余资产分配优先权。股份公司在解散、破产清算时，优先股具有公司剩余资产的分配优先权，不过，优先股的优先分配权在债权人之后，而在普通股之前。只有在还清公司债权人债务之后，有剩余资产时，优先股才具有剩余资产的分配权。只有在优先股索偿之后，普通股才参与分配。

（2）优先股的主要特征有三个：①优先股通常预先确定股息收益率。由于优先股股息率事先固定，所以优先股的股息一般不会根据公司经营情况而增减，而且一般也不能参与公司的分红，但优先股可以先于普通股获得股息，对公司来说，由于股息固定，它不影响公司的利润分配。②优先股的权利范围小。优先股股东一般没有选举权和被选举权，对股份公司的重大经营无投票权，但在某些情况下可以享有投票权，如公司股东大会需要讨论与优先股有关的提案。③优先股索偿权先于普通股，而次于债券。

2）优先股价值评估公式

评估优先股主要是判断股票发行主体是否有足够的税后利润用于优先股的股息分配。这种判断是建立在对股票发行企业全面了解和分析的基础上，包括股票发行企业的生产经营情况、利润实现情况、股本构成中优先股所占的比重、股息率的高低，以及股票发行企业的负债状况。评估人员可以根据事先确定的股息率，计算出优先股的年收益额，然后进行折现计算，即可得出评估值。计算公式如下：

$$P=\sum_{i=1}^{\infty}[R_i\ (1+r)^i]=A/r$$

式中，P 表示优先股的评估值；R_i 表示第 i 年的优先股的收益；r 表示折现率；A 表示优先股的年等额股息收益。

【例 6-5】　某企业持有另外一家企业优先股 3 000 股，每股面值 110 元，年股息率为 13%，在评估时，国库券利率为 8%，经过调查分析，确定风险报酬率为 2%，从而确定该优先股的折现率（资本化率）为 11%，则计算该优先股的评估值为。

$$P = A/r$$
$$= (3\,000 \times 110 \times 13\%)/11\% = 390\,000(\text{元})$$

如果非上市优先股有上市的可能，持有人又有转售的意向，这类优先股可参照下列公式评估：

$$P = \sum_{t=1}^{n} [R_t / (1+r)^t] + F / (1+r)^{-n}$$

式中，F 表示优先股的预期变现价格；n 表示优先股的持有年限；其他符号的含义同前。

2. 非上市普通股价值评估

非上市普通股是指上市普通股之外的所有普通股的统称。非上市普通股没有市场价格。非上市普通股是发行量最多、比重最大的一种股票。作为普通股，其持股者在股东权利上没有限制，股票的未来收益也不固定。非上市普通股发行之后，其实际价值不仅与其面值相背离，而且不等同于其发行价格，更没有现行市价。因而，通常要以其预期收益作为评估的计算基础，采用未来预期收益折现的方法确定其评估值。

股票收益会随着公司经营状况的变化而变化，具有不确定性，为了使评估结果更加准确，应在实际评估之前全面、充分地了解影响股票情况的企业内部相关因素及外部环境因素。企业内部因素包括经营情况、财务状况、发展前景及其他相关的信息。股票净值是企业以前和现在的经营实绩的结果与财务状况的体现，股票内在价值是企业发展前景和未来获利能力的写照。对净值的核实和对真值(即内在价值)的测算是分析股票价值内部影响因素的关键，也是确定股票评估值的基础。企业外部环境因素，包括国家宏观经济政策以及整体行业状况，据以掌握社会平均利率、行业平均收益率、银行利率、国库券利率等参考资料，分析和确定被评估股票的风险程度和相应的风险报酬率水平。

由于非上市普通股没有市场价格，所以一般采用收益现值法评估。但如果能为其找到一个市场价格或者找到一个与其性质类似的上市普通股的市场价格，就可以利用这个价格对其进行评估，这种方法就是所谓的市场价格比较法。

1) 非上市普通股收益法评估公式

(1) 一般公式。对于普通股的评估，根据股份公司的股利分配政策，通常可以划分为固定红利型、红利增长型和分段型三种类型，三种类型的假设前提是股票永续持有。在不同类型的股利政策下，其股票价值的评估方法也不完全相同。其基本评估公式为：

$$P = \sum_{t=1}^{\infty} \frac{R_t}{(1+i)^t}$$

式中，P 表示普通股每股现值，即评估现值；R_t 表示第 t 期收益；i 表示为投资者的期望报酬率(即折现率)。

固定红利型、红利增长型和分段型是在基本评估公式基础上变化而来的。

普通股的股息和红利分配是在优先股收益分配后进行的，因而在确定普通股票未来收益和折现率时，应充分考虑下列因素：股票发行企业历史上的利润水平及收益分配情况；股票发行企业的利润波动情况；发行企业未来的经营实绩；发行企业未来的经营风险和财务风险；发行企业所在行业的稳定性；发行企业经营管理人员的素质等。

(2) 固定红利型模型。在基本模型的基础上，假设企业分配红利一直保持固定水平，并且投资者永久持有该股票。在这种假设条件下，普通股股票价值评估公式为：

$$P=\frac{R}{i}$$

【例 6-6】 假设甲企业拥有乙公司的非上市普通股 3 000 股，每股面值 12 元。在持有期间，每年的收益率一直保持在 16%左右。经评估，在预测该公司以后的收益能力时按稳健原则估计，今后若干年内，其最低的收益率仍然可以保持在 15%左右。评估人员确定无风险报酬率为 5%(国库券利率)，风险报酬率为 2%，则确定的折现率为 7%。根据上述资料，计算评估值。

$$P=\frac{R}{i}$$
$$=3\,000\times 12\times 15\%/7\%=77\,142(\text{元})$$

(3) 股利增长型模型。该类型的假设条件是发行企业并未将剩余收益分配给股东，而是用于追加投资扩大再生产，即再投资不是以分派股票的形式，而是以增加股东实有资本金的办法进行。因此，股利呈增长趋势。在这种假设前提下，应考虑红利增长模型。普通股股票价值评估值公式为：

$$P=\frac{R}{i-g}\ (i>g)$$

式中，P 表示股票评估值；R 表示股票未来收益收额；i 表示折现率；g 表示股利增长率。

股利增长率 g 的计算方法，一是利用历史增长率，即根据过去股利的实际数据，用统计学的方法计算出平均增长率，作为股利增长率；二是利用分析人员对未来增长率的预测，分析人员的预测可从许多不同的渠道取得。不同渠道的估计也不一样，因此，方法之一是取得多个估计值，然后求出它们的平均值。

对于企业未来的发展情况，应分析的因素有：企业未来发展前景、利润增减趋势、影响企业经营的经济因素和社会因素、影响企业经营的诸种风险性因素、企业债务与股本的比率、企业领导及管理的连续性及其经验等。

【例 6-7】 假定某种股票前 5 年的红利分配情况如表 6-1 所示，求企业的股利增长率。

表 6-1　某种股票前 5 年的红利分配情况

项目	1 年	2 年	3 年	4 年	5 年
每股红利额	10	10.5	11	11.6	12.4
定基增长速度	100	1.05	1.10	1.16	1.23
环比增长速度	100	1.05	1.05	1.05	1.06

按算数平均法计算：

$$g_1=(5\%+5\%+5\%+6\%)/4=5.2\%$$

按几何平均法计算：

$$g_2=[(1+5\%)\times(1+5\%)\times(1+5\%)\times(1+6\%)]^{\frac{1}{4}}-1=5.2\%$$

按统计平均法计算：

$$g_3=\left(\frac{a_n}{a_0}\right)^{\frac{1}{n}}-1=\left(\frac{12.4}{10}\right)^{\frac{1}{4}}-1=5.5\%$$

【例 6-8】 某评估公司对甲企业进行资产评估，甲企业拥有某非上市公司的普通股股票 40 万股，每股面值 1 元，在持有股票期间，每年股票收益率在 10%左右。评估人员经对企业经营状况调查分析，认为该企业具有较强的发展潜力，每年股利增长率达到 5.5%左右，无风险报酬率为 4%(国库券利率)，风险报酬率为 4%，则确定的折现率为 8%。利用股利增长模型，计算该股票评估值。

$$P=\frac{R}{i-g}=\frac{400\ 000\times10\%}{[(4\%+4\%)-5.5\%]}=1\ 600\ 000(\text{元})$$

(4) 分段型模型。事实上，分段型股利政策模型可能更接近于实际。固定的股利和按固定比例增长其分段计算原理如下：

第一段，是指能够较为客观预测股票的收益期间或股票发行企业以不易预测收益的时间为起点，以企业持续经营到永续为第二段。将两段收益现值相加，得出评估值。实际计算时，第一段以预测收益直接折现；第二段可以采用固定红利型或红利增长型，收益额采用趋势分析法或其他方法确定，先资本化再折现。

$$P=\sum_{t=1}^{k}\frac{R_t}{(1+i)^t}+\frac{R_{t+1}}{i}/(1+i)^{(k+1)}$$

或：

$$P=\sum_{t=1}^{k}\frac{R_t}{(1+i)^t}+\frac{R_{t+1}}{(i-g)}/(1+i)^{(k+1)}$$

式中，P 表示股票评估值；R 表示股票未来收益额；i 表示折现率；g 表示股利增长率。

注：以第 k 年未分界点，第 k 年之前为第一段，第 k 年之后为第二段。

【例 6-9】 某资产评估公司对甲公司的资产进行评估，甲公司拥有某一公司非上市交易的普通股股票 10 万股，每股面值 1 元。评估人员对发行股票公司调查分析后认为，前 3 年可保持的收益率为 8%、12%、15%；从第 4 年起，可使收益率保持在 18%，并将持续下去。评估时国库券利率为 4%。假定该股份公司其风险报酬率确定为 4%，折现率为 8%，计算该股票评估值(未考虑股权比例对股票价值的影响)。

$$\begin{aligned}\text{股票的评估价值}&=\text{前 3 年收益的折现值十第 4 年后收益的折现值}\\&=100\ 000\times8\%\times1.08^{-1}+100\ 000\times12\%\times1.08^{-2}+100\ 000\times15\%\times1.08^{-3}\\&\quad+\frac{100\ 000\times18\%}{8\%}\times1.08^{-4}=194\ 985(\text{元})\end{aligned}$$

2）非上市普通股市场比较法评估公式

市场价格比较法是指在市场上选择若干相同或相似的资产作为参照物，针对各项影响价值的因素，通过比较被评估资产与参照物的异同，将参照物的市场价格进行调整，再综合分析各项调整结果，确定被评估资产评估值的一种资产评估方法。

市场价格比较法的运用形式主要有直接法和类比法。直接法是指在公开市场上，能找到与被评估资产完全相同的已成交资产的现行市价，即以此价格作为被评估资产的现行市场价格。类比法是指一项被评估资产，在公开市场上找不到与之完全相同的参照物资产，但在市场上能找到相类似的资产，以此作参照物，进行必要的差异调整，确定被评估资产的价格。一般而言，类比法的适用条件有两个：一是存在三个或三个以上具有可比性的参照物或相同的资产；二是影响价值的因素明确并可以量化处理。

如果发行公司是上市公司，同时有公开发行的上市普通股股票和非上市普通股股票，则这些不能上市交易的普通股可以直接使用直接法，直接采用上市普通股的交易价格作为评估基准价格，做适当的调整得出评估价值。如果发行公司属于非上市公司，则使用类比法，找处于同行业、规模类似、经营业绩类似的上市公司的上市普通股作为比较对象，在比较之后，将各个参照价格做适当调整得出评估价格。运用市场价格比较法对非上市公司普通股进行评估，如果使用的是直接法，计算公式如下：

$$V = N \times P_m$$

式中，P_m 表示参照股票在评估基准日经过调整的市场交易价格；N 表示股票数；V 表示股票总的市场价格。

参照股票市场价格的调整可以参考前述上市普通股评估的内容。如果使用的是类比法，假设取三只参照股票，计算公式如下：

$$V = N \times \frac{P_1 + P_2 + P_3}{3}$$

式中，P_1、P_2、P_3 表示各只参照股票在评估基准日经过调整的市场交易价格；其余符号含义同前。

对参照股票市场价格的调整主要基于其与评估对象之间共同点的多少，既包括行业背景、企业经营上的因素，也包括时间因素、地域因素等。

【例 6-10】 甲公司持有乙公司普通股 20 000 股，每股面值 1 元。乙公司是上市公司，但甲公司所持股票属于法人股，不能上市交易。乙公司上市普通股在评估基准日的收盘价为每股 15 元。经分析，评估时股票市场由于政府连续利好政策的出台，股市连续高涨，根据历史资料计算出该股的 β 系数为 1.2，该股价格走势与市场相关度较大。因此认为股票市价与上市公司实际业绩比较明显偏高，建议以 0.7 的系数调整。同时，由于甲公司所持普通股不能直接上市交易，建议以 0.8 的系数补偿其流动性的损失。请计算甲公司所持乙公司普通股的评估值。

评估条件允许用直接法，可以直接将乙公司上市普通股在评估基准日的收盘价作为参照价格，做调整后使用，得到：

$$V = 20\,000 \times 15 \times 0.7 \times 0.8 = 168\,000(\text{元})$$

第四节 债券投资评估

一、债券概念及分类

(一) 债券概念

债券是指政府、企业、银行等债务人为了筹集资金,按照法定程序发行的向债权人承诺于指定日期还本付息的有价证券,根据发行主的不同,债券可以分为政府债券、金融债券和公司债券。

(二) 债券分类

1. 政府债券

政府债券又分为中央政府债券和地方政府债券。其中,中央政府债券,即通常说的国家债券或公债券。它是中央政府发行的,国家信用方式筹集资金的一种形式由于国家债券由国家承担还本付息的义务,所以具有最高的信用度。虽然各国国家债券名称不同,但发行的目的大体一致,不外乎弥补国家预赤字、建设大型工程项目、归还旧债本息等。国家债券按期限长短可分为长期国债、中期国债和短期国债:按形态可分为实物国债、凭证式国债和记账式国债;按能否流通转让可分为可转让国债和不可转让国债;按发行区域可分为内债和外债。地方政府债券,即地方政府为当地开发、公共设施建设、救灾等的资金需要而发行的债券。地方政府债券信用度接近国家债券但发行风险较小,一般不上市流通。

2. 金融债券

金融债券是由银行等金融机构发行的债券。由于金融债券信用度较高,利率也高于存款利率,具有存款不能取代的优点,所以商业银行等金融机构除了通过发行股票、吸收存款、发行大额可转让存单等方式吸收资金外,还通过发行金融债券筹集资金以扩展业务。

3. 公司债券

公司债券又称企业债券,是由公司为筹措资金而公开发行的一种债券。由于公司债券的风险相对较大,因此利率一般高于同期限的政府债券和金融债券。公司债券的种类很多,主要有:可转让公司债券,即在一定条件下可将其转换为发行公司股票的债券;附加新股认购权公司债券,即在一定条件下持有人有权要求认购发行公司增资新股的债券;不动产抵押债券,即为保证公司债券本金的偿还,以公司不动产作抵押的债券;参加公司债券,即除固定利息外,能参加发行公司剩余利息分配的债券;收益公司债券,即应付利息随公司收益多少定的债券;联合公司债券,即为提高债券信用度,由两家或两家以上公司联合发行并共同负担利息支出和本金偿还的债券;延期公司债券,即公司债券到期时公司无力偿还,征得持有人同意,可将到期债券予以延期偿还本金的债券。

(三) 债券一般需具备的要素

1. 票面价值

票面价值也称到期价值或面值。它是债券上所记载的金额,也是发行人同意在到期日支付的金额。

2. 债券到期日或到期期限

债券发行人按约定支付最后一笔款项的日期称为债券到期日，或简称到期日。到期期限是指距到期日的年数。

3. 票面利率

债券利息是指债务人在发行日和到期日之间进行有规律的现金支付。票面利率又称息票利率，指债券上标明的利率。例如，票面利为10%表示发行人每年要向债券持有人支付的利息额等于债券面值的10%。

二、长期债券投资的特点

从债券发行主体看，债券是一种筹资的手段；而对债券购买者来说，债券则是一种投资工具。与股权投资相比，长期债券投资具有风险较小、收益稳定、流动性强等特点

（一）风险较小

债券投资的风险比较小，安全性较高。因为无论是政府还是企业、银行等发行债券，国家都对其进行了严格的规定，如政府发行的债券由国家财政担保；银行发行债券要以其信誉及实力作保证；国家对企业发行债券有严格的条件，一般企业实力及发展前景都较好而且即使债券发行者出现财务困难，或者出现企业破产，在破产清算时债券持有者也拥有优先受偿权，其比股权投资的安全性高。

（二）收益稳定

债券的收益主要是由债券的面值和债券的票面利率决定的，二者在发行时就进行了约定，以后不随市场的变化而变化。一般情况下为了吸引投资，债券的票面利率比同期的银行存款利率高。所以，只要债券发行主体不发生较大的变故，债券的收益是比较稳定的。

（三）流动性强

我国目前发行的债券中，有相当部分是可流通债券，这种债券随时可以在证券市场上变现，变现能力较好，流动性较强。

三、长期债券价值评估

从理论上讲，上市交易债券的市场价格是收益现值的市场反应。当债券可以在市场上自由买卖、变现时，债券的现行市价就是债券的评估值。但是，如果企业购买的是不能在证券市场自由交易的债券，其价值就需要通过一定的方法进行评估。

（一）上市交易债券价格的评估

上市交易的债券是指可以在市场上流通的债券，对此类债券一般采用现行市价进行评估，评估值按照评估基准日的收盘价确定。投资者即使不在短期内兑现债券，如市场交易正常，债券的现行市价可作为该债券评估值。如某种可上市交易的债券市场价格严重扭曲、不能代表实际价格时，就应该采用非上市交易债券的评估方法进行评估。

运用现行市价，债券价值的计算公式为：

$$债券评估价值 = 债券数量 \times 评估基准日债券的收盘价$$

需注意的是，采用现行市价法评估债券价值时，应在评估报告书中说明所用评估方法和结论与评估基准日的关系，并说明该评估结果应随市场价格变化而适当调整。

【例 6-11】 被评估企业持有 2011 年发行的 3 年期公债券 3 000 张，每张面值 100 元，年利率为 7%。评估时，该公债券的市场交易价为 109 元，计算在评估基准日该企业持有 2011 年发行的公债券的评估值。

$$评估值 = 109 \times 3\ 000 = 327\ 000(元)$$

应当看到，这个价值是债券本质的内在价值，它与收益现值法下的价格可能会存在差别.如有差别，则该价值是该债券的重评估值。

(二) 非上市交易债券的评估

对于非上市交易债券，或虽能进入流通但市场投机严重，在债券价格严重扭曲的情况下，不能直接采用市场法进行评估。收益现值法是进行价值评估的基本方法。

1. 债券资产的折现率

折现率是评估债券价值的重要因素，有时称为必要收益率，或投资者最低期望报酬，折现率应该反映投资者理想的收益率，包括无风险收益和风险价值补偿部分。折现率可以通过对某一具体债券或某一合适的债券指数的最终收益进行分析而得到。这与股票有着鲜明的区别：股票投资者因为不清楚未来的现金流量，因此难以决定其理想的收益率。

折现率的大小直接决定资产评估价值的大小，所以折现率的作用举足轻重。关于折现率的计算，有各种计算方法，下面根据我国的实际情况提出几种计算折现率的方法。

(1) 用实际利率计算折现率。所谓实际利率是以银行一年期定期存款利率为基础，扣除通货膨胀因素。折现率的计算公式如下：

$$实际利率 = 一年期定期存款利率 - 通货膨胀率$$

计算通货膨胀有两种方法：一是用当年的居民消费价格指数计算；二是用国内生产总值平减指数计算。所谓国内生产总值平减指数，是指国内生产总值名义发展速度与实际发展速度之比。

该方法确定的折现率较小，资产评估值较大。

(2) 以同期限银行存款利率调整的折现率。以同期限的银行存款利率作为无风险收益率，再加上一定的风险价值补偿率作为折现率。例如，一笔 5 年期的企业债券，可用 5 年期的银行存款的年平均利率，再加一定的风险补偿率作为折现率。

该方法确定的折现率大于用方法(一)确定的折现率，资产评估值小于用方法(一)计算的评估值。

(3) 以同档次的国库券利率调整出折现率。以同档次的国库券利率作为无风险收益率，再加上一定的风险价值补偿率作为折现率。例如，一笔 5 年期的企业债券，可用 5 年期的国库券的年平均利率，再加几个百分点的风险补偿率作为折现率。

用该方法确定折现率最大，资产评估值最小。

(4) 用通货膨胀率作为折现率。投资者理想的收益率应该至少能抵消通货膨胀的影响，因此有人认为用通货膨胀率作为折现率较为合适。

由于债券的期限一般较长，折现率的大小对资产评估值的影响较大，因此，在进行资产评估的过程中，合理确定债券的折现率是非常关键的环节。

2. 评估计算方法

(1) 到期一次还本付息债券的价值评估。对于一次还本付息的债券，其评估值的计算公式为：

$$P = F/(1+i)^n$$
$$F = A(1+m\times r) \text{——单利}$$
$$F = A(1+r)^m \text{——复利}$$

式中，P 表示债券的评估值；F 表示债券到期时的本利和；i 表示折现率；n 表示评估基准日到债券到期日的间隔(以年或月为单位)；A 表示债券面值；r 表示债券利息率；m 表示计息期限。

债券利息率、计息期限、债券本金在债券上均有明确记载，而折现率是评估人员根据评估时的实际情况分析确定的。折现率包括无风险报酬率和风险报酬率，无风险报酬率通常以银行储蓄利率、国库券利率或国家公债利率为准；风险报酬率的大小则取决于债券发行主体的具体情况。国库券、金融债券等有良好的担保条件，其风险报酬率一般较低。对于企业债券，如果发行企业经营业绩较好，有足够的还本付息能力，则风险报酬率较低；否则，应以较高风险报酬率调整。

【例 6-12】 某被评估企业拥有的长期债券，本金为 200 000 元，期限为 3 年，年利率 5%，按年单利计息，到期还本，评估时点距离到期日为 2 年，当时国库券利率为 4%。该债券为非上市债券，不能随时变现，经评估人员分析调查，发行企业经营业绩尚好，财务状况稳健，投资风险较低，取 2%的风险报酬率，以国库券利率作为无风险报酬率，故折现率取 6%。试求该企业拥有债券的价值。

根据前述的公式，该债券的评估价值为：

$$F = A(1+m\times r) = 200\,000\times(1+3\times 5\%) = 230\,000(\text{元})$$
$$P = F/(1+i)^m = 230\,000/(1+6\%)^2 = 204\,700(\text{元})$$

(2) 每年付息一次，到期一次还本债券的评估，其评估值的计算公式为：

$$P = \sum_{t=1}^{n}[I_t(1+i)^{-t}] + A(1+i)^{-n}$$

式中，P 表示债券的评估值；I_t 表示第 t 期债券的利益收益；i 表示折现率或必要收益率；n 表示评估基准日距到还本日期限；t 表示评估基准日距收取利息日期限；A 表示债券面值。

当每期利息收入相同时，上式可转化为：

$$P = I\left[\frac{1-\frac{1}{(1+i)^n}}{i}\right] + \frac{P_n}{(1+i)^n}$$

式中，P_n 表示债券面值。

【例 6-13】 如例[6-12]，假定债券是每年付一次息，债券到期一次还本，计算其评估值。

$$P=\sum_{t=1}^{n}[I_t(1+i)^{-t}]+A(1+i)^{-n}$$
$$=200\,000\times5\%\times(1+6\%)^{-2}+200\,000\times5\%\times(1+6\%)^{-1}+200\,000\times(1+6\%)^{-2}$$
$$=196\,334(\text{元})$$

(3) 每半年付息一次，到期一次还本债券的评估。

$$P=\sum_{t=i}^{n}[I_t/2(1+r/2)^{-2t}]+P_n(1+r/2)^{-2n}$$

当每期利息收入相同时，上式可转化为：

$$P=\frac{I}{2}\left[\frac{1-\frac{1}{(1+i/2)^{2n}}}{i/2}\right]+\frac{P_n}{(1+i/2)^{2n}}$$

【例 6-14】 如例[6-12]，假定该债券是每半年付息一次，债券到期一次还本。计算其评估值。

$$P=\frac{I}{2}\left[\frac{1-\frac{1}{(1+i/2)^{2n}}}{i/2}\right]+\frac{P_n}{(1+i/2)^{2n}}$$
$$=5\,000\times\left[\frac{1-\frac{1}{(1.03)^4}}{0.03}\right]+\frac{200\,000}{(1.03)^4}=196\,282(\text{元})$$

(4) 永久性公债的评估公式。永久性公债没有最终的期限，而是每期支付等值的利息收入，永久性公债的价值评估模型为：

$$P=\sum_{n-1}^{\infty}\frac{c}{(1+i)^n}=\frac{c}{r}$$

式中，C 表示永久性公债每期的等值利息收入；其余符号含义同前。

【例 6-15】 假定永久性公债年利率为 4%，面值为 8 000 元，折现率为 10%。试评估该资产的价值。

$$C=4\%\times8\,000=320(\text{元})$$
$$P=320\div0.1=3\,200(\text{元})$$

第五节 递延资产评估

一、递延资产的概念及特点

(一) 递延资产的概念

递延资产又称递延费用，是企业会计核算中的一个科目。该科目核算企业发生的不能全部计入当年损益而应当在以后年度内分期摊销的各项费用，包括开办费、租入固定资产的改良支出、采取待摊办法的固定资产大修理支出，以及摊销期限在一年以上的费用。

（二）递延资产的特点

递延资产在资产项目下核算，大多数递延资产不能给企业带来未来的经济利益，不属于资本性支出，因而不是实质意义上的资产，其实质是一种预付费用，递延资产本身没有交换价值，一经发生就已消耗。它既没有物质实体，也不可能单独对外交易和转让。固定资产是有形资产，本身含有交换价值，可以转让；无形资产虽然没有实物形态，但代表着一种法律上的权利，具有交换价值，并可以转让。递延资产依赖于企业的产权而存在，只有当企业产权发生变动时，才涉及对其进行评估。

二、递延资产评估

（一）对递延资产预期经济效益的评估

递延资产只有当它赖以依存的企业发生产权变动时，才有可能涉及企业递延资产的评估，自身不能单独对外交易或转让。从潜在投资者的角度看，递延资产能否构成被评估企业的资产并不取决于它在评估基准日之前所支付数额的大小，而取决于它在评估基准日之后能为新的产权主体带来利益的大小。所以，对递延资产的评估实质是对其预期经济效益的评估。只有当企业账面上的递延资产能为新的产权主体带来利益的时候，递延资产才构成资产评估的对象。递延资产是对预期经济效益的评估，因而评估过程中一般采用收益法。

（二）对真实、合理、合法、合规的递延资产的评估

评估递延资产，界定其评估范围非常重要。递延资产作为一种预付费用，涉及企业的有关资产，因此，在具体评估递延资产时要注意与其他资产评估之间的协调性以防止递延资产再做重复评估。如果经过大修、装修、改良的固定资产，因修理、装修和改良所增加的市场价值已经在固定资产的评估值中得到体现，不应再做重复性评估。所以，在界定递延资产能否成为资产评估的对象时，一方面要分析递延资产的预期经济效益；另一方面，要认真检查核实，了解费用支出摊销和结余情况。新形式的资产和权利的尚存情况，注意递延资产与其他相关资产之间的协调，以确保所评估递延资产存在的真实、合理和有效。对递延资产评估的主要依据是递延资产未来的货币的时间价值因素。货币的时间价值因素根据受益期时间长短而定。一般情况下，1 年内的不予考虑，超过 1 年时间的要根据具体内容、市场行情的变化趋势处理。

本章习题

一、单选题

1. 下列各项中不属于长期待摊费用核算范围的是（　　）。

A. 开办费　　B. 摊销期在 1 年以上的固定资产大修理支出

C. 租入固定资产的改良支出　　D. 由本期负担的借款利息

【正确答案】D

【答案解析】长期待摊费用是指企业已经支出，但摊销期限在 1 年以上（不含 1 年）的各项

费用。

2. 长期股权投资评估的关键因素为(　　)。

A. 被投资单位的获利能力或其战略投资价值

B. 企业持续经营

C. 被投资企业权益的可分性

D. 被投资单位的费用发生额

【正确答案】 A

【答案解析】 被投资单位的获利能力或其战略投资价值成为长期股权投资评估的关键因素。

3. 下列关于债券投资评估的说法中,正确的是(　　)。

A. 投资风险较大,安全性较低

B. 债券的现行市价就是债券的评估值

C. 对距评估基准日1年内到期的非上市交易债券,根据本利和的现值确定评估值

D. 采用市场法进行评估债券的价值,应在评估报告书中说明所用评估方法和结论与评估基准日的关系

【正确答案】 D

【答案解析】 债券的投资风险较小,安全性较强,所以选项A的说法不正确;当债券可以在市场上自由买卖、变现时,债券的现行市价就是债券的评估值,如果企业购买的是不能在证券市场自由交易的债券,其价值就要通过一定的方法进行评估,所以选项B的说法不正确;对距评估基准日1年内到期的非上市交易债券,根据本金加上持有期间的利息确定评估值,所以选项C的说法不正确。

4. 某公司拟进行增资扩股,采用资产基础法对股东全部权益价值进行评估,长期待摊费40万元,为办公楼装修费用的摊销余额,其原始发生额为100万元。若办公楼装修费用已包含在房屋建筑物估值中,该公司长期待摊费用估值为(　　)。

A. 60万元　　B. 40万元　　C. 100万元　　D. 0

【正确答案】 D

【答案解析】 由于办公楼专修费已经在房屋建筑评估中体现,所以该部分的长期待摊费用评估值为0。

5. 某资产评估机构受托对甲公司持有的乙公司债券进行评估,债券面值60 000元,系乙公司发行的3年期债券,年利率为5%,每年付息一次,到期一次还本。评估基准日距离债券到期日两年,经资产评估专业人员调查,乙公司经营业绩尚好,财务状况稳健,两年后具有还本付息的能力,投资风险较低。若折现率为6%,该债券评估值约为(　　)。

A. 60 000元　　B. 58 900元　　C. 66 000元　　D. 58 740元

【正确答案】 D

【答案解析】 该债券评估值为$=60\,000\times5\%\times(1+6\%)^{-1}+60\,000\times5\%\times(1+6\%)^{-2}+60\,000\times(1+6\%)^{-2}=58\,899.9764$(万元),约等于58 900万元,选项B正确。

二、多选题

1. 下列属于具有控制权股权评估的特点的有(　　)。

A. 评估程序不受限制

B. 评估程序可能受到限制,评估方法不受限制

C. 可能存在控制权溢价因素

D. 关注资产权属资料完善情况

E. 应关注流动性影响

【正确答案】ACD

【答案解析】要与缺乏控制权的股权评估的特点相区别,具有控制权的股权评估的特点:①评估程序不受限制;②关注资产权属资料完善情况;③可能存在控制权溢价因素。缺乏控制权的股权评估的特点:①评估程序及评估方法选择可能受到限制;②应关注流动性影响。

2. 股权投资评估是对被投资方的(　　)。

A. 投资能力评估　　B. 盈利能力

C. 获利能力评估　　D. 变现能力评估

E. 信用等级评估

【正确答案】BC

【答案解析】股权投资评估可能是对被投资企业获利能力的评估,也可能是为间接提高投资方自身盈利能力的战略投资价值的评估。

3. 下列价格中,与股票的评估值联系密切的有(　　)。

A. 内在价格　　B. 清算价格　　C. 市场价格　　D. 账面价格

E. 票面价格

【正确答案】ABC

【答案解析】股票价格的形式有:票面价格、发行价格、账面价格、清算价格、内在价格和市场价格六种。对股票进行价值评估,与上述前三种股票价格与股票价值评估的联系并不紧密,而与股票的内在价格、清算价格和市场价格有着较为密切的联系。

4. 股权比例与红利分配比例或实际出资比例不一致,下列说法正确的有(　　)。

A. 成本法评估通常按股东实际可获红利比例确定

B. 收益法评估股东权益时可按股东实际可获红利比例计算

C. 成本法评估通常按股权比例确定

D. 成本法与收益法均按照股权比例计算

E. 收益法评估股东权益时可按股权比例计算

【正确答案】BC

【答案解析】分红与股比不一致时,收益法评估股东权益时可按股东实际可获红利比例计算,但成本法评估通常按照股东持有的股份比例分配财产的规定即按股权比例确定。

5. 采用资产基础法和收益法评估具有控制权的股权价值,确定最终评估结论时,需要考虑的具体问题有(　　)。

A. 收益法评估结果小于资产基础法评估结果时,应判断企业经营性资产是否存在经济性贬值

B. 收益法与资产基础法评估结果不一致时,应调整资产基础法相关资产评估值

C. 收益法与资产基础法评估结果不一致时,应调整收益法溢余资产范围

D. 应当考虑两者的评估对象与评估范围的一致性

E. 收益法评估结果大于资产基础法评估结果时,应关注资产基础法评估结果是否涵盖了企业全部有形资产和无形资产价值

【正确答案】ADE

【答案解析】采用资产基础法和收益法评估具有控制权的股权价值,确定最终评估结论时,需要考虑的具体问题,首先,应考虑两者的评估对象与评估范围的一致性。其次,当收益法评估结果高于资产基础法评估结果时,应关注资产基础法评估结果是否涵盖了企业全部有形资产和无形资产价值。最后,当收益法评估结果低于资产基础法评估结果时,应关注企业的收益和资产使用状况,判断持续经营前提下企业经营性资产是否存在经济性贬值。

第七章
无形资产评估

第一节 无形资产评估概述

一、无形资产的概念

无形资产是指特定主体拥有或者控制的，不具有实物形态，能持续发挥作用并且能带来经济利益的资源。无形资产同有形资产一样具有价值，具备为权利人所用而获取经济利益的功能，而与一般有形资产不同的是，它很难直接根据资产的生产成本投入来计算其价格。

对无形资产的具体范围，目前并没有明确的界定，各个国家只是在不同的领域作些不同的规范。《企业会计准则第 6 号——无形资产》中规定：无形资产是指企业拥有或控制的没有实物形态的可辨认非货币性资产。2017 年 10 月 1 起实施的《资产评估准则——无形资产》规定："无形资产，是指特定主体所拥有或者控制的，不具有实物形态，能持续发挥作用且能带来经济利益的资源。"无形资产具体包括专利权、专有技术、商标权、著作权、土地使用权、特许权、商誉等。

二、无形资产的分类

对无形资产可以按照以下标准进行分类。

(一) 按存在期限，划分为有期限无形资产和无期限无形资产

有期限无形资产是指资产的有效期为法律或合同所规定了的无形资产，如专利权、版权、特许权、商标权等；无期限无形资产是指资产的有效期限没有以法律或合同等形式加以规定的无形资产，如商誉、非专利技术等。

(二) 按能否独立存在，划分为可辨认无形资产和不可辨认无形资产

一项资产如果满足以下的特点就是可辨认的：①它是可分离的，即不论其实体是否打算将它分离，它都能够单独地或连同有关的合同与确定的资产或负债分离，或者能从实体中分割出来，用来进行销售、转让、许可、出租或交换；②它是源自合同或其他合法权利的资产，无论这些权利可否被转让或从实体或其他权利和义务中分离。

一般而言，可辨认的无形资产主要包括以下类别：①市场关系类无形资产，这些资产主要集中在市场营销或提升产品或服务中使用，如：商标、商业名称、服务商标、集体商标和证明商标；商业外观(独特的颜色、形状或包装设计)；报纸标题；互联网域名；非竞争条款。

②客户或供应商关系类无形资产，这类资产源于与客户或供应商的关系和专业知识，如：广告、建筑、管理、服务或供货合同；许可、使用和停止的协议；服务合同；订单；雇佣合同；使用权，如钻井、水、空气、木材切割和机场降落位置；特许经营协议；客户关系；客户名单。③技术类无形资产，主要指权利和技术使用权（专利技术和非专利），如：数据库、公式、设计、软件、流程和制作方法。④艺术类无形资产，指获取利益的权利，如：从戏剧、书籍、电影和音乐等艺术作品中获得特许权使用费，以及从非合同性质的版权保护中获得收益。

任何与企业相关的不可辨认无形资产通常被称为商誉，它不能从企业中单独分离出来进行买卖、抵押。商誉的价值是从企业的总价值中扣除所有可辨认的有形资产、无形资产和货币性资产，并去除负债和或有负债后的剩余数额。商誉包括以下几种：①客户资源；②一个企业所产生的额外收入，超过或高于来自可辨认有形资产、无形资产或货币性资产的公平回报；③企业作为一个整体的额外价值，超过或高于其可辨认有形资产、无形资产或货币性资产的总价值。

从适合于运用相似评估方法的角度，将无形资产分类为：与市场营销相关的无形资产，如：商标、商业名称、品牌、标识；与技术相关的无形资产，如：程序专利、专利申请、技术资料、实验记录、技术诀窍；与艺术相关的无形资产，如：著作权、图纸、雕刻；与数据处理相关的无形资产，如：计算机软件、数据库；与工程相关的无形资产，如：工业设计、商业秘密、工程图纸；与客户相关的无形资产，如：客户名单、客户关系；与合同相关的无形资产，如：许可证协议、优惠供货合同；与人力资源相关的无形资产，如：劳动合同；与位置相关的无形资产，如：采矿权、租赁权；与商誉相关的无形资产等。

另外，还可以按技术含量分为技术型无形资产和非技术型无形资产，按取得方式分为自创型无形资产和受让型（包括外购、继承、受赠等）无形资产，按作用领域分为促销型无形资产、制造型无形资产、金融型无形资产。

三、无形资产的价值特点与功能特性

（一）无形资产的价值特点

无形资产是各类资产或企业整体资产中的一种资产，它与有形资产有共性，但由于它是无形的特殊资产，它的价值又有其自身的特点。

首先，无形资产大多是智力劳动的成果。从事无形资产生产的劳动者，正像马克思所说的那样："比普通劳动力需要较高的教育费用，它的生产要花费较多的劳动时间，因此它具有较高的价值。"无形资产价值的货币表现数值相对较高。这是由于凝结在无形资产内部的劳动量较大，再加上无形资产的产生不是批量性生产，而是个别的一次性生产，而这种一次性生产有较大的探索性、风险性，失败的可能性大，常常在经过了一系列的失败以后，才能取得某些阶段性的成功。因此，无形资产的价值不像有形资产那样是由凝结在其中的社会必要劳动时间来决定的，而是由个别生产者在个别生产中所耗费的实际劳动时间来计量的。这种计量比有形资产的计量更复杂、困难，甚至具有相当程度的不确定性或不准确性。

其次，无形资产价值主要以效用为基础，而有形资产的价值较多地以生产费用为基础。即使用后的获利能力之间往往存在着较强的非对称性。另一方面，也是因为无形资产的生产成本在会计账目上一般是不完整的，很多技术型无形资产在创造过程中是经历了无数次失败才取得成功的,同时某些无形资产(如商标)的成本内涵远远超出了它的外在形成。因此,无形资产的价值一般较难以生产费用来衡量,较多情况下只能以其获利能力为基础。

历史上回形针的发明设计专利,其转让价格是与设计时所付出的劳动不成比例的;世界名牌万宝路、可口可乐等商标(含商誉)和专有技术的价格,高达数百亿美元,是直接与它们的获利能力相关联的。这种带有“垄断性”的名牌效应所创造的超额利润,并非与凝结在其中的人类一般劳动成正比,这是应该予以正视和探讨的。更何况,我们不得不予以承认,某些权利型的无形资产,例如,获得特许权、自然资源的开发权和使用权等行为,具有明显的特殊或个别例外意义的价格,必须具体问题具体分析,才能科学地对待与评估无形资产的价值。

(二) 无形资产的功能特性

1. 附着性

附着性是指无形资产往往附着于有形资产而发挥其应有的功能。有形资产是无形资产的载体,无形资产渗透面越大,对有形资产的附着性也就越强。因此,在进行无形资产转让和投资的评估时,一方面要考虑与无形资产共同发挥作用的有形资产的范围,另一方面要辨别有形资产与无形资产各自带来的收益。

2. 共益性

共益性是指无形资产可以作为共同财富,由不同的主体同时共享。但是,由于市场的有限性和竞争性,在知识产品由不同主体共享时,由于追求自身利益的需要,又会形成各主体的互相排斥性。这表明在无形资产的所有者将无形资产的使用权部分转让后,就会引起竞争,给本企业产品在市场上实现价值造成困难,从而妨碍垄断利润和超额利润的实现,这就是机会成本问题。这种机会成本既包括潜在利益的失去,同时还应该包括企业为维持原有的利益必须追加的成本。所有这些机会成本必须在无形资产转让或投资时得到补偿,也应在评估中得以体现。因此,考虑无形资产的共益性,就是要求在无形资产评估时考虑机会成本的补偿问题。同时,在对无形资产评估时需考虑其权益界限。

3. 累积性

累积性一方面是指无形资产在生产经营中的作用,往往是建立在一系列其他成果的基础之上,在一定范围内发挥特定的作用;另一方面是指无形资产自身的发展也是一个不断累积和演进的过程。因此在资产转让时,应对无形资产的作用程度以及成熟度予以必要的关注。

4. 替代性

替代性是指一种技术取代另一种技术,一种工艺替代另一种工艺等。一种无形资产总会被更新的无形资产所取代,是社会发展的必然。新与旧的不断变化,决定了一项无形资产的寿命是有限的。这种经济寿命的长短主要取决于该领域内技术进步的速度和无形资产创新的竞争。因而,必须在无形资产评估中考虑它的作用期限(经济寿命)。

四、无形资产价值评估的前提及影响因素

(一) 无形资产价值评估的前提

无形资产的使用能够产生超额利润,是无形资产价值评估的前提。如果一项无形资产

的使用,不能够给买方带来预期的超额利润,对买方来讲也就没有投资购买的价值。现实中,这种超额利润一般表现为与使用该无形资产前相比所产生的追加利润。

(二) 影响无形资产价值评估的因素

一般说来,影响无形资产价值评估的因素主要有:

1. 开发成本

同其他资产一样,无形资产的开发成本也影响到其价值。虽然无形资产的开发成本较难界定,但这并不否定其对价值产生的影响。一般来说,技术复杂程度较高、需要较高开发成本的无形资产,其价值往往也较高。无形资产的开发成本包括发明创造成本、法律保护成本、发行推广成本等项目。

2. 产生追加利润的能力

在一定的环境、制度条件下,一项无形资产的价值高低与其未来能够产生的经济效益密切相关。也就是说,其能够为使用者产生的追加利润越多,其价值就越大。

3. 技术成熟程度

科技成果一般都有一个发展、成熟、衰退的过程。一项技术的开发程度越高,技术越成熟,运用该技术成果的风险就越小,其价值就相对越高,因而一项技术类无形资产成熟程度如何,直接影响到其价值的高低。不过一般来说,如果一项技术较为成熟,其替代技术或同类技术也比较成熟,该类技术的应用可能也已经较为普遍,以至于其产生超额利润的能力下降,其价值也就较低。

4. 剩余经济使用年限

无形资产的剩余经济使用年限越长,其价值相对就越高。无形资产的剩余经济使用年限的长短,取决于该无形资产在评估基准日的先进程度、无形损耗的程度、剩余法律保护期的长短等因素。

5. 无形资产权利的内容

无形资产权利内容的丰富程度影响到其价值的高低。比如,一项无形资产所有权价值高于该无形资产的使用权价值,一项可以在较广阔地域范围内使用某无形资产的权利的价值,高于在上述地域范围内的一个相对狭小地区使用该无形资产的权利的价值。

6. 同类无形资产的市场状况

无形资产的价值高低最终是市场供求作用的结果,因而同类无形资产的市场供求状况及市场价格的高低,必然影响该无形资产的价值。

7. 同类无形资产的发展及更新趋势

同类无形资产的发展及更新速度越快,该无形资产的贬值速度就越快,其预期能够创造超额利润的期限就越短,从而价值也就越低。

五、无形资产评估的程序

(一) 明确评估目的

无形资产的评估目的主要是产权变动。通常表现为两种情况:一是无形资产的拥有者或控制者将无形资产的所有权或使用权转让或对外投资,表现为单项资产评估;二是在企业整体或部分产权变动时,如企业股份制改造、合资、兼并等,对企业资产中所包含的无形资产进行评估。但是目前非产权变动情况下的无形资产评估业务日益增长,如以财务报告为目的评估、以质押融资为目的的评估、以法律诉讼民事赔偿为目的的评估等。评估目的不同,所适用的价值类型就不同,对评估方法的选择也有一定的影响,评估结果也就不同。

(二) 鉴定无形资产

对无形资产进行评估时,评估人员首先应对被评估的无形资产进行鉴定。这是进行无形资产评估的基础工作,直接影响到评估范围和评估价值的科学性。通过无形资产的鉴定,可以解决以下问题:一是确认无形资产的存在;二是鉴别无形资产的种类;三是确定其有效期限。

1. 确认无形资产的存在

主要是验证无形资产来源是否合法,产权是否明确,经济行为是否合法、有效。具体可以从以下几方面进行:

(1) 查询待估无形资产的内容、国家有关规定、专业人员评价情况、法律文书(如专利证书、技术鉴定书等),核实有关资料的真实性、可靠性和权威性。

(2) 分析无形资产使用所要求的与之相适应的特定技术条件和经济条件,鉴定其应用能力。

(3) 确定无形资产的归属是否为委托者所拥有,要考虑其存在的条件和要求,对于剽窃、仿造的无形资产要加以鉴别,对于部分特殊的无形资产要分析其历史渊源,看其是否符合国家的有关规定。

(4) 分析评估委托的资产是否形成了无形资产。有的专利虽然已获得专利证书,但并没有实际经济意义;有的商标尚未使用,在消费者中没有影响力。这些专利、商标没有形成无形资产。

2. 鉴别无形资产的种类

主要是确定无形资产的种类、具体名称、存在形式。有些无形资产是由若干项无形资产综合构成,应加以确认和分离,避免重复评估和漏评估。

3. 确定无形资产的有效期限

无形资产的有效期限是其存在的前提。某项专利权,如超过法律保护期限,就不能作为专利权评估。有效期限对无形资产评估值具有很大影响,比如有的商标,历史越悠久,价值越高。但是,也不能仅从时间长短来判断商标的价值,有的商标历史并不悠久,也可能具有较高的价值。

(三) 搜集相关资料

与有形资产相比,影响无形资产价值的因素更复杂,在交易过程中信息不对称的问题也更严重,因此,要想使评估值相对准确就需要评估人员尽可能搜集到完整、真实的信息资料。

基于信息资料在无形资产评估中的重要性,《资产评估准则——无形资产》规定:资产评估师应当独立获取评估所依据的信息,并确信信息来源是可靠的和适当的。同时,该准则详细列举了无形资产评估中需要充分考虑的事项。因为这些因素可能会影响评估方法和参数的选择并最终影响评估结果。准则中列举的需考虑的事项(也可以说需搜集的相关资料)有:

(1) 有关无形资产权利的法律文件或其他证明资料。

(2) 无形资产是否能带来显著、持续的可辨识经济利益。

(3) 无形资产的性质、目前和历史状况。

(4) 无形资产的剩余寿命和法定寿命,无形资产的保护措施。

(5) 无形资产实施的地域范围、领域范围、获利能力与获利方式。

(6) 无形资产以往的评估及交易情况。

(7) 无形资产转让、出资、质押等的可行性。

(8) 无形资产实施过程中所受到国家法律、法规或其他资产的限制。

(9) 类似的无形资产的市场价格信息。

(10) 可能影响无形资产价值的宏观经济前景(如国家产业政策)。

(11) 可能影响无形资产价值的行业状况及前景。

(12) 可能影响无形资产价值的企业状况及前景(有四类企业:拥有该项无形资产权益的企业、转让方或授予使用许可的企业、受让方或被许可使用的企业、处于竞争对手地位的企业)。

(13) 其他相关信息(根据具体评估对象需考虑的相关信息)。

(四) 确定评估方法,计算评估值

与有形资产评估一样,无形资产评估也采用三种基本评估方法:收益法、成本法与市场法。评估时应根据无形资产的具体类型、特点、评估目的及外部市场环境等具体情况,选择合适的评估方法。

虽然根据《国际评估准则评估指南——无形资产》中的相关规定,三种方法均适用于无形资产评估,但是基于无形资产的价值特征,即成本与效用的非对应性和无形资产难以复制,评估无形资产价值的首选方法应是收益法。在采用收益法时,要正确预测由被评估的无形资产带来的收益,不可将其他资产带来的收益误算到被评估的无形资产收益中;要注意收益额计算口径与折现率口径保持一致;要根据不同情况正确进行折现率或资本化率的计算;要合理确定无形资产的剩余经济寿命及评估中的其他参数。在评估过程中要充分考虑法律法规、宏观经济环境、技术进步、行业发展变化、企业经营管理、产品更新和替代等因素对无形资产收益额、收益期以及折现率的影响,尽可能减少主观因素对评估值的影响。

与有形资产不同,大多数无形资产难以复制,因此成本法的使用具有一定难度,但如果具备一定条件,仍可以使用。如果无形资产形成时间较短,并存在另一种类似无形资产可以替代,成本法就较为适用;反之,如果无形资产使用时间已很长并且无替代物,同时评估的是公允市价,则成本法就不太适用。一是因为时间过长,当初研制的成本资料已无法查询;二是因为无形资产的市价取决于其获利能力,而非研制过程中耗费的成本。因此,在采用成本法进行评估时,需要注意所计算的重置成本应是包括无形资产开发应获利润在内的每一项成本。同时,在成本法运用中还要注意扣除实际存在的功能性贬值和经济性贬值。

市场比较法在无形资产评估中的运用存在两方面的障碍:一是无形资产市场交易活动有限,并且无形资产各自的差异很大,从而使相类似的交易案例很难搜集到;二是无形资产的非标准性,使评估人员在调整待估无形资产与交易案例之间的差异方面也比较困难。因此,在拟采用市场法评估无形资产时,需要特别注意被评估的无形资产是否具备适合运用市场法的前提条件。即是否存在具有合理比较基础的类似无形资产的交易案例,调整参照物与待估无形资产在交易条件、时间因素、获利能力等方面差异的指标、参数能否找到。

总之，根据无形资产的价值特征，收益法是最常用的评估方法。在具备一定条件的情况下，其他两种方法也可以使用。但是需注意同一项无形资产在相同评估目的下，使用三种评估方法的评估结果应趋同，如果存在较大差异则需寻找原因。可能存在的原因有：某些方法的应用前提可能不具备；评估过程可能有缺陷；支持评估结果的某些信息资料可能失真；评估人员的专业判断可能有误等。

（五）撰写评估报告

无形资产评估报告书，是无形资产评估过程的总结，也是评估者承担法律责任的依据。无形资产评估报告的撰写除遵循一般评估报告的要求外，应特别注重评估推理过程的陈述，明确阐释评估结论产生的前提、假设及限定条件，各种参数的选用依据，评估方法使用的理由及逻辑推理方式。这是基于无形资产的价值特征和评估特点所提出的要求。

第二节 无形资产的评估方法

由于无形资产存在着非实体性、价值形成的积累性、开发成本界定的复杂性、价值的不确定性等特点，因而对无形资产价值进行评估的难度也就较大，评估结果的精确度也较低。

收益法、市场法、成本法评估无形资产的适用程度依次降低。无形资产的非实体性，使得人们对不同无形资产个体之间进行比较时的指标选择及测度十分困难，每位购买者都有一套不同的确认无形资产价值的参量，很难有统一的标准，这就使得进行无形资产市场比较分析的信息不可得到，因而运用市场法评估无形资产价值是很困难的。前面已经阐明，大多无形资产开发成本的界定很复杂，比如，现在要确定建立可口可乐所花费的历史成本，或者重新建立可口可乐这样一个品牌的现时成本都是不可能的。不过，对外形资产及有些自创的知识型无形资产来说，其原始购买成本或开发研制成本的确定还可能是比较容易的，运用成本法评估其价值具有一定的适用性。虽然无形资产预期收益的实现具有较大的不确定性，但从逻辑上和实践上看，收益法还是无形资产评估最为适宜的方法。至于具体选择哪种评估方法，需要充分地综合考虑数据资料的数量和质量、相关数据的获取途径、行业交易数据的可得性、待评估无形资产的类型和性质及其所处的行业条件、法律及合同和管理因素、评估的目的、评估人员的专业判断和专业技能等因素。

一、收益法评估无形资产价值

无形资产的收益法评估分析包括无形资产的预期经济收益、收益期限、资本化率等三个基本方面。无形资产的预期经济收益包括从与无形资产有关的收入增长中获得的收益、从与无形资产有关的生产费用减少中获得的收益、从与无形资产有关的投资减少中获得的收益。无形资产收益的创造是通过无形资产的所有者对无形资产的使用、对无形资产的拥有（许可给他人使用）、对无形资产的暂不使用等方式实现的。拥有但暂不使用无形资产，可以阻止竞争对手使用该项资产，从而起到保护无形资产所有者的竞争地位和市场份额的作用，在这种情况下该无形资产的经济收益就不是直接产生于其本身的使用，与它有关的经济收益就等于无形资产的所有者如果不拥有该无形资产而可能产生的损失。无形资产收益的具体分析方法有超额收益分析法和利润或销售收入分成法两种。超额收益分析是将使用和不使用无形资产两种情况下的预期收入、预期成本进行比较分析，将前者相对于后者的收入增加额和成本节约额，归功于无形资产所创造的经济价值。利润或销售收入分成法是从利润或销售收入中分割一定的比例，作为对无形资产所创造的经济价值的衡量。超额收益分析法在专利权评估中介绍，这里主要阐述利润或销售收入分成法。

根据无形资产转让价格支付方式的不同，收益法在应用上可以表示为：

$$\text{无形资产评估值} = \sum_{i=1}^{n} \Delta R_i (1+T)/(1+r)^i$$
$$= \sum_{i=1}^{n} k \times R_i (1-T)/(1+r)^i$$

式中，ΔR_i 表示新增年利润；k 表示销售收入或利润分成率；R_i 表示分成基数，即销售收入或销售利润；i 表示收益期限；r 表示折现率；T 表示所得税税率；n 表示销售收入或利润分成的年限。

(一) 销售收入分成率或利润分成率的确定

销售收入分成率与销售利润分成率存在如下关系：

$$\text{销售收入} \times \text{销售收入分成率} \times (1-\text{所得税税率})$$
$$= \text{销售利润} \times \text{销售利润分成率} \times (1-\text{所得税税率})$$

因而，

$$\text{销售收入分成率} = \text{销售利润分成率} \times \text{销售利润率}$$
$$\text{销售利润分成率} = \text{销售收入分成率} / \text{销售利润率}$$

销售收入分成率的确定是以销售利润分成率为基础的。而利润分成率的确定，是以无形资产带来的追加利润在利润总额中所占的比例为基础的。确定利润分成率的方法主要有边际分析法、约当投资分成法等。

1. 边际分析法

边际分析法是以使用无形资产前后企业实现的利润差额即新增利润占无形资产使用后企业总利润的比例来确定利润分成率的方法。无最低收费额时的无形资产利润分成率可用公式表示为：

$$\text{无形资产利润分成率} = \frac{\sum \text{无形资产使用后的新增利润现值}}{\sum \text{无形资产使用后的总利润现值}}$$

2. 约当投资分成法

约当投资分成法是将卖方的无形资产投资与买方的资产投资，按照各自的适用成本利润率，折合成约当投资量，然后按照各自约当投资量的比例关系确定利润分成率的方法。用公式表示为：

$$无形资产的约当投资量 = 无形资产重置成本 \times (1 + 适用成本利润率)$$

$$买方资产的约当投资量 = 买方投入的总资产重置成本 \times (1 + 适用成本利润率)$$

$$无形资产利润分成率 = \frac{无形资产的约当投资量}{无形资产的约当投资量 + 买方资产的约当投资量} \times 100\%$$

确定无形资产的约当投资量时，适用成本利润率按卖方无形资产总成本占企业(产品)超额利润的总额计算。没有企业的实际收益时，按社会平均水平确定。确定买方约当投资量时，适用成本利润率按买方的现有水平测算。

【例7-1】 甲企业将一项专利使用权转让给乙公司使用5年，拟采用利润分成的方式收取转让费。该专利的重置成本为100万元，专利成本利润率为500%，乙公司的资产重置成本为3 000万元，成本利润率为15%。乙公司的年实际生产能力为20万件，每件生产成本为50元，预计未来5年的市场出售价格分别为90元、90元、85元、75元、75元。折现率为10%，所得税税率为25%。试确定该专利的使用权转让费。

(1) 该专利资产的约当投资量为：

$$100 \times (1 + 500\%) = 600(万元)$$

(2) 乙公司的约当投资量为：

$$3\,000 \times (1 + 15\%) = 3\,450(万元)$$

(3) 无形资产的利润分成率为：

$$600 \div (600 + 3\,450) \times 100\% = 14.8\%$$

(4) 该专利使用权转让费为：

$$20 \times \left[\frac{(90-50)}{(1+10\%)} + \frac{(90-50)}{(1+10\%)^2} + \frac{(85-50)}{(1+10\%)^3} + \frac{(75-50)}{(1+10\%)^4} + \frac{(75-50)}{(1+10\%)^5}\right] \times 14.8\% \times (1-25\%)$$
$$= 284.9(万元)$$

3. 市场比较法

市场比较法是通过对与待评估无形资产类似的资产交易市场进行调查分析，来确定分成率。

(二) 折现率的确定

无形资产评估的折现率实质上是无形资产投资的预期收益率，由于无形资产的使用能给所有者或使用者带来超额收益，因此，无形资产评估的折现率也往往高于有形资产评估的折现率。在具体估算目标无形资产的折现率时，可以通过估算无形资产投资的预期风险报酬率来实现。由于任何投资的收益总是与一定的风险相联系的，因此在确定预期风险报酬率时，应该充分考虑并量化与收益有关的风险因素。一般地，当单独评估一项无形资产的时候，往往可以将其作为持续经营的企业的一部分而看待，此时可以以其所隶属企业的整体风险报酬率作为该无形资产的风险报酬率。

(三) 无形资产收益期限的确定

无形资产的收益期限或称有效期限，是指无形资产发挥作用，并具有超额获利能力的时间。预计和确定无形资产的有效期限，要充分考虑该无形资产评估时点后的法律寿命、合同寿命、技术寿命、经济寿命等。法律寿命是通过法律、条例、法令或行政规章来确定的；合同寿命是通过合同、协议、许可证或特许经营证确定的；技术寿命受到技术进步和变化的影响；经济寿命受无形资产对所有者或使用者提供一个公平的投资回报率能力的影响。由于受人们偏好的转变、经济形势的变化、科学技术的进步等多种因素的影响，无形资产的更新周期加快，其有效期限要比它们的法定保护期短得多。收益期限的具体确定原则为在各种寿命因素中选择最短的寿命作为收益期限。例如一项专利技术还有15年的法律寿命、12年的合同寿命、10年的技术寿命，则将预期收益期限确定为10年是恰当的。预计收益期限也可以采用统计分析或与同类资产比较得出。

二、市场法评估无形资产价值

无形资产的市场法评估，是通过分析最近被出售或被许可使用涉及的类似无形资产，并将待评估的无形资产与这些成交的无形资产进行对比，进行差异调整而得到其评估价值的过程。这些可以比较的要素一般代表了无形资产的价值影响因素。虽然无形资产所具有的非标准性或者唯一性限制了市场法在无形资产评估中的使用，但这不排除在评估实践中应用市场法的可能性。

运用市场法评估无形资产，需要满足以下基本条件：①需要有一个充分活跃的资产市场；②能够找到与被评估无形资产相同或类似的参照物；③参照物与被评估无形资产之间具有可比较的参数并且这些参数易于寻找和量化。相比较而言，上述基本条件中的②和③更难满足。实际上，与被评估无形资产完全相同的无形资产是很难找到的，所以，寻找到可比较的类似参照物并对类似资产参照物进行调整显得尤为重要。特别是差异调整成为市场法能否运用的关键。

关于如何选取参照物，国际资产评估准则委员会颁布的《无形资产评估指南》给出了具体说明。“使用市场法必须具备合理的比较依据和可进行比较的类似的无形资产。参照物与被评估无形资产必须处于同一行业，或处于对相同经济变量有类似反应的行业。这种比较必须有意义，防止引起误解。”至于如何进行差异调整，《无形资产评估指南》指出：“当以被评估无形资产以往的交易记录作为评估的参照依据时，则可能需要根据时间的推移，经济、行业和无形资产的环境变化进行调整。”

三、成本法评估无形资产价值

采用成本法评估无形资产的基本公式为：

$$无形资产的评估价值 = 无形资产的重置成本 \times 成新率$$

(一) 无形资产重置成本的估算

1. 自创型无形资产重置成本的估算

自创型无形资产的重置成本包括研究、开发该无形资产的全部资本投入(包括直接投入和间接投入)，以及所投入资本应取得的正常报酬。无形资产的成本分析中一般应包括材料成本、人工成本、间接成本、开发商利润及企业家奖励等方面要素。材料成本包括无形资产开发过程中有形要素的支出，该部分在无形资产开发过程的总体成本中通常所占比重不大；人工成本包括与无形资产开发有关的人力资本耗费，通常包括员工的全部工资薪金和给合同商的所有货币报酬;间接成本通常包括与就业有关的税收、与就业有关的额外收入和福利附加(支付给雇员的养老金、健康保险、人身保险及其他福利)、管理和监督成本,以及公用设施和经营费用;开发商利润可以用开发商在材料成本、人工成本及间接成本上的投资报酬百分比来评估,也可以用开发所耗费时间量的加价百分比或确定的金额加价来评估;企业家奖励是激励无形资产所有者进入开发过程的经济收益额,可以看作是时间机会成本。用公式表示为:

$$\text{无形资产的重置成本} = \text{研制开发无形资产的全部资本投入} \times (1 + \text{无风险投资报酬率})^{n/2} / (1 - \text{风险率})$$

或:

$$\text{无形资产的重置成本} = \text{研制开发无形资产的全部资本投入} \times (1 + \text{同类无形资产平均投资报酬率})^{n/2}$$

式中,n 表示开发研制的投资期限。这里需要说明的是,所谓全部资本投入不仅仅指会计账面上反映的各项实验材料及设备耗费,以及研制人员的工资,还应包括有关的管理费及对与项目的研究开发和管理有关的人员提供的各项福利费用,此外还要对以上费用按照评估基准日的现实价格进行调整。由于知识型无形资产研制开发投资的风险很大,这应在投资期望报酬率的确定中予以考虑,所以知识型无形资产投资的报酬率远大于一般投资报酬率。开发商利润和企业家奖励均在投资报酬率中加以考虑。

【例 7-2】 某化工生产工艺流程专利技术有偿转让,需要评估其价值。根据调查分析表明,该专利技术研制开发耗时两年,耗费材料费、燃料动力费、专用设备费等共计 8 万元,有关人员工资及各类津贴 12 万元,人员培训费及资料费 1 万元,差旅费 2 万元,占用固定资产的折旧费 2 万元,管理费 2 万元,专利申请费 0.3 万元。社会投资无风险报酬率为 5%,该类技术研制成功的平均风险率为 80%。

该无形资产的重置成本为:

$$\frac{(8+12+1+2+2+2+0.3)\times(1+5\%)}{(1-80\%)} = 143.3(\text{万元})$$

2. 外购型无形资产重置成本的估算

外购型无形资产的重置成本一般以其账面原始成本为依据,进行适当的价格指数调整。账面原始成本包括无形资产的购买价和购买无形资产的有关税费。

【例 7-3】 某无形资产 2009 年购买时的账面价值为 100 万元,2011 年对其进行评估,2009 年、2011 年适用的定基价格指数分别为 110%、125%。计算该无形资产的重置成本。

$$100 \times \frac{125\%}{110\%} = 113.6(\text{万元})$$

无形资产的损耗(或称为贬值)表现为功能性损耗和经济性损耗。功能性损耗是由于科学技术的进步,或该无形资产的普遍使用等原因,使得拥有该项无形资产获取超额利润的能力减弱,从而造成其价值降低。经济性损耗是由于无形资产外部环境的变化,导致使用该无形资产的产品价值或需求下降,以致其经济价值的降低。

无形资产成新率的估算,可以采用专家鉴定法和使用年限法。专家鉴定法是通过有关技术领域专家对评估标的无形资产的先进性和适用性进行分析判断，从而确定其成新率。使用年限法是根据无形资产的特征，分析判断其剩余经济使用寿命，从而确定其成新率。分析的原则参照收益法中的收益期限确定原则。计算公式为：

$$成新率=\frac{无形资产的剩余经济使用年限}{无形资产已使用年限+无形资产剩余经济使用年限}$$

第三节 专利权和非专利技术的评估

一、专利权的评估

（一）专利权的概念及特点

1. 专利权的概念

专利权是指经国家专利机关依法认定、批准的，授予发明创造人或其权利受让人在一定期限内对某发明成果享有的独占权或专有权。专利权人依法对其发明创造享有制造、使用、销售的独占实施权或许可他人实施的权利。专利权包括发明、实用新型和外观设计三种。发明是指对产品、方法或者对其改进提出新的技术方案，包括产品发明和制造产品的方法发明。实用新型是指对产品的形状、构造或者对其结合所提出的适于实用的新技术方案，不包括制造产品的方法。外观设计是指对产品的形状、图案、色彩或者对其结合所作出的富有美感并适于工业应用的新设计。

2. 专利权的特点

专利权具有以下特点：

(1) 独占性，也称为排他性。同一内容的专利发明只授予一次专利，任何人未经许可不得对已经取得专利权的技术进行营利性实施。

(2) 地域性。任何一项专利只在其授权地域范围内才具有法律效力，而在其他地域范围内不具有法律效力。

(3) 时间性。依法取得的专利权只在法定期限内受法律保护，期满后专利权自行终止。我国专利法规定，发明专利的保护期限为 20 年，实用新型和外观设计的保护期限为 10 年，法定有效时间自专利申请之日起计算。

（二）专利权评估程序

1. 明确评估目的

专利权的评估目的包括一般的转让、投资、清算、法律诉讼等。这里主要阐述一下专利的转让。

专利权的转让形式包括全权转让和许可使用。全权转让是将专利的所有权通过合同转让给受让方所有。许可使用是指专利所有权人通过与受让方签订实施许可合同，按一定条件在一定地域范围内许可受让方使用或实施其专利的一种技术交易。通常将专利技术的提供者称为许可方，受让人称为被许可方。按照专利许可使用的权限大小，可以将许可使用分为以下几种形式：

(1) 独占使用许可。独占使用许可给予被许可人在规定的期限和地区内，利用专利技术的独占权利。同时，许可方也失去了在合同规定地区和期限范围内使用该专利技术或销售该专利技术生产的产品的权利。这种形式实际上是许可人将专利技术产品在合同规定的期限及地区范围内市场转让给了被许可人。

(2) 排他使用许可。排他使用许可是指许可方在转让合同规定范围内的专利使用权给予被许可人的同时，自己仍然保留该专利的使用权和专利技术产品的销售权，但不得再将合同规定范围内专利技术许可给其他人使用。

(3) 普通使用许可。普通使用许可是指许可方在转让合同规定范围内的专利使用权给予被许可人的同时，自己仍然保留该专利的使用权和专利技术产品的销售权，但还可以再将专利技术许可给其他人。

(4) 次级使用许可。次级使用许可是指使用许可合同中规定，允许被许可人(次许可人)将取得的该专利技术的使用权转让予他人(次级被许可人)使用时，在原被许可人与次级被许可人之间产生的使用许可关系。

(5) 交互使用许可。交互使用许可是指双方专利权人就各自价值相当的专利技术，相互交换许可使用。多见于一项专利技术的被许可方，就自己在该专利技术的改进和发展许可(反馈)给原许可方使用。

2. 证明和鉴定专利权的存在

收集能够证明专利权存在的专利说明书、权利要求书、专利证书及有关法律性文件等资料，并请有关专家鉴定该专利的有效性和可用性。

3. 确定评估方法及技术参数

专利技术的评估一般采用成本法和收益法，其中收益法是最常用的方法。运用成本法进行评估，需要收集专利技术研制开发的材料费用、工资、资料费、培训费、管理费等成本资料，并对专利技术的成新率进行鉴定评估。运用收益法进行评估，需要对专利的技术状况、收益能力、产品的市场前景、投资风险及其可行性等进行分析，确定有关的评估技术参数和指标。

4. 计算分析并完成评估报告

评估报告是评估结果的最终反映。为了有助于说明评估结果的有效性和适用性，需要对专利技术的成熟程度及对受让方在应用专利技术时的素质、资金等基本要求作详尽说明。

(三) 专利权的评估方法

1. 收益法

运用收益法评估，需要测算专利技术使用所产生的追加利润或称收益额、受益年限、折现率等指标。从理论上讲，因专利技术使用而产生的追加利润可以用下式表示：

$$R=[(P_2-C_2)\times Q_2-(P_1-C_1)\times Q_1](1-T)$$

式中，R 表示专利技术使用后产生的追加利润；P_2、C_2、Q_2 分别表示专利技术使用后的单位产品售价、单位产品成本、产品销售量；P_1、C_1、Q_1 分别表示专利技术使用前的单位产品售价、单位产品成本、产品销售量；T 表示所得税税率。在实际评估工作中，通常采用利润分成法或销售收入分成法来估算追加利润，用公式表示为：

$$R=(P_2-C_2)\times Q_2\times f_r(1-T)=P_2\times Q_2\times f_i(1-T)$$

式中，f_r 表示利润分成率；f_i 表示销售收入分成率。

2. 成本法

运用成本法的关键在于分析计算专利技术的重置成本构成及其成新率。对于外购专利技术重置成本的确定比较容易。自创的专利技术的成本构成如表 7-1 所示。

表 7-1 自创专利技术重置成本构成

自创专利技术重置成本	直接成本	材料费用:完成技术研制所耗费的各种材料费用
		工资及各种福利费用:参与研制技术的科研人员和相关人员的费用
		专用设备费:研制开发技术所购置或专用设备的摊销
		资料费:研制开发技术所需要的图书、资料、文献、印刷等费用
		咨询鉴定费:完成该项目发生的技术咨询、技术鉴定费用
		协作费:研制开发过程中某些零部件的外加工费以及使用外单位资源的费用
		培训费:为完成本项日而委派有关人员接受技术培训的各种费用
		研制成本差旅费:为完成本项目发生的差旅费
		其他费用
	间接成本	管理费:管理、组织本项目开发所负担的管理费用
		非专业设备折旧费:采用通用设备、其他设备所负担的折旧费
		应当分摊的公共费用及能源费用
	交易成本	技术服务费:为受让方提供的专家指导、技术培训、仪器安装调试及本市场开拓费
		交易过程中的差旅费及管理费
		公证费、审查注册费、法律咨询费等手续费
		税金

由于评估目的不同，评估对象的成本构成内涵也不一样，在具体评估时应视不同情形考虑上述成本的全部或一部分。

【例 7-4】 某实业股份有限公司，有一项 2017 年 12 月自行研制开发成功并获专利的实用新型专利技术。

2020 年 1 月因出售需要对其价值进行评估。经过财务核算表明，该专利技术的开发研制花费 4 年时间，总费用为 40 万元。2018～2019 年期间生产及生活资料物价上涨 5%，无风险投资报酬率为 6%，该类专利技术开发研制的平均风险率为 70%。经专家鉴定该专利技术的剩余经济使用年限为 8 年。请估算该专利技术的价值。

(1) 该专利技术的重置成本为：

$$40\times(1+6\%)^{4/2}\times(1+5\%)/(1-70\%)=157.3\text{(万元)}$$

(2) 该专利技术的成新率为：

$$8/(2+8)\times100\%=80\%$$

(3) 该专利技术的评估价值为：

$$157.3\times80\%=125.84(\text{万元})$$

二、非专利技术的评估

(一) 非专利技术的概念及特点

非专利技术，又称为专有技术、技术秘密，是指未公开或未申请专利，但为拥有者带来超额经济利益或竞争优势的技术信息和知识。具体包括设计资料、工艺流程、材料配方、经营管理诀窍、图纸数据等等。从法律角度讲，非专利技术不是一种法定权利，而仅仅是一种自然的权利，没有法定的保护期限，所有者只能通过保密手段进行自我保护。专有技术的持有人不享有该技术的所有权，一旦该技术泄密和公开，该非专利技术即不具有资产形态。

非专利技术具有实用性、新颖性、保密性、价值性等特点。

(二) 非专利技术的评估方法

非专利技术的评估方法与专利技术的评估方法基本相同，这里仅通过例题加以说明。

1. 收益法

【例 7-5】 某饮料生产企业将其饮料生产专有配方转让给另一家饮料生产厂家。由于该配方具有一定的先进性，生产的饮料口感特别受消费者喜爱，预计使用该配方后生产出的饮料会比较畅销。双方签订合同约定，受让方在未来 4 年内，每年从其销售毛收入中提取 20%给该配方持有企业，作为该配方的转让费。折现率为 10%。估算该配方的转让评估价值。

(1) 预测使用该配方后未来 4 年的销售收入分别为 90 万元、100 万元、105 万元、105 万元。

(2) 该配方转让的评估价值为：

$$20\%\times(90/1.1+100/1.1^2+105/1.1^3+105/1.1^4)\times(1-25\%)=47(\text{万元})$$

2. 成本法

【例 7-6】 某机械加工企业有 5 000 张机械零部件工艺设计图纸，已经使用 6 年。经专家从工艺设计图纸的设计先进性和保密性等方面鉴定认为，有 3 500 张图纸仍然可以作为有效的非专利技术资产，预计剩余经济使用年限为 8 年。根据该类图纸的设计、制作耗费估算，当前每张图纸的重置成本为 300 元。估算该批图纸的价值。

(1) 该批图纸的重置成本为：

$$3\,500\times300=1\,050\,000(\text{元})$$

(2) 该批图纸的成新率为：

$$8/(8+6)\times100\%=57.14\%$$

(3) 该批图纸的价值为：

$$1\,050\,000\times57.14\%=599\,970(\text{元})$$

第四节 商标权的评估

一、商标权的概念

(一) 商标的定义

商标是商品和商业服务的标记。它是商品生产者或经营者用以标明自己所生产或销售的商品,或是商品服务者用以标明自己所提供的服务,以区别于其他同类商品或服务的标记。这种标记一般用文字、图形或者它们的组合来表示,并置于商品表面或商品包装上,以及服务场所或服务说明书上。

商标的主要作用是:区别同一种商品和服务的不同生产经营者和服务者;促进生产经营者和服务者保证商品和服务的质量;便于广告宣传;便于开展商品竞争;有利于开展国际贸易。

(二) 商标权的内涵

商标权,也称为注册商标专用权,是指经过注册的某商标的所有人,对该注册商标享有的独占使用权。注册商标专用权的有效期为自核准注册之日起 10 年,到期可以续展。未经商标局核准注册的商标不受法律保护,也就不具有商标权。

注册商标所有权人可以依法将商标权转让给他人,而失去该商标的专用权。同时,受让人成为该商标的所有权人。注册商标的所有权人还可以在不转让其商标权的前提下,许可他人使用其注册商标。

商标权具有专有性、时间性、地域性、可转让性等特点。

二、商标权的评估程序

(一) 明确评估目的

与商标权有关的经济行为一般包括转让、许可使用、投资入股等等。在商标权转让时,需要评估商标专用权的价值;在许可使用商标时,需要评估商标的许可使用费;在以商标权投资入股时,需要对商标权价值进行评估。

(二) 收集商标的有关资料

收集的资料包括商标注册的有关法律特征、商标的历史和知名度,以及使用该商标的企业经营状况。

(三) 商标产品的市场分析

分析的内容包括使用该商标的产品的市场现状、市场前景、市场竞争能力、市场环境变化等方面。

(四) 确定评估方法及有关指标

商标权的评估一般采用收益法。使用商标所产生的超额收益额、折现率、收益期限等三项指标的确定,是评估商标权的关键。确定收益期限的依据是能够获得超额收益的时间,而注册年限及到期后的续展只是分析收益期限的前提。

(五) 计算分析并完成评估报告

三、商标权的评估方法

(一) 商标权转让价值的评估

【例 7-7】 某饮料厂将其已经使用了 25 年的金浪啤酒注册商标转让。根据历史资料，该企业近 5 年使用这一商标的啤酒比市场上同类啤酒售价每吨高出 500 元，该企业目前每年生产 5 000 吨，市场供求基本平衡。预计该品牌能够获取超额利润的时间是 10 年，前 4 年基本可以维持当前水平，由于其他品牌的竞争力提高，后 6 年其每吨高出其他品牌的幅度会下降为 300 元，不过产量可能会扩大到 5 400 吨。评估该商标的转让价值。

(1) 预期前 4 年的年超额利润为：

$$500 \times 5\,000 = 2\,500\,000(\text{元})$$

(2) 预期后 6 年的年超额利润为：

$$300 \times 5\,400 = 1\,620\,000(\text{元})$$

(3) 根据该企业的资金成本率及相应的风险率，确定其折现率为 10%。

(4) 该商标的转让价值为：

$$\{2\,500\,000 \times (1 - 1/1.1^4)/0.1 + 1\,620\,000 \times (1 - 1/1.1^6)/[0.1 \times (1 + 0.1)^4]\} \times (1 - 25\%)$$
$$= 9\,557\,800(\text{元})$$

(二) 商标权许可使用费的评估

【例 7-8】 某农用运输车生产企业所生产的“巨力”(已经注册商标)牌三轮车，在同类产品中享有较好的声誉，平均每辆三轮车的超额售价为 80 元。现有一集团公司拟介入农用三轮车的生产经营领域，为了降低其经营风险，该集团公司与农用运输车生产企业协商有关使用“巨力”商标的事宜。经双方协商，集团公司近 5 年内每年可在 1 500～1 600 辆三轮车上使用“巨力”商标，但需要标明其真实生产厂家，且每年按照其使用“巨力”商标的车辆销售收入的 4%缴给该农用运输车生产企业，作为使用“巨力”商标的许可使用费。请评估该许可使用费的现值。

(1) 预计集团公司使用“巨力”商标的三轮车平均售价为2 500元/辆，5 年内可生产销售的三轮车数量分别为1 450辆、1 500辆、1 550辆、1 600辆、1 600辆。因而，5 年内的销售收入预计分别为：

第 1 年：$1\,450 \times 2\,500 = 3\,625\,000$(元)

第 2 年：$1\,500 \times 2\,500 = 3\,750\,000$(元)

第 3 年：$1\,550 \times 2\,500 = 3\,875\,000$(元)

第 4 年：$1\,600 \times 2\,500 = 4\,000\,000$(元)

第 5 年：$1\,600 \times 2\,500 = 4\,000\,000$(元)

(2) 确定分成率为 4%。确定折现率为 10%。

(3) 许可使用费的现值为：

$$4\% \times \left(\frac{3\,625\,000}{1+10\%} + \frac{3\,750\,000}{(1+10\%)^2} + \frac{3\,875\,000}{(1+10\%)^3} + \frac{4\,000\,000}{(1+10\%)^4} + \frac{4\,000\,000}{(1+10\%)^5}\right) \times (1 - 25\%)$$
$$= 435\,651(\text{元})$$

第五节 其他无形资产的评估

一、特许经营权

(一) 特许经营权的概念

特许经营权是指政府或企业所授予的在一定地区和时间范围内经营或销售某种特定商品的专有权利。特许权一般可以分为两种:一种是政府特许的专营权,如生产许可证、进出口许可证、烟草专卖许可证等;一种是一企业特许其他企业使用其商标或在特定地区内经营销售其产品的专营权。

(二) 特许经营权的评估

获得特许经营权,会给其所有者提供在特许权有效期内赚取超额利润的机会。因而,特许权的评估,是以被许可方在生产经营中使用特许权所带来的超额收益为基础的。

【例 7-9】 经国家批准,某进出口公司获得了 5 年内每年进口 30 000 辆某世界名牌轿车的许可证,市场分析表明每辆车可获得净利润 1 000 元,资金利润率为 20%,国内一般汽车销售企业的利润率平均为 10%。国家规定该进出口公司一次性缴纳一定的许可费,请评估该许可费的数额。

(1) 估算该进口公司所获得的许可证每年所带来的超额收益为:

$$30\ 000 \times 1\ 000 - 10\% \times 30\ 000 \times 1\ 000/0.2 = 1\ 500\ 000(\text{元})$$

(2) 估算适合于该经营活动的折现率为 10%。

(3) 许可费为:

$$1\ 000 \times (1 - 1/1.1^5)/0.1 = 1\ 000 \times 3.7908 = 3\ 790.79(\text{元})$$

二、著作权

著作权也称版权,是指著作权人对作品所享有的权利。作品是指文学、艺术和科学领域内具有独创性,并能够以某种有形形式复制的智力创作成果。我国著作权法所称的作品包括:文字作品,口述作品,音乐、戏剧、曲艺、舞蹈作品,美术、摄影作品,电影、电视、录像作品,工程设计、产品设计图纸及其说明,地图、示意图等图形作品,计算机软件,民间文学艺术作品,法律、行政法规规定的其他作品。著作权人享有的著作权包括著作权中的人身权和著作权中的财产权,具体划分为:发表权,即决定作品是否公之于众的权利;署名权,即表明作者身份,在作品上署名的权利;修改权,即修改或者授权他人修改作品的权利;保护作品完整权,即保护作品不受歪曲、篡改的权利;使用权和获得报酬权,即以复制、表演、播放、展览、发行、摄制电影电视、录像,或者改编、翻译、注释、编辑等方式使用作品的权利,以及许可他人以上述方式使用作品,并由此获得报酬的权利。署名权、修改权、保护作品完整权的保护期不受法律限制。公民作品的发表权、使用权和获得报酬权的保护期为作者终身及其死亡后50年。其他作品的发表权、使用权和获得报酬权的保护期为首次发表后50年,但作品在创作完成后50年内未发表的,著作权不再受到保护。

著作权人可以将自己的权利交由他人使用,这称为著作权许可使用。例如,将自己的作品交给出版社,交给改编、翻译、注释者进行改编、翻译、注释等著作权许可使用分为专有使用和非专有使用。著作权许可专有使用是著作权人只将权利许可给某人或某单位使用,该使用人从而取得对著作权人所创作作品的专有使用权。著作权许可非专有使用是著作权人将其作品授予两个或两个以上使用人使用。著作权许可使用合同的有效期限不超过10年。

三、租赁权

(一) 租赁权的概念

租赁权是指在租赁合同规定的期限内,由出租人将财产的使用权转让给承租人,承租人按照合同规定所获得的财产使用权。承租方向出租方支付一定的租金,在租赁合同到期后出租方收回财产。

租赁一般分为经营性租赁和融资性租赁。经营性租赁是指由出租方将财产交给承租方使用并收取租金,在租赁关系终止时收回财产。融资性租赁是指由出租方按照承租方所提出的租赁财产的规格要求及所同意的条款购买资产,而后将该资产出租给承租方使用并收取租金,在租赁合同到期时收回、续租或出售资产。对承租方来讲,这是一种以"融物"方式达到融资目的的交易方式。

(二) 租赁权的评估

租赁权的评估,并非对租赁时的租金额进行评估,而是对租赁权在租赁合同期内所能够带来的超额收益进行评估。这种超额收益一般表现为租赁权使用所带来的支付租金前的客观净收益高出合同租金的部分,或者说是市场租金高出契约租金的部分。比如某人承租一房屋的契约租金为500元/月,于每月月初支付。按租赁合同剩余的租期为1年,而承租人不再需要租用该房屋,经出租人同意可以转租该房屋。承租人经过市场调查发现同类房屋当前的市场租金为550元/月。因而承租人认为向该租赁权的受让人收取600元的转租费比较合理。租赁权的评估采用收益法。

【例7-10】 某企业向租赁公司租赁了一套设备,每年租金130万元,剩余租期为5年。预计该设备未来每年生产的产品销售收入为1 300万元,生产及销售总成本为1 100万元(包括租金支付),企业未来5年的资本成本预期为10%。请评估该设备租赁权的价值。

(1) 租赁权年净超额收益为:

$$(1\,300-1\,100)\times(1-25\%)-1\,100\times10\%=40(\text{万元})$$

(2) 设备租赁权价值为:

$$40\times(1-1/1.1^5)/0.1=151.6315(\text{万元})$$

本章习题

一、单选题

1. 下列关于运用许可费节省法评估无形资产的说法中，错误的是(　　)。

A. 许可费节省法的基础是虚拟许可使用费

B. 无形资产的许可期限一般短于其经济寿命年限

C. 许可费节省法须在可比资产存在、经济行为双方独立、熟悉情况并且资源的情形下适用

D. 采用许可费节省法可以评估无形资产的整体所有权价值

【正确答案】D

【答案解析】采用许可费节省法评估一项无形资产的所有权，由于无形资产许可费只能反映无形资产的部分权利收益，即被许可部分的价值，因此利用此种方法得到的评估结果一般只反映无形资产的使用权价值，比无形资产的所有权价值低。

2. (　　)是确定无形资产有效期限的前提。

A. 无形资产的已使用价值　　B. 无形资产的有效寿命

C. 无形资产损耗的价值量　　D. 无形资产的剩余使用年限

【正确答案】C

【答案解析】有些无形资产在发挥作用的过程中，其损耗是客观存在的。无形资产损耗的价值量是确定无形资产有效期限的前提。

3. 下列不属于无形资产评估假设的是(　　)。

A. 持续使用假设　　B. 收益假设

C. 公开市场假设　　D. 清算假设

【正确答案】B

【答案解析】目前与无形资产相关的常见的评估假设主要包括持续使用假设、公开市场假设和清算假设等。

4. 下列各项中说法不正确的是(　　)。

A. 合并中取得的被购买方的无形资产，其公允价值能够可靠地计量的，应当单独确认为无形资产，并按照公允价值计量

B. 在评估实践中，评估专业人员识别无形资产的关键在于判断该项资产是否可辨认

C. 对于满足合同权利或基于法律的法定权利，从法律角度并非合同或没有合同约束力，则不满足合同权利的确认条件

D. 合并中取得的被购买方的或有负债，其公允价值能够可靠地计量的，应当单独确认为负债，并按照公允价值计量

【正确答案】C

【答案解析】对于满足合同权利或基于法律的法定权利，即使从法律角度并非合同或没有合同约束力，例如订单，甚至是可以取消的订单，亦满足了合同权利的确认条件。选项C的说法不正确。

5. 关于商誉的计算，下列各项说法中不正确是(　　)。

A. 首先要确定合并成本

B. 合并成本小于合并中取得的被购买方可辨认净资产账面价值份额的差额，应确认为商誉

C. 合并成本大于合并中取得的被购买方可辨认净资产公允价值份额的差额，应确认为商誉

D. 在商誉的评估结果较高的情况下，评估专业人员应当提请公司管理层关注其减值风险，并考虑及时执行商誉的减值测试程序

【正确答案】B

【答案解析】合并成本大于合并中取得的被购买方可辨认净资产公允价值份额的差额，应确认为商誉。合并成本小于合并中取得的被购买方可辨认净资产公允价值份额的差额，应确认为负商誉。

二、多选题

1. 无形资产评估与有形资产评估存在(　　)等共性，但无形资产的自身属性决定了无形资产评估独有的特征。

A. 复杂性　　B. 市场性　　C. 公正性　　D. 专业性

E. 咨询性

【正确答案】BCDE

【答案解析】无形资产评估与有形资产评估存在市场性、公正性、专业性、咨询性等共性，但无形资产的自身属性决定了无形资产评估独有的特征。

2. 下列调研方法中，无形资产清查核实时常用的有(　　)。

A. 查验资料　　B. 函证　　C. 参数预测　　D. 访谈

E. 现场查勘

【正确答案】ABDE

【答案解析】无形资产清查核实的主要方法包括查验资料、访谈、函证、现场查勘等。

3. 下列方法中，确定无形资产收益期限时常用的有(　　)。

A. 更新周期法　　B. 累加法　　C. 法定年限法　　D. 直接估算法

E. 剩余经济寿命预测法

【正确答案】ACE

【答案解析】对无形资产收益期限可以采用法定年限法、更新周期法以及剩余经济寿命预测法等具体方法进行确定。

4. 下列属于无形资产评估要素的是(　　)。

A. 评估主体　　B. 评估对象和范围　　C. 经济业务活动　　D. 评估目的

E. 评估方法

【正确答案】ABDE

【答案解析】资产评估的基本要素通常包括评估主体、评估对象和范围、评估目的、评估程序、评估方法、评估基准日、价值类型及评估假设等。对于无形资产评估，其在评估目的、评估对象和范围、评估假设等要素方面也表现出一定的特殊性。

5. 在进行无形资产评估行业务时，需明确无形资产的评估范围，根据无形资产的类型可以分为(　　)。

A. 单项无形资产的评估范围　　B. 可辨认组合类无形资产的评估范围

C. 其他组合类无形资产的评估范围　　D. 不可辨认的无形资产组合

E. 外购型的无形资产组合

【正确答案】 ABC

【答案解析】 根据无形资产的类型可以分为单项无形资产的评估范围、可辨认组合类无形资产的评估范围和其他组合类无形资产的评估范围。

第八章
机器设备评估

第一节 机器设备评估概述

一、机器设备的概念及特点

（一）机器设备的概念

机器设备是固定资产中的重要组成部分。不同领域和学科对机器设备的定义有所不同。自然科学领域所指的机器设备，是指将机械能或非机械能转换为便于人类利用的机械能，以及将机械能转换为某种非机械能，或利用机械能来做一定工作的装备或器具。机械为机器和机构的泛称，各种机械具有共同的自然属性特征：①由零件和部件组成；②零件、部件之间有确定的相对运动和力的传递；③有机械能的转换或机械能的利用。

在《国际评估准则》中，机器设备作为一种重要的资产，其定义如下：设备、机器和装备是用来为所有者提供收益的、不动产以外的有形资产。设备是包括特指使用或应用机械动力的器械装置，由具有特定功能的结构组成，用以完成一定的工作；装备是用以支持企业功能的附属性资产。

为贯彻落实《资产评估法》，规范资产评估执业行为，保证资产评估执业质量，保护资产评估当事人合法权益和公共利益，在财政部指导下，中国资产评估协会根据《资产评估基本准则》，对《资产评估准则——机器设备》进行了修订，制定了《资产评估执业准则——机器设备》。本准则所称机器设备，是指人类利用机械原理以及其他科学原理制造的、特定主体拥有或者控制的有形资产，包括机器、仪器、器械、装置、附属的特殊建筑物等。

（二）机器设备的特点

企业资产评估中的机器设备具有四个特点。

1. 为生产商品、提供劳务、出租或经营管理而持有

企业持有机器设备是为了生产商品、提供劳务、出租或经营管理，企业持有的机器设备是企业的劳动工具或手段，而不是用于出售的产品。这是机器设备与流动资产的最大区别，企业的某些资产也有可能价值很高，占有时间较长，但只要其购置目的为了出售，就不能作为机器设备而应列为流动资产。

2. 使用寿命超过1年或1个会计年度

机器设备的使用寿命是指企业使用机器设备的预计期间，或者该机器设备所能生产产

品或提供劳务的数量。通常情况下，机器设备的使用寿命是指使用机器设备的预计期间，比如，自用房屋建筑物的使用寿命表现为企业对该建筑物的预计使用年限。对于某些机器设备及运输设备等，其使用寿命表现为以该机器设备所能生产或提供劳务的数量，例如，汽车或飞机等，按其预计行驶或飞行里程估计使用寿命。

机器设备的使用寿命超过1年或1个会计年度意味着机器设备属于非流动资产，随着使用和磨损会造成功能的逐渐丧失，因此必须在其有效的使用年限内计提折旧，这不仅是为了使企业将来有能力重置资产，维持再生产，更主要的是为了把购置机器设备的支出分配于各个收益期，实现收入与费用的正确配比。

3. 工程技术性强，专业门类多

机器设备价格从社会劳动的角度分析，决定于社会必要劳动时间，价格与功能相联系功能又是工程技术性能的反映，是按不同的专业门类来比较和度量的。如发电机按电压和功率来衡量功能；织布机按班台产量和规格、花色、质量来衡量功能；运输工具用载重量和运行里程来衡量其功能等。决定功能差异的都是大量的属于各专业门类的技术和工程问题。从工程技术方面来分析，机器设备有通用、专用和非标准之分。即使同一种机器设备，其型号不同、生产日期不同、制造厂家不同，都会有先进程度的差别。

4. 机器设备单位价值大，影响因素复杂

由于机器设备都是在一定限额以上的劳动资料，单位价值较大，在企业生产经营中长期发挥作用，因而在企业资产中占有很大的比重。同时机器设备在企业生产经营过程中要多次反复地使用，其实物状态和功能都在发生作用、产生变化，因而影响其价值的因素十分复杂。机器设备的价值和使用价值具有贬值和增值的同发性。机器设备在使用中会产生有形磨损和无形磨损，有形磨损一般可通过折旧来实现价值的完全补偿，而无形磨损所致的价值贬值在数量上难以测算。另外，通过技术改造会提高设备功能，实现内涵式扩大再生产，使资产增值。此外，在通货膨胀情况下，机器设备的现价又会呈现增值趋势。

二、机器设备的分类

在评估中对机器设备进行分类的目的一是考虑到机器设备的技术特点，为评估中的专业技术检测创造条件；二是利于收集市场和其他方面的相关资料，有效地选择参照物；三是适应评估委托方的要求，与财务会计处理的惯例相适应；四是便于评估人员合理分工，专业化协作，提高评估工作的质量和效益。在资产评估中，可根据需要而选择不同标准对机器设备进行分类。

(一) 按国家固定资产分类标准分类

机器设备可分为通用设备、专用设备、交通运输设备、电气设备、电子及通信设备、仪器仪表、计量标准器具及工具、衡器等。

(二) 按现行会计制度规定分类

机器设备可分为生产经营用机器设备、非生产经营用机器设备、租出机器设备、未使用机器设备、不需用机器设备、融资租入机器设备。

(三) 按组合程度分类

机器设备可分为单台(件)设备、机组、成套设备。

（四）按来源分类

机器设备可分为自制设备和外购设备。

上述分类并不是独立的，分类之间可以有不同程度的关联。如外购设备中，可能是通用设备，也可能是专用设备，还可能是进口通用设备或进口专用设备；成套设备中可能部分是外购的，部分是自制的。在资产评估中，评估人员应根据评估目的、评估要求和评估对象的特点，选择不同的分类方法，灵活地进行分类处理。如按会计制度规定分类，有利于根据机器设备的实际用途来确定需要考虑的因素评估价值；按机器设备在生产中的作用或工程技术特点分类，有利于组织有关专业人员进行分工，选择相应的评估方法，采用适当的技术检测手段，择取适当的评估比较参照物；按机器设备价值的高低分类，有利于提高评估效率和保证评估的质量。不论在资产评估中采用什么标准进行分类，最后都要按评估结果汇总的要求进行统计。在评估时既可先按生产车间进行清查评估，也可按通用设备、专用设备等分类清查评估，还可按自制设备、外购设备、国内设备和进口设备分类清查评估等。

三、机器设备评估的特点

根据机器设备自身的特点和资产评估的基本原则，确定机器设备评估具有以下几个主要特点。

（一）以技术检测和鉴定为基础

由于机器设备的使用时间较长，加之因使用状况、维修保养及经济环境因素引起的差异，其损耗的程度和实际价值都可能产生较大的变化，因而必须通过技术监测和鉴定等手段来保证评估的科学性。

（二）评估对象是单台机器设备和机器设备组合

机器设备评估的对象可以分为单台机器设备和机器设备组合。单台机器设备是指以独立形态存在、可以单独发挥作用或者以单台的形式进行销售的机器设备。机器设备组合是指为了实现特定功能，由若干机器设备组成的有机整体。机器设备组合的价值不等同于单台机器设备价值的简单相加。因此，注册资产评估师在评估机器设备组合时应以充分考虑机器设备组合所发挥的作用及其对企业收益的贡献程度，以最终确定机器设备组合的价值大小。

（三）机器设备评估时需考虑诸多影响因素

影响机器设备价值的因素复杂多样，其价转移和补偿的特殊性决定了机器设备评估的影响因素十分复杂。从重置全价的影响因素来分析，物价、费用、重置成本等因素的变化均从不同角度影响到重置全价的评估。从重置净价的角度来分析，尚可使用年限、成新率等因素起决定作用，而它的测算并不是轻而易举的。在贬值额的计算中，实体性贬值、功能性贬值等的度量也存在很大的难度，不仅需要专业的判断，还需要对宏观经济形势、国家相关的政策法律、技术进步等因素做出准确的分析和测度。

四、机器设备评估的基本程序

机器设备评估是指资产评估师依据相关法律、法规和资产评估准则，对单独的机器设备或者作为企业资产组成部分的机器设备的价值进行分析、估算并发表专业意见的行为和过程。

由于机器设备涉及的专业比较广、工程技术性强，为确保评估质量，提高评估工作效率，机器设备评估在委托方对待评估机器设备清查核实及明确评估目的和评估基准日后，一般按下列步骤进行。

(一) 评估准备

评估机构接受资产评估委托后，首先应做好评估的准备工作，评估准备工作主要有以下几个。

1. 要求委托方提供资产评估的基础资料

(1) 产权证明。产权证明主要用来确定被评估机器设备是否属于委托方，如购买合同、发票等。

(2) 有关记录。有关纪录主要关注有关入账依据、价款的支付凭证等，确定价款是否完全付清。

(3) 使用情况。使用情况包括被评估机器设备采用的折旧方法、已使用年限以及使用强度等。

(4) 抵押、担保和保险情况。如果被评估机器设备被用作其他交易的抵押或担保，评估时要考虑被抵押或担保企业的履约能力，并在评估报告中注明。一般来说，如果被评估机器设备已被保险，那么它的评估价值就要高于未保险的机器设备。

2. 制定具体的评估工作计划

(1) 分组确定评估人员。

(2) 设计评估表格。一般包括评估作业分析表、评估明细表和评估汇总表。

(3) 收集和整理资料。

(二) 现场勘察

现场勘察是机器设备评估的重点工作。现场勘察工作的主要任务是清查核实评估对象数量、权属，对企业工艺过程进行了解，对待评估机器设备进行技术鉴定，以测定机器设备的各种技术参数。步骤要求如下：

(1) 逐件清查核实评估对象数量和权属。

(2) 对机器设备进行勘察和技术鉴定。

(三) 确定单台设备的评估数据与参数

确定设备的评估数据与参数是评估结果是否科学、合理的关键。一方面，评估人员应对收集到的数据进行筛选、分析和整理，确定本次评估的评估数据，如同类设备现行市场购买价格、价格指数、现行的有关费用标准、关税税率、利率、汇率等；另一方面，根据现场勘察和技术检测所掌握的资料，测定各种技术参数，如设备磨损系数、完好率、尚可使用年限、有形损耗率、成新率等。如果经分析判定机器设备存在功能性贬值或经济性贬值，还应测定超额运营成本、设备收益损失额、规模经济效益指数、折现率或本金化率等有关的数据和参数。如果评估机器设备的变现价格，还应分析确定设备的变现时间、变现风险和变现费用等。

(四) 计算评估值与撰写评估报告

在完成上述工作后，评估人员就可本着客观、公正的原则对机器设备进行评定估算，估测每台设备的重置价值，并对单台设备评估值汇总，得出总的评估结果，具体的估算过程可通过填写机器设备评估作业分析表、机器设备评估明细表、机器设备评估汇总表来完成。评估机构在机器设备评定估算工作基本完成后，还要进行自查工作，对设备的评估依据和参数再进行一次全面的核对。在重新核对无误的基础上，编写评估说明或机器设备部分评估报告。

第二节 成本法在机器设备评估中的应用

一、成本法在机器设备评估中的基本原理

成本法是通过估算被评估机器设备的重置成本和各种贬值，用重置成本扣减各种贬值作为资产评估价值的一种方法，它是机器设备评估中最常使用的方法。成本法的计算公式为：

$$\text{机器设备评估值} = \text{重置成本} - \text{实体性贬值} - \text{功能性贬值} - \text{经济性贬值}$$

还可以用综合反映各种贬值的综合成新率进行计算，其计算公式为：

$$\text{机器设备评估值} = \text{重置成本} \times \text{综合成新率}$$

二、重置成本概念及计算

(一) 机器设备重置成本的概念

机器设备的重置成本通常是指按现行价格购建与被评估机器设备相同或相似的全新设备所需的成本。机器设备的重置成本可分为复原重置成本和更新重置成本两种。复原重置成本是指按现行的价格购建与被评估设备完全相同的设备所需的成本。更新重置成本是指在现行技术条件下，按现行的价格购建一台在功能和效用上与被评估机器设备最接近的新设备所需的成本。

复原重置成本和更新重置成本虽然都属于重置成本范畴，但二者在成本构成因素上却是有差别的。复原重置成本基本上是在不考虑技术条件、材料替代、制造标准等因素变化的前提下，仅考虑物价因素对成本的影响，即将资产的历史成本按照价格变动指数或趋势转换成重置成本或现行成本。更新重置成本是在充分考虑了技术条件、建筑标准、材料替代，以及物价变动等因素变化的前提下确定重置成本或现行成本。两种重置成本在成本构成要素上的差别，要求评估人员在运用成本法对机器设备评估时，准确把握所使用的重置成本的确切含义。在两种重置成本都可以得到的情况下，资产评估师应当优先选用更新重置成本。

机器设备的重置成本包括设备的直接成本和间接成本。设备的直接成本一般包括：设备净价即购买或建造费用、运杂费、安装费、大型设备一定期限内的资金成本。设备的间接成本一般包括：管理费用、设计费、工程监理费、保险费等。但由于机器设备的取得方式不同，其成本构成项目也不一致。

(二) 机器设备的重置成本的计算

设备重置成本的计算方法包括:市场询价法、物价指数调整法、重置核算法、综合评估法、重量估算法、生产能力类比法、统计分析法等。

1. 市场询价法

市场询价法是根据市场交易数据直接确定设备净价的方法,是一种最简单、有效并且可信的方法。使用这种方法的关键是获得市场价格资料,对于大部分的通用设备,市场价格资料的取得是比较容易的;而非标准、专用设备的价格资料往往很难从市场直接取得。获得市场价格的渠道包括市场询价、使用价格资料等。

2. 物价指数调整法

物价指数调整法是以设备的原始购买价格为基础,根据同类设备的价格上涨指数来确定机器设备净价。对于二手设备,历史成本是最初使用者的账面原值,而非当前设备使用者的购置成本。物价指数可分为定基物价指数和环比物价指数。

(1) 采用定基指数计算设备当前重置成本的公式为:

$$重置成本=历史成本\times\frac{评估基准日定基物价指数}{设备购建时定基物价指数}$$

【例 8-1】 华源评估有限责任公司于 2020 年 1 月对一台车床进行评估,该车床为 2010 年 1 月购建,账面原值为 100 万元。已知 2010 年 1 月定基物价指数为 120%,评估基准日定基物价指数为 160%,计算其重置成本为。

$$重置成本 = 100\times\frac{160\%}{120\%} = 133.33(万元)$$

(2) 采用环比物价指数计算设备重置成本的公式为:

$$设备重置成本=历史成本\times(P_{01}\times P_{12}\times\cdots\cdots\times P_{n-1n})$$

式中,P_{n-1n}表示 n 年对 $n-1$ 年的环比物价指数。

【例 8-2】 某设备 2014 年历史成本为 60 000 元,环比物价指数见表 8-1,计算 2020 年该设备的重置成本。

表 8-1 某设备环比物价指数表

年份	物价指数(%)	年份	物价指数(%)
2014	—	2017	102
2015	103	2018	102
2016	103	2019	101

$$重置成本 = 60\ 000\times(103\%\times 103\%\times 102\%\times 102\%\times 101\%) = 66\ 887.88(元)$$

3. 重置核算法

重置核算法是通过分别测算机器设备的各项成本费用来确定设备重置成本的方法。该方法常用于确定非标、自制设备重置成本的计算。

【例 8-3】 评估机构欲评估某企业一台铣床,此设备市场上现价为 63 000 元/台,运杂费为 700 元，安装调试费中的材料费为 520 元、人工费为 400 元。据调查，同类设备间接成本为安装调试费中人工费的 75%。试估算该设备的重置成本。

$$\text{直接成本} = \text{购置价} + \text{运杂费} + \text{安装调试费} = 63\,000 + 700 + (520 + 400) = 64\,620(\text{元})$$

$$\text{间接成本} = 400 \times 75\% = 300(\text{元})$$

$$\text{重置成本} = \text{直接成本} + \text{间接成本} = 64\,620 + 300 = 64\,920(\text{元})$$

另一种情况，可根据机器设备的重置成本构成：生产成本、销售费用、利润、税金确定设备重置成本。

【例 8-4】 华源评估有限责任公司于 2020 年 1 月对一台刨床进行评估。企业提供的购建成本资料如下：该设备 2018 年采购价为 8 万元，运输费 0.2 万元，安装费 0.5 万元，调试费 0.15 万元，已服役 2 年。经市场调查得知，该机床在市场上仍很流行，且价格上升了 25%；铁路运价近两年提高了 1 倍，安装的材料和工费上涨幅度加权计算为 45%，调试费用上涨了 20%。试评估该机床的重置成本。

$$\begin{aligned}\text{该机床的重置成本} &= 8 \times (1 + 25\%) + 0.2 \times (1 + 100\%) + 0.5 \times (1 + 45\%) + 0.15 \times (1 + 20\%) \\ &= 10 + 0.4 + 0.725 + 0.18 \\ &= 11.31(\text{万元})\end{aligned}$$

4. 综合评估法

综合评估法是根据设备的主材费和主要外购件费与设备成本费用有一定的比例关系，通过确定设备的主材费用和主要外购件费用，计算出设备的完全制造成本，并考虑企业利润、税金和设计费用，确定设备的重置成本。计算公式为：

$$\text{设备重置成本} = \frac{\text{成本} \times (1 + \text{成本利润率})}{1 - \text{税率}}$$

5. 重量估算法

该方法用设备的重量乘以综合费率，同时考虑利润和税金，确定设备的重置成本，并根据设备的复杂系数进行适当的调整。综合费率根据相似设备的统计资料确定。计算公式为：

$$\text{设备重置成本} = \text{设备的净重} \times \text{综合费率} \times \text{调整系数} + \text{合理利润} + \text{税金}$$

6. 生产能力类比法

对于某些特定的设备，如化工设备、石油设备等，同一系列不同生产能力设备的重置成本变化与生产能力变化呈某种指数关系。计算公式为：

$$\text{被评估设备的重置成本} = \text{参照物设备的价格} \times \left(\frac{\text{被评估设备的生产能力}}{\text{参照物设备的生产能力}}\right)^x$$

式中，x 表示经济规模指数。

【例 8-5】 某待估金属冶炼设备，年产量为 200 吨。评估时，市场上无该型号设备出售，但有新型号同类设备出售，售价为 40 万元，其生产能力为 300 吨。经测算，该类设备的规模经济效益指数为 0.65。试计算该被评估设备的重置成本。

$$被评估设备的重置成本=40\times\left(\frac{200}{300}\right)^{0.65}=30.73(万元)$$

7. 统计分析法

在企业整体资产评估中，当同类机器设备数量较多时，选择若干有代表性的样本，采用具体方法估算出代表性的样本的重置成本，与其历史成本比较，计算调整系数，然后据此调整系数来确定被评估机器设备的重置成本的方法。

$$调整系数=\sum 代表性的样本的重置成本/\sum 代表性的样本的历史成本$$

某类机器设备的重置成本＝某类机器设备的历史成本×调整系数

【例8-6】 某企业准备出售一批闲置的机器设备，历史成本为600万元，委托评估机构评估其价值。评估机构在评估中，选择了代表性的样本的5台，其历史成本为100万元，经评估确定代表性的样本的重置成本为120万元，求该批机器设备的重置成本。

$$调整系数=120/100=1.2$$

$$该批机器设备的重置成本=600\times 1.2=720(万元)$$

三、进口设备重置成本的计算

评估人员对进口设备进行评估时，需特别注意其特殊性，重置成本构成中，除买价、国内运杂费、安装调试费之外，还包括：海外运费、海外保险费、进口关税、增值税、公司代理手续费、银行代理手续费等。关于各项贬值及评估值的计算与国产设备相同。

(一) FOB价(离岸价)

离岸价指装运港船上交货的价格，卖方负责货物的出口税款，买方负责货物越过船舷之后的一切费用及风险。

(二) CIF价(到岸价)

到岸价指离岸价加海运费用和海运保险费的价格，卖方负责运输和保险，装船后的一切风险仍由买方负担。

(三) 进口设备的国内运杂费、安装调试费及基础费

1. 国内运杂费

计算公式为：

$$进口设备国内运杂费=进口设备到岸价\times 进口设备国内运杂费率$$

2. 国内安装费

计算公式为：

$$进口设备安装费=进口设备到岸价\times 进口设备安装费率$$

或：

$$进口设备安装费=相似国产设备原价\times 国产设备安装费率$$

3. 基础费

计算公式为：

进口设备基础费 = 进口设备到岸价 × 进口设备基础费率

或：

进口设备基础费 = 相似国产设备原价 × 国产设备基础费率

(四) 进口设备的从属费用

进口设备的从属费用包括国外运费、国外运输保险费、关税、消费税、增值税、银行手续费、公司代理手续费、海关监管手续费，对车辆还包括车辆购置税等。其中各费用计算如下：

(1) 国外运费可按设备的重量、体积及海运公司的收费标准计算，也可按一定比例计取，取费基数为设备的设备离岸价，计算公式为：

海运费 = 设备离岸价(FOB价) × 海运费率

(2) 国外运输保险费的取费基数为：设备离岸价＋海运费，计算公式为：

国外运输保险费 = {(设备离岸价 ＋ 海运费) × 保险费率}/(1 － 保险费率)

费率可根据保险公司费率表确定，一般在0.4%左右。

(3) 关税的取费基数为设备到岸价，计算公式为：

关税 = 到岸价 × 关税税率

关税的税率按国家发布的进口关税税率表计算。

(4) 消费税的计税基数为：关税完税价＋关税，计算公式为：

消费税 = (关税完税价 ＋ 关税) × 消费税率 /(1 － 消费税率)

消费税的税率按国家发布的消费税税率表计算。

(5) 增值税的取费基数为：关税完税价＋关税＋消费税，计算公式为：

增值税 = (关税完税价 ＋ 关税 ＋ 消费税) × 增值税率

注：减免关税，同时减免增值税。

(6) 银行财务费的取费基数为设备离岸价人民币数，计算公式为：

银行财务费用 = 设备离岸价 × 费率

我国现行银行财务费率一般为4‰～5‰。

(7) 外贸手续费也称为公司手续费，取费基数为到岸价人民币数，计算公式为：

外贸手续费 = 到岸价 × 外贸手续费率

目前，我国进出口公司的进口费率一般在1%～1.5%之间。

(8) 海关监管手续费仅对减税、免税、保税货物征收，取费基数为到岸价人民币数。

对于免税设备，计算公式为：

海关监管手续费 = 到岸价人民币数 × 费率

对减税设备，计算公式为：

海关监管手续费 = 到岸价人民币数 × 费率 × 减税百分率

(9) 车辆购置税的取税基数为：到岸价人民币数＋关税＋消费税，计算公式为：

$$车辆购置税 = (到岸价人民币数 + 关税 + 消费税) \times 税率$$

【例 8-7】 被评估设备为 2015 年从德国引进的设备，进口合同中的 FOB 价是 20 万欧元。2020 年评估时，德国生产厂家已不再生产这种设备了，其替代产品的 FOB 报价为 35 万欧元，而国内其他企业 2020 年从德国进口设备的 CIF 价格为 30 万欧元。按照通常情况，设备的实际成交价应为报价的 70%～90%，境外运杂费约占 FOB 价格的 5%，保险费约占 FOB 价格的 0.5%，被评估设备所在企业，以及与之发生交易的企业均属于进口关税、增值税免税单位，银行手续费按 CIF 价格的 0.8%计，国内运杂费按 CIF 价格加银行手续费之和的 3%计算，安装调试费含在设备价格中不再另行计算，被评估设备尚可使用 5 年，评估时欧元与美元的汇率为 1.2∶1，人民币与美元的汇率为 7∶1。

要求：

(1) 计算被评估进口设备的重置成本。

(2) 计算被评估进口设备的成新率。

(3) 根据上述数据估测该进口设备的续用价值。

被评估设备的 CIF 价格取其他企业从德国进口更新换代型设备的 CIF 价格最为合理，即被评估设备的 CIF 价格为 30 万欧元，换算为 30÷1.2=5 万美元；25×7=175 万元人民币。

(1) 被评估设备的重置成本：

$$银行手续费 = 25 \times 7 \times 0.8\% = 1.4(万元人民币)$$

$$国内运杂费 = (175 + 1.4) \times 3\% = 5.29(万元人民币)$$

$$进口设备重置成本 = 175 + 1.4 + 5.29 = 181.69(万元人民币)$$

(2) 设备的成新率：

$$5 \div (5 + 5) \times 100\% = 50\%$$

(3) 进口设备的评估值为：

$$181.69 \times 50\% = 90.85(万元人民币)$$

四、机器设备实体性贬值的概念及计算

(一) 设备的实体性贬值的概念

设备的实体性贬值又称有形磨损，可分为两种：设备在使用过程中产生的有形磨损称为第 1 种有形磨损；设备在闲置存放过程中产生的损耗称为第 2 种有形磨损。由此引起的贬值称为实体性贬值，或物理性贬值。设备实体性贬值的程度可以用设备的实体性贬值额来反映，也可以用实体性贬值率来反映，由于计算的方便，通常用实体性贬值率来反映。

影响设备的实体性贬值的因素有以下几种。

(1) 使用时间。设备的已使用时间越长，有形损耗越大，实体性贬值就越多。

(2) 机器设备的利用率。利用率越高，负荷程度越强，一般情况下的实体性贬值就越大。

(3) 机器设备的质量。机器设备的质量越好，耐磨性越好，有形损耗越小，实体性贬值就越慢。

(4) 机器设备的维修保养情况。机器设备的日常维修保养越好,有形损耗越小,实体性贬值就越少。

(二) 设备的实体性贬值的计算

测定实体性贬值率的基本准则是以被评估对象的现实状况和环境条件为依据的,通常采用观察法、使用年限法和修复费用法进行。

1. 运用观测分析法估测设备的成新率

观测分析法是评估人员根据对设备的现场技术检测和观察,结合设备的使用时间、实际技术状况、负荷程度、制造质量等经济技术参数,经综合分析估测设备的成新率在估测设备成新率时应主要观测分析以下主要指标:

(1) 设备的现时技术状态。

(2) 设备的实际已使用时间。

(3) 设备的正常负荷率。

(4) 设备的原始制造质量。

(5) 设备的维修保养状况。

(6) 设备重大故障(事故)经历。

(7) 设备大修、技改情况。

(8) 设备工作环境和条件。

(9) 设备的外观和完整性等。

运用观测分析法估测设备的成新率,应首先确定和划分不同档次成新率标准。简便易行的办法是先确定两头,即全新或刚投入使用不久基本完好的设备和将要淘汰处理或待报废的设备。然后再根据设备评估的精细程度要求,在全新设备与报废设备之间设若干档次,并规定不同档次的经济技术参数标准。表 8-2 是机器设备实体性贬值率评估参考。

表 8-2　机器设备实体性贬值率评估参考表

类别	新旧情况	实体性贬值率	技术标准参考说明
1	新设备及使用不久设备	0～10%	全新或使用不久的设备。在用状态良好,能按设计要求正常使用,无异常现象
2	较新设备	11%～35%	已使用一年以上或经过第一次大修恢复原设计性能,使用不久的设备。在用状态良好,能满足设计要求,未出现过较大故障
3	半新设备	36%～60%	已使用两年以上或经过大修后已使用一段时间的设备,在用状态良好,基本能达到设备设计要求,满足工艺要求,需经常维修保证正常使用
4	旧设备	61%～85%	已使用较长时间或几经大修,目前仍能维持使用的设备,在用状态一般,性能明显下降,使用中故障较多,经维护仍能满足工艺要求,但可以安全使用
5	报废处理设备	86%～100%	已超过规定使用年限或性能严重劣化,目前已不能正常使用或停用,即将报废待更新

2. 使用年限法

使用年限法是指从设备的使用寿命的角度来估算贬值的方法，也称为寿命比率法或年限估算法这种方法假定机器设备有一定的使用寿命，并且，在整个使用寿命期间设备的价值是随设备使用寿命的消耗而同比例消耗的。因此，实体性贬值随使用时间而递增，实体性贬值率可以用已使用寿命和总使用寿命之比来表示。其计算公式为：

设备的实体性贬值率 = 使用寿命 / 总使用寿命

设备的使用寿命可以用时间单位表示，如汽油机、柴油机、机床、电子设备等，一般都用工作小时或年限来表示它们的使用寿命；有些设备的使用寿命用使用次数来表示，如模具的使用寿命一般按使用模具的次数来表示；也有以行驶里程来表示的，如车辆等的使用寿命一般用行驶里程表示。如以时间为单位，则其计算公式为：

设备的实体性贬值率 = 已使用年限 / 总使用年限

运用年限估算法估测设备的成新率涉及三个基本参数：机器设备的总使用年限、机器设备的尚可使用年限和机器设备的已使用年限。

（1）机器设备的总使用年限。机器设备的总使用年限是指机器从投入使用到因物理磨损而不能修理使用为止所经历的时间，包括经济寿命、技术寿命和物理寿命。经济寿命是指机器设备从开始使用到因经济上不合算而被淘汰所经历的时间。技术寿命是指机器设备从开始使用到由于技术进步出现技术上更先进的同类设备而最终被淘汰所经历的时间。物理寿命是指机器设备从投入使用到因物理磨损而不能修理使用为止所经历的时间。在具体测定设备寿命时，应以经济寿命为基础，兼顾物理寿命和技术寿命来测定被评估设备总使用年限。

（2）机器设备的已使用年限。机器设备的已使用年限是指实际使用年限，即机器设备实际用于生产经营活动的年限，不包括闲置时间，因而这里的年限不一定就是资产购建到评估基准日之间的年限，也不同于会计折旧年限。根据我国会计制度规定：季节性停用和大修理停用的设备仍应计提折旧，因此会计折旧年限不能反映使用年限。有很多因素会造成机器设备实际已使用年限与名义已使用年限数量上的差别，其中，最重要的有两个方面：一是设备利用率；二是大修理或更新改造投资。由于设备的利用率不同，实际已使用年限与名义已使用年限存在很大差别。二者的关系为：

实际已使用年限 = 名义已使用年限 × 设备利用率

名义使用年限可从会计账目上查到（已提折旧年限），设备利用率的计算公式为：

设备利用率 = 截至评估基准日设备累计实际利用时间 / 截至评估基准日设备累计法定利用时间

当设备利用率>1 时，表示机器设备处于超负荷运转状态，设备实际已使用年限比名义已使用年限要长；当设备利用率=1 时，表示机器设备处于满负荷运转状态，设备实际已使用年限等于名义已使用年限；当设备利用率<1 时，表示机器设备处于开工不足状态，设备实际已使用年限小于名义已使用年限。机器设备在使用过程中，由于大修理或进行技术更新改造投资会使机器设备性能增强，延长其经济寿命或等效缩减已使用年限，这时可以以各次投资的重置成本为权重，对各次投资后的“已使用年限”进行加权平均，确定加权投资年限，用加权投资年限来替代实际已使用年限。其计算公式为：

$$加权投资年限 = \sum(复原或更新重置成本 \times 投资年限)/\sum(复原或更新重置成本)$$

相应的实体性贬值率的计算公式为：

$$实体性贬值率 = 加权投资年限/(加权投资年限 + 尚可使用年限) \times 100\%$$

【例 8-8】 被评估换热器设备购建于 2013 年，原始价值 50 000 元，设计使用年限为 15 年。2015 年和 2017 年进行过两次更新改造，各年投资分别为 5 000 元和 8 000 元。2020 年初对该资产进行评估，假设从 2010～2020 年每年的物价指数上升率为 10%，该设备的尚可使用年限经专家检测和鉴定为 8 年。试估算该设备的实体性贬值率。

(1) 调整估算复原重置成本，如表 8-3 所示：

表 8-3　复原重置成本表　　单位：元

投资日期	原始投资额	价值变动系数	复原重置成本
2013 年	50 000	1.95	97 500
2015 年	5 000	1.61	8 050
2017 年	8 000	1.33	10 640
合计	63 000		116 910

注：$1.95=(1+10\%)^7$；$1.61=(1+10\%)^5$；$1.33=(1+10\%)^3$。

(2) 计算复原重置成本×投资年限，如表 8-4 所示：

表 8-4　复原重置成本 X 投资年限表　　单位：元

投资日期	复原重置成本	投资年限(年)	复原重置成本 X 投资年限
2013 年	97 500	7	682 500
2015 年	8 050	5	40 250
2017 年	10 640	3	31 920
合计	116 910		754 670

(3) 计算加权投资年限：

$$加权投资年限 = 754\,670 \div 116\,910 = 6.5(年)$$

(4) 计算实体性贬值率：

$$实体性贬值率 = 6.5 \div (6.5 + 8) \times 100\% = 44.83\%$$

因此，该换热器的实体性贬值率为 44.83%。

(3) 机器设备尚可使用年限。机器设备的尚可使用年限，即机器设备的剩余使用寿命。它应该通过技术检测和专业技术鉴定来确定。但在实际评估中难以对每一台机器设备进行技术检测和专业技术鉴定。替代的方法是用设备的总使用年限减去设备的实际已使用年限来求设备的尚可使用年限。即：

$$尚可使用年限 = 总使用年限 - 实际已使用年限$$

这种替代方法具有简便易行、前后易于统一的优点，特别适合较新设备的评估。但该替代方法也有一定的局限性，对于已使用较长时间的老设备则不适用，因为有些老设备的已使用年限已经达到甚至超过了预计的设备总使用年限。此时必须直接估算其尚可使用年限。另外，对于国家明文规定限期淘汰，禁止超期使用的设备，其尚可使用年限不能超过国家规定禁止使用的日期，而不论设备的现时技术状态如何。

对那些已接近、甚至超过总使用年限的设备，可以通过专业技术人员的判断直接估算尚可使用年限。

对那些不准备通过大修理继续使用的设备，可以利用设备一个大修理周期作为设备尚可使用年限的上限减去设备上一次大修至评估基准日的时间，余下的时间便是尚可使用年限。

3. 修复费用法

修复费用法又称修复金额法，是按修复磨损部件所需要的开支来确定机器设备实体性损耗及成新率的办法。它适用于某些特定结构部件已经被磨损但能够以经济上可行的办法修复的情形，对机器设备来说，包括主要零部件的更换或者修复、改造费用等。

【例 8-9】 有一台被评估化工设备(冷凝器)，已使用了 6 年，预计还能使用 14 年。该冷凝器评估时正在维修，维修原因是受到腐蚀，底部已出现裂纹，发生渗漏，必须更换才能继续使用。整个维修计划费用为 500 000 元，该冷凝器的复原重置成本为 2 800 000 元，试用修复费用法估算冷凝器的实体性贬值率。

可修复性损耗引起的实体性贬值为：500 000 元

不可修复性损耗引起的实体性贬值率为：$\frac{6}{6+14} \times 100\% = 30\%$

不可修复性损耗引起的实体性贬值为：$(2\ 800\ 000 - 500\ 000) \times 30\% = 690\ 000$(元)

实体性贬值为：$500\ 000 + 690\ 000 = 1\ 190\ 000$(元)

冷凝器实体性贬值率为：$= \frac{1\ 190\ 000}{2\ 800\ 000} \times 100\% = 42.5\%$

在使用这种方法时，应注意以下两点。

(1) 把实体性损耗中的可修复磨损和不可修复磨损区别开来。二者之间根本的不同点就是可修复的实体性损耗不仅在技术上具有修复的可能性，而且在经济上是划算的，不可修复的实体性损耗则无法以经济上划算的办法修复。于是，对于不可修复的磨损，按观察法或使用年限法进行评估；可修复的磨损，则按修复法来评估。

(2) 修复费用是否包括了对设备技术更新和改造的支出。由于机器设备的修复往往同功能改进一并进行，这时的修复费用很可能不全用在实体性损耗上，而有一部分用在功能性贬值因素上。因此，在评估时应注意不要重复计算机器设备的功能性贬值。

五、功能性贬值及计算

机器设备的功能性贬值是由于新技术发展的结果导致资产价值的贬损。它包括两个方面：一是超额投资成本造成的功能性贬值，主要是由于新技术引起的布局、设计、材料、产品工艺、制造方法、设备规格和配置等方面的变化和改进，使购建新设备比老设备的投资成本降低；二是超额运营成本造成的功能性贬值，主要是由于技术进步，使原有设备与新式设备相比功能落后，运营成本增加。

估测机器设备的功能性贬值，首先应该对已经确定的重置成本和成新率（实体性贬值）进行分析，看其是否已经扣除了功能性贬值的因素，如采用价格指数法确定的设备重置成本中包含有功能性贬值因素，采用功能价值法确定的设备重置成本已经扣除了功能性贬值。再如使用年限法确定成新率，没有扣除功能性贬值因素，而采用修复费用法可能扣除了全部或部分功能性贬值。因此，机器设备的重置成本和成新率确定后，并不是匆忙地进行功能性贬值的评估，而是要对重置成本和成新率进行分析。如果已经扣除了功能性贬值，就不要重复计算；如果未扣除功能性贬值，并且功能性贬值存在，则应采取相应的方法估测，不可漏评。

（一）超额投资成本造成的功能性贬值的估算

由于超额投资成本造成的功能性贬值表现为新设备的构建成本比老设备便宜，因此功能性贬值就等于设备的复原重置成本与更新重置成本之间的差额，即：

$$\text{功能性贬值} = \text{设备复原重置成本} - \text{设备更新重置成本}$$

在评估操作中应注意的是，如果估测的重置成本是更新重置成本，实际就已经将被评估设备价值中所包含的超额投资成本部分剔除掉了，而不必再去刻意寻找设备的复原重置成本，然后再减掉设备的更新重置成本，得到设备的超额投资成本。因此，选择重置成本时，在同时可得复原重置成本和更新重置成本的情况下，应选用更新重置成本。当然也存在更新重置成本超过复原重置成本的可能性，这种情况往往是新设备功能更先进，运营成本降低而使老设备额外贬值。

（二）超额运营成本造成的功能性贬值的测算

超额运营成本造成的功能性贬值与实体资产的任何有形损耗均无关联，它是由技术的发展所引起的但发生在设备现场的一种贬值。超额运营成本造成的功能性贬值可采用未来超额运营成本净额折现法估测，具体步骤如下。

(1) 对被评估设备的运营报告和生产统计进行分析。重点分析以下几个方面：①操作人员数量；②维修保养人员数量和材料；③能源和水电消耗；④产量。

(2) 选择参照物，核定参照物与被评估对象在产量、成本方面的差异，并将参照物的年运营成本与被评估对象的年运营成本比较，计算被评估对象的年超额运营成本。

(3) 将年超额运营成本扣减采用新设备生产的新增利润应缴的所得税，得到被评估设备的年净超额运营成本。

(4) 估测被评估设备的剩余寿命。

(5) 选择合适的折现率，把整个剩余寿命期间的各年度净超额运营成本折成现值，其现值和就是功能性贬值额。

【例 8-10】 待估设备 A 生成能力与设备 B 相同，设备 B 比设备 A 每年可节约材料、能源消耗和劳动力等费用 8 万元。A 设备尚可使用 5 年，假定年折现率为 10%，该企业的所得税税率为 25%，求 A 设备的超额运营成本引起的功能性贬值。

$$\text{A 设备年净超支额} = 80\,000 \times (1 - 25\%) = 60\,000(\text{元})$$

$$\begin{aligned}\text{A 设备的功能性贬值} &= 60\,000(P/A,\ 10\%,\ 5)\\ &= 60\,000 \times 3.7908 = 227\,448(\text{元})\end{aligned}$$

六、经济性贬值的估算

(一) 经济性贬值

经济性贬值是由于外部因素引起的机器设备的贬值。这些因素包括:由于市场竞争的加剧,产品需求减少导致设备开工不足,生产能力相对过剩;原材料、能源等提价造成成本提高,而产品售价没有相应提高;国家有关能源、环境保护等限制或削弱产权的法律、法规导致产品生产成本提高,或者使用设备被提前强制报废,缩短了设备的正常使用寿命等。

机器设备经济性贬值的估算主要是以评估基准日以后机器设备是否闲置、停用或利用不足为依据。

计算机器设备经济性贬值的对象主要包括:生产线或机组、大型重要设备等。对一般中小型单台设备、季节性使用设备、辅助生产设备等,通常不单独计算其经济性贬值。对于评估基准日后不再继续使用或无继续使用价值的设备不专门估算其经济性贬值。

1. 根据设备年收益减少额测算经济性贬值额

$$经济性贬值 = 年收益减少额 \times (1 - 所得税率) \times 现值系数$$

【例 8-11】 某化肥厂的生产线年产量 5 000 吨,由于违反环保政策违规排放,被处以停产整顿 6 个月。整改后由于处理废水能力受限,产量减少,使年收益减少 600 万元。该企业生产线还可使用 6 年,所得税率 25%,折现率为 10%,试求该生产线的经济性贬值。

$$\begin{aligned}经济性贬值额 &= 600 \times (1-25\%) \times (P/A,\ 10\%,\ 6)\\ &= 450 \times 4.3553\\ &= 1\ 959.89(万元)\end{aligned}$$

对于设备利用率下降造成的经济性贬值,可通过比较设备目前实际生产能力和设计生产能力,以百分比的形式来计算设备的经济性贬值率,然后再用设备的重置成本扣减实体性贬值和功能性贬值后的数额乘以设备的经济性贬值率得出设备的经济性贬值额。

2. 根据估计生产能力变化测算经济性贬值

$$经济性贬值率 = [1 - (资产预计可被利用的生产能力 / 资产原设计生产能力)^x] \times 100\%$$

式中,x 表示规模经济效益指数。

【例 8-12】 某牙膏厂每年可生产 500 万箱牙膏。由于市场竞争激烈,该企业牙膏的销售量减少,产量降为原来的 60%。该设备尚可使用 15 年,其行业基准折现率 10%,企业规模经济效益指数为 0.6。经评估该设备重置成本 300 万元,所得税率 25%。求该设备的经济性贬值。

$$经济性贬值率 = (1 - 0.6^{0.6}) \times 100\% = 26.4\%$$

$$经济性贬值额 = 300 \times 26.4\% = 79.2(万元)$$

七、综合成新率及其确定

综合成新率是指反映资产新旧程度的比率。综合成新率考虑了实体性贬值、功能性贬值和经济性贬值三者后,综合判定设备的新旧程度的指标。

第三节 市场法及收益法在机器设备评估中的应用

一、市场法在机器设备评估中的应用

(一) 市场法应用的范围及前提条件

市场法也叫市场比较法,是通过分析近期市场上与被评估设备相类似设备的成交价格,并把被评估对象和参照物之间存在的差异进行调整,由此确定被评估设备价值的方法。市场法比较适用于有成熟的市场、交易比较活跃的机器设备的评估,如汽车、机床、计算机等。

市场法主要是用于机器设备变现价格的评估,而不适用于机器设备的原地续用价格的评估。变现价格与原地续用价格的不同,不仅在于价格构成项目的不同,更主要的是受市场因素的影响程度不同。应用市场法评估机器设备必须具备以下前提条件。

1. 需要一个充分发育活跃的机器设备交易市场

这是运用市场法评估的基本前提。充分发育活跃的设备交易市场应包括三种市场:一是全新机器设备市场,它是常规性的生产资料市场;二是二手设备市场,即设备的旧货市场;三是设备的拍卖市场。三种市场中影响设备交易价格的因素各不相同,而二手设备市场是否活跃发达是运用市场法的首要前提。

2. 与被评估设备相同或相类似的参照物设备在市场中能够找到

在设备市场中与被评估对象完全相同的资产是很难找到的,一般是选择与被评估设备相类似的机器设备作为参照物,参照物与被评估机器设备之间不仅在用途、性能、规格、型号、新旧程度方面应具有可比性,而且在交易背景、交易时间、交易目的、交易数量、付款方式等方面也具有可比性,这是决定市场法运用与否的关键。

(二) 运用市场法评估机器设备的基本步骤

1. 收集有关机器设备交易资料

市场法的首要工作就是在掌握被评估设备基本情况的基础上,进行市场调查,收集与被评估对象相同或类似的机器设备交易实例资料。所收集的资料一般包括设备的交易价格、交易日期、交易目的、交易方式、机器设备的类型、功能、规格型号、已使用年限、设备的实际状态等。对所收集的资料还应进行查实,确保资料的真实性和可靠性。

2. 选择可供比较的交易实例作为参照物

对所收集的资料进行分析整理后,按可比性原则,选择所需的参照物。参照物选择的可比性应注意两个方面:一是交易情况的可比性;二是设备本身各项技术参数的可比性。

3. 量化和调整各种因素的差异

机器设备的交易价格主要会受到交易情况、交易时间、交易地点以及机器设备自身的一系列个体特征的影响。因此,应对上述因素进行分析,对由于上述因素引起的价格偏高或偏低情况进行量化和修正,剔除其对交易价格的影响。

4. 确定被评估机器设备的评估值

对上述各差异因素量化调整后，得出初步评估结果。对初步评估结果进行分析，采用加权平均或算术平均法确定最终评估结果。

（三）市场法中的比较因素

运用市场法评估的过程中，很重要的一项工作是将参照物与评估对象进行比较。在比较前，评估师首先要确定哪些因素会影响机器设备的价值。一般而言，设备的比较因素可分为四大类，即个别因素、交易因素、地域因素和时间因素。

1. 个别因素

个别因素是指反映设备在结构、形状、尺寸、性能、生产能力、安装方式、质量、经济性等方面差异的因素。不同的设备，差异因素也不同。在评估中，常用于描述机器设备的指标一般包括：名称、型号规格、生产能力、制造厂家、技术指标、附件、设备的出厂日期、役龄、安装方式、实体状态。

2. 交易因素

交易因素一般是指交易动机、交易背景以及市场供求状况对价格的影响。不同的交易动机、交易背景和市场供求状况对设备的价格都会产生影响。比如，以清偿、快速变现或破产清算为目的的出售，其售价往往低于正常的交易价格。另外，交易数量也会影响设备的售价，大宗的设备交易价格往往会低于单台设备的价格。

3. 地域因素

由于不同地区市场供求条件等因素的影响，设备的交易价格也会有差异。因此，评估参照物应尽可能地与评估对象在同一地区。如果评估对象与参照物属于不同地区，则需要调整地域因素。

4. 时间因素

不同交易时间的市场供求关系、物价水平等都会不同，评估人员应选择与评估基准日最接近的交易案例，并对参照物的时间影响因素做出调整。

（四）市场法的具体应用

1. 市价法

市价法是根据与评估对象基本相同的市场参照物，通过直接比较来确定评估对象的价值。例如，评估一辆汽车时，如果在二手汽车交易市场上能够发现与评估对象基本相同的汽车，它们的制造商、型号、年代、附件都相同，只有行驶里程和实体状态方面有些差异。这时，评估人员一般直接将评估对象与市场上正在销售的同样汽车做比较，确定评估对象的价格。此方法相对比较简单，但对市场的反映最为客观，能最精确地反映设备的市场价值。这种方法可用公式表示为：

$$评估值 = 参照物的市场价值 \pm 差异调整值$$

【例 8-13】 某政府部门拟处置一辆红旗轿车需要进行资产评估，评估师从市场上获得的参照物在型号、购置时间、行驶里程、发动机、底盘及各主要系统的状况与被评估车辆基本相同，区别在于：①参照物的右前大灯破损需要更换，更换费用约 600 元，被评估车辆大灯完好；②被评估车辆后加装 CD 音响一套，价值为 3 000 元，而参照物车辆没有该设备；③参照物刚对车内进行了装饰，造价为 1 500 元，被评估车辆没有。若参照物的市场售价为 84 000元，求该辆红旗轿车的评估值。

$$\begin{aligned}\text{评估值} &= \text{参照物的市场价值} \pm \text{差异调整值}\\ &= 84\,000 + 600 + 3\,000 - 1\,500\\ &= 113\,100(\text{元})\end{aligned}$$

使用市价法的前提是评估对象与市场参照物基本相同，需要调整的项目较少，差异不大，并且差异对价值的影响可以直接确定，否则无法使用市价法。例 8-13 中，如果参照物的购置年代不同、型号有差异、行驶里程差别也很大就不能使用市价法进行评估。

2. 可比因素比较方法

可比因素比较方法是将相似参照物的分析作为估值基础，比较的基础是它的效用，如尺寸、能力等。例如，当评估一台由甲厂制造的车床时，评估师发现在市场上没有与甲厂生产的相似车床，但是有乙厂和丙厂生产的相似车床。这时需要评估师首先判断出市场参与者是否认为甲、乙和丙厂生产的车床在价值上是近似相同的，然后对选择的可比因素进行比较、量化和调整，从而确定评估对象的价值。与直接比较法相比，此法更主观，需要做更多的调整。

为了减少比较调整的工作量，减少调整时因主观因素产生的误差，选择参照物应尽可能与评估对象相似。参照物的选择及调整原则概括为以下几个方面。

(1) 尽可能是相同制造商生产的产品。

(2) 尽可能是相同规格型号的产品。

(3) 出厂日期和服役年龄比较接近。

(4) 销售时间相近。

(5) 地理位置尽可能相邻近。

(6) 安装情况尽可能相同。

(7) 附件及备件情况尽可能一致。

(8) 实体状态尽可能相似。

(9) 交易背景尽可能一致。

(10) 交易方式应保持一致。

(11) 尽量选择同一个市场。

3. 成本百分率比较方法

成本百分率比较方法是通过对大量市场交易数据的统计分析，掌握相似的市场参照物的交易价格与全新设备售价的比率关系，用此比率作为确定被评估机器设备价值的依据。例如，评估师评估甲公司生产的 10 米直径的双柱立式车床，但是市场上没有相同的或相类似的参照物，只有其他厂家生产的 12 米和 14 米直径的立式车床。统计数据表明，与评估对象使用年限相同的设备的售价都是重置成本的 50%～55%，那么可以认为，评估对象的售价也应该是其重置成本的 50%～55%。

需要注意的是，不同类别的设备，其使用年限和售价及重置成本之间比值的关系是不同的。因此，评估人员在使用这些数据时，要确保它们与评估对象的关联性。

二、收益途径及其方法在机器设备评估中的应用

收益途径及其方法是通过测算由于获取资产所有权而带来的未来收益的现值评估资产价值的技术思路，及其实现该技术思路的各种评估方法的总称。收益途径及其方法要求被评估对象应具有独立的、连续可计量的、可预期收益的能力。该途径及其方法对于单台机器设备评估通常是不适用的，因为要想分别确定各台设备的未来收益相当困难，但如果把若干台机器设备组成生产线，作为一个整体生产出产品，它们就能为企业创造收益。在这种情况下，可以用收益途径及其方法对这一组能产生收益的资产进行评估。实际上，对由若干台机器设备组成的具有获利能力的整体，即生产线的评估，就评估技术而言，与企业整体评估相同。

这里需要说明并应引起评估人员注意的是，在继续使用的前提下，采用成本途径及其方法和市场途径及其方法对机器设备评估时，往往不能测定经济性贬值的全部影响，因为采用成本途径及其方法和市场途径及其方法评估时，都是把机器设备作为企业整体的一个部分来看待，以单台单件的机器设备作为评估的具体对象；而收益途径及其方法评估却是把机器设备作为一个具有获利能力的整体来看待，是以盈利能力为基础的，反映的是经济有效地运用所有资产的结果。如果整体资产能充分发挥作用和产生效益，那么这些机器设备就具有较高的价值；反之，如果资产未被有效充分地利用，它们的价值就降低了。资产价值的波动和差异正是反映了诸如利率升降、通货膨胀、竞争、需求变化、市场热点转移、经营成本增加、利润率降低等影响因素，这些都是无法用成本途径及其方法和市场途径及其方法全面充分估测出来的，而要充分考虑到所有这些因素的最佳途径就是利用收益途径及其方法进行评估。

【例 8-14】 某企业评估一条生产方便面的生产线，该生产线的尚可使用年限为 8 年，每年可获净利 30 万元，行业投资报酬率为 10%，问该生产线的评估值。

$$\begin{aligned}评估值 &= 30\times(P/A,\ 10\%,\ 8)\\ &= 30\times 5.3349\\ &= 160.05(万元)\end{aligned}$$

对于租赁设备，采用收益法进行评估比较合理，投资者容易接受此评估结论。

【例 8-15】 某石油公司欲租赁一条从甲地到乙地的输油管线，该管线预计可使用 20 年，试采用收益法估算该输油管线的市场价值。

评估人员从租赁市场了解到该类管线年租金为 200 万元左右，折现率确定为 10%，则评估值为：

$$\begin{aligned}评估值 &= 200\times(P/A,\ 10\%,\ 20)\\ &= 200\times 8.5136\\ &= 1\ 702.72(万元)\end{aligned}$$

利用收益法评估机器设备的优点，是在确定机器设备未来收益的基础上来衡量机器设备的价值，并能充分考虑风险因素。

利用收益法评估机器设备也具有一定的局限性，它一般不适用于单台(件)设备的评估。因为企业的收益是企业所有资产共同发挥作用创造的，很多时候很难量化到单台(件)设备上。

本章习题

一、单选题

1. 通过估算被评估机器设备的重置成本和各种贬值，用重置成本扣减各种贬值作为资产评估价值的方法是（　　）。

A. 成本法　　B. 市场法　　C. 收益法　　D. 直接法

【正确答案】 A

【答案解析】 本题考查的是机器设备评估的基本方法。成本法通过估算被评估机器设备的重置成本和各种贬值，用重置成本扣减各种贬值作为资产评估价值的一种方法。

2. 下列关于机器设备重置成本的表述中，正确的是（　　）。

A. 重置成本包括直接成本、间接成本、资金成本、合理利润、相关税费等

B. 管理费、保险费、设计费、基础费等属于间接成本

C. 对于已安装在用的单台设备，重置成本包括购买设备的费用、运杂费、安装费、基础费等

D. 机器设备在原地使用和移地使用时，其重置成本的构成要素是不同的

【正确答案】 C

【答案解析】 本题考查的是重置成本的计算。采用成本法评估机器设备，首先要合理确定重置成本的构成要素。

3. 在不具备测试条件的情况下，大型设备可以采用（　　）方式确定设备实体性贬值。

A. 专家会议　　B. 使用年限法　　C. 修复费用法　　D. 直接法

【正确答案】 A

【答案解析】 本题考查的是实体性贬值。在不具备测试条件的情况下，观察法是最常用的方法，大型设备可以采用专家会议的方式。

4. 某汽车的重置成本为20万元，已使用10年，按目前的技术状态还可以正常使用10年，由于环保、能源的要求，国家新出台的汽车报废政策规定该类汽车的最长年限为15年，该汽车的经济性贬值额为（　　）万元。

A. 3.3　　B. 3.34　　C. 10　　D. 13.34

【正确答案】 B

【答案解析】 本题考查的是经济性贬值。10/(10+5)×100%－10/(10+10)×100%＝16.7%，20×16.7%＝3.34。

5. 在影响机器设备市场价值的因素中，快速变现属于（　　）。

A. 个别因素　　B. 交易因素　　C. 时间因素　　D. 地域因素

【正确答案】 B

【答案解析】 本题考查的是比较因素。设备的比较因素可分为个别因素、交易因素、时间因素和地域因素。设备的交易因素，是指交易动机、背景对价格的影响，不同的交易动机和交易背景都会对设备的出售价格产生影响。例如，以清偿、快速变现或带有一定优惠条件的出售，其售价往往低于正常的交易价格。

二、多选题

1. 机器设备本体的重置成本构成要素的具体内容与(　　)有关。

A. 设备类型　　B. 安装方式　　C. 运输方式　　D. 市场情况

E. 使用情况

【正确答案】AB

【答案解析】本题考查的是重置成本的计算。机器设备重置成本构成要素的具体内容与设备类型、安装方式等因素有关。

2. 下列关于设备运杂费的表述中,正确的有(　　)。

A. 国产设备运杂费是从生产厂家到安装使用地点所发生的装卸、运输、采购、保管、保险及其他有关费用

B. 进口设备的国内运杂费包括在运输超限设备时发生的特殊措施费

C. 国产设备运杂费可以按设备的原价的一定比率作为设备的运杂费率,以此来计算设备运杂费

D. 进口设备的国内运杂费是从所到达的港口、车站、机场等地,将设备运至使用的目的地现场所发生的各项运杂费

E. 港口费用是指进口设备从卸货至运离港口所发生的各项费用

【正确答案】ACDE

【答案解析】本题考查的是重置成本的计算。选项 B 错误,进口设备的国内运杂费不包括在运输超限设备时发生的特殊措施费。

3. 设备实体性贬值常用的确定方法包括(　　)。

A. 观察法　　B. 使用年限法　　C. 修复费用法　　D. 综合评估法

E. 重量评估法

【正确答案】ABC

【答案解析】本题考查的是实体性贬值。设备实体性贬值常用的确定方法包括:观察法、使用年限法和修复费用法。

4. 在进行机器设备的评估时,经济性贬值可以概括为(　　)。

A. 使用寿命缩短产生的经济性贬值

B. 运营费用提高产生的经济性贬值

C. 市场供需状况产生的经济性贬值

D. 能源成本增加引起的经济性贬值

E. 产品销售量减少引起的经济性贬值

【正确答案】ABC

【答案解析】本题考查的是经济性贬值。经济性贬值包括使用寿命缩短产生的经济性贬值、运营费用提高产生的经济性贬值和市场供需状况产生的经济性贬值。

5. 在利用收益法评估机器设备时,需要满足的前提条件有(　　)。

A. 有与被评估对象相似或可比的参照物

B. 能够确定被评估机器设备的获利能力

C. 机器设备的因素差异能够准确地找到

D. 机器设备的贬值是由于外部因素引起的

E. 能够确定资产合理的折现率

【正确答案】BE

【答案解析】本题考查的是机器设备评估的收益法。使用收益法的前提条件是:①要能够确定被评估机器设备的获利能力,如净利润或净现金流量;②能够确定资产合理的折现率。

第九章 房地产评估

第一节 房地产评估概述

一、土地与土地使用权

(一) 土地及其特性

土地资源是自然本身的产物,具有不可再生性。一般来说,土地是指地球表层的陆地部分,包括内陆水域和滩涂。广义地说,土地是指陆地及其空间的全部环境因素,是由土壤、气候、地质、地貌、生物和水文、水文地质等因素构成的自然历史综合体,包括过去和现在人类活动的结果。土地具有两重性,不仅是资源,也是资产。尤其是城市土地,是人类改造自然、经过加工的改良物,凝聚了人类大量的物化劳动,投入了各种基础设施,它是由人类开发和再开发形成的。土地的供给可以分为土地的自然供给和经济供给两个方面。

地球提供给人类可利用的土地数量,称为土地的自然供给,它反映了土地供人类使用的天然特性,其数量包括已利用的土地和未来可供利用的土地,即后备土地资源。土地的自然供给是相对稳定的,几乎不受任何人为的因素或社会经济因素的影响,因此,它基本上是无弹性的。

所谓土地的经济供给,是指在土地自然供给的范围内,对土地进行了开发、规划和整治,可满足人类不同需求的土地供给。因此,土地的经济供给是通过人类开发利用而形成的土地供给。土地经济供给数量会受人类社会活动的影响。比如,开发新土地、调整用地结构、提高土地集约率等活动都影响土地的经济供给数量。由此可见,土地的经济供给是有弹性的。土地经济供给的变化可以是直接变化,也可以是间接变化。直接变化是指某种用途土地数量绝对面积的变化;间接变化是指单位土地面积上集约率的变化。

土地及其附着物统称为不动产。附着物是指附着于土地,在与土地不可分离的状态下才能使用的物体,如建筑物、构筑物等,地产和房产均属不动产。

土地的特性可以分为土地的自然特性和经济特性两个方面。

1. 土地的自然特性

(1) 土地位置的固定性。土地具有位置的固定性,不能随土地产权的流动而改变其空间的位置。地产交易,不是土地实体本身的空间移动,而是土地产权的转移。土地位置的固定性决定了土地价格具有明显的地域性特征。

(2) 土地质量的差异性。土地的位置不同，造成了土地之间存在自然差异，这个差异导致土地级差地租的产生。

(3) 土地资源的不可再生性。土地是自然的产物，是不可再生资源，土地资源的利用只有科学合理，才能供人类永续利用。

(4) 土地效用的永续性。只要土地使用得当，土地的效用即利用价值会一直延续下去。

2. 土地的经济特性

(1) 土地经济供给的稀缺性。土地经济供给的稀缺性，主要是指某一地区的某种用途的土地供不应求，形成稀缺的经济资源，形成供求矛盾。土地经济供给的稀缺性，与土地总量的有限性、土地位置的固定性、土地质量的差异性等有关。土地经济供给的稀缺性客观上要求人们集约用地。

(2) 土地产权的可垄断性。土地的所有权和使用权都可以垄断。由于土地具有可垄断性，因此，在土地所有权或使用权让渡时，就必然要求实现其垄断利益，在经济上获得收益。

(3) 土地利用的多方向性。一块土地的用途是多种的，可以作为农田，也可以建住宅或建写字楼或者造商场。土地利用的多方向性客观上要求在房地产评估中需要确定土地的最佳用途。

(4) 土地效益的级差性。由于土地质量的差异性而使不同区位土地的生产力不同，从而在经济效益上具有级差性。

(二) 土地使用权

在我国，城市土地的所有权属于国家；农村和城市郊区的土地，除由法律规定属于国家所有的以外，属于农民集体所有；宅基地和自留地、自留山属于农民集体所有。在符合规划的前提下，村庄、集镇、建制镇中的农民集体所有建设用地使用权可以依法流转。国有土地所有权不能进入房地产市场流转。

国有土地使用权出让是指国家以土地所有者的身份将国有土地使用权在一定年限内让与土地使用者，并由土地使用者向国家支付土地使用权出让金的行为。国有土地使用权出让可以采取协议、招标、拍卖和挂牌方式。国有土地使用权出让最高年限按下列用途确定：①居住用地 70 年；②工业用地 50 年；③教育、科技、文化、卫生、体育用地 50 年；④商业、旅游、娱乐用地 40 年；⑤综合或者其他用地 50 年。

土地使用权转让是指土地使用者将土地使用权再转移的行为，包括出售、交换和赠与。凡未按土地使用权出让合同规定的期限和条件投资开发、利用土地的，土地使用权不得转让。土地使用权转让时，土地使用权出让合同和登记文件中所载明的权利、义务随之转移；其地上建筑物、其他附着物所有权随之转让。土地使用者通过转让方式取得的土地使用权，其使用年限为土地使用权出让合同规定的使用年限减去原土地使用者已使用年限后的剩余年限。

土地使用权出租，是指土地使用者作为出租人将土地使用权随同地上建筑物、其他附着物租赁给承租人使用，由承租人向出租人支付租金的行为。未按土地使用权出让合同规定的期限和条件投资开发、利用土地的，土地使用权不得出租。

土地使用权抵押时，其地上建筑物、其他附着物随之抵押。地上建筑物、其他附着物抵押时，其使用范围内的土地使用权随之抵押。土地使用权抵押，抵押人与抵押权人应当签订抵押合同。抵押合同不得违背国家法律、法规和土地使用权出让合同的规定。土地使用权和地上建筑物、其他附着物抵押，应当依照规定办理抵押登记。抵押人到期未能履行债务或者在抵押合同期间宣告解散、破产的，抵押权人有权依照国家法律、法规和抵押合同的规定处分抵押财产。因处分抵押财产而取得土地使用权和地上建筑物、其他附着物所有权的，应当依照规定办理过户登记。

土地使用权出让合同约定的使用年限届满，土地使用者需要继续使用土地的，应当最迟于届满前1年申请续期，除根据社会公共利益需要收回该幅土地的，应当予以批准。经批准准予续期的，应当重新签订土地使用权出让合同，依照规定支付土地使用权出让金。土地使用权出让合同约定的使用年限届满，土地使用者未申请续期或者虽申请续期但依照法律规定未获批准的，土地使用权由国家无偿收回。

二、房地产

房地产是土地和房屋及其权属的总称。土地是房屋不可缺少的物质载体，任何房屋都不能离开土地而独立存在，我国《城市房地产管理法》规定"房地产转让、抵押时，房屋的所有权和该房屋占用范围内的土地使用权同时转让、抵押。"同时，土地的区位决定了房屋的位置，直接影响到房地产的价格，因此，在房地产评估中，通常评估房地产的整体价值。当然，在某种情况下也可以分别评估房产的价值和地产的价值。

房地产一般具有如下特性。

(1) 位置固定性。由于房屋固着在土地上，因此房地产的相对位置是固定不变的。可以说，地球上没有完全相同的房地产，即使有两宗房地产的地上建筑物设计、结构和功能等完全相同，因土地位置的差异，也会造成价格的差异。

(2) 供求区域性。由于土地位置的固定性，房地产还具有区域性的特点。一个城市房地产的供给过剩并不能解决另一个城市供给不足的问题。例如，海南省大量空置的房地产并不能解决上海市房地产需求不足的问题。房地产供求关系的地区差异又造成区域之间房地产价格的差异性。

(3) 使用长期性。由于土地可以永续利用，建筑物也是耐用品，使用年限可达数十年甚至长达上百年，使用期间即使房屋变旧或受损，也可以通过不断翻修延长其使用期。

(4) 投资大量性。房地产生产和经营管理要经过一系列过程：取得土地使用权、土地开发和再开发、建筑设计和施工、房地产销售等，在这些过程中要投入大量的资金。例如，大城市地价和房屋的建筑成本都相当高，无论开发者和消费者，一般都难以依靠自身的资金进行房地产投资，因此，金融业的支持和介入是发展房地产业必不可少的条件。

(5) 保值与增值性。一般物品在使用过程中由于老化、变旧、损耗、毁坏等原因，其价值会逐渐减少。与此相反，在正常的市场条件下，从长期来看，土地的价值呈上升走势。由于土地资源的有限性和固定性，制约了对房地产不断膨胀的需求，特别是对良好地段物业的需求，导致价格上涨。同时，对土地的改良和城市基础设施的不断完善，使土地原有的区位条件改善，导致土地增值。

(6) 投资风险性。房地产使用的长期性和保值增值性使之成为投资回报率较高的行业，同时房地产投资风险也比较大。房地产投资的风险主要来自3个方面：①房地产无法移动,建成后又不易改变用途,如果市场销售不对路,容易造成长期的空置、积压。②房地产的生产周期较长,从取得土地到房屋建成销售,通常要3~5年的时间,在此期间影响房地产发展的各种因素发生变化,都会对房地产的投资效果产生影响。③自然灾害、战争、社会动荡等,都会对房地产投资产生无法预见的影响。

(7) 难以变现性。由于房地产具有位置固定性、用途不易改变等特性,使其不像股票和外汇那样,可以迅速变现,其变现性较差。

(8) 政策限制性。房地产市场受国家和地区政策影响较大。城市规划、土地利用规划、土地用途管制、住房政策、房地产信贷政策、房地产税收政策等都会对房地产的价格产生直接或间接的影响。

三、房地产评估的原则

所谓房地产评估,是专业评估人员为特定目的对房地产的特定权益在某一特定时点上的价值进行估算。在进行房地产评估时,除了需要遵循供求原则、贡献原则等,还特别需要注意遵循最有效使用原则、合法原则和替代原则。

1. 最有效使用原则

土地及其建筑物可以有商业、居住、工业等多种用途。但同一房地产在不同用途状况下,其收益并不相同。房地产权利人为了获得最大收益总是希望房地产达到最佳使用。但是房地产的最佳使用必须在法律、法规允许的范围内,必须受城市规划的制约。在市场经济条件下,房地产用途可以通过竞争决定,使房地产达到最有效使用。因此,评估房地产价值时,不能仅仅考虑房地产现时的用途和利用方式,而是结合预期原则考虑何种情况下房地产才能达到最佳使用及实现的可能,以最佳使用所能带来的收益评估房地产的价值。

2. 合法原则

合法原则是指房地产评估应以评估对象的合法产权、合法使用和合法处分等为前提进行。在分析房地产的最有效使用时,必须根据城市规划及有关法律的规定,依据规定用途、容积率、建筑高度与建筑风格等确定该房地产的最有效使用。又如测算房地产的净收益时,其经营用途应为合法用途,例如不能用作赌场。城市规划为居住用地的,评估该地块价值时,必须以居住用地作为其用途,不能用作工业用地或商业用地。测算房地产的净收益时,不能以临时建筑或违章建筑的净收益作为测算依据。

3. 替代原则

根据经济学的替代原理,在同一市场上效用相同或相似的房地产,由于市场竞争的影响,其价格必然趋于一致。

四、房地产评估程序

(一) 明确评估基本事项

在房地产评估时,必须了解评估对象的基本情况,这是拟订房地产评估方案、选择评估方法的前提。评估基本事项包括以下内容。

1. 明确评估目的

不同的评估目的,其所评估的价值的内涵也不完全相同。例如,土地使用权出让评估、房地产转让价值评估、房地产租赁价值评估、房地产抵押评估、房地产保险评估、房地产课税评估、征地和房屋拆迁补偿评估等。因此，在受理评估业务时，通常由委估方提出评估目的，并将评估目的明确地写在评估报告上。

2. 了解评估对象

了解评估对象即对待估房地产的实体和权益状态进行了解。对房地产的实体了解包括：土地面积、土地形状、临路状态、土地开发程度、地质、地形及水文状况；建筑物的类型、结构、面积、层数、朝向、平面布置、工程质量、新旧程度、装修和室内外的设施等。

对房地产的权益状态了解包括：土地权利性质、权属、土地使用权的年限、建筑物的权属、评估对象设定的其他权利状况等。

3. 确定评估基准日

确定评估基准日，就是确定待估对象的评估时点，通常以年、月、日表示。由于房地产价格经常处于变化之中，而且房地产价格随其价格影响因素的变化而变动，因此，必须事先确定所评估的是某一具体时点的价值。

(二) 签订评估合同

在明确评估基本事项的基础上，双方便可签订评估合同，用法律的形式保护各自的权益。评估合同是委托方和受理方就评估过程中双方的权利和义务达成的协议，包括对评估对象、评估目的、评估时点、评估收费、双方责任、评估报告等事宜的约定。评估日期一般也要写入评估项目委托合同中，一旦确定，评估人员必须按期保质完成。评估合同的内容要明确规定双方的权益和应尽的义务，以及对违反合同的处理办法。一旦合同签订后，任何一方未经对方同意不得随意更改合同内容，如有未尽事宜，需通过双方协商解决。

(三) 制订工作计划

制订工作计划，就是对评估工作日程、人员组织等做出安排。在对被评估对象有一基本了解之后，就可以对资料的收集、分析和价值的测算等工作程序和组织做出科学的安排。工作计划的合理制定，有助于提高工作效率和评估质量。

(四) 实地勘查与收集资料

虽然受理评估业务时评估师已通过对方提供的资料大体了解到评估对象的基本状况，但此时评估师仍需亲临现场勘查。因为评估需要的资料和数据十分广泛，委估方提供的资料有限，并不能完全满足评估工作的需要。实地勘查是房地产评估工作的一项重要步骤。房地产市场是地域性很强的市场，房地产交易都是个别交易，非经实地勘查难以对房地产进行评估。实地勘查就是评估人员亲临房地产所在地，对待估房地产实地调查，以充分了解房地产的特性和所处区域环境。实地勘查要做记录，形成工作底稿。

评估资料的收集在评估过程中是一项耗时较长，而且艰苦细致的工作。其内容涉及选用评估方法和撰写评估报告所需的资料数据，包括：①评估对象的基本情况；②有关评估对象所在地段的环境和区域因素资料；③与评估对象有关的房地产市场资料，如市场供需状况、建造成本、租售价格等；④国家和地方涉及房地产评估的政策、法规和定额指标。获得上述资料的途径除了委托方提供外，主要通过现场的勘测和必要的调查访问。

(五) 测算待估房地产价值

在调查研究和资料分析的基础上，便可根据选定的评估方法进行价值测算。评估的基本方法有:成本法、市场法和收益法。由这 3 种基本评估方法所派生的其他评估方法,如假设开发法、路线价法、长期趋势法等,也是目前常用的评估方法。由于待估房地产的性质差异和资料取得的难易,并非每一种评估方法都适用于各类具体条件下的房地产。为求得一个公平合理的价值,一般以一种评估方法为主,同时以另一种或几种评估方法为辅,以求互相对照和检验修正。

无论采用何种方法,评估师应对收集到的数据、参数进行认真分析检验,特别是对一些有变化幅度的参数,如市场法中的修正系数,收益法中的资本化率,成本法中的土地开发成本、房屋新旧程度等,虽然都有一些经验参数可供参考,但最终确定还要依靠评估师正确判断和选择。此时评估师的经验对计算结果具有重要的影响。

(六) 综合分析确定评估结果

同一宗房地产运用不同评估方法评估出来的价值往往不一致,需要进行综合分析。综合分析是对所选用的评估方法、资料及评估程序的各阶段做客观的分析和检查。此时应特别注意以下几点:所选用的资料是否适当;评估原则的运用是否适当;对资料分析是否准确,特别是对影响因素权重的赋值是否恰当。

(七) 撰写评估报告

评估报告是评估过程和评估成果的综合反映,通过评估报告,不仅可以得到房地产评估的最后结果,还能了解整个评估过程的技术思路、评估方法和评估依据。

第二节 房地产价格及其影响因素

一、房地产价格的种类

(一) 根据权益的不同,可分为所有权价格、使用权价格、其他权利价格

房地产发生交易行为时,所针对的权益有所有权、使用权、抵押权、租赁权、典权等。所针对的房地产权益不同,其价格就不同,如房地产使用权价格、房地产抵押权价格、房地产租赁权价格等。房地产的使用权价格,是指房地产使用权的交易价格。一般情况下,房地产所有权价格高于房地产使用权价格。抵押价格是为房地产抵押而评估的房地产价格。租赁价格是承租方为取得房地产租赁权而向出租方支付的价格。

(二) 按价格形成方式,可分为市场交易价格和评估价格

市场交易价格是房地产在市场交易中实际成交的价格。在正常的市场条件下,买卖双方均能迅速获得交易信息,买方能自由地在市场上选择,卖方亦能自由地出售房地产,买卖双方均以自身利益为前提,在彼此自愿的条件下,以某一价格完成房地产交易。由于交易的具体环境不同,市场交易价格经常波动。市场交易价格一般具有如下作用:交易双方收支价款的依据、缴纳契税和管理费的依据等。

评估价格是对市场交易价格的模拟。由于评估人员的经验、对房地产价格影响因素理解不同,同一宗房地产可能得出不同的评估价格,评估结果也可能不同,但在正常的情况下,

不论运用何种方法，评估结果不应有太大的差距。房地产评估价格根据使用目的及其作用可分为基准地价、标定地价、房屋重置价格、交易底价、课税价格等几种。其中基准地价、标定地价、房屋重置价格由政府制定，且由政府定期公布。交易底价则不一定由政府制定，可由交易有关方面制定。房屋重置价格，是指在重置时的建筑技术、工艺水平、建筑材料价格、工资水平及运输费用等条件下，重新建造与原有房屋相仿的结构、式样、设备和装修新房时所需的费用。课税价格，是政府为课征有关房地产税而由评估人员评估的作为课税基础的价格。

（三）按房地产的实物形态，可划分为土地价格、建筑物价格和房地产价格

土地价格包括基准地价、标定地价和土地交易价格等。基准地价是按照城市土地级别或均质地域分别评估的商业、住宅、工业等各类用地和综合土地级别的土地使用权的平均价格。基准地价评估以城市为单位进行。标定地价是市、县政府根据需要评估的正常地产市场中，具体宗地在一定使用年期内的价格。标定地价可以以基准地价为依据，根据土地使用年限、地块大小、土地形状、容积率、微观区位等条件，通过系数修正进行评估得到，也可以通过市场交易资料，直接进行评估得到。

单纯的土地及附有建筑物的房地产中的土地的价格都是土地的价格。但是同一块土地，其开发条件不同，会有不同的价格，如拟作为国家建设用地而未进行征地补偿的农地，购地者需办理土地征收手续，支付征地补偿费；即使已征为国家所有，尚需看其开发情况，是否达到“三通一平”“七通一平”等；在其他条件相同的情况下，在城区内附有待拆迁建筑物的土地，与城区内的空地，其价格亦相差很大。

建筑物价格是指纯建筑物部分的价格，不包含其占用的土地的价格。

房地产价格，是指建筑物连同其占用的土地的价格。

（四）按房地产价格表示单位，可划分为总价格、单位价格、楼面地价

房地产总价格，是指一宗房地产的整体价格。房地产单位价格有 3 种情况：对土地而言，是指单位土地面积的土地价格；对建筑物而言，是指单位建筑面积的建筑物价格；对房地产单位价格而言，是指单位建筑面积的房地产价格。房地产的单位价格能反映房地产价格水平的高低，而房地产总价格一般不能说明房地产价格水平的高低。

楼面地价，又称单位建筑面积地价，是指平均到每单位建筑面积上的土地价格。

楼面地价＝土地总价格/建筑总面积

注：容积率＝建筑总面积/土地总面积；所以，楼面地价＝土地单价/容积率。

（五）其他价格类型

公告地价，是政府定期公布的土地价格，在有些国家和地区，一般作为征收土地增值税和征收土地进行补偿的依据。

申报价格，是房地产权利人向政府申报的房地产交易成交价格，《城市房地产管理法》第三十四条规定：“国家实行房地产成交价格申报制度。房地产权利人转让房地产，应当向县级以上地方人民政府规定的部门如实申报成交价，不得瞒报或者做不实的申报。”

二、房地产价格的特征

（一）房地产价格是权益价格

由于房地产位置不可移动，房地产的买卖、抵押等并不能移转房地产的物质实体本身，

而是转移与房地产有关的各种权益。房地产的权益有多种表现形式，如所有权、使用权、抵押权、租赁权等。因此，发生经济行为的房地产转移方式不同，形成的房地产权益不同，其权益价格也不相同，评估时必须对此仔细考虑。

(二) 房地产价格与用途相关

一般商品的价格由其生产成本、供给和需求等因素决定，其价格一般并不因使用状况不同而产生差别。但是，同样一宗房地产，在不同的用途下，产生的收益是不一样的。特别是土地，在不同的规划用途下，其使用价值是不一样的，土地价格与其用途相关性极大。例如，在市场经济条件下，一宗土地如果合法地用于经营商业比用于住宅更有利，其价格必然由商业用途决定。

(三) 房地产价格具有个别性

由于房地产的个别性，没有两宗房地产条件完全一致。同时房地产价格形成中，交易主体之间的个别因素也很容易起作用。因此，房地产价格形成具有个别性。由于房地产位置的固定性，其交易往往是单个进行，因此形成的房地产市场是一个不完全竞争市场。房地产不像一般商品，可以开展样品交易、批量交易。每一宗房地产交易都具有个别性。

(四) 房地产价格具有可比性

房地产价格尽管具有与一般商品不同的许多特性，但并不意味着其价格之间互不联系。事实上，人们可以根据房地产价格的形成规律，对影响房地产价格的因素进行比较，从而能够比较房地产的价格。

三、房地产价格的影响因素

影响房地产价格的因素众多而复杂。由于这些因素本身具有动态性，因此它们对房地产价格的影响也是动态的。随着时间不同、地区不同、房地产用途不同，这些因素的影响作用也不相同。例如，本来是影响较小的因素，可能会成为主导因素。相反，主导因素也会成为次要因素。它们对房地产价格的影响程度有的可以量化，有的则难以量化，只能凭借评估师的经验加以判断。影响房地产价格的因素通常可划分为一般因素、区域因素和个别因素。下面分别予以阐述。

(一) 一般因素

一般因素是指影响一定区域范围内所有房地产价格的一般的、普遍的、共同的因素。这些因素通常会对较广泛地区范围内的各宗房地产的价格产生全局性的影响。这类因素主要包括经济因素、社会因素、行政因素和心理因素等。

1. 经济因素

(1) 经济发展因素。国民经济增长速度、国内生产总值、居民收入水平、物价指数等经济因素都会对房地产价格的形成产生影响。例如，在国民经济增长快、国内生产总值大、居民收入水平高、资金充裕地区，国民生产总值用于投资、消费部分加大，用于生产性、投资性或消费性等方面的房地产的支出增加，从而促进房地产业的繁荣，带动房地产价格上涨。有关研究表明，房地产业发展周期与国民经济发展周期总体趋势基本一致。因此房地产价格总水平与地区经济发展状况呈正相关关系。

(2) 财政金融因素。存款利率、贷款利率、物价上升指数、税率、贷款比例和土地资本化率等财政金融因素对房地产价格的形成有着密切的关系。例如，利率和税率的变化，将会影响房地产的供给和需求，因而对房地产价格产生影响。土地资本化率与地价的关系非常明显，在地租一定的情况下，土地资本化率越高，地价越低；反之，土地资本化率越低，地价越高。

(3) 产业结构因素。产业结构主要是指第一产业、第二产业及第三产业在国民经济及国内生产总值中的比例关系以及房地产业在其中所占的比重。一般来说，第三产业的比重越大，房地产价格会相应越高。

2. 社会因素

(1) 人口因素。房地产需求的主体是人，因此，人口数量、人口密度和人口素质直接决定对房地产的需求程度，因而对房地产价格有着很大影响。

(2) 家庭规模因素。家庭规模是指社会或某一地区家庭平均人口数。即使一个地区人口总数不变，家庭人口数的变化也将影响居住面积的变化。例如，随着家庭人口平均数的下降，即家庭小型化，对总的住宅套数的需求将增加，因此，对房地产的需求会增加。

(3) 房地产投机因素。房地产投机是市场经济下的一种明显的社会现象，是投资者期望并利用房地产价格的变动获得超常利润的行为。这种现象主要体现在 3 个方面。①当房地产价格不断上涨时，预测房地产价格还将进一步上涨的房地产投机商会纷纷抢购，哄抬价格，造成一种虚假需求，这将促使房地产价格进一步上涨。②当房地产价格不断下跌时，预测房地产价格将进一步下跌的房地产投机商纷纷抛售，这在市场上造成一种虚假的供过于求的现象，将引起房地产价格进一步下跌。③当房地产价格跌落时，预测将来房地产价格会上涨的房地产投机商收购房地产，造成房地产需求增加，从而抑制房地产价格的进一步下跌；或当房地产价格上涨时，囤积房地产的投机商抛出房地产，增加房地产供给，从而也能平抑房地产价格。

(4) 教育科研水平和治安因素。如果一个地区的教育水准高、科研水平高，则意味着受教育的方便程度提高，科学技术转化为生产力的可能性增大，因而房地产价格水平也会上升。一个地区若经常发生偷盗、抢劫等犯罪案件，则意味着该地区居民的生命财产缺乏保障，因此会造成房地产价格低落。

(5) 社会福利因素。社会福利的状态会影响社会文化生活水平，从而间接地影响房地产价格水平。

3. 行政因素

行政因素通过对社会、经济等行为加以规范来影响房地产价格，主要指影响房地产价格的制度、政策、法规、行政措施等因素。

(1) 土地使用制度与住房制度、地价政策。土地使用制度科学合理，可以调动土地利用者或投资者的积极性，促进土地资源合理配置、带动土地增值，导致地价上涨。根据对国民经济或地区经济宏观调控的需要，政府可能推行高地价政策，引导地价上涨，也可能实行低地价政策，抑制地价上涨。

(2) 城市规划、土地利用规划、城市发展战略。这些因素决定了一个城市的性质、发展方向和发展规模，还决定城市用地结构、城市景观轮廓线、地块用途、利用程度等。土地被规划为住宅区、商业区、工业区、农业区等不同区域，对房地产价格影响极大。

(3) 税收制度、投资倾斜、优惠政策。房地产税收可以调节房地产投资者的积极性,抑制不正当的房地产投机,理顺房地产收益分配关系,稳定房地产市场。进行房地产评估时,需考虑不同税种对房地产市场中供需双方的不同影响。国家宏观经济政策向某地区倾斜,会诱发该地区房地产价格上涨。对某一地区在税收、管理等方面的优惠政策,会吸引投资、增加收益,促进房地产价格上涨。

(4) 行政隶属关系变更。一个地区的行政隶属关系发生变更,也会影响其房地产价格水平。行政隶属关系变更包括级别升格和管辖权变更。例如,将非建制镇升格为建制镇,将建制镇升格为市,或将经济落后地区的土地划归经济发达地区管理,都会促进房地产价格水平上涨。

(5) 交通管制。交通管制包括禁止通行,实行单行道及限制通行时间等规定。一般而言,交通管制,使该地区道路的通达性及便捷度受到影响,从而降低房地产价格,但在住宅区内禁止货车通行,则可以减少噪声,保持清静和行人安全,会提高房地产价格。

4. 心理因素

心理因素对房地产价格的影响是很微妙的,也是一个不可忽视的因素,主要表现为:购买或出售心态、对居住环境的认同度、欣赏趣味、时尚风气、接近名家住宅心理、讲究门牌号码、讲究风水、价值观的变化等。

(二) 区域因素

区域因素是指某一特定区域内的自然条件与社会、经济、行政、技术等因素相结合所产生的区域特性,对该区域内的各块土地的价格水平产生影响的因素。这类因素可细分为商服繁华因素、道路通达因素、交通便捷因素、城市设施状况因素和环境因素等。

1. 商服繁华因素

这是指所在地区的商业、服务业繁华状况及各级商业、服务业中心的位置关系。如果商服繁华度较高,该地区的房地产价格水平也会较高。

2. 道路通达因素

这是指所在地区道路系统通畅程度,道路的级别(主干道、次干道、支路)越高,该地区的房地产价格水平也较高。

3. 交通便捷因素

这是指交通的便捷程度,包括公共交通系统的完善程度和公共交通的便利程度。其便捷度越高,房地产价格水平也较高。

4. 城市设施状况因素

城市设施可以分为以下3类。

(1) 基础设施:主要包括供水、排水、供电、供气、供热和通信等设施。

(2) 生活设施:主要包括学校、医院、农贸市场、银行、邮局等设施。

(3) 文体娱乐设施:主要包括电影院、图书馆、博物馆、俱乐部、文化馆等设施。

以上3类设施可以用基础设施完善度、生活设施完备度、文体娱乐设施完备度等指标来衡量,这些指标一般都会对房地产价格形成正相关影响。

5. 环境状况因素

若一个地区绿地较多、公园环境优美,则该地区的房地产价格水平较高;若噪声污染、大气污染、水污染较严重，则房地产价格水平较低。

(三) 个别因素

个别因素分为土地个别因素和建筑物个别因素。

1. 土地的个别因素

土地个别因素，也叫宗地因素，是宗地自身的条件和特征对该地块价格产生影响的因素。

(1) 区位因素。区位是影响地价的一个非常主要的因素。区位也叫宗地位置。区位有自然地理区位与经济地理区位之别。土地的自然地理区位是固定不变的，但是，其经济地理区位却会随着交通建设和市政设施的变化而变化。当区位由劣变优时，地价会上升；相反，则地价下跌。

(2) 面积因素、宽度因素、深度因素。一般来说，宗地面积必须适宜，规模过大或过小都会影响土地效用的充分发挥，从而降低单位地价。临街宽度过窄，影响土地使用，影响土地收益，从而降低地价。宗地临街深度过浅、过深，都不适合土地最佳利用，从而影响地价水平。

(3) 形状因素。土地形状有长方形、正方形、三角形、菱形、梯形等。形状不规则的土地，不便于利用，从而降低地价。一般认为宗地形状以矩形为佳，特殊情况，在街道的交叉口三角形等不规则土地的地价也可能畸高。

(4) 地力因素、地质因素、地势因素、地形因素。地力又称土地肥沃程度或土地肥力。这个因素只与农业用地的价格有关，土地肥沃，地价就高；相反，地价则低。地质条件决定着土地的承载力。地质条件直接关系到建筑物的造价和建筑结构设计。地质条件对于高层建筑和工业用地的地价影响尤其大。地质条件与地价的关系是正比关系，即地质条件越优地价越高。地势因素是指该土地与相邻土地的高低关系，特别是与邻近道路的高低关系，一般来说，地势高的宗地地价比地势低的宗地价格高。地形是指地面的起伏形状，一般来说，土地平坦，地价较高；反之，土地高低不平，地价较低。

(5) 容积率因素。该因素也是影响土地价格的主要因素之一。容积率越大，地价越高；反之，容积率越小，地价越低。容积率与地价的关系一般不呈线性关系。

(6) 用途因素。土地的用途对地价影响相当大，同样一块土地，规划为不同用途，则地价不相同。一般来说，对于同一宗土地而言，商业用地、居住用地、工业用地的地价是递减的。

(7) 土地使用年期因素。在年地租不变的前提下，土地使用年期越长，地价越高。

2. 建筑物的个别因素

在影响房地产价格的个别因素中影响土地价格的个别因素和影响建筑物价格的个别因素并不完全相同。以下阐述影响建筑物价格的个别因素。

(1) 面积、结构、材料等。建筑物的建筑面积、居住面积、高度等不同，则建筑物的重建成本也不相同。建筑物的结构及使用的建筑材料的质量也对建筑物的重建成本有影响，从而影响其价格。如果建筑物的面积或高度与基地及周围环境不相协调，该建筑物的价值会大大降低。

(2) 设计、设备等是否良好。建筑物形状、设计风格、建筑装潢应与建筑物的使用目的相适应，建筑物设计、设备是否与其功能相适应，对建筑物价格有很大的影响。

(3) 施工质量。建筑物的施工质量不仅影响建筑物的投入成本，更重要的是影响建筑物的耐用年限和使用的安全性、方便性和舒适性。因此施工质量是否优良，对建筑物的价格亦有很大影响。

(4) 法律限制。有关建筑物方面的具体法律限制，主要是城市规划及建筑法规。如建筑物高度限制、消防管制、环境保护等，评估时应考虑这些法律限制对建筑物价值已经产生和可能产生的影响

(5) 建筑物是否与周围环境协调。建筑物应当与其周围环境相协调，否则就不是最有效使用状态。建筑物不能充分发挥使用效用，其价值自然会降低。

第三节 收益法在房地产评估中的应用

一、基本思路

收益法在国外被广泛地运用于收益性房地产价值的评估，收益法又称为收入资本化法、投资法、收益还原法，在我国也是最常用的评估方法之一。

房地产在交易时，随着房地产所有者权利的让渡，房地产的收益转归房地产购买者。房地产所有者让渡出去的权利必然要在经济上得以实现，房地产购买者必须一次性支付一定的金额，补偿房地产所有者失去的收益。这一货币额每年给房地产所有者带来的利息收入必须等于他每年能从房地产获得的净收益。这个金额就是该收益性房地产的理论价格，用公式表示为：

$$\text{房地产价值}=\frac{\text{净收益}}{\text{资本化率}}$$

这种理论的抽象，包含着3个假设前提：①净收益每年不变；②资本化率固定；③收益为无限年期。运用收益法评估房地产价值，首先要求取净收益，通过总收益减总费用求得；然后确定资本化率；最后选用适当的计算公式求得待估房地产的价值。

收益为有限年期的房地产价值计算公式为：

$$P=\frac{A}{r}\times\left[1-\frac{1}{(1+r)^n}\right]$$

这是一个在评估实务中经常运用的计算公式，成立条件为：①净收益A每年不变；②资本化率 r 固定且大于零；③收益年期有限为 n。

收益法适用于有收益的房地产价值评估，如商场、写字楼、旅馆、公寓等，对于政府机关、学校、公园等公用、公益性房地产价值评估大多不适用。

二、计算公式

运用收益法，只要待估对象具有连续的、可预测的净收益，就可以评估其价值。可以评

估单独的土地价值、单独的地上建筑物价值，也可以评估房地合在一起的房地产价值。在评估实务中其计算公式如下。

(一) 评估房地合一的房地产价值

建筑物价值、年贬值额的计算公式为：

$$\text{建筑物价值}=\frac{(\text{房地产净收益}-\text{土地净收益})}{\text{建筑物资本化率}}$$

$$\text{年贬值额}=\frac{\text{建筑物重置价}-\text{残值}}{\text{总使用年限}}$$

式中：

$$\text{房地产净收益}=\text{房地产总收益}-\text{房地产总费用}$$

$$\text{房地产总费用}=\text{管理费}+\text{维修费}+\text{保险费}+\text{税金}$$

(二) 单独评估土地的价值

1. 由土地收益评估土地价值

一般适用于空地出租的情况，土地价值的计算公式为：

$$\text{土地价值}=\frac{\text{土地净收益}}{\text{土地资本化率}}$$

式中：

$$\text{土地净收益}-\text{土地总收益}-\text{土地总费用}$$

$$\text{土地总费用}=\text{管理费}+\text{维修费}+\text{税金}$$

2. 由房地产收益评估土地价值

(1) 土地价值的计算公式为：

$$\text{土地价值}=\text{房地产价值}-\text{建筑物现值}$$

式中：

$$\text{建筑物现值}=\text{建筑物重置成本}-\text{年贬值额}\times\text{已使用年限}$$

$$\text{年贬值额}=\frac{\text{建筑物重置价}-\text{残值}}{\text{总使用年限}}$$

(2) $\text{土地价值}=\dfrac{(\text{房地产净收益}-\text{建筑物净收益})}{\text{土地资本化率}}$

式中：

$$\text{建筑物净收益}=\text{建筑物现值}\times\text{建筑物资本化率}$$

房地产价值和房地产净收益的求法和前面相同。

(三) 单独评估建筑物的价值

(1) 建筑物价值＝房地产价值－土地价值

(2) $\text{建筑物价值}=\dfrac{(\text{房地产净收益}-\text{土地净收益})}{\text{建筑物资本化率}}$

在运用以上公式求取房地产净收益时，都是通过房地产总收益减去房地产总费用而得到的。这里需要特别说明的是，用来求取房地产净收益的房地产总费用并不包含房地产折旧费。同时，以上所列计算公式均假设土地使用年期为无限年期，但在评估实务中应注意土地使用的有限年期。

【例 9-1】 A 集团欲购买一宗土地，政府出让该土地年期为 40 年，卖方 B 集团已使用该土地 10 年，土地的资本化率为 8%，预计未来前 5 年该土地的净收益分别为 12 万元、14 万元、18 万元、17 万元、27 万元，第 6 年开始净收益大约可以稳定在 22 万元左右。试评估该宗土地的收益价值。

$$土地价值=\frac{土地净收益}{土地资本化率}$$

$$=\frac{12}{(1+8\%)^{1}}+\frac{14}{(1+8\%)^{2}}+\frac{18}{(1+8\%)^{3}}+\frac{17}{(1+8\%)^{4}}+\frac{27}{(1+8\%)^{5}}$$

$$+\frac{22\times[(1+8\%)^{40-10}-1]}{10\%(1+8\%)^{40-10}(1+8\%)^{5}}$$

$$=203.12(万元)$$

【例 9-2】 有一宗房地产，2019 年的净收益为 50 万元，资本化率为 5%，若：①未来各年的净收益将在上一年的基础上增加 1 万元；②未来各年的净收益将在上一年的基础上增长 1%。试分别评估两种情况下 2019 年初的房地产价值。

净收益按等差级数递增，收益年期无限的价值计算公式为：

$$P=\frac{a}{r}+\frac{b}{r^2}$$

式中，a 表示第 1 年净收益，以后各年净收益按等差级数递增；b 表示净收益逐年递增额；r 表示资本化率。

净收益按等比级数递增，收益年期无限的价值计算公式为：

$$P=\frac{a}{r-g}$$

因此：

(1) $P=\frac{50}{5\%}+\frac{1}{(5\%)^2}=1\ 400$(万元)

(2) $P=\frac{50}{5\%-1\%}=1\ 250$(万元)

【例 9-3】 某房地产开发公司于 2014 年 3 月以有偿出让方式取得一块土地 50 年使用权，并于 2016 年 3 月在此地块上建成一座钢混结构的写字楼，当时造价为每平方米3 000 元，经济耐用年限为 60 年，残值率为 2%。目前，该类建筑重置价格为每平方米 3 500 元。该建筑物占地面积500 平方米，建筑面积为 1 500 平方米，现用于出租，每月平均实收租金为 4 万元。另据调查，当地同类写字楼出租租金一般为每月每建筑平方米 50 元，空置率为 10%，每年需支付的管理费为年租金的 3.5%，维修费为建筑重置价格的 1.5%，土地使用税及房产税合计为每建筑平方米 20 元，保险费为重置价的 0.2%，土地资本化率 7%，建筑物资本化率 8%。假设土地使用权出让年限届满，土地使用权及地上建筑物由国家无偿收回。试根据以上资料评估该宗地 2020 年 3 月的土地使用权价值。

1. 选定评估方法

该宗房地产有经济收益，适宜采用收益法。

2. 计算年总收益

总收益应该为客观收益而不是实际收益。

$$年总收益=50\times12\times1\ 500\times(1-10\%)=810\ 000(元)$$

3. 计算年总费用

(1) 年管理费 $=810\ 000\times3.5\%=28\ 350$(元)。

(2) 年维修费 $=3\ 500\times1\ 500\times1.5\%=78\ 750$(元)。

(3) 年税金 $=20\times1\ 500=30\ 000$(元)。

(4) 年保险费 $=3\ 500\times1\ 500\times0.2\%=10\ 500$(元)。

年总费用 $=(1)+(2)+(3)+(4)=28\ 350+78\ 750+30\ 000+10\ 500=147\ 600$(元)

4. 计算年房地产净收益

$$\text{房地产年净收益}=\text{年总收益}-\text{年总费用}=810\ 000-147\ 600=662\ 400(\text{元})$$

5. 计算房屋年净收益

(1) 计算年贬值额:年贬值额本来应该根据房屋的耐用年限而确定,但是,本例中,土地使用年限小于房屋耐用年限,土地使用权出让年限届满,土地使用权及地上建筑物由国家无偿收回。这样,房屋的重置价必须在土地可使用期限内全部收回。因此,房地产使用者在房屋建成后可使用的年期为 50－2＝48(年),并且不计残值,视为土地使用权年期届满,地上建筑物一并由国家无偿收回。

$$\text{年贬值额}=\frac{\text{建筑物造价}}{\text{总使用年限}}=\frac{3\ 000\times1\ 500}{48}=93\ 750(\text{元})$$

(2) 计算房屋现值:

$$\text{房屋现值}=\text{房屋重置价}-\text{年贬值额}\times\text{已使用年数}=3\ 500\times1\ 500-93\ 750\times4=4\ 875\ 000(\text{元})$$

(3) 计算房屋年净收益:

$$\text{房屋年净收益}=\text{房屋现值}\times\frac{(1+i)^n\times i}{(1+i)^n-1}$$

$$\text{房屋年净收益}=4\ 875\ 000\times\frac{(1+8\%)^{48-4}\times8\%}{(1+8\%)^{48-4}-1}=403\ 643(\text{元})$$

6. 计算土地年净收益

$$\text{土地年净收益}=\text{房地产年净收益}-\text{房屋年净收益}=662\ 400-403\ 643=258\ 757(\text{元})$$

7. 计算土地使用权价值

土地使用权在 2020 年 3 月的剩余使用年期为 50－6＝44(年)。

$$\text{土地使用权价值}=\text{土地年净收益}\times\frac{(1+i)^n-1}{(1+i)^n\times i}=258\ 757\times\frac{(1+7\%)^{44}-1}{(1+7\%)^{44}\times7\%}=3\ 508\ 203(\text{元})$$

单价 $=3\ 508\ 203\div500=7\ 016.41$(元)

8. 评估结果

本宗土地使用权在 2020 年 3 月的土地使用权价值为 3 508 203 元,单价为每平方米 7 016.41 元。

第四节 市场法在房地产评估中的应用

一、基本思路

市场法是房地产评估方法中最常用的基本方法之一,也是目前国内外广泛应用的评估方法。市场法又称买卖实例比较法、交易实例比较法、市场比较法、市场资料比较法、现行市价法等。

市场法的基本含义是：在求取一宗待估房地产价值时，依据替代原理，将待估房地产与类似房地产的近期交易价格进行对照比较，通过对交易情况、交易日期、房地产状况等因素修正，得出待估房地产在评估基准日的价值。

市场法只要有适合的类似房地产交易实例即可应用。因此，在房地产市场比较发达的情况下，市场法得到广泛应用。在同一地区或同一供求范围内的类似地区中，与被评估房地产相类似的房地产交易越多，市场法应用越有效。而在下列情况下，市场法往往难以适用。

(1) 没有发生房地产交易或在房地产交易发生较少的地区。

(2) 某些类型很少见的房地产或交易实例很少的房地产，如古建筑等。

(3) 很难成为交易对象的房地产，如教堂、寺庙等。

(4) 风景名胜区土地。

(5) 图书馆、体育馆、学校用地等。

二、计算公式

市场法就是通过与近期交易的类似房地产进行比较，并对一系列因素进行修正，而得到待估房地产在评估基准日的市场状况下的价格水平。这些因素主要有交易情况因素、交易日期因素、房地产状况因素三类。通过交易情况修正，将可比交易实例修正为正常交易情况下的价格；通过交易日期因素修正，将可比交易实例价格修正为评估基准日下的价格；通过房地产状况因素修正，将可比交易实例价格修正为待估对象房地产状况下的价格。房地产状况修正可以分为区位状况修正、权益状况修正和实物状况修正。这些因素还可以细分为若干因素修正。容积率和土地使用年期这两个因素属于权益状况，由于这两个因素影响力较大，情况特殊，可以拿出来单独进行修正。

市场法的基本计算公式是：

$$P = P' \times A \times B \times C$$

式中，P 表示待估房地产评估价值；P' 表示可比交易实例价值；A 表示交易情况修正系数；B 表示交易日期修正系数；C 表示房地产状况修正系数。

实际评估工作中，其计算公式为：

$$P = P' \times A \times B \times C = P' \times \frac{100}{(\quad)} \times \frac{(\quad)}{100} \times \frac{100}{(\quad)}$$

式中：

$$A = \frac{100}{(\quad)} = \frac{\text{正常交易情况指数}}{\text{可比实例交易情况指数}}$$

$$B = \frac{(\quad)}{100} = \frac{\text{评估基准日价格指数}}{\text{可比实例交易时价格指数}}$$

$$C = \frac{(\quad)}{100} = \frac{\text{评估基准日价格指数}}{\text{可比实例交易时价格指数}}$$

在上列各式中，交易情况修正系数 A 中的分子 100 表示以正常交易情况下的价格为基准而确定可比实例交易情况的价格修正参数;交易日期修正系数 B 中的分母 100 表示以可比实例交易时的价格指数为基准而确定评估基准日的价格指数;房地产状况修正系数 C 中的分子 100 表示以待估对象房地产状况为基准而确定可比实例房地产状况的修正系数。

市场法的计算公式也可以是:

$$P = P' \times A \times B \times C \times \text{容积率修正系数} \times \text{土地使用权年期修正系数}$$

在这里需要说明的是,组成房地产状况因素的各个因子都可以独立地扩展出来进行单独修正。

三、操作步骤

运用市场法评估房地产价值,一般经过下列程序:收集交易资料,确定可比交易案例,对交易情况、交易日期、房地产状况等进行修正,确定房地产价值。房地产状况因素修正中的土地容积率修正和土地使用年期修正这两项因素比较重要,一般单独列出。以下对操作步骤做具体介绍。

(一) 交易资料收集

运用市场法评估房地产价值,必须有充裕的交易资料,这是市场法运用的基础和前提条件。评估人员必须注意日积月累,在平时就要时刻关注房地产市场变化,随时搜集有关房地产交易实例。如果等到需要时才临时找案例,往往因为时间紧迫,很难来得及搜集到足够的交易案例。而交易案例太少,用市场法评估的价值就不能满足客观、合理的要求。

(二) 可比交易案例确定

在进行一宗房地产价值评估时,需要针对待估房地产的特点,从平时搜集的众多房地产交易实例中选择符合一定条件的交易实例,作为可供比较参照的交易实例。可比实例选择是否适当,直接影响运用比较法评估的结果精度,因此对可比实例的选择应特别慎重。如果房地产市场较为稳定,评估基准日与案例交易日期可相差较远,但所选取的交易案例资料通常不应该超过 3 年。如果市场变动剧烈,变化较快,则只宜选取较近时期的交易实例,最好是近两年以内的。

(三) 因素修正

因素修正包括:交易情况修正、交易日期修正、房地产状况修正、容积率修正、土地使用年限修正等。

1. 交易情况修正

房地产的自然和经济特性,决定了房地产市场不能成为完全竞争市场,而是一个不完全竞争市场。在房地产市场上,房地产价格的形成往往具有个别性,因此运用市场法进行房地产评估,需要对选取的交易实例进行交易情况修正,将交易中由于个别因素所产生的价格偏差予以剔除,使其成为正常价格。房地产交易中的特殊情况较为复杂,主要有以下几种。

(1) 有特殊利害关系的经济主体间的交易,如亲友之间、有利害关系的公司之间、公司与本单位职工之间,通常都会以低于市价的价格进行交易。

(2) 交易时有特别的动机,以急于脱售或急于购买最为典型,如有人为了扩大经营面积，收购邻近的建设用地，往往会使交易价格抬高。

(3) 买方或卖方不了解市场行情，往往使房地产交易价格偏高或偏低。

(4) 其他特殊交易的情形。如契税本应由买方负担，却转嫁给了卖方。

(5) 特殊的交易方式。如拍卖、招标等。

分析了交易情况的特殊性，就要将特殊情况的交易修正到正常交易。上述第 4 种情况，可直接计算。但对于其他一些交易情况，要测定其交易价格与正常价格发生偏差的程度，则需经分析后量化处理。这时评估师对市场的了解以及丰富的评估经验就显得至关重要。

通过交易情况修正，即将可比实例价格修正为正常交易情况下的价格。计算公式为：

$$\text{交易情况修正后的正常价格} = \text{可比实例价格} \times \frac{\text{正常情况指数}}{\text{可比实例情况指数}}$$

正常情况指数为 100，如果可比实例交易时的价格低于正常情况下的交易价格，则分母小于 100，反之，则大于 100。

2. 交易日期修正

交易实例的交易日期与待评估房地产的评估基准日往往有一段时间差。在这一期间，房地产市场可能不断发生变化，房地产价格可能升高或降低。因此需要根据房地产价格的变动率，将交易实例房地产价格修正为评估基准日的房地产价格。这就是交易日期修正，也称期日修正。

房地产价格的变动率一般用房地产价格指数来表示。利用价格指数进行期日修正的公式如下：

$$\text{评估基准日价格} = \text{可比实例价格} \times \frac{\text{评估基准日价格指数}}{\text{可比实例交易时价格指数}}$$

【例 9-4】 现选取一可比房地产实例，成交价格为 8 000 元/平方米，成交日期为 2018 年 7 月。假设 2018 年 7 月至 2019 年 7 月，该类房地产价格每月比上月上涨 1.5%，2019 年 7 月至 2020 年 1 月，该类房地产价格每月比上月下降 0.3%，计算该可比实例交易日期修正后 2020 年 1 月的房地产价格。

$$P = 8\,000 \times (1+1.5\%)^{12} \times (1-0.3\%)^{6} = 9\,394.06(\text{元/平方米})$$

3. 房地产状况修正

对交易实例进行交易情况修正和交易日期修正后，还需要对交易实例进行房地产状况修正。

交易实例房地产与被评估房地产的状况不相同的，应将交易实例房地产状况与被评估房地产状况加以比较，找出由于房地产状况的差别而引起的交易实例房地产与待评估房地产价格的差异，对交易实例房地产价格进行修正。

4. 容积率修正

容积率与地价的关系并非呈线性关系，需根据具体区域的情况具体分析。

容积率修正可采用下式计算：

$$经容积率修正后价格 = 可比实例价格 \times \frac{待估宗地容积率修正系数}{可比实例容积率修正系数}$$

【例 9-5】 某城市某用途土地容积率修正系数见表 9-1。

表 9-1 容积率修正系数表

容积率	0.1	0.4	0.7	1.0	1.1	1.3	1.7	2.0	2.1	2.5
修正系数	0.5	0.6	0.8	1.0	1.1	1.2	1.6	1.8	1.9	2.1

如果确定可比案例宗地地价每平方米为 1 000 元,容积率为 2.1,待估宗地规划容积率为 1.7,计算待估宗地容积率修正后价格。

$$经容积率修正后可比实例价格 = 1\ 000 \times 1.7 \div 2.1 = 809.52(元/平方米)$$

5. 土地使用年期修正

我国实行有限年期的土地使用权有偿使用制度,土地使用年期的长短,直接影响土地收益的多少。土地的年收益确定以后,土地的使用期限越长,土地的总收益就越多,土地利用效益也越高,土地的价格也会因此提高。通过使用年期修正,可以消除由于使用期限不同而对房地产价格造成的影响。

土地使用年期修正系数 k 按下式计算:

$$k = \frac{1 - \frac{1}{(1+r)^m}}{1 - \frac{1}{(1+r)^n}}$$

式中,r 表示资本化率;m 表示待估对象的使用年限;n 表示可比实例的使用年限。

$$经使用年限修正后价格 = 可比实例价格 \times 土地使用年期修正系数$$

【例 9-6】 若选择的比较案例成交地价为每平方米 2 000 元,对应土地使用年期为 30 年,而待估宗地出让年期为 25 年,土地资本化率为 8%,计算年期修正后价格:

$$土地使用年期修正后的价格 = 2\ 000 \times \frac{1 - \frac{1}{(1+9\%)^{25}}}{1 - \frac{1}{(1+9\%)^{30}}} = 1\ 912.18(元/平方米)$$

(四) 房地产价值的确定

经过上述的交易情况修正、交易日期修正、房地产状况修正,就可得到在评估基准日的待估房地产的若干个价格,如果交易实例选取 5 个,就可能有 5 个价格。

通过计算公式求取的若干个价格,可能不完全一致。而被评估的房地产的价值却只能有 1 个。求取最终的房地产价值可采用统计学方法,如简单算术平均数法、加权算术平均数法、众数法、中位数法、混合法等。

【例 9-7】 有一待估宗地 G 需评估,现收集到与待估宗地条件类似的 6 宗地,具体情况如表 9-2 所示。

表 9-2　成交案例基本情况表

宗地	成交价(元/平方米)	交易时间	交易情况	容积率	土地状况
A	690	2015	+1%	1.3	+1%
B	610	2015	0	1.1	−1%
C	700	2016	+5%	1.4	−2%
D	680	2018	0	1.0	−1%
E	750	2019	−1%	1.6	+2%
F	700	2020	0	1.3	+1%
G		2020	0	1.1	0

该城市地价指数见表 9-3：

表 9-3　时间价格指数表

时间	2014	2015	2016	2017	2018	2019	2020
指数	100	110	107	110	108	107	112

另据调查，该市此类用地容积率与地价的关系为：当容积率在 1～1.5 之间时，容积率每增加 0.1，宗地单位地价比容积率为 1 时的地价增加 5%；超过 1.5 时，超出部分的容积率每增长 0.1，单位地价比容积率为 1.0 时的地价增加 3%。对交易情况、土地状况的修正，都是案例宗地与待估宗地比较，表中负号表示案例条件比待估宗地差，正号表示案例宗地条件优于待估宗地，数值大小代表对宗地地价的修正幅度。

试根据以上条件，评估该宗土地 2005 年的价值。

1. 建立容积率地价指数表(见表 9-4)

表 9-4　容积率地价指数表

容积率	1.0	1.1	1.2	1.3	1.4	1.5	1.6
地价指数	100	105	110	115	120	125	128

2. 案例修正计算

A：$690\times\frac{112}{110}\times\frac{100}{101}\times\frac{105}{115}\times\frac{100}{101}=628$(元/平方米)

B：$610\times\frac{112}{110}\times\frac{100}{100}\times\frac{105}{105}\times\frac{100}{99}=627$(元/平方米)

C：$700\times\frac{112}{107}\times\frac{100}{105}\times\frac{105}{120}\times\frac{100}{98}=623$(元/平方米)

D：$680\times\frac{112}{108}\times\frac{100}{100}\times\frac{105}{100}\times\frac{100}{99}=748$(元/平方米)

E：$750\times\frac{112}{107}\times\frac{100}{99}\times\frac{105}{128}\times\frac{100}{102}=623$(元/平方米)

F：$700\times\frac{112}{112}\times\frac{100}{100}\times\frac{105}{115}\times\frac{100}{101}=633$(元/平方米)

3. 评估结果

案例D的值为异常值，应予剔除。其他结果较为接近，取其平均值作为评估结果。

因此，待估宗地G的评估结果为：

$$(628+627+623+638+633)\div 5=630\text{（元/平方米）}$$

第五节 成本法在房地产评估中的应用

一、基本思路

成本法是房地产评估的基本方法之一。其评估原理建立在重置成本的理论基础之上。成本法是以假设重新复制待估房地产所需要的成本为依据而评估房地产价值的一种方法，即以重置一宗与待估房地产可以产生同等效用的房地产所需投入的各项费用之和为依据，再加上一定的利润和应纳税金来确定待估房地产价值。该方法认为生产成本与价格之间有密切联系。

由于房屋与其所依附的土地具有不同的自然及经济特性，如房屋是人类劳动的产物，一般随时间变化会发生贬值，而城市土地既是自然的产物，同时又由于人类的改造而凝结着人类劳动，因此房产价值评估与土地价值评估的成本法计算公式并不相同。

成本法与其他评估方法相比具有特殊用途，一般特别适用于房地产市场发育不成熟，成交实例不多，无法利用市场法、收益法等方法进行评估的情况。对于既无收益又很少有交易情况的政府办公楼、学校、医院、图书馆、军队营房、机场、博物馆、纪念馆、公园、新开发地等特殊性房地产评估比较适用。

但由于土地的价格大部分取决于它的效用，并非仅仅是它所花费的成本，也就是说，由于土地成本的增加并不一定会增加它的使用价值，所以，成本法在土地评估中应用范围受到一定限制。

二、土地评估的成本法操作步骤

用成本法评估地价必须分析地价中的成本因素。土地作为一种稀缺的自然物，即便未经开发，由于土地所有权的垄断，使用土地也必须支付地租。同时，由于开发土地投入的资本及利息也构成地租的一部分，因此，成本法的基本公式为：

$$\text{土地价值}=\begin{matrix}\text{待开发土地}\\\text{取得费}\end{matrix}+\begin{matrix}\text{土地}\\\text{开发费}\end{matrix}+\text{利息}+\text{利润}+\text{税费}+\begin{matrix}\text{土地}\\\text{增值收益}\end{matrix}$$

用成本法评估地价的程序一般为：计算土地取得费用、计算土地开发费用、计算投资利息、计算投资利润和税费、确定土地增值收益、测算土地使用权价值。

(一) 计算待开发土地取得费用

土地取得费是为取得土地而向原土地使用者支付的费用，分为两种情况。

1. 国家征收集体土地而支付给集体土地所有者的费用

这种情况包括土地补偿费、地上附着物和青苗补偿费及安置补助费等。一般认为,土地补偿费中包含一定的级差地租。地上附着物和青苗补偿费是对被征地单位已投入土地而未收回的资金的补偿,类似地租中所包含的投资补偿部分。安置补助费是为保证被征地农业人口在失去其生产资料后的生活水平不致降低而设立的,因而也可以看成具有从被征土地未来产生的增值收益中提取部分作为补偿的含义。

关于征地费用各项标准,《中华人民共和国土地管理法》有明确规定。

征收耕地的补偿费用包括土地补偿费、安置补助费以及地上附着物和青苗的补偿费。征收耕地的土地补偿费为该耕地被征收前3年平均产值的6~10倍;征收耕地的安置补助费按照需要安置的农业人口数计算。需要安置的农业人口数按照被征收的耕地数量除以征地前被征收单位平均每人占有耕地的数量计算。每一个需要安置的农业人口的安置补助费标准为该耕地被征前3年平均年产值的4~6倍。但是,每公顷被征收耕地的安置补助费,最高不得超过被征收前3年平均年产值的15倍。

征收其他土地的土地补偿费和安置补助费标准,由各省、自治区、直辖市参照征收耕地的土地补偿费和安置补助费的标准规定。

被征收土地上的附着物和青苗的补偿标准,由省、自治区、直辖市规定。

征收城市郊区的菜地,用地单位应当按照国家有关规定缴纳新菜地开发建设基金。

按照以上规定支付土地补偿费和安置补助费,尚不能使需要安置的农民保持原有生活水平的,经省、自治区、直辖市人民政府批准,可以增加安置补助费。但是,土地补偿费和安置补助费标准的总和不得超过土地被征收前3年平均年产值的30倍。

在特殊情况下,国务院根据社会经济发展水平,可以提高被征收耕地的土地补偿费和安置补助费标准。

2. 为取得已利用城市土地而向原土地使用者支付的拆迁补偿费用

这是对原城市土地使用者在经济上的补偿,补偿标准各地有具体规定。

(二) 计算土地开发费用

一般来说,土地开发费用涉及基础设施配套费、公共事业建设配套费和小区开发配套费。

1. 基础设施配套费

对于基础设施配套常常概括为“三通一平”和“七通一平”。“三通一平”指:通水、通路、通电,平整地面。“七通一平”指:通上水、通下水、通电、通讯、通气、通热、通路,平整地面。

2. 公共事业建设配套费用

公共事业建设配套费用主要指邮电、图书馆、学校、公园、绿地等设施的费用。这与项目大小、用地规模有关,各地情况不一,视实际情况而定。

3. 小区开发配套费

同公共事业建设配套费类似,小区开发配套费根据各地用地情况确定合理的项目标准。

(三) 计算投资利息

投资利息就是资金的时间价值。在土地评估中,投资者贷款需要向银行偿还贷款利息,利息应计入成本;投资者利用自有资金投入,也可以看作损失了利息,从这种意义上看,也属于投资机会成本,也应计入成本。

在用成本法评估土地价格时,投资包括土地取得费和土地开发费两大部分。由于两部分资金的投入时间和占用时间不同,土地取得费在土地开发动工前即要全部付清,在开发完成销售后方能收回,因此,计息期应为整个开发期和销售期。土地开发费在开发过程中逐步投入,销售后收回,若土地开发费是均匀投入,则计息期为开发期的一半。

(四) 计算投资利润和税费

投资的目的是获取相应的利润,作为投资的回报,对土地投资,当然也要获取相应的利润。该利润计算的关键是确定利润率或投资回报率。利润率计算的基数可以是土地取得费和土地开发费,也可以是开发后土地的地价。计算时,要注意所用利润率的内涵。税费是指土地取得和开发过程中所必须支付的税负和费用。

(五) 土地增值收益确定

土地增值收益主要是由于土地的用途改变或土地功能变化而引起的。由于农地转变为建设用地,新用途的土地收益将远高于原用途土地,必然会带来土地增值收益由于这种增值是土地所有权人允许改变土地用途带来的,应归土地所有者所有。如果土地的性能发生了变化,提高了土地的经济价值,也能使土地收益能力增加,这个增加的收益是由于土地性能改变而带来的,同样应归土地所有者所有。目前,土地增值收益率通常为10%~25%。

三、新建房地产评估的成本法操作步骤

新建房地产项目,如果评估基准日为房地产开发建成日,无须考虑折旧,则可直接用开发成本计算。开发成本为房地产开发过程中所发生的各种费用,房地产开发过程中发生的各项费用,包括土地征收及拆迁补偿费、前期工程费、基础设施费、建筑安装工程费、配套设施费和管理费用等。

新建房地产成本法评估的基本公式为:

$$\begin{matrix}\text{新建房}\\\text{地产价值}\end{matrix}=\begin{matrix}\text{土地取}\\\text{得费用}\end{matrix}+\begin{matrix}\text{开发}\\\text{成本}\end{matrix}+\begin{matrix}\text{管理}\\\text{费用}\end{matrix}+\text{利息}+\begin{matrix}\text{销售}\\\text{税费}\end{matrix}+\text{利润}$$

1. 土地取得费用

土地取得的途径有征收、拆迁改造和购买等,根据取得土地的不同途径,分别测算取得土地的费用,包括有关土地取得的手续费及税金。

2. 开发成本

开发成本主要由五个方面构成。

(1) 勘查设计和前期工程费,包括临时用地、水、电、路、场地平整费;工程勘查测量及工程设计费;城市规划设计、咨询、可行性研究费;建设工程许可证执照费等。

(2) 基础设施建设费,包括由开发商承担的红线内外的自来水、雨水、污水、煤气、热力、供电、电信、道路、绿化、环境卫生、照明等建设费用。

(3) 房屋建筑安装工程费,可假设为开发商取得土地后将建筑工程全部委托给建筑商施工,开发商应当付给建筑商的全部费用。包括:建筑安装工程费、招投标费、预算审查费、质量监督费、竣工图费等。

(4) 公共配套设施建设费,包括由开发商支付的非经营性用房,如居委会、派出所、托幼所、自行车棚、信报箱、公厕等;附属工程如锅炉房、热力点、变电室、开闭所、煤气调压站的费用和电贴费等;文教卫系统如中小学、文化站、门诊部、卫生所用房的建设费用。而商业网点如粮店、副食店、菜店、小百货店等经营性用房的建设费用应由经营者负担,按规定不计入商品房价格。

(5) 开发过程中的税费及其他间接费用。

3. 开发利润

利润率应根据开发类似房地产的平均利润率来确定。

4. 管理费用

管理费用主要是指开办费和开发过程中管理人员的工资等。

5. 投资利息

以土地取得费用和开发成本之和作为计算利息的基数。

6. 销售税费

销售税费主要包括以下几个方面。

(1) 销售费用,包括销售广告宣传费、委托销售代理费等。

(2) 销售税金及附加(即两税一费),包括营业税、城市维护建设税、教育费附加。

(3) 其他销售税费,包括应当由卖方负担的印花税、交易手续费、产权转移登记费等。

四、旧建筑物评估的成本法操作步骤

运用成本法评估旧建筑物的价值时,由于建筑物是在过去某时点建造的,所以,不能采用建筑物原来的建造成本,而应以评估时点的重新建造成本为基础,考虑评估对象的使用和磨损,扣除建筑物的贬值额。旧建筑物价值的现值可以通过下列公式计算得到。

$$建筑物价值 = 重置成本 - 年贬值额 \times 已使用年限$$

重置成本是采用新的建筑材料和工艺建造一个与原建筑物功能结构基本相同的建筑物的成本。重置成本应当包括利息、利润和税费等。

贬值是指建筑物的价值减损。这里所指的贬值与会计上折旧的内涵是不一样的。建筑物的价值减损,一般由两方面因素引起:

(1) 物理化学因素,即因建筑物使用而使建筑物磨损、建筑物自然老化、自然灾害引起的建筑物结构缺损和功能减弱,所有这些因素均导致建筑物价值减损,故这种减损又被称为自然折旧或有形损耗。

(2) 社会经济因素,即由于技术革新、建筑工艺改进或人们观念的变化,引起建筑设备陈旧落后、设计风格落后,由此引起建筑物陈旧、落后,致使其价值降低,这种减损称为无形损耗。

从建筑物重置成本中扣除建筑物损耗,即为建筑物现值,因此确定建筑物贬值额就成为房产评估中的关键一环。计算贬值额的方法有很多种,如直线折旧法、余额递减法、年数合计法、成新折扣法等。常用的方法是直线折旧法和成新折扣法。

直线折旧法又称定额法,假设建筑物的价值损耗是均匀的,即在耐用年限内每年的贬值额相等，则建筑物每年的贬值额为：

$$年贬值额 = \frac{建筑物重新建造成本 - 净残值}{建筑物耐用年限}$$

各种结构的非生产用房的耐用年限和残值率一般如表 9-5 所示：

表 9-5　非生产用房的耐用年限和残值率表

钢筋混凝土结构	60 年	0%
砖混结构一等	50 年	2%
砖混结构二等	50 年	2%
砖木结构一等	40 年	6%
砖木结构二等	40 年	4%
砖木结构三等	40 年	3%
简易结构	10 年	0%

耐用年限用下式计算更为准确：

耐用年限＝建筑物已使用年限＋建筑物尚可使用年限

成新折扣法是根据建筑物的建成年代、新旧程度、功能损耗等，确定建筑物的成新率，直接求取建筑物的现值。其计算公式为：

$$建筑物价值 = 重置成本 \times 成新率$$

【例 9-8】 某市开发区内有一块土地面积为 15 000 平方米，该地块的土地征地费用（含安置、拆迁、青苗补偿费和耕地占用税）为每亩 10 万元，土地开发费为每平方公里 2 亿元，土地开发周期为 2 年，第一年投入资金占总开发费用的 45%，开发商要求的投资回报率为 15%，当地土地出让增值收益率为 18%，银行贷款年利率为 7%，试评估该土地的价值。

该土地的各项投入成本均已知，可用成本法评估。

1. 计算土地取得费

土地取得费＝10 万元/亩＝150（元/平方米）

2. 计算土地开发费

土地开发费＝2 亿元/平方公里＝200（元/平方米）

3. 计算投资利息

土地取得费的计息期为两年，土地开发费为分段均匀投入，则：

$$土地取得费利息 = 150 \times [(1+7\%)^{2} - 1] = 21.74（元/平方米）$$

$$土地开发费利息 = 200 \times 45\% \times [(1+7\%)^{1.5} - 1] + 200 \times 55\% \times [(1+7\%)^{0.5} - 1] = 6.39 + 3.84 = 13.40（元/平方米）$$

4. 计算开发利润

$$开发利润 = (150 + 200) \times 15\% = 52.5（元/平方米）$$

5. 计算土地价值

土地单价 = (150 + 200 + 21.74 + 13.40 + 52.5) × (1 + 18%) = 516.42 (元/平方米)

土地总价 = 516.42 × 15 000 = 7 746 300(元)

该宗地单价为 516.42 元 / 平方米,总价为 7 746 300 元。

第六节 房地产评估的其他方法

一、假设开发法

(一) 假设开发法概念

假设开发法又称剩余法、倒算法或预期开发法。假设开发法是将待估房地产开发后的预期价值,扣除正常投入费用、正常税金及合理利润后,依据该剩余值测算待估房地产价值的方法。在评估待开发土地价值时,假设开发法运用得较为广泛。

运用该方法评估地价时,首先估算开发完成后房地产正常交易的价格,然后扣除建筑物建造费用和与建筑物建造、买卖有关的专业费、利息、利润、税收等费用,以价值余额来确定待估土地价值。具体来说,作为一个房地产开发商,他购买这块土地进行开发的目的是将其出售赚取利润。开发商买地,进行土地投入,必须有收益,而且这个收益越高越好。因此,开发商就会根据规划部门对该地块的限制条件,如用途、容积率、绿地覆盖度、最高层数、朝向等,以及有关法律法规的限制,来确定该块土地的最佳使用状况。然后根据目前的房地产市场状况,预测建筑完成后房地产售价,以及为完成这一开发所需花费的建筑费、设计费、相关税费、各类预付资本的利息和开发商应得的正常利润。开发商就知道了他可能为取得这块土地所支付的最高价格是多少。也就是说,这个最高价等于开发完成后的房地产价值扣除开发成本和相应利息、利润等之后的余额。

假设开发法主要适用于下列房地产的评估:

(1) 待开发土地价值,用开发完成后的房地产价值减去建造费、专业费等。

(2) 开发完成后的土地价值,用开发完成后的熟地价减去土地开发费用。

(3) 待拆迁改造的再开发地产价值,这时的建筑费还应包括拆迁费用。

(二) 计算公式

假设开发法的计算公式表现形式较多,但根据假设开发法的基本思路,其基本公式是

$$P = A - (B + C + D + E)$$

式中,P 表示土地价值;A 表示开发完成后的房地产价值;B 表示整个开发项目的开发成本;C 表示投资利息;D 表示开发商合理利润;E 表示正常税费。

实际评估工作中,常用的一个具体计算公式为:

$$\text{土地价值} = \text{房屋的预期售价} - \text{开发建设成本} - \text{利息} - \text{利润} - \text{税费}$$

在我国香港特别行政区，假设开发法的计算公式为：

$$\text{地价}=\text{楼价}-\text{建筑费用}-\text{专业费用}-\text{利息}-\text{发展商利润}$$

或：

$$\text{地价}=\text{总开发价值}-\text{开发费用}-\text{开发者收益}-\text{取得土地所需的税费}$$

其中，开发费包含拆迁费和对现有承租者的补偿、基建费、业务费、财务费、应急费、代理及法律事务费用等。

目前，现实评估中假设开发法的一个较具体的计算公式为：

$$\text{地价}=\text{预期楼价}-\text{建筑费}-\text{专业费用}-\text{销售费用}-\text{利息}-\text{税费}-\text{利润}$$

（三）操作步骤

1. 调查被评估对象的基本情况

(1) 调查土地的限制条件，如土地政策的限制，城市规划、土地利用规划的制约等。

(2) 调查土地位置，掌握土地所在城市的性质及其在城市中的具体坐落位置，以及周围土地条件和利用现状。

(3) 调查土地面积大小和土地形状、地质状况、地形地貌、基础设施状况和生活设施状况以及公用设施状况等。

(4) 调查房地产利用要求，掌握城市规划对此宗地的规划用途、容积率、覆盖率、建筑物高度限制等。

(5) 调查此地块的权利状况，包括权利性质、使用年限、能否续期、是否已设定抵押权等。这些权利状况对确定开发完成后的房地产价值、售价及租金水平有着非常密切的关系。

2. 确定待估房地产最佳的开发利用方式

根据调查的土地状况和房地产市场条件等，在城市规划及法律法规等限制所允许的范围内，确定地块的最佳利用方式，包括确定用途、建筑容积率、土地覆盖率、建筑高度、建筑装修档次等。在选择最佳的开发利用方式中，最重要的是选择最佳的土地用途。土地用途的选择，要与房地产市场的需求相结合，并且需要进行合理的预测。最佳的开发利用方式决定开发完成后销售时能获得最高的收益。

3. 预测房地产售价

根据所开发房地产的类型，对开发完成后的房地产总价，可通过两个途径获得。

(1) 对于出售的房地产，如居住用商品房、工业厂房等，可采用市场比较法确定开发完成后的房地产总价。

(2) 对于出租的房地产，如写字楼和商业楼宇等，其开发完成后房地产总价的确定首先采用市场法，确定所开发房地产出租的净收益，再采用收益法将出租净收益转化为房地产总价。具体确定时需要估计以下几个要点：①单位建筑面积月租金或年租金；②房地产出租费用水平；③房地产还原利率；④可出租的净面积。其中，租金水平可依据类似房地产而确定。

4. 估算各项成本费用

(1) 估算开发建筑成本费用。开发建筑成本费用(包括直接工程费、间接工程费、建筑承包商利润等)可采用比较法来测算,即通过当地同类建筑物当前平均的或一般建造费用来测算,也可通过建筑工程概预算的方法来估算。

(2)估算专业费用。专业费用包括建筑设计费、工程概预算费用等,一般采用建造费用的一定比率估算。

(3)确定开发建设工期,估算预付资本利息。开发建设工期是指从取得土地使用权一直到房地产全部销售或出租完毕的这一段时期。根据等量资本要获取等量利润的原理,利息应为开发全部预付资本的融资成本,不仅是建造工程费用的利息,还应包括土地资本的利息。房地产开发的预付资本包括地价款、开发建造费、专业费和不可预见费等,即使这些费用是自有资金,也要计算利息。这些费用在房地产开发建设过程中投入的时间是不同的。在确定利息额时,必须根据地价款、开发费用、专业费用等的投入额、各自在开发过程中所占用的时间长短和当时的贷款利率高低进行计算。例如:预付地价款的利息额应以全部预付的价款按整个开发建设工期计算,开发费、专业费假设在建造期内均匀投入,则利息以全部开发费和专业费为基数,按建造期的一半计算。若有分年度投入数据,则可进一步细化。如建造期两年,第一年投入部分计息期为一年半,第二年投入部分计息期为半年等。开发费、专业费在建设竣工后的空置及销售期内应按全额全期计息。

(4)估算税金。税款主要指建成后房地产销售的营业税、印花税、契税等,应根据当地政府的税收政策估算,一般以建成后房地产总价的一定比例计算。

(5)估算开发完成后的房地产租售费用。租售费用主要指用于建成后房地产销售或出租的中介代理费、市场营销广告费、买卖手续费等,一般以房地产总价或租金的一定比例计算。

5. 确定开发商的合理利润

开发商的合理利润一般以房地产总价或预付总资本的一定比例计算。投资回报利润率的计算基数一般为地价、开发费和专业费三项,销售利润率的计算基数一般为房地产售价。

6. 估算待估对象价值

在运用公式求取待估对象价值时需注意待估对象所对应的时点。

【例 9-9】 有一宗“七通一平”的待开发建筑用地,土地面积为 3 000 平方米,建筑容积率为 2.7,拟开发建设写字楼,建设期为 2 年,建筑费为 3 500 元/平方米,专业费为建筑费的 10%,建筑费和专业费在建设期内均匀投入。该写字楼建成后即出售,预计售价为 10 000 元/平方米,销售费用为楼价的 2.9%,销售税费为楼价的 6.8%,当地银行年贷款利率为 8%,开发商要求的投资利润率为 10%。试估算该宗土地目前的单位地价和楼面地价。

1. 确定评估方法

现已知楼价的预测值和各项开发成本及费用,可用假设开发法评估,计算公式为:

$$地价 = 楼价 - 建筑费 - 专业费 - 利息 - 销售税费 - 利润$$

2. 计算楼价

$$楼价 = 3\,000 \times 2.7 \times 10\,000 = 81\,000\,000(元)$$

3. 计算建筑费和专业费

$$建筑费 = 3\,500 \times 3\,000 \times 2.7 = 28\,350\,000(元)$$
$$专业费 = 建筑费 \times 10\% = 28\,350\,000 \times 10\% = 2\,835\,000(元)$$

4. 计算销售费用和税费

$$销售费用 = 81\,000\,000 \times 2.9\% = 2\,349\,000(元)$$
$$销售税费 = 81\,000\,000 \times 6.8\% = 5\,508\,000(元)$$

5. 计算利润

$$利润 = (地价 + 建筑费 + 专业费) \times 10\% = (地价 + 28\,350\,000 + 2\,835\,000) \times 10\%$$

6. 计算利息

$$\begin{aligned}利息 &= 地价 \times [(1+8\%)^2 - 1] + (28\,350\,000 + 2\,835\,000) \times [(1+8\%)^1 - 1]\\ &= 0.166\,4 \times 地价 + 2\,494\,800\end{aligned}$$

7. 求取地价

$$地价 = 81\,000\,000 - 28\,350\,000 - 2\,835\,000 - 2\,349\,000 - 5\,508\,000 - (地价 + 28\,350\,000 + 2\,835\,000) \times 10\% - 0.166\,4 \times 地价 - 2\,494\,800$$

$$地价 = 36\,344\,700/1.266\,4 = 28\,699\,226.15$$

8. 评估结果

$$单位地价 = 28\,699\,226.15 \div 3\,000 = 9\,566.41\ (元/平方米)$$
$$楼面地价 = 9\,566.40 \div 2.7 = 3\,543.11\ (元/平方米)$$

二、基准地价修正法

(一) 基准地价的含义

基准地价是按照城市土地级别或均质地域分别评估的商业、住宅、工业等各类用地和综合土地级别的土地使用权的平均价格。从其定义可以看出，基准地价不同于宗地地价，它有一个重要特点，是特定区域的平均价格，因而基准地价的表现形式有区片价和路段价。

(二) 基准地价测算的基本思路

基准地价测算主要采用如下方法：依据土地使用权出让、转让、出租和房屋出租、买卖等资料，分别采用多种方法试算样点地价，对样点地价经过年期、容积率、交易情况、土地条件等修正，得到标准宗地地价，然后根据评估区域内的标准宗地地价求取基准地价。

基准地价确定后，还要评估标定地价。标定地价是市、县政府根据需要评估的正常土地市场中，在正常经营管理条件下，具体宗地在一定使用年限内的价格。标定地价评估可以以基准地价为依据，根据土地使用年限、地块大小、形状、容积率等条件通过系数修正进行评估，也可以利用房地产市场交易资料，采用宗地评估的一般方法评估。因此在基准地价评估项目中，一般都要编制基准地价修正系数表，以满足评估标定地价的需要。

(三) 基准地价的特点与作用

1. 基准地价的特点

(1) 基准地价是区域性价格。这个区域可以是级别区域，也可以是区段，因而基准地价的表现形式通常为区片价和路段价，或两者结合起来共同反映某种用途的土地使用权价格。

(2) 基准地价是土地使用权价格。

(3) 因为基准地价是区域性价格，因而必定是平均价格。

(4) 基准地价一般都要覆盖整个城市建成区。

(5) 基准地价是单位土地面积的地价。

(6) 基准地价具有现实性，是评估出的特定时点的价格。

2. 基准地价的作用

(1) 具有政府公告作用。

(2) 宏观调控地价水平的依据。

(3) 是国家征收城镇土地税收的依据。

(4) 是政府参与土地有偿使用收益分配的依据。

(5) 是进一步评估宗地地价的基础。

(6) 引导土地资源在行业部门间的合理配置。

(四) 基准地价修正法的基本思路

基准地价修正法，是利用城镇基准地价和基准地价修正系数表等评估成果，按照替代原则，将待估宗地的区域条件和个别条件等与其所处区域的平均条件相比较，并对照修正系数表选取相应的修正系数对基准地价进行修正，从而求取待估宗地在评估基准日价格的方法。在我国许多城市，尤其是地产市场不太发达的城市，基准地价修正法也是常用的方法。

基准地价修正法的基本原理是替代原理，即在正常的市场条件下，具有相似土地条件和使用功能的土地，在正常的房地产市场中，应当具有相似的价格。基准地价是某级别或均质地域内分用途的土地使用权平均价格，基准地价相对应的土地条件是土地级别或均质地域内该类用途土地的平均条件。因此，通过待估宗地条件与级别或区域内同类用地平均条件的比较，并根据二者在区域条件、个别条件、使用年期、容积率和价格期日等方面的差异，对照因素修正系数表选取适宜的修正系数，对基准地价进行修正，即可得到待估宗地地价。

(五) 基准地价修正法的适用范围

(1) 适用于完成基准地价评估的城镇的土地评估，即该城市具备基准地价成果图和相应修正体系成果。

(2) 基准地价修正法可在短时间内大批量进行宗地地价评估，因此，可快速方便地进行大面积数量众多的土地价值评估。

(3) 基准地价修正法评估的精度取决于基准地价及其修正系数的精度。因此，该方法一般在宗地地价评估中不作为主要的评估方法，而作为一种辅助方法。

(六) 基准地价修正法评估的程序

1. 收集、整理土地定级评估成果资料

定级评估资料是采用基准地价修正法评估宗地地价必不可少的基础性资料。因此在评估前必须收集当地定级评估的成果资料，主要包括：土地级别图、基准地价图、样点地价分布图、基准地价表、基准地价修正系数表和相应的因素条件说明表等，并归纳、整理和分析，作为宗地评估的基础资料。

2. 确定修正系数表

根据待估宗地的位置、用途、所处的土地级别、所对应的基准地价，确定相应的因素条件说明表和因素修正系数表，以确定地价修正的基础和需要调查的影响因素项目。

3. 调查宗地地价影响因素的指标条件

按照与待估宗地所处级别和用途相对应的基准地价修正系数表和因素条件说明表中所要求的因素条件，确定宗地条件的调查项目，调查项目应与修正系数表中的因素一致。

宗地因素指标的调查，应充分利用已收集的资料和土地登记资料及有关图件，不能满足需要的，应进行实地调查采样，在调查基础上，整理归纳宗地地价因素指标数据。

4. 制定待估宗地因素修正系数

根据每个因素的指标值，查对相对应用途土地的基准地价影响因素指标说明表，确定因素指标对应的优劣状况；按优劣状况再查对基准地价修正系数表，得到该因素的修正系数。对所有影响宗地地价的因素都同样处理，即得到宗地的全部因素修正系数。

5. 确定待估宗地使用年期修正系数

基准地价对应的使用年期，是各用途土地使用权的最高出让年期，而具体宗地的使用年期可能各不相同，因此必须进行年期修正。土地使用年期修正系数可按下式计算：

$$k=\frac{1-\dfrac{1}{(1+r)^m}}{1-\dfrac{1}{(1+r)^n}}$$

式中，k 表示宗地使用年期修正系数；r 表示土地资本化率；m 表示待估宗地可使用年期；n 表示该用途土地法定最高出让年期。

6. 确定期日修正系数

基准地价对应的是基准地价评估基准日的地价水平，随时间迁移，土地市场的地价水平会有所变化，因此必须进行期日修正，把基准地价对应的地价水平修正到宗地地价评估基准日的地价水平。期日修正一般可以根据地价指数的变动幅度进行。

7. 确定容积率修正系数

容积率修正系数是一个非常重要的修正系数。基准地价对应的是该用途土地在该级别或均质地域内的平均容积率，各宗地的容积率可能各不相同，同时容积率对地价的影响也非常大，并且在同一个级别区域的，各宗地容积率的差异甚至很大，因此，一定要重视容积率的修正。也就是说，必须将区域平均容积率下的地价水平修正到宗地实际容积率水平下的地价。

8. 评估宗地地价

依据前面的分析和计算得到的修正系数，按下式求算待估宗地的地价水平。

$$\text{被估宗地地价}=\text{待估宗地所处地段的基准地价}\times\text{年期修正系数}\times\text{日期修正系数}\times\text{容积率修正系数}\times\text{其他因素修正系数}$$

第七节 在建工程评估

一、在建工程的含义与特点

在建工程指在评估时点尚未完工或虽然已经完工，但尚未竣工验收、交付使用的建设项目，以及为建设项目备用的材料、设备等资产。在建工程的评估具有自身的特点，与单独的土地、已建成的房地产以及为工程准备的机器设备评估有一定的区别。

1. 在建工程情况复杂

在建工程的范围很广，情况复杂。以建筑工程为例，它包括建设中的各种房屋建筑物，又包含各种设备安装，范围涉及各个行业，情况比较复杂，具有较强的专业技术特点。

2. 在建工程之间可比性较差

在建工程的工程进度差异很大，有的是刚刚投资兴建，有的已经完工但尚未交付使用。这些工程进度上的差异造成在建工程资产功能上的差异。因此，在建工程之间的可比性较差，评估时直接可比案例较少。

3. 在建工程的投资不能完全体现在建工程的形象进度

由于在建工程的投资方式和会计核算要求，其账面价值往往包括预付材料款和预付设备款，同时也记录在建工程中的应付材料款及应付设备款等，如出包工程的付款方式是由合同规定的，可能有时预付很多而工程进度未跟上，有时预付较少而进度超出。因此，在建工程的投资并不能完全体现在建工程的形象进度。

4. 建设工期长短差别较大

有些在建工程如厂区内的道路、设备基础等，一般工期较短；而有些在建工程如高速公路、港口码头等的建设工期很长。

5. 在建工程的价格受后续工程的影响

对于建设工期较长的在建工程，建造期间材料、工费、设计等都可能发生变化，使在建工程的成本以及建成后发挥的效益都具有很多不确定性，因此，在建工程的价格与后续工程的进度和质量有着非常密切的关系。

二、在建工程评估的资料收集与分析

通过收集与在建工程评估有关的资料，确定待估在建工程的合法性，分析在建工程有关技术和经济指标。在建工程评估的资料一部分由委托方提供，同时，必须到施工现场实地考察，以获取更详细直观的资料。在收集有关资料和实地勘查的基础上，要对与待估在建工程有关的宏观经济形势、市场情况和在建工程本身、区位条件、投资计划进度、发展商、施工等有关情况进行综合分析。

1. 收集与待估在建工程有关的政府批准文件和工程其他详细资料

政府批准文件如土地使用权出让合同、建设用地许可证、施工许可证、开工许可证、预售许可证等。其他资料如工程图纸、工程预算书、施工合同、有关账簿及原始记录等。从上述资料中明确项目名称、建筑面积、工程结构、工程预算、实际用款和完工程度，以及需要安装的设备名称、规格、型号、数量、合同金额、实际付款额、到货和工程安装情况等。

2. 评估人员到工程现场勘查

勘查工程进度和工程形象进度，明确工程竣工、达到交付使用的日期以及评估基准日工程形象进度是否与总工程进度计划相符。

3. 了解开发商有关情况，检查工程质量

要了解开发商的资质、财务状况、工程监管等情况。同时检查在建工程质量和建筑材料质量，明确建筑工程各组成部分是否存在缺陷及待修理的因素，在建工程整体布局是否合理。

4. 收集有关法定参数

法定参数包括有关部门规定或制定的当地建筑工程预算定额、建筑工程间接费用标准、地方建筑材料价差指数、建筑工程预备费用及其他费用标准(如在建工程贷款利率)等。

三、在建工程评估的主要方法

(一) 形象进度法

形象进度法是选择足够的可比销售资料，根据在建工程建造完成后的房地产市场价格，结合工程形象进度评估在建工程价值的方法。

应用形象进度法评估在建工程价值的计算公式为：

$$\text{在建工程价值} = \text{建造完成的房地产市场价值} \times \text{工程形象进度百分比} \times (1 - \text{折扣率})$$

其中在建工程建造完成的房地产市场价值，一般可采用市场法或收益法评估。

$$\text{工程形象进度百分比} = \frac{\text{实际完成建筑工程量} + \text{实际完成安装工程量}}{\text{总工程量}} \times 100\%$$

折扣率的确定应考虑营销支出、广告费和风险收益等因素。

(二) 成本法

成本法评估在建工程是按在建工程客观投入的成本评估，即以开发或建造待估在建工程已经耗费的各项必要费用之和，再加上正常的利润和应纳税金来确定待估在建工程的价值的方法。

$$\text{在建工程价值} = \text{土地取得费用} + \text{专业费用} + \text{建造建筑物费用} + \text{正常利税}$$

其中，土地取得费用是指为获得土地而发生的费用，包括相关手续费和税金；专业费用包括咨询、规划、设计等费用；建造建筑物费用是指在评估基准日在建工程已经耗费的各项必要建造费用之和；正常利税包括建造商的正常利润和营业税等。

(三) 假设开发法

用假设开发法评估在建工程，是在求取待估在建工程的价值时，将待估在建工程预期开发完成后的价值，扣除后续正常的开发费用、销售费用、销售税金及开发利润，以确定待估在建工程价值的一种评估方法。

应用假设开发法评估在建工程的公式为：

在建工程价值 = 房地产预期售价 − 后续工程成本 + 后续工程费用 + 正常利税

房地产预期售价可以采用市场法或收益法评估。

(四) 在建工程评估方法的选择

根据在建工程的上述特点，在建工程评估一般根据工程形象进度，选用适用的方法进行评估。

(1) 整个建设工程已经完成或接近完成，只是尚未交付使用的在建工程，可采用工程形象进度法进行评估，按在建工程建成后房地产的市场价值结合工程形象进度做适当扣减作为其评估值。

(2) 对于实际完成工程量较少的在建工程，可采用成本法或假设开发法进行评估。

(3) 属于停建的在建工程，要查明停建的原因，并要考虑在建工程的功能性及经济性贬值，进行风险系数调整。

本章习题

一、单选题

1. 下列选项中，不属于引起房地产价格上升的原因的是(　　)。

A. 通货膨胀　　　　B. 外部经济

C. 内部经营管理　　　　D. 需求增加导致稀缺性增加

【正确答案】 C

【答案解析】 引起房地产价格上涨的原因主要有 5 个方面：①房地产拥有者自己对房地产进行投资改良；②外部经济；③需求增加导致稀缺性增加；④房地产使用管制改变；⑤通货膨胀。

2. 某地区某类房地产 2016 年 4 月至 10 月的定基价格指数分别为 99.6、97.5、100.7、105.0、106.2、108.5、110.1(以 2016 年 1 月为 100)。其中某宗房地产在 2016 年 6 月的价格为 18 500 元/平方米，修正到 2016 年 10 月的价格为(　　)元/平方米。

A. 20 226.91　　　　B. 19 398.57

C. 20 848.00　　　　D. 19 179.38

【正确答案】 A

【答案解析】 修正到 2016 年 10 月的价格=18 500×(110.1/100.7)=20 226.91(元/平方米)。

3. 某房地产在正常情况下，每年可获得有效毛收入 30 万元，假设净收益率是 66.67%，采用报酬资本化法，报酬率为 10%，该房地产所在的土地是通过有偿出让获得使用权的，在评估时点剩余的土地使用权年限为 40 年，不可续期。则该宗房地产的收益价格为(　　)万元。

A. 180　　　　B. 196　　　　C. 200　　　　D. 300

【正确答案】 B

【答案解析】 该宗房地产的净收益=30×66.67%=20(万元)，收益价格为 V=20/10%×

$[1-1/(1+10\%)^{40}]\approx196$(万元)。

4. 某宗房地产的收益期限为40年,通过预测未来3年的年净收益分别为15万元、18万元、23万元,以后稳定在每年25万元直到收益期限结束,采用报酬资本化法,报酬率为8%,则该宗房地产的收益价格最接近于(　　)万元。

A. 280　　B. 285　　C. 290　　D. 295

【正确答案】A

【答案解析】$15/(1+8\%)+18/(1+8\%)^2+23/(1+8\%)^3+25/8\%\times[1-1/(1+8\%)^{37}]/(1+8\%)^3=281.2670379$。选项中最接近的一个为选项A,280万元。

5. 某企业开发某土地,土地重新取得成本为1 000元/平方米,正常开发成本为1 500元/平方米,管理费用为前两项的5%,利息率5%,销售费用为100元/平方米,销售税费为300元/平方米,利润率为6%,则开发后地价为(　　)元/平方米。

A. 3 174.25　　B. 3 297.50　　C. 3 300.00　　D. 3 324.75

【正确答案】D

【答案解析】房地产价值:土地取得成本+开发成本+管理费用+销售费用+利息+利润+销售税费。土地取得成本为1 000元/平方米,开发成本为1 500元/平方米,管理费用为(1 000+1 500)×5%=125(元/平方米),销售费用为100元/平方米,利息为(1 000+1 500+125+100)×5%=136.25(元/平方米),利润为(1 000+1 500+125+100)×6%=163.50(元/平方米),销售税费为300元/平方米。房地产价值:1 000+1 500+125+100+136.25+163.50+300=3 324.75(元/平方米)。

二、多选题

1. 下列关于房地产开发企业存货评估方法的说法中,正确的有(　　)。

A. 对于外购原材料、辅助材料、燃料、外购半成品等应根据清查核实后的数量乘以现行市场购买价确定其评估值

B. 对于在用低值易耗品直接采用成本法进行评估

C. 对于在库低值易耗品直接根据现行购置或制造价格加上合理的其他费用确定评估值

D. 对残损、无用、待报废的低值易耗品,需根据技术鉴定结果和有关凭证,通过分析计算,扣除相应贬值额(保留变现净值)后,确定评估值

E. 对于未开工的土地只能用假设开发法评估

【正确答案】BCD

【答案解析】因为外购原材料、辅助材料、燃料、外购半成品、在库低值易耗品,根据清查核实后的数量乘以现行市场购买价,再加上合理的运杂费、损耗、验收整理入库费及其他合理费用,得出各项资产的评估值,选项A错误;对于未开工的土地可以采用市场法和假设开发法评估,选项E错误。

2. 运用市场法评估投资性房地产公允价值时,对可比案例的比较修正或调整应符合相关规定,下列说法正确的有(　　)。

A. 分别对可比案例成交价格修正或调整的幅度不宜超过20%

B. 共同对可比案例成交价格修正或调整的幅度不宜超过30%

C. 当修正幅度或比值超过相关规定,应调整取值

D. 当修正幅度或比值超过相关规定，应重新选择可比案例

E. 经修正或调整后的可比案例价格，最高值与最低值的比值不应超过 1.2

【正确答案】ABDE

【答案解析】可比案例的比较修正应注意的问题包括：

(1)分别对可比案例成交价格修正或者调整的幅度不宜超过 20%，共同对可比案例成交价格修正或者调整的幅度不宜超过 30%。

(2)经修正或者调整后的可比案例价格，最高值与最低值的比值不应超过 1.2。

(3)当修正幅度或者比值超过上述规定，应重新选择可比案例。

3. 土地的自然特性包括(　　)。

A. 位置的固定性　　B. 质量的差异性

C. 不可再生性　　D. 经济供给的稀缺性

E. 效用的永续性

【正确答案】ABCE

【答案解析】经济供给的稀缺性属于土地的社会经济特性。

4. 基准地价是城市建成区的(　　)。

A. 单位地价　　B. 平均价格

C. 路线价　　D. 区域性价格

E. 宗地价格

【正确答案】ABD

【答案解析】基准地价是区域性价格。基准地价是平均价格，反映的是不同等级、不同区域的土地使用权的平均价格，不能把基准地价等同于宗地地价。基准地价是单位土地面积的地价。

5. 房地产的特征包括(　　)。

A. 位置的固定性　　B. 供求区域性

C. 使用长期性　　D. 投资风险性

E. 政策限制性

【正确答案】ABCDE

【答案解析】位置的固定性、供求区域性、使用长期性、投资风险性、政策限制性等都是房地产的主要特征。

第十章 企业价值评估

第一节 企业价值评估概述

一、企业的概念

企业价值涵盖了企业发展的战略性、风险性和可持续性等多方面的特征。企业价值评价包含了对企业生存和发展至关重要的业绩信息，尤其注重对企业可持续发展能力的评价。要对企业的价值进行评估，首先要理解企业的概念。在我国通常认为：企业是负有一定的社会责任的法人单位，它以营利为最终目的，实行独立核算、自主经营、自负盈亏、自我约束、自我发展，从事生产经营或提供劳务的经济单位。企业一般具有如下基本特征：

（一）企业是一个社会组织

企业是一个由人员群体所组成的，有着自己的组织机构和工作程序的组织。它也是一个投入产出系统，它从社会获得生产经营所需要的人力、物力和财力，同时提供社会所需求的产品和劳务。企业只有不断与社会进行信息、资源和能量交换才能生存，所以企业是一个社会组织。

企业作为一个社会组织不可避免地要承担一定的社会责任，其绩效也受到社会上利益相关者的影响。利益相关者指的是企业所处环境中对企业决策有影响的政府机构、债权人、供应商、顾客、职工和社会公众等相关者。随着市场竞争的迅速加剧，人们对企业的期望越来越高，希望企业不仅要追求经济目标，更要追求社会目标。企业只有充分考虑到利益相关者的期望并承担相应社会责任，才可能营造对自身有利的生存环境，才能得以长期稳定的发展。

（二）企业是一个经济组织

企业是一个营利性的经济组织，其出发点和归宿均是获利。企业一旦成立，就会面临激烈的竞争，并始终处于生存和倒闭、发展和萎缩的矛盾之中。营利是企业创造附加价值的组成部分，也是社会对企业所生产的产品和提供的服务的一种认可，所以企业是一个分工协作、不断创新，以独特的产品和服务获得收入，并且不断降低成本、减少货币流出的经济组织。分工协作在提高生产效率的同时促进了技术的发展，从手工业作坊制度向采用机器和机器体系的现代工厂制度的历史性转变，正是分工协作的结果。随着全世界范围内知识经济的飞速发展，企业因技术和工艺的进步、市场的延伸，已成为消耗有形资产、形成无形资产的经济组织。

(三) 企业是一个契约组织

西方国家的企业契约理论认为企业是节约交易费用的产物，是由契约所规定的组织。美国著名经济学家科斯在《企业的性质》中指出：市场和企业在资源配置过程中可以相互替代，二者的差异在于对资源配置的范围不同。市场主要对企业外部资源进行配置，而企业主要对企业内部资源进行配置。即市场主要通过价格机制来引导资源的流动，从而使资源得到合理配置，而企业则依照管理来实现内部资源的整合。价格与管理的取舍取决于两者成本的比较优势。如果企业配置资源的成本高于市场配置资源的成本，则企业就没有存在的必要。市场上每一笔交易的发生都有一个契约成本，而对企业而言，在市场上进行的各种交易都是通过内部管理协调来实现的，结果是能够节约某些成本。所以，企业是在特定的法律环境下由一系列特定契约组合有机整体。

二、企业的组织形式

企业是市场经济发展的产物，也是市场经济的主体。企业与手工作坊等自给自足的生产组织形式不同，了解企业不同的组织形式，有助于企业价值评估的开展。按其组织形式不同，可将企业分为独资企业、合伙企业和公司制企业等种类。

(一) 独资企业

个人独资企业是指由一个自然人投资，依法设立的企业。财产为投资人个人所拥有，投资人以其个人财产对公司债务承担无限责任的经营实体。个人独资企业具有以下特点：

(1) 企业的出资者只有一人，出资人对企业债务承担无限责任。在个人独资企业中，独资企业出资人直接拥有企业的全部资产并直接对企业的全部负债负责，也就是说独资企业出资人要承担无限责任。

(2) 独资企业具有结构简单、开办容易、利润独享和限制条件少等优点。但也存在不可克服的困难：一方面是出资者负有无限偿付债务的责任，另一方面随着市场规模的扩大、企业的扩张和发展，独资企业会遇到资本扩张的矛盾。资本扩张的方法主要有两种：①资本积累，即企业通过将自身获得的利润转化为资本来谋求发展，但数量很有限；②资本集中，即将个别资本集中起来，这种方式可以突破单一资本积累的限制，加快资本扩张的速度，但资本集中所带来的产权变化必然会导致企业组织形式的变化。

(二) 合伙企业

合伙企业是依法设立，由各合伙人根据签订的合伙协议，共同出资、合伙经营、共担风险、共享收益，并对合伙企业的债务承担无限连带责任的营利组织。合伙企业具有以下特点：

(1) 合伙人至少有两个，并且他们都是具有完全民事行为能力、依法承担无限责任的自然人。

(2) 签订书面合伙协议，合伙人依照合伙协议享有权利、承担责任。

(3) 各合伙人均实际缴付出资，出资可以是货币资金、实物资产、无形资产等，经全体合伙人协商一致，合伙人也可以劳务出资，其评估作价由全体合伙人商议确定。

(4) 凡是遇到合伙企业名称改变、向工商等政府机关申请办理变更登记手续、处置不动产或财产权利、为其他企业或个人提供担保、聘任企业高级经营管理人员等重要事务，均需全体合伙人一致同意。

(5) 合伙企业赢得的利润和发生的亏损，由合伙人依照出资比例或合伙协议约定的比例分配和分担。

(6) 各合伙人对合伙企业债务承担无限连带责任。

(7) 合伙企业具有开办容易、信用相对较佳等的优点。但也存在责任无限、权力相对分散、意见不易集中等缺点。

(三) 公司制企业

公司是指依照公司法注册登记设立，以全部法人财产依法自主经营、自负盈亏的企业法人单位。公司享有由股东投资形成的全部法人财产权，依法享有民事权利，同时承担民事责任。公司股东作为出资者享有资产收益、参与重大决策和选择管理人员等权利，并以其出资额或所持股份为限对公司承担有限责任。我国公司法所规定的公司分为有限责任公司和股份有限公司两种类型。

股份有限公司与独资企业、合伙企业相比，具有如下特点：

(1) 有限责任制。股东对股份有限公司的债务承担有限责任，这与有限责任公司相似，一旦公司破产清算，股东损失的最大限度是其对公司的投资额。而对独资企业或合伙企业，其所有者的损失可能更多，甚至用个人的全部财产赔付。

(2) 永续经营。股份有限公司的法人地位不受部分股东股份转让或某股东死亡的影响，因此，其寿命比独资企业或合伙企业更有保障。

(3) 资本证券化。投资人往往希望能在一定时间收回投资，而企业则希望资本能长期留在企业以供使用，资本证券化解决了这个矛盾。资金在证券市场可以自由转让，满足了投资者在一定时点收回投资的要求，同时企业通过发行股票可以获得长久的资本以满足日常生产经营和对外投资等方面的需要。

(4) 融资能力强。从筹集资本的角度来讲，股份有限公司是最有效的企业组织形式。因其永续经营以及举债和增发股票的空间很大，股份有限公司具有更大的融资能力和弹性。

(5) 可转让性。一般情况下，股份有限公司的股份转让比独资企业和合伙企业的权益转让要容易得多。

三、企业价值的内涵

企业价值是指企业作为一种商品的货币表现，企业价值的一般对象是企业整体的经济价值。在实务中，企业价值往往被理解为企业所能创造出的价值，重点是考察企业未来的营利水平。企业通过各种能增加营利能力的途径，如采用新技术、新工艺、新的管理手段和培训员工以提升员工的素质等来增加企业的价值。企业价值具有如下特点：

(一) 企业价值是指整体价值

企业的整体价值是指企业作为一个整体的公平市场价值。整体公平市场价值是指在公平交易中，交易双方完全掌握市场信息，在没有任何压力的状态下，自觉进行资产交换或债务清偿的价格。但是，现时市场价值并不一定就是公平市场价值，因为：①现行市场并不是完全有效的，导致市场竞争的不充分；②由于信息的不完全对称，导致价格的不公平；③针对上市企业为对象的交易，市场价格变动频繁，无法确定哪一个是公平的；④价值评估的目的之一是寻找被低估的企业，即价格低于价值的企业。如果用现时市价作为企业的估价，则企业的价值与价格相等，什么有意义的信息都得不到了。资产可理解为未来的经济利益，而"经济利益"实际上就是现金净流量，因此确定企业的公平市场价值一般用未来现金净流量的现值来计算。

企业整体价值是企业价值评估的对象，还需进一步明确是哪一种整体价值。

1. 实体价值和股权价值

企业的实体价值是指企业全部资产的整体价值，即股权价值与债务价值之和：

$$企业实体价值 = 股权价值 + 债务价值$$

企业的股权价值是指股东权益的公平市场价值，包括发行在外的普通股的价值、优先股的价值等等；债务价值是指债务的公平市场价值，包括债券的价值以及非公开发行的债务价值(如银行借款)等。

2. 持续经营价值和清算价值

企业持续经营价值是指由企业经营所产生的未来现金流量的现值。清算价值是指由企业出现财务危机而破产或停止经营、清算时，将企业资产出售产生的现金流量。这两者的评估方法和评估结果有明显区别，在评估前应明确拟评估企业是一个持续经营的企业还是一个准备清算的企业，评估的价值是其持续经营价值还是清算价值。在大多数情况下，评估的是企业的持续经营价值。

一个企业的公平市场价值，应当是持续经营价值和清算价值中较高的一个。企业持续经营的基本条件，是其持续经营价值超过清算价值。一般情况下，对于企业投资者来说，当未来现金净流量的现值大于清算价值时，会选择持续经营；当现金净流量下降或者资本成本提高，使得未来现金净流量的现值小于清算价值时，则会选择清算价值。

3. 控股股权价值和少数股权价值

企业的所有权和控股股权是两个完全不同的概念。拥有少数股权的股东对企业事务发表的意见无足轻重，只有获得控股股权的人才有企业重大事务的决定权。我国很多上市企业存在"一股独大"的现象，大股东决定了企业生产、经营等重大事项。而在股票市场上交易的只是少数股权，大多数股票并没有参加交易。掌握控股权的股东一般不参加日常交易。股票的市场价格只是已经交易的价格，它们衡量的只是少数股权的价值。在收购交易中，明显可以看出控股股权和少数股权的价值差异，一旦控股股权参加交易，股价会迅速拉升，甚至达到少数股权价值的数倍。

所以在企业价值评估时，必须明确拟评估的对象是什么，搞清楚是企业实体价值还是股权价值，是持续经营价值还是清算价值，是少数股权价值还是控股股权价值。它们是不同的评估对象，需要用不同的方法进行评估。

(二) 存续期限具有不确定性

企业价值依附于企业而存在，而企业具有生命周期，处于生命周期的不同阶段，企业具有不同的价值。企业价值随着外部经济环境和企业生命周期的波动而改变。

(三) 智力资本具有主导性

智力资本在企业发展中的重要性越来越凸现，已成为现代企业价值的基础，并占主导地位。美国《财富》杂志编辑、著名经济学家托马斯·斯图尔特将人力资本、结构性资本和客户资本三者概括为智力资本,智力资本的价值在三者中间得以充分体现。艾德文森和沙利文则认为,智力资本是企业的市场价值和账面价值之间的差异,是企业的物质资本和非物质资本的综合体现。

(四) 表现形式具有虚拟性

金融制度的变迁导致企业的实体价值与虚拟价值并存,它们分别依托于实体经济和虚拟经济而存在,实体经济是指商品市场上进行生产、流通和消费活动以及自给自足等非商品的经济活动。企业的实体价值表现为企业在商品市场上的交换价值或资产价格(包括有形资产和无形资产)。虚拟经济是指金融市场上金融资产的形成和交易活动。企业的虚拟价值是指在金融市场上(特别是股票市场)形成的企业虚拟资产(股票)的市场价值。在实体价值与虚拟价值并存的情况下,企业价值主要是由虚拟价值所决定。

四、企业价值评估的程序

企业价值评估不仅要遵循一定的企业价值评估程序,还要按照企业价值评估程序来执行。企业价值评估程序就是一种执行程序,企业价值评估程序为企业价值的评估提供了流程指导。

(一) 明确评估基本事项

注册资产评估师执行企业价值评估业务,应当明确下列基本事项:委托方的基本情况、委托方以外的其他评估报告使用者、被评估企业的基本情况、评估目的、评估对象和评估范围、价值类型、评估基准日、评估假设、注册资产评估师认为需要明确的其他事项。

(二) 签订评估合同

在明确评估基本事项的基础上,双方签订评估合同,维护各自的权益,以明确评估目的和对象、评估基准日及客户各项要求等。

(三) 编制评估工作计划

编制工作计划是对评估工作量、工作进度、专业人员调配等做出安排。资产评估计划会由于企业的规模和复杂程度不同,其详尽程度也有所不同。

(四) 现场勘查与资料收集

在执行企业价值评估业务时,应当对评估对象进行必要的现场勘查,界定企业评估的范围,了解企业历史、企业现状、管理层收入情况、企业经营情况、企业市场及开拓情况,帮助评估人员鉴定企业财务状况。

资产评估师执行企业价值评估业务,应当根据评估业务的具体情况,收集并分析被评估企业的资料和其他相关资料,通常包括:

(1) 评估对象相关权益状况及有关法律文件、评估对象涉及的主要权属证明资料。

(2) 企业的历史沿革、主要股东及持股比例、主要的产权和经营管理结构资料。

(3) 企业的资产、财务、经营管理状况资料。

(4) 企业的经营计划、发展规划和未来收益预测资料。

(5) 评估对象、被评估企业以往的评估及交易资料。

(6) 影响企业经营的宏观、区域经济因素的资料。

(7) 企业所在行业现状与发展前景的资料。

(8) 证券市场、产权交易市场等市场的有关资料。

(9) 可比企业的财务信息、股票价格或者股权交易价格等资料。

(五) 选择合适的评估方法并估算企业价值

资产评估师执行企业价值评估业务,应当根据评估目的、评估对象、价值类型、资料收集情况等相关条件,分析收益法、市场法和成本法(资产基础法)三种资产评估基本方法的适用性,恰当选择一种或者多种资产评估基本方法。资产评估师对同一评估对象采用多种评估方法时,应当对各种初步评估结论进行分析,结合评估目的、不同评估方法使用数据的质量和数量,采用定性或者定量分析方式形成最终评估结论。

(六) 确定评估结果并出具评估报告书

评估报告是评估过程和评估成果的综合反映,也是评估主体承担法律责任的依据。在确定了评估结果之后,起草报告,实行内部三级审核制度,企业价值评估报告应符合《企业价值评估指导意见(试行)》和《资产评估执业准则——评估报告》的基本要求。

上面六个步骤共同组成企业价值评估程序,把握这些企业价值评估程序能够帮助企业价值评估走向规范性,也能取得更好的效果。

第二节 企业价值评估的收益法

一、收益法的含义

企业价值评估的收益法是指通过估算被评估企业的未来预期收益并折成现值,借以确定被评估企业价值的一种方法。收益法应用的基本原理是现值原理,即任何企业(资产)的价值等于预期未来全部收益流(现金流)的现值总和。

应用收益法评估企业价值的前提条件是企业的持续经营。只有当企业具有持续的盈利能力时,运用收益法对企业进行价值评估才有意义。

收益法评估企业价值的具体公式

(一) 企业持续经营假设前提下的收益法

1. 年金法

年金法的计算公式为:

$$P = A/r$$

式中,P 表示企业评估价值;A 表示企业每年的年金收益;r 表示本金化率。

用于企业价值评估的年金法,是将已处于均衡状态,其未来收益具有充分的稳定性和可预测性的企业收益进行年金化处理,然后再把已年金化的企业预期收益进行收益还原,估测企业的价值。因此,其计算公式又可以写成:

$$P = \sum_{t=1}^{n}[R_t \times (1+r)^{-t}] \div \sum_{t=1}^{n}[(1+r)^{-t}] \div r$$

式中，R_t 表示第 t 年的收益；t 表示第 t 年。

2. 分段法

分段法是将持续经营的企业的收益预测分为前后两段。将企业的收益预测分为前后两段的理由在于：在企业发展的前一个期间，企业处于不稳定状态，因此企业的收益是不稳定的；而在该期间之后，企业处于均衡状态，其收益是稳定的或按某种规律进行变化。对于前段的企业预期收益采取逐年预测，并折现累加的方法；而对于后段的企业收益，则针对企业具体情况并按企业的收益变化规律，对企业后段的预期收益进行折现和还原处理。将企业前后两段收益现值加在一起便构成企业的收益现值。

假设以前段最后一年的收益作为后段各年的年金收益，则分段法的计算公式可写成：

$$P=\sum_{t=1}^{n}\frac{R_t}{(1+r)^t}+\frac{A}{r}\cdot\frac{1}{(1+r)^n}$$

$$=\sum_{t=1}^{n}[R_t(P/F,r,t)]+\frac{A}{r}(P/F,r,n)$$

假设从$(n+1)$年起的后段，企业预期年收益将按固定比率(g)增长，则分段法的计算公式为：

$$P=\sum_{t=1}^{n}\frac{R_t}{(1+r)^t}+\frac{R_n(1+g)}{r-g}\cdot\frac{1}{(1+r)^n}$$

$$=\sum_{t=1}^{n}[R_t(P/F,r,t)]+\frac{R_n(1+g)}{r-g}(P/F,r,n)$$

(二) 企业有限年期经营假设前提下的收益法

企业有限年期经营假设前提下的收益法的计算公式为：

$$P=\sum_{t=1}^{n}[R_t\times(1+r)^{-t}]+P_n\times(1+r)^{-n}$$

式中，n 表示经营期限；P_n 表示第 n 年的企业价值；t 表示第 t 年；其他字母含义同上。

【例 10-1】 待估企业预计未来 5 年的预期收益额为 200 万元、240 万元、220 万元、260 万元、240 万元，假定本金化率为 10%。

要求：

(1) 试用年金法估测待估企业价值。

(2) 假定企业持续经营，从第 6 年开始，每年收益额保持在 120 万元，试评估待估企业价值。

(3) 假定企业持续经营，从第 6 年开始，每年收益额将在上一年的基础上增长 2%，试评估待估企业的价值。

(4) 假定企业经营期限是 6 年，第 6 年预计变现价值为 200 万元，试评估待估企业的价值。

评估计算过程如下：

(1) 年金法待估企业价值：

$$P=\sum_{t=1}^{n}[R_t\times(1+r)^{-t}]\div\sum_{t=1}^{n}[(1+r)^{-t}]\div r$$
$$=\sum_{t=1}^{n}[R_t\times(1+r)^{-t}]\div(P/A,\ r,\ n)\div r$$
$$=[200\times(1+10\%)^{-1}+240\times(1+10\%)^{-2}+220\times(1+10\%)^{-3}+260\times(1+10\%)^{-4}+240\times(1+10\%)^{-5}]\div(P/A,\ 10\%,\ 5)\div10\%$$
$$=872\div3.7907\div10\%=2\ 300.37(万元)$$

(2) 假定企业持续经营,从第 6 年开始,每年收益额保持在 240 万元,则企业的价值为:

$$P=\sum_{t=1}^{n}\frac{R_t}{(1+r)^t}+\frac{A}{r}\cdot\frac{1}{(1+r)^n}$$
$$=872+240\div10\%\times0.6208=2\ 361.92(万元)$$

(3) 假定企业持续经营,从第 6 年开始,每年收益额将在上一年的基础上增长 2%,则企业的价值为:

$$P=\sum_{t=1}^{n}\frac{R_t}{(1+r)^t}+\frac{R_n(1+g)}{r-g}\cdot\frac{1}{(1+r)^n}$$
$$=872+240\times(1+2\%)\div(10\%-2\%)\times0.6208=2\ 771.65(万元)$$

(4) 假定企业经营年限是 6 年,第 6 年预计变现价值为 200 万元,则企业的价值为:

$$P=\sum_{t=1}^{n}[R_t\times(1+r)^{-t}]+P_n\times(1+r)^{-n}$$
$$=872+200\times0.6208=996.16(万元)$$

二、收益额的确定

(一) 企业收益的含义

企业的收益额具体是指企业在正常条件下,获得的归企业所得额。企业收益界定是从企业发生产权变动以确定企业交易价值这一特定目的作为出发点。在进行界定时,应注意以下两个方面:一是企业创造的不归企业权益主体所有的收入不能作为企业价值评估中的企业收益。例如,税收,不论是流转税还是所得税都不能视为企业收益。二是凡是归企业权益主体所有的企业收支净额都可视为企业的收益。因此,企业的收益有两种基本表现形式:企业净利润和企业净现金流量。企业收益的其他表现形式有:息前净现金流量(企业自由现金流量)、息税前利润、息税前净现金流量等。

不同口径的收益额,其折现值的价值内涵和数量是有差别的,在假设折现率口径与收益额口径保持一致的前提下,不同口径收益额现值的内涵如下:

(1) 净利润或净现金流量(股权自由现金流量)折现或资本化为企业股东全部权益价值(净资产价值或所有者权益价值)。

(2) 净利润或净现金流量加上扣税后的长期负债利息折现或资本化为企业投资资本价值(所有者权益+长期负债)。

(3) 净利润或净现金流量加上扣税后的全部利息(企业自由现金流量)折现或资本化为企业整体价值(所有者权益价值和付息债务之和)。

(二) 企业收益的预测

1. 预期收益预测基础

企业价值评估的预期收益的基础应该是在正常的经营条件下，排除影响企业盈利能力的偶然因素和不可比因素之后的企业正常收益。即以企业在评估时点的实际收益为出发点，扣除一次性的或偶然性的因素，作为企业未来预期收入的基础。

2. 预期收益预测的步骤

企业预期收益的预测大致可分为以下几个步骤：

(1) 评估基准日审计后企业收益的调整。评估基准日审计后企业收益的调整包括两部分工作。①对审计后的财务报表进行非正常因素调整，主要是损益表和现金流量表的调整。将一次性、偶发性或以后不再发生的收入或费用进行剔除，把企业评估基准日的利润和现金流量调整到正常状态下的数量，为企业预期收益的趋势分析打好基础；②研究审计后报表的附注和相关揭示，对在相关报表中揭示的影响企业预期收益的非财务因素进行分析，并在该分析的基础上对企业的收益进行调整，使之能反映企业的正常盈利能力。

(2) 企业预期收益趋势的总体分析和判断。企业预期收益趋势的总体分析和判断是在对企业评估基准日审计后实际收益调整的基础上，结合企业提供的预期收益预测和评估机构调查搜集到的有关信息的资料进行的。这里需要强调指出：①对企业评估基准日审计后的财务报表调整，尤其是客观收益的调整仅作为评估人员进行企业预期收益预测的参考依据，不能用于其他目的；②评估人员还必须深入到企业现场进行实地考察和现场调研，与企业的核心管理层进行充分的交流，了解企业的生产工艺过程、设备状况、生产能力和经营管理水平，再辅之以其他数据资料对企业未来收益趋势做出合乎逻辑的总体判断。

(3) 企业预期收益预测。企业预期收益的预测是在前两个步骤完成的前提下，运用具体的技术方法和手段进行测算。在一般情况下，企业的收益预测分两个时间段。对于已步入稳定期的企业而言，收益预测的分段较为简单：①对企业未来 3～5 年的收益预测；②对企业未来 3～5 年后的各年收益预测。

目前较为常用的方法有综合调整法、产品周期法、实践趋势法等。不论采用何种预测方法，科学合理地设定预测企业预期收益的前提条件是必需的，这些前提条件包括：国家的政治、经济等政策变化对企业预期收益的影响，除已经出台尚未实施的以外，只能假定其将不会对企业预期收益构成重大影响；不可抗拒的自然灾害或其他无法预期的突发事件，不作为预期企业收益的相关因素考虑；企业经营管理者的某些个人行为也未在预测企业收益时考虑已提供的关于预期收益的预测是评估人员预测企业未来预期收益的重要参考资料。

在明确了企业收益预测前提条件的基础上，就可以着手对企业未来 3～5 年的预期收益进行预测。预测的主要内容有：对影响被评估企业及所属行业的特定经济及竞争因素的估计；未来 3～5 年市场的产品或服务的需求量或被评估企业市场占有份额的估计；未来 3～5 年销售收入的估计；未来 3～5 年成本费用及税金的估计；完成上述生产经营目标需追加投资以及对技术设备更新改造因素的估计；未来 3～5 年预期收益的估计等。关于企业的收益预测，评估人员需分析后直接引用企业或其他机构提供的方法和数据，而应把企业或其他机构提供的有关资料作为参考，根据可搜集到的数据资料，在经过充分分析论证的基础上作出独立的预测判断。

三、折现率的确定

(一) 企业价值评估中选用折现率的基本原则

(1) 折现率等于无风险报酬率加上风险报酬率，所以折现率肯定不低于无风险报率。

(2) 企业评估的折现率与行业平均回报率有一定的关联。

(3) 企业折现率必须与企业的经济收益定义相匹配，如企业的经济收益是股权现金，则要用反映企业股权收益的回报率作为折现率。

(4) 企业评估的折现率确定没有固有的原则和程序，完全要根据被评估企业的实际情况。考虑分析的因素越多、越全面，则推导出来的结果就越理想。

(二) 测算风险报酬率时应注意的因素

(1) 国民经济增长率及被评估企业所在行业在国民经济中的地位。

(2) 被评估企业所在行业的发展状况及被评估企业在行业的地位。

(3) 被评估企业所在行业的投资风险。

(4) 企业在未来的经营中可能承担的风险等。

(三) 折现率的估测方法

1. 累加法

累加法是指采用无风险报酬率加风险报酬率的方式确定折现率或资本化率。如果风险报酬率是通过B系数法或资本资产定价模型估测出来的，此时，累加法测算的折现率或资本化率适用于股权收益的折现或资本化。累加法测算折现率的计算公式为：

$$R = R_f + R_r$$

式中，R表示企业价值评估中的折现率；R_f 表示无风险报酬率；R_r 表示风险报酬率。

2. 资本资产定价模型

资本资产定价模型通常是用来测算权益资本折现率的一种工具。其计算公式为：

$$R = R_{f1} + (R_m - R_{f2}) \times \alpha \times \beta$$

式中，R 表示企业价值评估中的折现率；R_{f1} 表示现行无风险报酬率；R_m 表示市场期望报酬率历史平均值；R_{f2} 表示历史平均无风险报酬率；β 表示被评估企业所在行业权益系统风险系数；α 表示企业特定风险调整系数。

注意：这里的 R_{f1} 和 R_{f2} 一般情况下是相等的。

3. 加权平均资本成本模型

加权平均资本成本模型是以企业的所有者权益和企业负债所构成的全部资本，以及全部资本所需求的回报率，经加权平均计算来获得企业评估所需的折现率。其计算公式为：

$$R = \frac{E}{D+E} \times K_e + \frac{D}{D+E} \times (1+T) \times K_d$$

式中，E 表示权益的市场价值；D 表示债务的市场价值；K_e 表示权益资本要求的投资回报率；K_d 表示债务资本要求的回报率；T 表示被评估企业适用的所得税税率。

如果债务只包含长期负债，则：

企业投资资本要求的折现率 = 长期负债占投资资本的比重 × 长期负债成本
+ 权益资本占投资资本的比重 × 权益资本成本

权益资本要求的回报率 = 无风险报酬率 + 风险报酬率

(长期) 负债成本 = (长期) 负债税前成本(即K_d)(1 − 所得税税率)

确定各种资本权数的方法一般有 3 种:①以企业资产负债表中(账面价值)各种资本的比重为权数;②以占企业外发证券市场价值(市场价值)的现有比重为权数;③以在企业的目标资本构成中应该保持的比重为权数。

【例 10-2】 某公司股东权益资本成本的确定过程,公司基本情况及各项财务数据(略):

1. 股东权益资本成本的确定

股东权益收益率采用资本资产定价模型(CAPM)计算确定:

$$R_e = R_f + \beta_e (R_m - R_f) + \alpha$$

该公式中涉及的各参数的具体内容如下:

(1) 无风险报酬率(R_f)。

评估无风险报酬率根据评估基准日邻近发行的 2015 年第十五期记账式附息国债 10 年期票面年利率的利率水平确定。该国债期限为 10 年,票面年利率为 3.9900%。该债券于 2015 年 6 月 16 日开始起息,每年 6 月 16 日、12 月 16 日(节假日顺延,下同)支付利息 2025 年 6 月 16 日偿还本金并支付最后一次利息。该国债自 2015 年 6 月 22 日上市。由于该期国债为固定利率附息债,每半年付息一次,因此需将票面年利率折算为复利年利率,具体计算过程如下:

$$\text{无风险报酬率} = (1 + 3.9900\% \div 2)^2 - 1 = 4.0298\%$$

(2) 公司系统风险系数(β)。

β 为衡量公司系统风险的指标。本次评估中,由该公司是非上市公司,评估人员无法直接取得其 β 值,因此评估人员需要通过对国内上市公司的分析来间接确定该公司 β 值。本次评估人员对沪深股市进行了研究。

该公司本身属于建筑行业,从企业的主营业务特点来看,主要经营业务为催化剂、精细化学品、特种气体、化工仪表及其他化工产品制造与销售等。因此,评估人员研究了沪深股市氯碱、氟化工、精细化工相关行业的上市公司。评估师通过 WND 咨询软件,查询了相关行业股票的原始 β 值,最终选择了拟合度较高的 10 只股票作为行业样本,进行贝塔值测算。由于样本公司的资本结构各不相同,评估人员所观察到的企业贝塔值包含了企业资本结构特性的成分。为了更加准确地反映企业所处行业的风险水平,评估人员需要对所观察到的公司股票的 β 值进行调整,以便确定企业在无杠杆情况下的风险系数 β_u,具体调整方法如下:

$$\beta_u = \beta_e \times \frac{E}{E + D(1 - T)}$$

E 为企业的股东权益价值,即评估人员从上市公司的 2012 年、2013 年与 2014 年年度及半年度公开的报告中获取企业的股权结构。对流通股或限制流通股按期末每股净资产计算,对流通股或实际流通股按期末收盘价计算,将计算的非流通股或限制流通股价值与流通股或实际流通股价值之和作为企业的股东权益价值,并按期限进行平均。

D 为企业的付息债务价值,评估人员可从上市司公开的年度和半年度报告中获取,并按期限进行平均。10 家上市公司股票的计算结果详见表 10-1。

表 10-1　上市公司股票计算结果表

序号	股票代码	股票名称	可决系数 R_2	原始 β_e	D/E	企业所得税率	无杠杆权益 β_u 值
1	600143.SH	金发科技	0.6290	1.1662	0.2016	15%	0.9956
2	000525.SZ	红太阳	0.4056	0.7275	0.4307	22%	0.5446
3	600486.SH	扬农化工	0.5266	0.8614	0.0783	20%	0.8103
4	600096.SH	云天化	0.4129	0.6988	0.8440	15%	0.4069
5	600636.SH	三爱富	0.5917	1.0834	0.3505	15%	0.8347
6	000422.SZ	湖北宜化	0.7354	1.2167	0.6456	20%	0.8006
7	000822.SZ	山东海化	0.6773	1.1205	0.3888	26%	0.8708
8	600160.SH	巨化股份	0.6461	1.1790	0.3057	18%	0.9433
9	600319.SH	亚星化学	0.6927	1.0506	0.74	25%	0.6748
10	600378.SH	天科股份	0.5116	0.9296	0.0000	15%	0.9296
平均值				1.0034	0.3985		0.7811
标准差				0.1885	0.2765		0.1867
标准离差率				18.79%	69.39%		23.90%

最终，评估人员将 10 家代表相关行业的企业 β 值求平均得出行业的无杠杆权益 β 值为 0.7811 之后，评估人员可以计算本次所用的企业 β 值，具体公式如下：

$$\beta_e = \beta_u \times \frac{E + D(1-T)}{E}$$

式中，D/E 表示企业未来目标 D/E，设定为 0.3985；T 表示企业所得税税率，由此测算出企业未来无杠杆权益 β 值为 1.0457。

(3) 市场风险溢价 $(R_m - R_f)$。

$(R_m - R_f)$ 为市场风险溢价，即通常指股市指数平均收益率超过平均无风险收益率（通常指长期国债收益率）的部分。沪深 300 指数比较符合国际通行规则，其 300 支成分样本股能较好地反映中国股市的状况。

考虑市场风险溢价的另一途径是研究构成指数计算基础的成分股的全体的公司经营为股民创造收益的能力，以便为股市指数的增长提供长期的内在支撑。这种研究需要借助许多假设前提，也需要花费比较长的时间用股市实际的指数去进行检验，以便证明研究方法的正确性。目前国际上对新兴市场的风险溢价通常采用成熟市场的风险溢价进行调整确定。这一方法实质上涉及国际间资产定价权的争夺。本次评估的企业所面临的是一个高度国际化的产业。因此，对于本次评估，评估人员可采用成熟市场的风险溢价进行调整，具体计算公式如下：

$$\text{市场风险溢价} = \text{成熟股票市场的长期平均风险溢价} + \text{国家补偿额}$$

式中，成熟股票市场的长期平均风险溢价取投资者对英、美等成熟市场普遍要求的 5.3%。

对于国家补偿额，我们可根据国别的债务评级、该国经济的市场化程度进行综合分析确定。目前，国际上著名的债务评估机构对我国的债务评估等级与对美国的债务评估等级相比尚存在差距，而人民币也还不是完全可自由流通的国际币。经评估人员综合分析后，本次评估对我国的国家补偿额取 1.4%。则：

$$(R_m - R_f) = 5.3\% + 1.4\% = 6.7\%$$

本次市场风险溢价取 6.7%。

(4) 该公司企业特定风险调整系数(α)。

目前该公司面临的主要经营发展环境为:公司的生产经营面临的不确定因素增多,公司由事业单位改制成企业后,在现代化企业管理理念和模式上,还存在一个转变与适应过程;市场开发能力较薄弱,非技术垄断性的产品市场占有率较低;缺乏既懂企业管理又有市场开拓能力的复合型人才;产业基础薄弱,经济总量不大,与同行业相比有一定的差距。另外,企业所面临的外部环境:同行企业经济实力强大;主要化工产品远离目标市场;周边化工园区发展较快,产业竞争激烈;国外产品与技术进入中国市场。

通过分析以上问题,评估人员可以看出目前发展形势对于该公司还有一定的不确定性。

本次被评估企业的风险与样本上市公司所代表的行业平均风险水平是有差别的,还需进行调整。被评估企业的特定风险主要表现为四个方面,即技术风险、资金风险、管理风险和市场风险。考虑上述因素,综合确定该公司企业特定风险系数为 4%。因此,本次企业特定风险调整系数 α 取 4%。

$$\begin{aligned} R_e &= R_f + \beta_e (R_m - R_f) + \alpha \\ &= 4.0298\% + 1.0457 \times 6.7\% + 4\% \\ &= 15.04\% \end{aligned}$$

2. 债务成本(R_d)的确定

本次评估根据 2015 年 7 月 7 日公布的一年期银行贷款利率经复利计算后,综合确定 R_d 为 6.7231%。

3. 折现率的确定

根据以上数据测算结果,计算 $WACC$ 为:

$$WACC = \left(\frac{1}{1+D/E}\right) \times R_e + \left(\frac{1}{1+E/D}\right)(1-T) \times R_d = 12.38\%$$

故本次评估折现率为 12.38%。

四、对收益法应用的评价

随着企业经营目标、管理理念、决策标准和管理方式的根本性革命,使得企业管理进入到以价值为基础、以价值最大化为目标的价值管理时代。人们关注的是企业存续期间现金流量贴现值的最大化(即价值最大化)。因此,企业价值评估应用收益法,也成为一种必然。

收益法评估企业价值的主要优点在于:

(1) 收益法最符合价值理论和新经济发展对评估业的要求,揭示了企业的内在价值。收益法是建立在价值分析和价值管理基础上的评估方法,反映的是资产整体的获利能力,而且与投资决策紧密结合,因此,应用收益法评估企业价值易被买卖双方所接受。

(2) 收益法从资产经营的根本目的出发,紧扣企业的收益进行评估,更加符合资产评估的根本要求。

(3) 在对企业价值评估中,应用现金流量折现能通过各种假设反映企业管理层的管理水平和经验。

(4) 运用收益法评估一个持续经营的企业价值,评估人员应充分占有各种行业资料,通过对行业资料加以分析来评价企业整体资产的价值,给投资决策者的资本运营提供了极其有用的参考资料。

(5) 评估人员还可以通过对行业内各企业的管理状况的分析与评价提供管理咨询业务

服务等，不仅扩展了评估业的服务范围，而且使评估行业的地位和作用得到提升。

但收益法也不是完美无缺的，运用收益法对企业所在行业、企业竞争战略、企业经营战略等进行分析的基础上，对企业的未来经营做出合理的预测，评估结果的科学性在很大程度上取决于评估人员的职业判断，评估主观性较大，易产生随意评估和串通评估。

多年来，我国资产评估人员在企业价值评估中主要采用成本法，而仅用收益法进行检验，其主要原因在于我国市场经济尚不成熟，难于合理确定资产的未来收益和折现系数。但伴随着我国市场经济的平稳发展，国有企业和金融制度改革的全面展开，以及评估人员素质的提高，运用收益法对企业价值评估会越来越广泛。

第三节 企业价值评估的成本法和市场法

一、企业价值评估的成本法

(一) 成本法概念

企业价值评估中的成本法也称资产基础途径中的资产加和法，是指在合理评估企业各项资产价值和负债的基础上确定企业价值的评估方法。这种方法是目前我国资产评估人员最熟悉的企业价值评估方法。由于历史的原因，我国大量的国有企业改制以及合资都采用这种方法对企业整体进行评估。因此其也被称为整体企业价值评估的重置成本法。

成本法的理论基础也是“替代原理”，即任何一个精明的潜在投资者，在购置一项资产时所愿意支付的价格不会超过建造一项与所购资产具有相同用途的替代品所需的成本，因此，如果投资者的待购资产是全新的，其价格不会超过其替代资产的现行建造成本扣除各种损耗的余额。这种方法起源于对传统的实物资产的评估，如土地、建筑物、机器设备等的评估。这种方法强调被评估企业资产的重置成本，使用这种方法主要考虑资产的成本，很少考虑企业的收益和支出。在使用成本法时，主要通过调整企业财务报表的所有资产和负债来反映它们的现时市场价值。

(二) 成本法的假设前提

成本法评估企业价值一般有两种假设条件，即持续经营假设和非持续经营假设。在持续经营假设条件下，一般不宜运用加和法对企业价值进行评估。因为运用加和法评估企业价值，是通过分别评估企业的所有可确指资产后加和而成。此种方法无法把握持续经营企业价值的整体性，亦难以把握各个单项资产对企业的贡献。对企业各单项资产间的工艺匹配和有机组合因素产生的整合效应，即不可确指的无形资产，无法进行有效衡量。因此，在一般情况下，不宜单独运用加和法评估一个在持续经营假设前提下的企业价值。在特殊情况下，评估人员采用加和法对持续经营企业进行评估，应予以充分的说明。

在正常情况下，运用加和法评估持续经营的企业应同时采用收益法进行验证。特别是在我国目前的条件下，企业的社会和非正常费用较多，企业的财务数据难以真实反映企业的盈利，影响了基于企业财务数据进行的企业预期收益预测的可靠性。因此，将加和法与收益法配合使用,可以起到互补的作用。这样既便于评估人员对企业盈利能力的把握,又可使企业的收益预测建立在较为坚实的基础上。

(三) 成本法的具体应用

成本法,即资产加和法是实现企业重建的具体技术手段,具体是指将构成企业的各种要素资产的评估值加总求得企业价值的方法。企业重建并不是对被评估企业的简单复制,而主要是对企业生产能力和盈利能力的重建。因此,企业价值评估的加和法是紧紧围绕企业的盈利能力进行的,所得出的企业价值就是有形资产和无形资产的总和减去负债。

用加和法评估企业的价值的具体分为六个步骤:

1. 对单项资产进行认定

在进行加和法评估之前,应对企业的盈利能力以及相匹配的单项资产进行认定,以便在委托方委托的评估范围基础上,进一步界定纳入企业盈利能力范围内的资产和闲置资产的界限。

2. 明确企业价值评估的假设前提

资产评估人员在对构成企业的各个单项资产进行评估时,应明确评估对象的假设前提,即持续经营假设前提和非持续经营假设前提。在不同的假设前提下,运用加和法评估出的企业价值是有区别的。持续经营假设前提下的各个单项资产的评估,应按贡献原则评估其价值。而对于非持续经营假设前提下的单项资产的评估,则按变现原则进行。在持续经营假设前提下,一般不宜运用加和法对企业价值进行评估。

3. 对企业单项资产进行评估

(1) 现金。除对现金进行点钞核数外,还要通过对现金及企业运营的分析,判断企业的资金流动能力和短期偿债能力。

(2) 应收账款及预付账款。从企业财务的角度看,应收账款及预付账款都构成企业的资产。而从企业资金周转的角度看,企业的应收账款必须保持一个合理的比例。企业应收账款占销售收入的比例,以及账龄的长短大致可以反映一个企业的销售情况、企业产品的市场需求及企业的经营能力等,并为预期收益的预测提供参考。

(3) 存货。存货本身的评估并不复杂,但通过对存货进行评估,可以了解企业的经营状况,至少以了解企业产品在市场中的竞争地位。畅销产品、正常销售产品、滞销产品和积压产品的比重将直接反映企业在市场上的竞争地位,并为企业预期收益预测提供基础。

(4) 机器设备与建筑物。机器设备与建筑物是企业进行生产经营和保持盈利能力的基本物质基础。设备的新旧程度、技术含量、维修保养状况、利用率等不仅决定机器设备本身的价值,同时还对企业未来的盈利能力产生重大影响。按照机器设备及建筑物对企业盈利能力的贡献评估其现时价值是持续经营假设前提下运用加和法评估企业单项资产的主要特点。

(5) 无形资产。企业拥有无形资产的多寡,以及研制开发无形资产的能力,是决定企业市场竞争能力及盈利能力的决定性因素。在评估过程中,要弄清每一种无形资产的盈利潜力,以便为企业收益预测打下坚实的基础。

4. 对负债进行评估和审核

所谓负债的评估,实质就是对企业负债的审计核实。对于企业负债的审核包括两个方面的内容：一是负债的确认，二是对负债的计量。

（1）负债的确认。对于负债的确认，主要应放在对企业账面负债的可免除部分和应免除部分，以及企业将面临的或有负债和潜在负债方面。其具体内容包括：①短期负债，短期负债包括应交税费、应付利息、应付工资等；②长期负债，长期负债包括保证金、票据、抵押、应付债券等；③或有负债，或有负债包括未解决的税赋争议、未判决的诉讼、未解决的环境污染问题等；④特殊债务，特殊债务包括暂时介入的费用、缺少收益空间和某些许可、重新购入雇员持股产生的债务等。

（2）负债的计量。负债的计量主要是考虑货币的时间价值问题。短期负债偿付期较短，通常不考虑货币的时间价值问题。对于长期负债，则要视具体偿付的时间、偿付的条件等考虑是否就给折现处理。对企业负债的审核基本上要以审计准则规定的程序和方法来进行，以正确揭示企业负债的情况。

5. 加和法确定企业价值

加和法确定企业价值的计算公式为：

$$企业整体价值 = 有形资产 + 无形资产$$

$$股东全部权益价值 = 企业整体价值 - 企业负债$$

6. 综合分析确定企业价值

在对以上单项资产实施评估并将评估值加和后，再运用收益法评估企业价值，而后将两种评估思路下的评估结果进行分析比较，以判断企业是否存在商誉或贬值，并确定企业的最终评估值。

（四）对成本法应用的评价

如果单独应用成本法对企业价值进行评估会存在三个方面的缺陷。

1. 重视单项资产的评估，忽视资产组合能力的评估

单项资产相同的企业，由于资产组合能力的差别，其效益也会不同。企业的价值不仅体现在单项资产上，还体现在资产组合能力上。资产组合能力就应当是经营能力、管理水平其资产形态就是商誉。而我们目前无论是企业兼并还是上市公司，都很少评估商誉、量化商誉。这样评估出的企业价值是不完整的，也是不公允的。

2. 重视一般的资产评估，忽视特种行业特种资产的评估

某些特种行业的企业，单从账面或有形资产看价值量很小，甚至资不抵债，但是，有人却愿意以高出账面价值几倍的价钱购买，这是因为其中存在着特种资产。特种资产由于形成过程比较复杂，时间较长，投资零星且一般作为费用进入当期损益，因而具有账面价值低甚至无账面价值而实际价值很高的特点。如报刊发行业的报刊号、医药生产企业的药批号、旅游企业的特种资源经营权等。在实际工作中，我们比较重视土地、机器设备、房屋建筑和存货的评估，对特种行业的特种资产如何评估研究较少，因而存在着评估结果偏高或偏低的现象。

3. 单项资产的价值构成不完整

评估企业中的单项资产，一定要有“整体”的观念，要从企业整体运行、持续经营的角度去重置单项资产的价值。企业中单项资产的价值应由达到该项资产目前工作状态与能力的

所有支出构成。而一些评估人员在对单项资产进行评估时，只注意了与取得单项资产相关的直接支出，却忽视了该项资产达到目前工作状态与能力的一些间接支出。比如，评估一台正在运行的机器设备，其重置价中只包括了机器设备的购置价、运杂费、安装费、资金成本，而没有考虑勘查设计费、建设单位管理费、联合试运车费、技术培训费、固定资产投资方向调节税等前期间接费用；评估小型设备时重置价仅包括其购置价、运杂费、安装费，其他支出一概不考虑等。

二、企业价值评估的市场法

(一) 市场法的含义

企业价值评估的市场法就是在市场上找出一个或几个与被评估企业相同或相似的参照企业，分析、比较被评估企业和参照企业的重要指标，在此基础上，修正、调整参照企业的市场价值，最后确定被评估企业的价值。目前，国际上在对企业进行整体价值评估时大量采用了市场法。在我国采用市场法评估企业价值还有相当难度。但是随着我国证券市场的健康发展，这种方法肯定是今后发展的方向和重要手段之一。

市场法的理论依据就是替代原则。企业价值评估的市场法是基于类似资产应该具有类似交易价格的理论推断。因此，企业价值评估市场法的技术路线是首先在市场上寻找与被评估企业相类似的企业的交易案例，通过对所寻找到的交易案例中相类似企业交易价格的分析，从而确定被评估企业的交易价格，即被评估企业的公允市场价值。

(二) 市场法的具体方法

市场法常用的两种具体方法是参考企业比较法和并购案例比较法。

参考企业比较法是指通过对资本市场上与被评估企业处于同一类或类似行业的上市公司的经营和财务数据进行分析，计算适当的价值比率或经济指标，在与被评估企业比较分析的基础上，得出评估对象价值的方法。

并购案例比较法是指通过分析与被评估企业处于同一或类似行业的公司的买卖、收购及合并案例并获取分析这些交易案例的数据资料，计算适当的价值比率或经济指标，在与被评估企业比较分析的基础上，得出评估对象价值的方法。

不论是参考企业比较法还是并购案例比较法，运用上述方法的核心是确定适当的价值比率，价值比率的计算公式为：

$$\frac{V_1}{X_1}=\frac{V_2}{X_2}$$

即：

$$V_1=X_1\times\frac{V_2}{X_2}$$

式中，V_1 表示被评估企业价值；V_2 表示可比企业价值；X_1 表示被评估企业与企业价值相关的可比指标；X_2 表示可比企业与企业价值相关的可比指标。

$\frac{V}{X}$ 通常称为可比价值系数。X 称为标准化尺度。式中 X 参数通常选用以下财务变量：

利息、折旧和税收前利润(EBIT)、无负债净现金流量(企业自由现金流量)、净现金流量(股权自由现金流量)、净利润、销售收入和净资产等。

确定可比价值系数(价值比率)的关键在于两点:

1. 对可比企业的选择

判断企业的可比性存在两个标准:行业标准和财务标准。

2. 对可比指标的选择

(1) 市盈率乘数指标。其计算公式为:

$$市盈率 = 每股市价 / 每股收益$$
$$公司的市值 = 市盈率 \times 每股收益 \times 公司的股数$$

市盈率乘数法的基本步骤是:首先,从证券交易所中搜集与被评估企业相同或相似的可比公司,包括所在行业、生产产品、生产经营规模等方面的条件要大体接近,把上市公司的股票价格按公司不同口径的收益额计算出不同的口径的市盈率,作为评估被评估企业整体价值的乘数其次,分别按可比企业市盈率相对应口径计算被评估企业的各种收益额;再次,用相同口径市盈率乘以被评估企业的收益额得到一组被评估企业的初步整体价值;最后,对于一组整体企业初步价值分别给予权重,加权平均算出整体企业的评估值。

(2) 避免单一参数的误差。在寻找参照企业的过程中,为了降低单一样本、单一参数所带来的误差,国际上通用的办法是采用多样本、多参数的综合方法。

(三) 对市场法应用的评价

运用市场法评估企业价值存在两个障碍。

1. 企业的个体差异

每一个企业都存在不同的特性,除了所处行业、规模大小等可确认的因素均与待估企业不相同外,影响企业盈利能力的无形因素更是纷繁复杂。因此,几乎难以找到能与被评估企业直接进行比较的类似企业。

2. 企业交易案例的差异

即使存在能与被评估企业进行直接比较的类似企业,要找到能与被评估企业的产权交易相比较的交易案例也相当困难。首先,目前我国市场上不存在一个可以共享的企业交易案例资料库,因此,评估人员无法以较低的成本获得可以应用的交易案例;其次,即使有渠道获得一定的案例,但这些交易的发生时间、市场条件和宏观环境又各不相同,评估人员对这些影响因素的分析也会存在主观和客观条件上比较的简单思路,而要通过间接比较分析影响企业价值的相关因素,对企业价值进行评估。

应用市场法对企业价值进行评估需要有一个成熟、有效的证券市场为基础,而我国目前的证券市场仍然处于发展阶段,运用此种方法对企业价值进行评估尚有困难。

本章习题

一、单选题

1. 下列关于运用交易案例比较法确定被评估企业价值的表述中,错误的是(　　)。

A. 交易案例比较法采用的可比公司一般为非上市公司

B. 交易案例比较法属于市场法评估的一种具体操作方法

C. 可以通过各产权交易所获得相关交易案例信息

D. 交易案例比较法的关键和难点是选取可比上市公司和恰当的价值比率

【正确答案】D

【答案解析】上市公司比较法的关键和难点是选取可比上市公司及选择恰当的价值比率，选项D说法错误。

2. 下列事项中，企业价值评估时进行宏观环境分析通常不涉及的是（　　）。

A. 企业经营涉及的法律法规　　B. 科技发展水平

C. 行业景气程度　　D. 社会经济运行状况

【正确答案】C

【答案解析】选项A属于宏观环境分析中的政治与法律因素，选项B属于宏观环境分析中的技术因素，选项D属于宏观环境分析中的经济因素。选项C属于企业价值评估中的行业发展状况分析，行业发展状况分析是指对行业经济特性、行业市场结构、行业生命周期和行业景气程度等内容的分析和预测。

3. 在春节这个传统节日，市场对白酒的需求量大幅增加，而白酒企业也不会放过这个销售黄金时间，纷纷涨价。评估人员对白酒企业进行企业价值评估时，应该充分考虑（　　）。

A. 政治与法律因素　　B. 经济因素

C. 社会和文化因素　　D. 技术因素

【正确答案】C

【答案解析】白酒企业在春节期间这个销售黄金期，纷纷涨价，属于社会和文化环境中的文化传统因素。

4. 甲航空公司运用市场法进行企业价值评估，在选择价值比例的时候，应结合行业的特点进行选择。下列不适合甲公司选择的价值比率的是（　　）。

A. 以盈利为基础的价值比率　　B. 基于资产账面价值或重置价值的比率

C. 基于营业收入的比率　　D. 全投资口径的价值比率

【正确答案】A

【答案解析】对于盈利容易发生显著变动的周期性行业，如航空、资源和钢铁等行业，各类以盈利为基础的价值比率均不太适用；而基于资产账面价值或重置价值的比率、基于营业收入的比率等，因其受周期性影响相对较小，可以结合行业情况进一步选择。

5. 下列工作中，企业价值评估时进行收益预测通常不涉及的是（　　）。

A. 对资本性支出的估计　　B. 对非经营性资产价值的估计

C. 对未来成本费用及税金的估计　　D. 对市场需求及市场供给的估计

【正确答案】B

【答案解析】对企业未来的收益进行预测的主要内容通常包括以下几项：①对被评估企业未来收益主要影响因素的估计，包括企业外部因素和企业内部因素，企业外部因素又可区分为宏观因素和行业因素；②市场需求及市场供给的估计，主要包括对被评估企业未来的产品或服务所对应的市场需求总量和市场供给总量、行业竞争状况、被评估企业市场占有份额等内容做出估计；③未来销售收入的估计，主要包括对被评估企业未来的产品或服务的类别和结构、销售方式、销售数量、销售单价等内容做出估计；④未来成本费用及税金的估计，主要包括对营业成本、税金及附加、销售费用、管理费用、财务费用、所得税费用等内容做出估计；⑤投入资本的估计，主要包括对股权资本、债务资本的增减金额以及资本结构等内容做出估计；⑥资本性支出的估计，主要包括对固定资产、无形资产和其他长期资产进行追加投资等内容做出估计；⑦营运资金的估计，主要包括对应收账款周转率、存货周转率、应付账款周转率以及最低现金保有量等内容做出估计。

二、多选题

1. 在进行企业价值评估时，公开信息包括(　　)。

A. 商业化行业分析报告

B. 评估专业人员针对评估项目所进行的现场访谈

C. 证券交易所发布的相关信息

D. 企业的发展规划纲要

E. 年度工作总结

【正确答案】AC

【答案解析】评估专业人员针对评估项目所进行的现场访谈、企业的发展规划纲要、年度工作总结属于非公开信息来源。

2. 企业价值评估中，我们分析的产业结构有(　　)。

A. 产业结构　　B. 技术结构　　C. 产业布局　　D. 产业组织

E. 分配结构

【正确答案】ABCD

【答案解析】产业结构包括产业结构本身，以及技术结构、产业布局、产业组织和产业链五个要素。

3. 运用市场法对企业价值评估，在使用上市公司比较法时，对于可比公司的选择应当注意(　　)。

A. 可比对象一般需要具备一定时期的上市交易历史数据

B. 可比公司应当为股票市场上交易活跃的上市公司

C. 应注意可比公司注册地与被评估企业的可比性

D. 应注意可比公司业务活动的区域范围

E. 尽量选择交易日期与评估基准日接近的可比交易案例

【正确答案】ABCD

【答案解析】选项E为交易案例选择的关注要点之一。

4. 下列关于企业价值评估的表述中，正确的有(　　)。

A. 企业价值评估是现代市场经济的产物

B. 评估对象载体是由多个或多种单项资产组成的资产综合体

C. 企业价值评估关键是分析判断企业的整体偿债能力

D. 企业价值评估是一种整体性评估

E. 整体性是企业价值评估与其他资产评估的本质区别

【正确答案】ABDE

【答案解析】企业价值评估关键是分析判断企业的整体获利能力，选项C说法错误。

5. 下列原则中，企业价值评估时收集和筛选信息应遵守的有（　　）。

A. 相关性　B. 经济性　C. 有效性　D. 客观性

E. 公开性

【正确答案】ABCD

【答案解析】评估专业人员在进行信息的收集和筛选时，应把握相关性、有效性、客观性、经济性四个原则。

第三篇 相关准则

第十一章 基本准则

第一节 资产评估基本准则

资产评估基本准则

第一章 总则

第一条 为规范资产评估行为，保证执业质量，明确执业责任，保护资产评估当事人合法权益和公共利益，根据《中华人民共和国资产评估法》《资产评估行业财政监督管理办法》等制定本准则。

第二条 资产评估机构及其资产评估专业人员开展资产评估行业务应当遵守本准则。法律、行政法规和国务院规定由其他评估行政管理部门管理，应当执行其他准则的，从其规定。

第三条 本准则所称资产评估机构及其资产评估专业人员是指根据资产评估法和国务院规定，按照职责分工由财政部门监管的资产评估机构及其资产评估专业人员。

第二章 基本遵循

第四条 资产评估机构及其资产评估专业人员开展资产评估行业务应当遵守法律、行政法规的规定，坚持独立、客观、公正的原则。

第五条 资产评估机构及其资产评估专业人员应当诚实守信，勤勉尽责，谨慎从业，遵守职业道德规范，自觉维护职业形象，不得从事损害职业形象的活动。

第六条 资产评估机构及其资产评估专业人员开展资产评估行业务，应当独立进行分析和估算并形成专业意见，拒绝委托人或者其他相关当事人的干预，不得直接以预先设定的价值作为评估结论。

第七条 资产评估专业人员应当具备相应的资产评估专业知识和实践经验，能够胜任所执行的资产评估行业务，保持和提高专业能力。

第三章 资产评估程序

第八条 资产评估机构及其资产评估专业人员开展资产评估行业务，履行下列基本程序：明确业务基本事项、订立业务委托合同、编制资产评估计划、进行评估现场调查、收集整理评估资料、评定估算形成结论、编制出具评估报告、整理归集评估档案。

资产评估机构及其资产评估专业人员不得随意减少资产评估基本程序。

第九条　资产评估机构受理资产评估行业务前,应当明确下列资产评估行业务基本事项:

(一)委托人、产权持有人和委托人以外的其他资产评估报告使用人;

(二)评估目的;

(三)评估对象和评估范围;

(四)价值类型;

(五)评估基准日;

(六)资产评估报告使用范围;

(七)资产评估报告提交期限及方式;

(八)评估服务费及支付方式;

(九)委托人、其他相关当事人与资产评估机构及其资产评估专业人员工作配合和协助等需要明确的重要事项。

资产评估机构应当对专业能力、独立性和业务风险进行综合分析和评价。受理资产评估行业务应当满足专业能力、独立性和业务风险控制要求,否则不得受理。

第十条　资产评估机构执行某项特定业务缺乏特定的专业知识和经验时,应当采取弥补措施,包括利用专家工作等。

第十一条　资产评估机构受理资产评估行业务应当与委托人依法订立资产评估委托合同,约定资产评估机构和委托人权利、义务、违约责任和争议解决等内容。

第十二条　资产评估专业人员应当根据资产评估行业务具体情况编制资产评估计划,包括资产评估行业务实施的主要过程及时间进度、人员安排等。

第十三条　执行资产评估行业务,应当对评估对象进行现场调查,获取资产评估行业务需要的资料,了解评估对象现状,关注评估对象法律权属。

第十四条　资产评估专业人员应当根据资产评估行业务具体情况收集资产评估行业务需要的资料。包括:委托人或者其他相关当事人提供的涉及评估对象和评估范围等资料;从政府部门、各类专业机构以及市场等渠道获取的其他资料。

委托人和其他相关当事人依法提供并保证资料的真实性、完整性、合法性。

第十五条　资产评估专业人员应当依法对资产评估活动中使用的资料进行核查和验证。

第十六条　确定资产价值的评估方法包括市场法、收益法和成本法三种基本方法及其衍生方法。

资产评估专业人员应当根据评估目的、评估对象、价值类型、资料收集等情况,分析上述三种基本方法的适用性,依法选择评估方法。

第十七条　资产评估专业人员应当在评定、估算形成评估结论后,编制初步资产评估报告。

第十八条　资产评估机构应当对初步资产评估报告进行内部审核后出具资产评估报告。

第十九条　资产评估机构应当对工作底稿、资产评估报告及其他相关资料进行整理,形成资产评估档案。

第四章　资产评估报告

第二十条　资产评估机构及其资产评估专业人员出具的资产评估报告应当符合法律、行政法规等相关规定。

第二十一条　资产评估报告的内容包括：标题及文号、目录、声明、摘要、正文、附件。

第二十二条　资产评估报告正文应当包括下列内容：

（一）委托人及其他资产评估报告使用人；

（二）评估目的；

（三）评估对象和评估范围；

（四）价值类型；

（五）评估基准日；

（六）评估依据；

（七）评估方法；

（八）评估程序实施过程和情况；

（九）评估假设；

（十）评估结论；

（十一）特别事项说明；

（十二）资产评估报告使用限制说明；

（十三）资产评估报告日；

（十四）资产评估专业人员签名和资产评估机构印章。

第二十三条　资产评估报告载明的评估目的应当唯一。

第二十四条　资产评估报告应当说明选择价值类型的理由，并明确其定义。

第二十五条　资产评估报告载明的评估基准日应当与资产评估委托合同约定的评估基准日一致，可以是过去、现在或者未来的时点。

第二十六条　资产评估报告应当以文字和数字形式表述评估结论，并明确评估结论的使用有效期。

第二十七条　资产评估报告的特别事项说明包括：

（一）权属等主要资料不完整或者存在瑕疵的情形；

（二）未决事项、法律纠纷等不确定因素；

（三）重要的利用专家工作情况；

（四）重大期后事项。

第二十八条　资产评估报告使用限制说明应当载明：

（一）使用范围；

（二）委托人或者其他资产评估报告使用人未按照法律、行政法规规定和资产评估报告载明的使用范围使用资产评估报告的，资产评估机构及其资产评估专业人员不承担责任；

（三）除委托人、资产评估委托合同中约定的其他资产评估报告使用人和法律、行政法规规定的资产评估报告使用人之外，其他任何机构和个人不能成为资产评估报告的使用人；

（四）资产评估报告使用人应当正确理解评估结论。评估结论不等同于评估对象可实现价格，评估结论不应当被认为是对评估对象可实现价格的保证。

第二十九条 资产评估报告应当履行内部审核程序，由至少两名承办该项资产评估行业务的资产评估专业人员签名并加盖资产评估机构印章。

法定评估业务资产评估报告应当履行内部审核程序，由至少两名承办该项资产评估行业务的资产评估师签名并加盖资产评估机构印章。

第五章 资产评估档案

第三十条 资产评估档案包括工作底稿、资产评估报告以及其他相关资料。

资产评估档案应当由资产评估机构妥善管理。

第三十一条 工作底稿应当真实完整、重点突出、记录清晰，能够反映资产评估程序实施情况、支持评估结论。工作底稿分为管理类工作底稿和操作类工作底稿。

管理类工作底稿是指在执行资产评估行业务过程中，为受理、计划、控制和管理资产评估行业务所形成的工作记录及相关资料。

操作类工作底稿是指在履行现场调查、收集资产评估资料和评定估算程序时所形成的工作记录及相关资料。

第三十二条 资产评估档案保存期限不少于十五年。属于法定资产评估行业务的，不少于三十年。

第三十三条 资产评估档案的管理应当严格执行保密制度。除下列情形外，资产评估档案不得对外提供：

（一）财政部门依法调阅的；

（二）资产评估协会依法依规调阅的；

（三）其他依法依规查阅的。

第六章 附则

第三十四条 中国资产评估协会根据本准则制定资产评估执业准则和职业道德准则。资产评估执业准则包括各项具体准则、指南和指导意见。

第三十五条 本准则自2017年10月1日起施行。2004年2月25日财政部发布的《关于印发〈资产评估准则——基本准则〉和〈资产评估职业道德准则——基本准则〉的通知》（财企〔2004〕20号）同时废止。

第二节 资产评估职业道德准则

资产评估职业道德准则

第一章 总则

第一条 为规范资产评估机构及其资产评估专业人员职业道德行为，提高职业素质，维护职业形象，根据《资产评估基本准则》制定本准则。

第二条 本准则所称职业道德是指资产评估机构及其资产评估专业人员开展资产评估行业务应当具备的道德品质和体现的道德行为。

第三条 资产评估机构及其资产评估专业人员开展资产评估行业务，应当遵守本准则。

第二章 基本遵循

第四条 资产评估机构及其资产评估专业人员应当诚实守信，勤勉尽责，谨慎从业，坚持独立、客观、公正的原则，不得出具或者签署虚假资产评估报告或者有重大遗漏的资产评估报告。

第五条 资产评估机构及其资产评估专业人员开展资产评估行业务，应当遵守法律、行政法规和资产评估准则，履行资产评估委托合同规定的义务。

资产评估机构应当对本机构的资产评估专业人员遵守法律、行政法规和资产评估准则的情况进行监督。

第六条 资产评估机构及其资产评估专业人员应当自觉维护职业形象，不得从事损害职业形象的活动。

第三章 专业能力

第七条 资产评估专业人员应当具备相应的评估专业知识和实践经验，能够胜任所执行的资产评估行业务。

第八条 资产评估专业人员应当完成规定的继续教育，保持和提高专业能力。

第九条 资产评估机构及其资产评估专业人员应当如实声明其具有的专业能力和执业经验，不得对其专业能力和执业经验进行夸张、虚假和误导性宣传。

第十条 资产评估机构执行某项特定业务缺乏特定的专业知识和经验时，应当采取弥补措施，包括利用专家及相关报告等。

第四章 独立性

第十一条 资产评估机构及其资产评估专业人员开展资产评估行业务，应当采取恰当措施保持独立性。

资产评估机构不得受理与自身有利害关系的资产评估行业务。

资产评估专业人员与委托人、其他相关当事人和评估对象有利害关系的，应当回避。

第十二条 资产评估机构及其资产评估专业人员开展资产评估行业务，应当识别可能影响独立性的情形，合理判断其对独立性的影响。

可能影响独立性的情形通常包括资产评估机构及其资产评估专业人员或者其亲属与委托人或者其他相关当事人之间存在经济利益关联、人员关联或者业务关联。

（一）亲属是指配偶、父母、子女及其配偶。

（二）经济利益关联是指资产评估机构及其资产评估专业人员或者其亲属拥有委托人或者其他相关当事人的股权、债权、有价证券、债务，或者存在担保等可能影响独立性的经济利益关系。

（三）人员关联是指资产评估专业人员或者其亲属在委托人或者其他相关当事人担任董事、监事、高级管理人员或者其他可能对评估结论施加重大影响的特定职务。

（四）业务关联是指资产评估机构从事的不同业务之间可能存在利益输送或者利益冲突关系。

第十三条 资产评估机构不得分别接受利益冲突双方的委托，对同一评估对象进行评估。

第五章 与委托人和其他相关当事人的关系

第十四条 资产评估机构及其资产评估专业人员不得以恶性压价、支付回扣、虚假宣传,或者采用欺骗、利诱、胁迫等不正当手段招揽业务。

资产评估专业人员不得私自接受委托从事资产评估行业务并收取费用。

第十五条 资产评估机构及其资产评估专业人员不得利用开展业务之便,为自己或者他人谋取不正当利益,不得向委托人或者其他相关当事人索要、收受或者变相索要、收受资产评估委托合同约定以外的酬金、财物等。

第十六条 资产评估机构及其资产评估专业人员执行资产评估行业务,应当保持公正的态度,以客观事实为依据,实事求是地进行分析和判断,拒绝委托人或者其他相关当事人的非法干预,不得直接以预先设定的价值作为评估结论。

第十七条 资产评估机构及其资产评估专业人员执行资产评估行业务,应当与委托人进行必要沟通,提醒资产评估报告使用人正确理解评估结论。

第十八条 资产评估机构及其资产评估专业人员应当遵守保密原则,对评估活动中知悉的国家秘密、商业秘密和个人隐私予以保密,不得在保密期限内向委托人以外的第三方提供保密信息,除非得到委托人的同意或者属于法律、行政法规允许的范围。

第六章 与其他资产评估机构及资产评估专业人员的关系

第十九条 资产评估机构不得允许其他资产评估机构以本机构名义开展资产评估行业务,或者冒用其他资产评估机构名义开展资产评估行业务。

资产评估专业人员不得签署本人未承办业务的资产评估报告,也不得允许他人以本人名义从事资产评估行业务,或者冒用他人名义从事资产评估行业务。

第二十条 资产评估机构及其资产评估专业人员在开展资产评估行业务过程中,应当与其他资产评估专业人员保持良好的工作关系。

第二十一条 资产评估机构及其资产评估专业人员不得贬损或者诋毁其他资产评估机构及资产评估专业人员。

第七章 附 则

第二十二条 资产评估机构及其资产评估专业人员在执行资产评估行业务过程中,应当指导专家和相关业务助理人员遵守本准则相关条款。

第二十三条 本准则自 2017 年 10 月 1 日起施行。中国资产评估协会于 2012 年 12 月 28 日发布的《关于印发〈资产评估职业道德准则——独立性〉的通知》(中评协〔2012〕248 号)同时废止。

第十二章 具体准则

第一节 资产评估执业准则——资产评估报告

资产评估执业准则——资产评估报告

第一章 总则

第一条 为规范资产评估报告编制和出具行为，保护资产评估当事人合法权益和公共利益，根据《资产评估基本准则》制定本准则。

第二条 本准则所称资产评估报告是指资产评估机构及其资产评估专业人员遵守法律、行政法规和资产评估准则，根据委托履行必要的资产评估程序后，由资产评估机构对评估对象在评估基准日特定目的下的价值出具的专业报告。

第三条 资产评估机构及其资产评估专业人员以“资产评估报告”名义出具书面专业报告，应当遵守本准则。

第二章 基本遵循

第四条 资产评估报告陈述的内容应当清晰、准确，不得有误导性的表述。

第五条 资产评估报告应当提供必要信息，使资产评估报告使用人能够正确理解评估结论。

第六条 资产评估报告的详略程度可以根据评估对象的复杂程度、委托人要求合理确定。

第七条 执行资产评估行业务，因法律法规规定、客观条件限制，无法或者不能完全履行资产评估基本程序，经采取措施弥补程序缺失，且未对评估结论产生重大影响的，可以出具资产评估报告，但应当在资产评估报告中说明资产评估程序受限情况、处理方式及其对评估结论的影响。如果程序受限对评估结论产生重大影响或者无法判断其影响程度的，不得出具资产评估报告。

第八条 资产评估报告应当由至少两名承办该项业务的资产评估专业人员签名并加盖资产评估机构印章。

法定资产评估行业务的资产评估报告应当由至少两名承办该项业务的资产评估师签名并加盖资产评估机构印章。

第九条 资产评估报告应当使用中文撰写。同时出具中外文资产评估报告的，中外文资产评估报告存在不一致的，以中文资产评估报告为准。

资产评估报告一般以人民币为计量币种，使用其他币种计量的，应当注明该币种在评估基准日与人民币的汇率。

第十条　资产评估报告应当明确评估结论的使用有效期。通常，只有当评估基准日与经济行为实现日相距不超过一年时，才可以使用资产评估报告。

第三章　资产评估报告的内容

第十一条　资产评估报告的内容包括：标题及文号、目录、声明、摘要、正文、附件。

第十二条　资产评估报告的声明通常包括以下内容：

（一）本资产评估报告依据财政部发布的资产评估基本准则和中国资产评估协会发布的资产评估执业准则和职业道德准则编制。

（二）委托人或者其他资产评估报告使用人应当按照法律、行政法规规定和资产评估报告载明的使用范围使用资产评估报告；委托人或者其他资产评估报告使用人违反前述规定使用资产评估报告的，资产评估机构及其资产评估专业人员不承担责任。

（三）资产评估报告仅供委托人、资产评估委托合同中约定的其他资产评估报告使用人和法律、行政法规规定的资产评估报告使用人使用；除此之外，其他任何机构和个人不能成为资产评估报告的使用人。

（四）资产评估报告使用人应当正确理解和使用评估结论，评估结论不等同于评估对象可实现价格，评估结论不应当被认为是对评估对象可实现价格的保证。

（五）资产评估报告使用人应当关注评估结论成立的假设前提、资产评估报告特别事项说明和使用限制。

（六）资产评估机构及其资产评估专业人员遵守法律、行政法规和资产评估准则，坚持独立、客观、公正的原则，并对所出具的资产评估报告依法承担责任。

（七）其他需要声明的内容。

第十三条　资产评估报告摘要通常提供资产评估行业务的主要信息及评估结论。

第十四条　资产评估报告正文应当包括下列内容：

（一）委托人及其他资产评估报告使用人；

（二）评估目的；

（三）评估对象和评估范围；

（四）价值类型；

（五）评估基准日；

（六）评估依据；

（七）评估方法；

（八）评估程序实施过程和情况；

（九）评估假设；

（十）评估结论；

（十一）特别事项说明；

（十二）资产评估报告使用限制说明；

（十三）资产评估报告日；

（十四）资产评估专业人员签名和资产评估机构印章。

第十五条 资产评估报告使用人包括委托人、资产评估委托合同中约定的其他资产评估报告使用人和法律、行政法规规定的资产评估报告使用人。

第十六条 资产评估报告载明的评估目的应当唯一。

第十七条 资产评估报告中应当载明评估对象和评估范围,并描述评估对象的基本情况。

第十八条 资产评估报告应当说明选择价值类型的理由,并明确其定义。

第十九条 资产评估报告载明的评估基准日应当与资产评估委托合同约定的评估基准日保持一致,可以是过去、现在或者未来的时点。

第二十条 资产评估报告应当说明资产评估采用的法律法规依据、准则依据、权属依据及取价依据等。

第二十一条 资产评估报告应当说明所选用的评估方法及其理由,因适用性受限或者操作条件受限等原因而选择一种评估方法的,应当在资产评估报告中披露并说明原因。

第二十二条 资产评估报告应当说明资产评估程序实施过程中现场调查、收集整理评估资料、评定估算等主要内容。

第二十三条 资产评估报告应当披露所使用的资产评估假设。

第二十四条 资产评估报告应当以文字和数字形式表述评估结论,并明确评估结论的使用有效期。

评估结论通常是确定的数值。经与委托人沟通,评估结论可以是区间值或者其他形式的专业意见。

第二十五条 资产评估报告的特别事项说明包括:

(一)权属等主要资料不完整或者存在瑕疵的情形;

(二)委托人未提供的其他关键资料情况;

(三)未决事项、法律纠纷等不确定因素;

(四)重要的利用专家工作及相关报告情况;

(五)重大期后事项;

(六)评估程序受限的有关情况、评估机构采取的弥补措施及对评估结论影响的情况;

(七)其他需要说明的事项。

资产评估报告应当重点提示资产评估报告使用人对特别事项予以关注。

第二十六条 资产评估报告的使用限制说明应当载明:

(一)使用范围;

(二)委托人或者其他资产评估报告使用人未按照法律、行政法规规定和资产评估报告载明的使用范围使用资产评估报告的,资产评估机构及其资产评估专业人员不承担责任;

(三)除委托人、资产评估委托合同中约定的其他资产评估报告使用人和法律、行政法规规定的资产评估报告使用人之外,其他任何机构和个人不能成为资产评估报告的使用人;

(四)资产评估报告使用人应当正确理解和使用评估结论。评估结论不等同于评估对象可实现价格,评估结论不应当被认为是对评估对象可实现价格的保证。

第二十七条 资产评估报告载明的资产评估报告日通常为评估结论形成的日期,可以不同于资产评估报告的签署日。

第二十八条 资产评估报告附件通常包括:

（一）评估对象所涉及的主要权属证明资料；

（二）委托人和其他相关当事人的承诺函；

（三）资产评估机构及签名资产评估专业人员的备案文件或者资格证明文件；

（四）资产评估汇总表或者明细表；

（五）资产账面价值与评估结论存在较大差异的说明。

第四章　附则

第二十九条　本准则自2019年1月1日起施行。中国资产评估协会于2017年9月8日发布的《关于印发〈资产评估执业准则——资产评估报告〉的通知》（中评协〔2017〕32号）中的《资产评估执业准则——资产评估报告》同时废止。

附：1. 资产评估报告封面参考样式

2. 资产评估报告封面参考样式说明

3. 资产评估报告声明参考样式

附1　本报告依据《中国资产评估准则》编制

A公司拟××涉及的B有限公司YY

资产评估报告

××评报字(201X)第××××号

（共×册，第1册）

××××资产评估有限公司

201×年×月×日

附2　编制依据

（参考格式，如：本报告依据《中国资产评估准则》编制）

资产评估报告标题

（格式要求："企业名称＋经济行为关键词＋评估对象＋资产评估报告"

参考格式，如：A公司拟××涉及的B公司YY资产评估报告）

资产评估报告文号

（格式要求：包括资产评估机构特征字、种类特征字、年份、

报告序号）

参考格式，如：××评报字（201×）第××××号

资产评估报告册数

（格式要求：包括装订总册数、装订序号

参考格式，如：共×册，第1册）

附 3

声　明

1. 委托人或者其他资产评估报告使用人应当按照法律、行政法规规定和本资产评估报告载明的使用范围使用本资产评估报告；委托人或者其他资产评估报告使用人违反前述规定使用本资产评估报告的，本资产评估机构及资产评估专业人员不承担责任。

2. 本资产评估报告仅供委托人、资产评估委托合同中约定的其他资产评估报告使用人和法律、行政法规规定的资产评估报告使用人使用；除此之外，其他任何机构和个人不能成为本资产评估报告的使用人。

3. 本资产评估机构及资产评估专业人员提示资产评估报告使用人应当正确理解评估结论，评估结论不等同于评估对象可实现价格，评估结论不应当被认为是对评估对象可实现价格的保证。

（其他需要声明的内容此参考样式略）

第二节 资产评估执业准则——资产评估程序

资产评估执业准则——资产评估程序

第一章　总则

第一条　为规范资产评估机构及其资产评估专业人员履行资产评估程序行为，保护资产评估当事人合法权益和公共利益，根据《资产评估基本准则》制定本准则。

第二条　本准则所称资产评估程序，是指执行资产评估行业务所履行的系统性工作步骤。

第三条　执行资产评估行业务，应当遵守本准则。

第二章　基本遵循

第四条　执行资产评估行业务，应当遵守法律、行政法规和资产评估准则，坚持独立、客观、公正的原则，履行适当的资产评估程序。

第五条　资产评估基本程序包括：明确业务基本事项；订立业务委托合同；编制资产评估计划；进行评估现场调查；收集整理评估资料；评定估算形成结论；编制出具评估报告；整理归集评估档案。

资产评估机构及其资产评估专业人员应当根据资产评估行业务的具体情况以及重要性原则确定所履行各基本程序的繁简程度。

资产评估机构及其资产评估专业人员不得随意减少资产评估基本程序。

第六条　执行资产评估行业务，因法律法规规定、客观条件限制，无法或者不能完全履行资产评估基本程序，经采取措施弥补程序缺失，且未对评估结论产生重大影响时，资产评估机构及其资产评估专业人员可以继续开展业务，对评估结论产生重大影响或者无法判断其影响程度的，不得出具资产评估报告。

第七条　资产评估专业人员应当记录评估程序履行情况，形成工作底稿。

第三章 实施要求

第八条 资产评估机构受理资产评估行业务前,应当明确下列资产评估行业务基本事项:

(一)委托人、产权持有人和委托人以外的其他资产评估报告使用人;

(二)评估目的;

(三)评估对象和评估范围;

(四)价值类型;

(五)评估基准日;

(六)资产评估项目所涉及的需要批准的经济行为的审批情况;

(七)资产评估报告使用范围;

(八)资产评估报告提交期限及方式;

(九)评估服务费及支付方式;

(十)委托人、其他相关当事人与资产评估机构及其资产评估专业人员工作配合和协助等需要明确的重要事项。

第九条 资产评估机构应当对专业能力、独立性和业务风险进行综合分析和评价。受理资产评估行业务应当满足专业能力、独立性和业务风险控制要求,否则不得受理。

第十条 资产评估机构受理资产评估行业务应当与委托人依法订立资产评估委托合同,约定资产评估机构和委托人权利、义务、违约责任和争议解决等内容。

第十一条 资产评估专业人员应当根据资产评估行业务具体情况编制资产评估计划,并合理确定资产评估计划的繁简程度。资产评估计划包括资产评估行业务实施的主要过程及时间进度、人员安排等。

第十二条 执行资产评估行业务,应当对评估对象进行现场调查,获取评估业务需要的资料,了解评估对象现状,关注评估对象法律权属。

现场调查手段通常包括询问、访谈、核对、监盘、勘查等。

资产评估专业人员可以根据重要性原则采用逐项或者抽样的方式进行现场调查。

第十三条 资产评估专业人员应当根据资产评估行业务具体情况收集资产评估行业务需要的资料。包括:委托人或者其他相关当事人提供的涉及评估对象和评估范围等资料;从政府部门、各类专业机构以及市场等渠道获取的其他资料。

第十四条 资产评估专业人员应当要求委托人或者其他相关当事人提供涉及评估对象和评估范围的必要资料。

资产评估专业人员应当要求委托人或者其他相关当事人对其提供的资产评估明细表及其他重要资料进行确认,确认方式包括签字、盖章及法律允许的其他方式。

第十五条 资产评估专业人员应当依法对资产评估活动中使用的资料进行核查验证。核查验证的方式通常包括观察、询问、书面审查、实地调查、查询、函证、复核等。

第十六条 超出资产评估专业人员专业能力范畴的核查验证事项,资产评估机构应当委托或者要求委托人委托其他专业机构或者专家出具意见。

因法律法规规定、客观条件限制无法实施核查验证的事项,资产评估专业人员应当在工作底稿中予以说明,分析其对评估结论的影响程度,并在资产评估报告中予以披露。如果上述事项对评估结论产生重大影响或者无法判断其影响程度,资产评估机构不得出具资产评估报告。

第十七条 资产评估专业人员应当根据资产评估行业务具体情况对收集的评估资料进行分析、归纳和整理，形成评定估算和编制资产评估报告的依据。

第十八条 资产评估专业人员应当根据评估目的、评估对象、价值类型、资料收集等情况，分析市场法、收益法和成本法三种资产评估基本方法的适用性，选择评估方法。

第十九条 资产评估专业人员应当根据所采用的评估方法，选取相应的公式和参数进行分析、计算和判断，形成测算结果。

第二十条 资产评估专业人员执行资产评估行业务，应当合理使用评估假设，并在资产评估报告中披露评估假设。

第二十一条 资产评估专业人员应当对形成的测算结果进行综合分析，形成合理评估结论。

对同一评估对象采用多种评估方法时，应当对采用各种方法评估形成的测算结果进行分析比较，形成合理评估结论。

第二十二条 资产评估专业人员应当在评定、估算形成评估结论后，编制初步资产评估报告。

第二十三条 资产评估机构应当按照法律、行政法规、资产评估准则和资产评估机构内部质量控制制度，对初步资产评估报告进行内部审核。

第二十四条 资产评估机构出具资产评估报告前，在不影响对评估结论进行独立判断的前提下，可以与委托人或者委托人同意的其他相关当事人就资产评估报告有关内容进行沟通，对沟通情况进行独立分析，并决定是否对资产评估报告进行调整。

第二十五条 资产评估机构及其资产评估专业人员完成上述资产评估程序后，由资产评估机构出具并提交正式资产评估报告。

第二十六条 资产评估机构应当对工作底稿、资产评估报告及其他相关资料进行整理，形成资产评估档案。

第四章　附则

第二十七条 本准则自 2019 年 1 月 1 日起施行。中国资产评估协会于 2017 年 9 月 8 日发布的《关于印发〈资产评估执业准则——资产评估程序〉的通知》(中评协〔2017〕31 号)中的《资产评估执业准则——资产评估程序》同时废止。

第三节　资产评估执业准则——资产评估委托合同

资产评估执业准则——资产评估委托合同

第一章　总则

第一条 为规范资产评估委托合同的订立、履行等行为，保护资产评估当事人合法权益和公共利益，根据《资产评估基本准则》制定本准则。

第二条　本准则所称资产评估委托合同，是指资产评估机构与委托人订立的，明确资产评估业务基本事项，约定资产评估机构和委托人权利、义务、违约责任和争议解决等内容的书面合同。

资产评估机构开展资产评估业务应当与委托人订立资产评估委托合同。

第三条　执行资产评估业务，应当遵守本准则。

第二章　资产评估委托合同的订立

第四条　资产评估机构受理资产评估业务应当要求委托人依法订立资产评估委托合同。

资产评估委托合同应当由资产评估机构的法定代表人（或者执行合伙事务合伙人）签字并加盖资产评估机构印章。

第五条　资产评估机构及其资产评估专业人员应当关注未及时订立资产评估委托合同开展资产评估业务可能产生的风险。如果因委托人等原因导致无法及时订立资产评估委托合同，资产评估机构及其资产评估专业人员应当采取措施保护自身的合法权益。

第三章　资产评估委托合同的内容

第六条　资产评估委托合同通常包括下列内容：

（一）资产评估机构和委托人的名称、住所、联系人及联系方式；

（二）评估目的；

（三）评估对象和评估范围；

（四）评估基准日；

（五）评估报告使用范围；

（六）评估报告提交期限和方式；

（七）评估服务费总额或者支付标准、支付时间及支付方式；

（八）资产评估机构和委托人的其他权利和义务；

（九）违约责任和争议解决；

（十）合同当事人签字或者盖章的时间；

（十一）合同当事人签字或者盖章的地点。

订立资产评估委托合同时未明确的内容，资产评估委托合同当事人可以采取订立补充合同或者法律允许的其他形式做出后续约定。

第七条　资产评估委托合同载明的评估目的应当表述明确、清晰。

第八条　资产评估机构应当与委托人进行沟通，根据资产评估业务的要求和特点，在资产评估委托合同中表述评估对象和评估范围。

第九条　资产评估委托合同应当明确资产评估基准日。

第十条　资产评估委托合同应当明确资产评估报告的使用范围。使用范围包括资产评估报告使用人、用途、评估结论的使用有效期及资产评估报告的摘抄、引用或者披露。

（一）资产评估委托合同应当明确资产评估报告使用人。如果存在委托人以外的其他使用人，资产评估委托合同应当明确约定。

资产评估委托合同应当约定，资产评估报告仅供资产评估委托合同约定的和法律、行政法规规定的使用人使用，其他任何机构和个人不能成为资产评估报告的使用人。

（二）资产评估委托合同应当约定，委托人或者其他资产评估报告使用人应当按照法律、行政法规规定和资产评估报告载明的使用目的及用途使用资产评估报告。

委托人或者其他资产评估报告使用人违反前述约定使用资产评估报告的，资产评估机构及其资产评估专业人员不承担责任。

（三）资产评估委托合同应当约定在载明的评估结论使用有效期内使用资产评估报告。

（四）资产评估委托合同应当约定，未经委托人书面许可，资产评估机构及其资产评估专业人员不得将资产评估报告的内容向第三方提供或者公开，法律、行政法规另有规定的除外。

（五）资产评估委托合同应当约定，未征得资产评估机构同意，资产评估报告的内容不得被摘抄、引用或者披露于公开媒体，法律、行政法规规定以及相关当事人另有约定的除外。

第十一条 资产评估委托合同应当约定完成资产评估业务并提交资产评估报告的期限和方式。

第十二条 资产评估委托合同应当明确资产评估服务费总额或者支付标准、计价货币种类、支付时间及支付方式，并明确资产评估服务费未包括的与资产评估服务相关的其他费用的内容及承担方式。

第十三条 资产评估委托合同应当约定，委托人应当为资产评估机构及其资产评估专业人员开展资产评估业务提供必要的工作条件和协助；委托人应当根据资产评估业务需要，负责资产评估机构及其资产评估专业人员与其他相关当事人之间的协调。

第十四条 资产评估委托合同应当约定，遵守相关法律、行政法规和资产评估准则，对评估对象在评估基准日特定目的下的价值进行分析和估算并出具资产评估报告，是资产评估机构及其资产评估专业人员的责任。

第十五条 资产评估委托合同应当约定，依法提供资产评估业务需要的资料并保证资料的真实性、完整性、合法性，恰当使用资产评估报告是委托人和其他相关当事人的责任；委托人或者其他相关当事人应当对其提供的资产评估明细表及其他重要资料的真实性、完整性、合法性进行确认，确认方式包括签字、盖章或者法律允许的其他方式；委托人和其他相关当事人如果拒绝提供或者不如实提供开展资产评估业务所需的权属证明、财务会计信息或者其他相关资料的，资产评估机构有权拒绝履行资产评估委托合同。

第十六条 资产评估委托合同应当约定，委托人提前终止资产评估业务、解除资产评估委托合同的，委托人应当按照已经开展资产评估业务的时间、进度，或者已经完成的工作量支付相应的评估服务费。

委托人要求出具虚假资产评估报告或者有其他非法干预评估结论情形的，资产评估机构有权单方解除资产评估委托合同。资产评估委托合同当事人可以约定由委托人按照已经开展资产评估业务的时间、进度，或者已经完成的工作量支付相应的评估服务费。

因委托人或者其他相关当事人原因导致资产评估程序受限，资产评估机构无法履行资产评估委托合同，资产评估机构可以单方解除资产评估委托合同；当事人可以在资产评估委托合同中约定由委托人按照已经开展资产评估业务的时间、进度，或者已经完成的工作量支付相应的评估服务费。

第十七条 资产评估委托合同应当约定当事人的违约责任。资产评估委托合同当事人因不可抗力无法履行资产评估委托合同的，根据不可抗力的影响，部分或者全部免除责任，法律另有规定的除外。

第十八条　资产评估委托合同应当约定资产评估委托合同履行过程中产生争议时争议解决的方式和地点。

第十九条　资产评估委托合同订立后发现相关事项存在遗漏、约定不明确，或者在合同履行中约定内容发生变化的，资产评估机构可以要求与委托人订立补充合同或者重新订立资产评估委托合同，或者以法律允许的其他方式对资产评估委托合同的相关条款进行变更。

第四章　附则

第二十条　以其他形式建立委托关系的，应当符合法律的要求。

第二十一条　本准则自 2017 年 10 月 1 日起施行。中国资产评估协会于 2011 年 12 月 30 日发布的《关于修改评估报告等准则中有关签章条款的通知》（中评协〔2011〕230 号）中的《资产评估准则——业务约定书》同时废止。

第四节/资产评估执业准则——无形资产

资产评估执业准则——无形资产

第一章　总则

第一条　为规范无形资产评估行为，保护资产评估当事人合法权益和公共利益，根据《资产评估基本准则》制定本准则。

第二条　本准则所称无形资产，是指特定主体拥有或者控制的，不具有实物形态，能持续发挥作用并且能带来经济利益的资源。

第三条　本准则所称无形资产评估，是指资产评估机构及其资产评估专业人员遵守法律、行政法规和资产评估准则，根据委托对评估基准日特定目的下的无形资产价值进行评定和估算，并出具资产评估报告的专业服务行为。

第四条　涉及土地使用权、矿业权、水域使用权等的评估另行规范。

第五条　执行无形资产评估行业务，应当遵守本准则。

第二章　基本遵循

第六条　资产评估机构及其资产评估专业人员开展无形资产评估行业务，应当遵守法律、行政法规的规定，坚持独立、客观、公正的原则，诚实守信，勤勉尽责，谨慎从业，遵守职业道德规范，自觉维护职业形象，不得从事损害职业形象的活动。

第七条　资产评估机构及其资产评估专业人员开展无形资产评估行业务，应当独立进行分析和估算并形成专业意见，拒绝委托人或者其他相关当事人的干预，不得直接以预先设定的价值作为评估结论。

第八条　执行无形资产评估行业务，应当具备无形资产评估的专业知识和实践经验，能够胜任所执行的无形资产评估行业务。

执行某项特定业务缺乏特定的专业知识和经验时，应当采取弥补措施，包括利用专家及相关报告等。

第九条 执行企业价值评估中的无形资产评估行业务，应当了解在对持续经营前提下的企业价值进行评估时，无形资产作为企业资产组成部分的价值可能有别于作为单项资产的价值，其价值取决于它对企业价值的贡献程度。

第十条 执行无形资产评估行业务，应当根据评估业务具体情况，对评估对象进行现场调查，收集权属证明、财务会计信息和其他资料并进行核查验证、分析整理。

第十一条 执行无形资产评估行业务，应当合理使用评估假设和限制条件。

第三章 评估对象

第十二条 执行无形资产评估行业务，应当要求委托人明确评估对象，关注评估对象的权利状况及法律、经济、技术等具体特征。

第十三条 执行无形资产评估行业务，应当根据具体经济行为，谨慎区分可辨认无形资产和不可辨认无形资产，单项无形资产和无形资产组合。

第十四条 可辨认无形资产包括专利权、商标权、著作权、专有技术、销售网络、客户关系、特许经营权、合同权益、域名等。不可辨认无形资产是指商誉。

第十五条 执行无形资产评估行业务，应当要求委托人根据评估对象的具体情况与评估目的，对无形资产进行合理的分离或者合并，恰当进行单项无形资产或者无形资产组合的评估。

第十六条 执行无形资产评估行业务，通常关注评估对象的产权因素、获利能力、成本因素、市场因素、有效期限、法律保护、风险因素等相关因素。

第四章 操作要求

第十七条 执行无形资产评估行业务，应当明确评估对象、评估目的、评估基准日、评估范围、价值类型和资产评估报告使用人。

第十八条 执行无形资产评估行业务，通常关注以下事项：

（一）无形资产权利的法律文件、权属有效性文件或者其他证明资料；

（二）无形资产持续的可辨识经济利益；

（三）无形资产的性质和特点，历史取得和目前的使用状况；

（四）无形资产的剩余经济寿命和法定寿命，无形资产的保护措施；

（五）无形资产实施的地域范围、领域范围与获利方式；

（六）无形资产以往的交易、质押、出资情况；

（七）无形资产实施过程中所受到的法律、行政法规或者其他限制；

（八）类似无形资产的市场价格信息；

（九）宏观经济环境；

（十）行业状况及发展前景；

（十一）企业状况及发展前景；

（十二）其他相关信息。

第十九条 无形资产与其他资产共同发挥作用时，应当分析这些资产对无形资产价值的影响。

第二十条　执行无形资产评估行业务，通常关注宏观经济政策、行业政策、经营条件、生产能力、市场状况等各项因素对无形资产效能发挥的制约，关注其对无形资产价值产生的影响。

第五章　评估方法

第二十一条　确定无形资产价值的评估方法包括市场法、收益法和成本法三种基本方法及其衍生方法。

执行无形资产评估行业务，资产评估专业人员应当根据评估目的、评估对象、价值类型、资料收集等情况，分析上述三种基本方法的适用性，选择评估方法。

第二十二条　采用收益法评估无形资产时应当：

（一）在获取无形资产相关信息的基础上，根据该无形资产或者类似无形资产的历史实施情况及未来应用前景，结合无形资产实施或者拟实施企业经营状况，重点分析无形资产经济收益的可预测性，考虑收益法的适用性；

（二）估算无形资产带来的预期收益，区分评估对象无形资产和其他无形资产与其他资产所获得的收益，分析与之有关的预期变动、收益期限，与收益有关的成本费用、配套资产、现金流量、风险因素；

（三）保持预期收益口径与折现率口径一致；

（四）根据无形资产实施过程中的风险因素及货币时间价值等因素估算折现率；

（五）综合分析无形资产的剩余经济寿命、法定寿命及其他相关因素，确定收益期限。

第二十三条　采用市场法评估无形资产时应当：

（一）考虑该无形资产或者类似无形资产是否存在活跃的市场，考虑市场法的适用性；

（二）收集类似无形资产交易案例的市场交易价格、交易时间及交易条件等交易信息；

（三）选择具有比较基础的可比无形资产交易案例；

（四）收集评估对象近期的交易信息；

（五）对可比交易案例和评估对象近期交易信息进行必要调整。

第二十四条　采用成本法评估无形资产时应当：

（一）根据无形资产形成的全部投入，考虑无形资产价值与成本的相关程度，考虑成本法的适用性；

（二）确定无形资产的重置成本，无形资产的重置成本包括合理的成本、利润和相关税费；

（三）确定无形资产贬值。

第二十五条　对同一无形资产采用多种评估方法时，应当对所获得的各种测算结果进行分析，形成评估结论。

第六章　披露要求

第二十六条　无论单独出具无形资产评估报告，还是将无形资产评估作为资产评估报告的组成部分，都应当在资产评估报告中披露必要信息，使资产评估报告使用人能够正确理解评估结论。

第二十七条　无形资产评估报告应当说明下列内容：

（一）无形资产的性质、权利状况及限制条件；

（二）无形资产实施的地域限制、领域限制及法律法规限制条件；

（三）与无形资产相关的宏观经济和行业的前景；

（四）无形资产的历史、现实状况与发展前景；

（五）评估依据的信息来源；

（六）其他必要信息。

第二十八条 无形资产评估报告应当说明有关评估方法的下列内容：

（一）评估方法的选择及其理由；

（二）各重要参数的来源、分析、比较与测算过程；

（三）对测算结果进行分析，形成评估结论的过程；

（四）评估结论成立的假设前提和限制条件。

第七章 附则

第二十九条 本准则自2017年10月1日起施行。中国资产评估协会于2008年11月28日发布的《关于印发〈资产评估准则——无形资产〉和〈专利资产评估指导意见〉的通知》（中评协〔2008〕217号）中的《资产评估准则——无形资产》同时废止。

第五节 资产评估执业准则——机器设备

资产评估执业准则——机器设备

第一章 总则

第一条 为规范机器设备评估行为，保护资产评估当事人合法权益和公共利益，根据《资产评估基本准则》制定本准则。

第二条 本准则所称机器设备，是指人类利用机械原理以及其他科学原理制造的、特定主体拥有或者控制的有形资产，包括机器、仪器、器械、装置、附属的特殊建筑物等。

第三条 本准则所称机器设备评估，是指资产评估机构及其资产评估专业人员遵守法律、行政法规和资产评估准则，根据委托对评估基准日特定目的下单独的机器设备、资产组合或者作为企业资产组成部分的机器设备价值进行评定和估算，并出具资产评估报告的专业服务行为。

第四条 执行机器设备评估业务，应当遵守本准则。

第二章 基本遵循

第五条 执行机器设备评估业务，应当具备机器设备评估的专业知识和实践经验，能够胜任所执行的机器设备评估业务。

当执行某项特定业务缺乏特定的专业知识和经验时，应当采取弥补措施，包括利用专家及相关报告等。

第六条 资产评估专业人员应当了解，机器设备的评估对象分为单台机器设备和机器设备组合对应的全部或者部分权益。单台机器设备是指以独立形态存在、可以单独发挥作用或者以单台的形式进行销售的机器设备。机器设备组合是指为了实现特定功能，由若干机器设备组成的有机整体。机器设备组合的价值不必然等于单台机器设备价值的简单相加。

第七条　在对持续经营前提下的企业价值进行评估时，机器设备作为企业资产组成部分的价值可能有别于作为单项资产的价值，其价值取决于它对企业价值的贡献程度。

第八条　执行机器设备评估业务，应当关注机器设备所依存资源的有限性、所生产产品的市场寿命、所依附土地和房屋建筑物的使用期限、法律、行政法规以及环境保护、能源等产业政策对机器设备价值的影响。

第三章　操作要求

第九条　执行机器设备评估业务，应当了解评估结论的用途，明确评估目的。

第十条　执行机器设备评估业务，应当根据评估目的等相关条件，选择恰当的价值类型。

第十一条　资产评估专业人员应当根据机器设备的预期用途和评估目的，明确评估假设。包括：

（一）继续使用或者变现；

（二）原地使用或者移地使用；

（三）现行用途使用或者改变用途使用。

第十二条　对需要改变使用地点，按原来的用途继续使用，或者改变用途继续使用的机器设备进行评估时，应当考虑机器设备移位或者改变用途对其价值产生的影响。

第十三条　执行机器设备评估业务，应当根据评估目的、评估假设等条件，明确评估范围是否包括设备的安装、基础、附属设施，是否包括软件、技术服务、技术资料等无形资产。对于附属于不动产的机器设备，应当划分不动产与机器设备的评估范围，避免重复或者遗漏。

第十四条　执行机器设备评估业务，应当对机器设备进行现场逐项调查或者抽样调查，确定机器设备是否存在、明确机器设备存在状态并关注其权属。如果采用抽样的方法进行现场调查，应当充分考虑抽样风险。因客观原因等因素限制，无法实施现场调查的，应当采取措施加以判断，并予以披露。

第十五条　执行机器设备评估业务应当根据评估对象的具体情况，确定现场调查内容。

第十六条　资产评估专业人员通常可以通过现场观察，利用机器设备使用单位所提供的技术档案、检测报告、运行记录等历史资料，利用专业机构的检测结果，对机器设备的技术状态做出判断。必要时可以聘请专业机构对机器设备进行技术鉴定。

第十七条　资产评估专业人员应当关注机器设备的权属，收集相关的权属证明文件，对于没有权属证明文件的机器设备应当要求委托人或者其他相关当事人对其权属做出承诺或者说明，并对相关资料进行核查验证。

第十八条　资产评估专业人员应当获得真实、可靠的机器设备的市场信息。

第四章　评估方法

第十九条　执行机器设备评估业务，应当根据评估目的、评估对象、价值类型、资料收集等情况，分析成本法、市场法和收益法三种资产评估基本方法的适用性，选择评估方法。

第二十条 采用成本法评估机器设备时，应当：

（一）明确机器设备的重置成本包括购置或者购建设备所发生的必要的、合理的成本、利润和相关税费等，确定重置成本的构成要素；

（二）明确重置成本可以划分为更新重置成本与复原重置成本；

（三）了解机器设备的实体性贬值、功能性贬值和经济性贬值，以及可能引起机器设备贬值的各种因素，采用科学的方法，估算各种贬值；

（四）了解对具有独立运营能力或者独立获利能力的机器设备组合进行评估时，成本法一般不应当作为唯一使用的评估方法。

第二十一条 采用市场法评估机器设备时，应当：

（一）明确活跃的市场是采用市场法评估机器设备的前提条件，应当考虑市场是否能够提供足够数量的可比资产的交易数据、以及数据的可靠性；

（二）明确参照物与评估对象具有相似性和可比性是采用市场法的基础，应当对参照物与评估对象的差异进行调整；

（三）了解不同交易市场的价格水平可能存在差异，应当根据评估目的和评估对象的具体情况，确定可以作为评估依据的合适的交易市场，或者对市场差异作出调整；

（四）明确拆除、运输、安装、调试等因素对评估结论的影响。

第二十二条 采用收益法评估机器设备时，应当：

（一）明确收益法一般适用于具有独立获利能力或者获利能力可以量化的机器设备；

（二）合理确定收益期限、合理量化机器设备的未来收益；

（三）合理确定折现率。

第五章 披露要求

第二十四条 无论单独出具机器设备评估报告，还是将机器设备的评估作为资产评估报告的组成部分，都应当在资产评估报告中披露必要信息，使资产评估报告使用人能够正确理解评估结论。

第二十五条 编制机器设备评估报告应当反映机器设备的相关特点：

（一）对机器设备的描述一般包括物理特征、技术特征和经济特征，应当根据具体情况确定需要描述的内容；

（二）除了机器设备评估明细表，在机器设备评估报告中应当对评估对象的概况进行描述；

（三）对机器设备评估程序实施过程的描述，应当反映对设备的现场及市场调查、评定估算过程；说明设备的使用情况、维护保养情况、贬值情况等；

（四）在评估假设中明确机器设备是否改变用途、改变使用地点等；

（五）机器设备抵（质）押及其他限制情况。

第六章 附则

第二十六条 本准则自2017年10月1日起施行。中国资产评估协会于2007年11月28日发布的《关于印发〈资产评估准则——评估报告〉等7项资产评估准则的通知》（中评协〔2007〕189号）中的《资产评估准则——机器设备》同时废止。

第六节　资产评估执业准则——不动产

资产评估执业准则——不动产

第一章　总则

第一条　为规范不动产评估行为，保护资产评估当事人合法权益和公共利益，根据《资产评估基本准则》制定本准则。

第二条　本准则所称不动产是指土地、建筑物及其他附着于土地上的定着物，包括物质实体及其相关权益。

本准则所称不动产不包含海域、林木等。

第三条　本准则所称不动产评估是指资产评估机构及其资产评估专业人员遵守法律、行政法规和资产评估准则，根据委托对评估基准日特定目的下的不动产价值进行评定和估算，并出具资产评估报告的专业服务行为。

不动产评估包括单独的不动产评估和企业价值评估中的不动产评估。

第四条　执行不动产评估业务，应当遵守本准则，但法律、行政法规规定应当执行其他准则的，从其规定。

第二章　基本遵循

第五条　执行不动产评估业务，应当具备不动产评估的专业知识和实践经验，能够胜任所执行的不动产评估业务。

当执行某项特定业务缺乏特定的专业知识和经验时，应当采取弥补措施，包括利用专家及相关报告等。

第七条　资产评估专业人员应当关注不动产的权属，收集相关的权属证明文件，对于没有权属证明文件的不动产应当要求委托人或者其他相关当事人对其权属做出承诺或说明。

第八条　不动产评估应当在评估对象符合用途管制要求的情况下进行。对于不动产使用的限制条件，应当以有关部门依法规定的用途、面积、高度、建筑密度、容积率、年限等技术指标为依据。

第九条　当不动产存在多种利用方式时，应当在合法的前提下，结合经济行为、评估目的、价值类型等情况，选择和使用最优利用方式进行评估。

第三章　操作要求

第十条　执行不动产评估业务，应当要求委托人明确资产评估报告的用途、评估对象、范围和评估目的。不动产评估对象，可以是不动产对应的全部权益，也可以是不动产对应的部分权益。

第十一条　执行不动产评估业务，应当全面了解不动产的实物状况、权益状况和区位状况，掌握评估对象的主要特征。

第十二条　执行不动产评估业务，应当根据评估目的和不动产具体情况进行合理假设，并在资产评估报告中予以披露。

第十三条 不动产组成部分的价值存在相互影响关系。建筑物对于其所占有的土地使用权存在价值减损的可能。如果建筑物对于其所占有的土地使用权存在价值减损情形，评估土地使用权价值时应当计算该损失金额并加以扣除。

对于土建工程与机器设备安装为一体或者形成紧密关联的不动产，应当关注机器设备与不动产的关系，合理进行区分，并考虑机器设备等资产对不动产价值的影响。

第十四条 执行不动产评估业务，一般情况下，应当对所评估的不动产进行现场调查，明确不动产存在状态并关注其权属状况。特殊情况下，如需采用抽样等方法对不动产进行现场调查，应当充分考虑抽样风险。

对于不动产处于隐蔽状况或者因客观原因无法进行实地查看的部分，应当采取适当措施加以判断并予以披露。

第十五条 对于水利工程、码头、桥涵、道路等不动产，应当根据不动产的价值特性和资产特点，通过设计概算、工程图纸、竣工决算、定额标准等技术资料，结合对不动产的现场查看，了解不动产的结构、工程量、工程费用分摊、建设周期以及收益等情况。

第十六条 执行不动产评估业务，应当关注不动产的相邻关系、租约限制和动产对不动产价值的影响。

第四章 评估方法

第十七条 执行不动产评估业务，应当根据评估目的、评估对象、价值类型、资料收集等情况，分析市场法、收益法和成本法三种资产评估基本方法以及假设开发法、基准地价修正法等衍生方法的适用性，选择评估方法。

第十八条 采用市场法评估不动产时，应当收集足够的交易实例。收集交易实例的信息包括：

（一）交易实例的基本状况，主要包括：名称、坐落、四至、面积、用途、产权状况、土地形状、土地使用期限、建筑物建成日期、建筑结构、周围环境等；

（二）成交日期；

（三）成交价格，包括总价、单价及计价方式；

（四）付款方式；

（五）交易情况，主要有交易目的、交易方式、交易税费负担方式、交易人之间的特殊利害关系、特殊交易动机等。

第十九条 用作参照物的交易实例应当具备下列条件：

（一）在区位、用途、规模、建筑结构、档次、权利性质等方面与评估对象类似；

（二）成交日期与评估基准日接近；

（三）交易类型与评估目的相适合；

（四）成交价格为正常价格或者可以修正为正常价格。

第二十条 采用市场法评估不动产时，应当进行交易情况修正、交易日期修正和不动产状况修正。

交易情况修正是将参照物实际交易情况下的价格修正为正常交易情况下的价值。交易日期修正是将参照物成交日期的价格修正为评估基准日的价值。不动产状况修正是将参照物状况下的价格修正为评估对象状况下的价值，可以分为区位状况修正、权益状况修正和实物状况修正。

第二十一条　采用收益法评估不动产时，应当了解：

（一）不动产应当具有经济收益或者潜在经济收益；

（二）不动产未来收益及风险能够较准确地预测与量化；

（三）不动产未来收益应当是不动产本身带来的收益；

（四）不动产未来收益包含有形收益和无形收益。

第二十二条　采用收益法评估不动产时，应当合理确定收益期限、净收益与折现率：

（一）收益期限应当根据建筑物剩余经济寿命年限与土地使用权剩余使用年限等参数，并根据法律、行政法规的规定确定；

（二）确定净收益时应当考虑未来收益和风险的合理预期；

（三）折现率与不动产的收益方式、收益预测方法、风险状况有关，也因不动产的组成部分不同而存在差异。折现率的口径应当与预期收益口径保持一致。

第二十三条　采用收益法评估不动产时，有租约限制的，租约期内的租金宜采用租约所确定的租金，租约期外的租金应当采用正常客观的租金，并在资产评估报告中披露租约情况。

第二十四条　采用成本法评估不动产，估算重置成本时，应当了解：

（一）重置成本采用客观成本；

（二）不动产重置成本采取土地使用权与建筑物分别估算、然后加总的评估方式时，重置成本的相关成本构成应当在两者之间合理划分或者分摊，避免重复计算或者漏算；

（三）不动产的重置成本通常采用更新重置成本。当评估对象为具有特定历史文化价值的不动产时，应当尽量采用复原重置成本。

第二十五条　资产评估专业人员应当对不动产所涉及的土地使用权剩余年限、建筑物经济寿命年限及设施设备的经济寿命年限进行分析判断，确定不动产的经济寿命年限。

第二十六条　资产评估专业人员应当综合考虑可能引起不动产贬值的主要因素，估算各种贬值。建筑物的贬值包括实体性贬值、功能性贬值和经济性贬值。确定建筑物的实体性贬值时，通常综合考虑建筑物已使用年限、经济寿命年限和土地使用权剩余年限的影响。

确定住宅用途建筑物实体性贬值时，需要考虑土地使用权自动续期的影响。当土地使用权自动续期时，可以根据建筑物的经济寿命年限确定其贬值额。

第二十七条　采用假设开发法评估不动产时，应当了解：

（一）假设开发法适用于具有开发和再开发潜力，并且其开发完成后的价值可以确定的不动产；

（二）开发完成后的不动产价值是开发完成后不动产状况所对应的价值；

（三）后续开发建设的必要支出和应得利润包括：后续开发成本、管理费用、销售费用、投资利息、销售税费、开发利润和取得待开发不动产的税费等；

（四）假设开发方式通常是满足规划条件下的最佳开发利用方式。

第二十八条　采用基准地价修正法评估土地使用权价值时，应当根据评估对象的价值内涵与基准地价内涵的差异，确定调整内容。在土地级别、用途、权益性质等要素一致的情况下，调整内容包括交易日期修正、区域因素修正、个别因素修正、使用年期修正和开发程度修正等。

第五章　企业价值评估中的不动产评估

第二十九条　企业所拥有的不动产通常在存货、投资性房地产、固定资产、在建工程以及无形资产等科目中核算，且可能存在同一不动产账面价值由多笔余额构成的情形。作为存货的房地产、投资性房地产和自用房地产等，其价值影响因素存在差异。

第三十条　在企业价值评估中，应当关注企业经营方式及不动产实际使用方式对不动产价值的影响。

第三十一条　在企业价值评估中，应当结合企业价值评估的价值类型合理设定不动产评估的假设前提和限制条件。

第三十二条　在企业价值评估中，应当分析不动产的财务核算方式以及是否存在不动产未结合同和尚未支付款项，明确不动产的评估价值内涵与实际已发生支出、尚未发生支出之间的关系，避免重复计算或者漏算。

第三十三条　在企业价值评估中，不动产作为企业资产的组成部分，评估价值受其对企业贡献程度的影响。

第三十四条　在企业价值评估中，对于溢余不动产，应当考虑不动产的持有目的、收益状况和实现交易的可能性，采用恰当的评估方法确定其评估价值。

第六章　披露要求

第三十五条　无论单独出具不动产评估报告，还是将不动产评估作为资产评估报告的组成部分，都应当在资产评估报告中披露必要信息，使资产评估报告使用人能够正确理解评估结论。

第三十六条　执行不动产评估业务，在编制资产评估报告时应当对不动产的总体情况、主要特点和权属状况进行披露。

第七章　附则

第三十七条　本准则自2017年10月1日起施行。中国资产评估协会于2007年11月28日发布的《关于印发〈资产评估准则——评估报告〉等7项资产评估准则的通知》（中评协〔2007〕189号）中的《资产评估准则——不动产》同时废止。

第七节　资产评估执业准则——企业价值

资产评估执业准则——企业价值

第一章　总则

第一条　为规范企业价值评估行为，保护资产评估当事人合法权益和公共利益，根据《资产评估基本准则》制定本准则。

第二条　本准则所称企业价值评估，是指资产评估机构及其资产评估专业人员遵守法律、行政法规和资产评估准则，根据委托对评估基准日特定目的下的企业整体价值、股东全部权益价值或者股东部分权益价值等进行评定和估算，并出具资产评估报告的专业服务行为。

第三条　执行企业价值评估业务，应当遵守本准则。

第二章　基本遵循

第四条　执行企业价值评估业务，应当具备企业价值评估的专业知识和实践经验，能够胜任所执行的企业价值评估业务。

执行某项特定业务缺乏特定的专业知识和经验时，应当采取弥补措施，包括利用专家工作及相关报告等。

第五条　执行企业价值评估业务，应当坚持独立、客观、公正的原则，勤勉尽责，保持应有的职业谨慎，独立进行分析和估算并形成专业意见。

第六条　执行企业价值评估业务，应当根据评估目的，明确评估对象，合理使用评估假设，选择适当的价值类型，恰当运用评估方法，履行必要评估程序，形成评估结论。

第七条　资产评估专业人员应当依法对企业价值评估活动中使用的资料进行核查验证。

因法律法规规定、客观条件限制无法实施核查验证的事项，资产评估专业人员应当在工作底稿中予以说明，分析其对评估结论的影响程度，并在资产评估报告中予以披露。如果上述事项对评估结论产生重大影响或者无法判断其影响程度，资产评估机构不得出具资产评估报告。

第三章　操作要求

第八条　资产评估机构受理企业价值评估业务前，应当明确下列基本事项：

（一）委托人的基本情况；

（二）被评估单位的基本情况；

（三）评估目的；

（四）评估对象和评估范围；

（五）价值类型；

（六）评估基准日；

（七）资产评估报告使用范围；

（八）评估假设；

（九）需要明确的其他事项。

第九条　资产评估专业人员应当根据委托事项和评估目的，与委托人协商明确评估对象。企业价值评估中的评估对象包括企业整体价值、股东全部权益价值和股东部分权益价值等。

第十条　执行企业价值评估业务，应当充分考虑评估目的、市场条件、评估对象自身条件等因素，恰当选择价值类型。企业价值评估中常见的价值类型有市场价值和投资价值。

第十一条　执行企业价值评估业务，应当根据评估业务的具体情况，确定所需资料的清单并收集相关资料，通常包括：

（一）评估对象权益状况相关的协议、章程、股权证明等有关法律文件、评估对象涉及的主要资产权属证明资料；

（二）被评估单位历史沿革、控股股东及股东持股比例、经营管理结构和产权架构资料；

（三）被评估单位的业务、资产、财务、人员及经营状况资料；

（四）被评估单位经营计划、发展规划和收益预测资料；

（五）评估对象、被评估单位以往的评估及交易资料；

（六）影响被评估单位经营的宏观、区域经济因素资料；

（七）被评估单位所在行业现状与发展前景资料；

（八）证券市场、产权交易市场等市场的有关资料；

（九）可比企业的经营情况、财务信息、股票价格或者股权交易价格等资料。

第十二条 资产评估专业人员应当尽可能获取被评估单位和可比企业经审计后的财务报表或者公开财务资料，无论财务报表是否经过审计，资产评估专业人员都应当根据所采用评估方法对财务报表的使用要求对其进行分析和判断，但对相关财务报表是否公允反映评估基准日的财务状况和当期经营成果、现金流量发表专业意见并非资产评估专业人员的责任。

采用资产基础法评估，应当对所采用的被评估单位于评估基准日的资产及负债账面值的真实性进行分析和判断；采用收益法或者市场法评估，应当对所采用的被评估单位和可比企业财务指标的合理性进行分析和判断。

第十三条 采用收益法或者市场法进行企业价值评估时，可以根据评估对象、评估假设、价值类型等相关条件，在与委托人和其他相关当事人协商并获得有关信息的基础上，对被评估单位和可比企业财务报表进行分析和必要的调整，以使评估中采用的财务数据以及相关参数适用、可比。根据评估业务的具体情况，分析和调整事项通常包括：

（一）财务报表编制基础；

（二）非经常性收入和支出；

（三）非经营性资产、负债和溢余资产及其相关的收入和支出。

第十四条 采用收益法或者市场法进行企业价值评估，应当与委托人和其他相关当事人进行沟通，了解被评估单位资产配置和使用情况，谨慎识别非经营性资产、负债和溢余资产，并根据相关信息获得情况以及对评估结论的影响程度，确定是否单独评估。

第十五条 资产评估专业人员应当知晓评估对象在持续经营前提下的价值并不必然大于在清算前提下的价值。

如果相关当事人有权启动清算程序，资产评估专业人员应当根据委托评估事项，分析评估对象在清算前提下价值大于在持续经营前提下价值的可能性。

第十六条 在对具有多种业务类型、涉及多种行业的企业进行企业价值评估时，应当根据业务关联性界定业务单元，并根据被评估单位和业务单元的具体情况，采用适宜的财务数据口径进行评估。

第四章　评估方法

第十七条 执行企业价值评估业务，应当根据评估目的、评估对象、价值类型、资料收集等情况，分析收益法、市场法、成本法（资产基础法）三种基本方法的适用性，选择评估方法。

第十八条 对于适合采用不同评估方法进行企业价值评估的，资产评估专业人员应当采用两种以上评估方法进行评估。

第十九条　企业价值评估中的收益法，是指将预期收益资本化或者折现，确定评估对象价值的评估方法。

资产评估专业人员应当结合被评估单位的企业性质、资产规模、历史经营情况、未来收益可预测情况、所获取评估资料的充分性，恰当考虑收益法的适用性。

第二十条　收益法常用的具体方法包括股利折现法和现金流量折现法。

第二十一条　股利折现法是将预期股利进行折现以确定评估对象价值的具体方法，通常适用于缺乏控制权的股东部分权益价值评估。

股利折现法的预期股利一般应当体现市场参与者的通常预期，适用的价值类型通常为市场价值。

第二十二条　现金流量折现法通常包括企业自由现金流折现模型和股权自由现金流折现模型。资产评估专业人员应当根据被评估单位所处行业、经营模式、资本结构、发展趋势等，恰当选择现金流折现模型。

预测现金流量，既可以从市场参与者角度进行，也可以选择特定投资者的角度。从特定投资者的角度预测现金流量时，适用的价值类型通常为投资价值。

第二十三条　资产评估专业人员应当对委托人和其他相关当事人提供的企业未来收益资料进行必要的分析、判断和调整，结合被评估单位的人力资源、技术水平、资本结构、经营状况、历史业绩、发展趋势，考虑宏观经济因素、所在行业现状与发展前景，合理确定评估假设，形成未来收益预测。

当委托人和其他相关当事人未提供收益预测，资产评估专业人员应当收集和利用形成未来收益预测的相关资料，并履行核查验证程序，在具备预测条件的情况下编制收益预测表。

资产评估专业人员应当关注未来收益预测中经营管理、业务架构、主营业务收入、毛利率、营运资金、资本性支出、资本结构等主要参数与评估假设、价值类型的一致性。当预测趋势与历史业绩和现实经营状况存在重大差异时，资产评估专业人员应当在资产评估报告中予以披露，并对产生差异的原因及其合理性进行说明。

第二十四条　资产评估专业人员应当按照法律、行政法规规定，以及被评估单位企业性质、企业类型、所在行业现状与发展前景、协议与章程约定、经营状况、资产特点和资源条件等，恰当确定收益期。

第二十五条　企业经营达到相对稳定前的时间区间是确定详细预测期的主要因素。

资产评估专业人员应当在对企业产品或者服务的剩余经济寿命以及替代产品或者服务的研发情况、收入结构、成本结构、资本结构、资本性支出、营运资金、投资收益和风险水平等综合分析的基础上，结合宏观政策、行业周期及其他影响企业进入稳定期的因素合理确定详细预测期。

第二十六条　资产评估专业人员确定折现率，应当综合考虑评估基准日的利率水平、市场投资收益率等资本市场相关信息和所在行业、被评估单位的特定风险等相关因素。

第二十七条　资产评估专业人员应当根据企业提供产品或者服务的剩余经济寿命期情况、进入稳定期的因素分析详细预测期后的收益趋势、终止经营后的处置方式等，选择恰当的方法估算详细预测期后的价值。

第二十八条 执行企业价值评估业务可以根据评估对象特点选择收益法的不同具体方法进行评估。资产评估专业人员应当根据被评估单位的具体情况选择恰当的预期收益口径,并确信折现率与预期收益的口径保持一致。

第二十九条 企业价值评估中的市场法,是指将评估对象与可比上市公司或者可比交易案例进行比较,确定评估对象价值的评估方法。

资产评估专业人员应当根据所获取可比企业经营和财务数据的充分性和可靠性、可收集到的可比企业数量,考虑市场法的适用性。

第三十条 市场法常用的两种具体方法是上市公司比较法和交易案例比较法。

第三十一条 上市公司比较法是指获取并分析可比上市公司的经营和财务数据,计算价值比率,在与被评估单位比较分析的基础上,确定评估对象价值的具体方法。

上市公司比较法中的可比企业应当是公开市场上正常交易的上市公司。在切实可行的情况下,评估结论应当考虑控制权和流动性对评估对象价值的影响。

第三十二条 交易案例比较法是指获取并分析可比企业的买卖、收购及合并案例资料,计算价值比率,在与被评估单位比较分析的基础上,确定评估对象价值的具体方法。

控制权以及交易数量可能影响交易案例比较法中的可比企业交易价格。在切实可行的情况下,应当考虑评估对象与交易案例在控制权和流动性方面的差异及其对评估对象价值的影响。

如因客观条件限制无法考虑控制权和流动性对评估对象价值的影响,应当在资产评估报告中披露其原因以及可能造成的影响。

第三十三条 资产评估专业人员应当关注业务结构、经营模式、企业规模、资产配置和使用情况、企业所处经营阶段、成长性、经营风险、财务风险等因素,恰当选择与被评估单位进行比较分析的可比企业。

资产评估专业人员所选择的可比企业与被评估单位应当具有可比性。可比企业应当与被评估单位属于同一行业,或者受相同经济因素的影响。

第三十四条 价值比率通常包括盈利比率、资产比率、收入比率和其他特定比率。

在选择、计算、应用价值比率时,应当考虑:

(一)选择的价值比率有利于合理确定评估对象的价值;

(二)计算价值比率的数据口径及计算方式一致;

(三)对可比企业和被评估单位间的差异进行合理调整。

第三十五条 企业价值评估中的资产基础法,是指以被评估单位评估基准日的资产负债表为基础,合理评估企业表内及可识别的表外各项资产、负债价值,确定评估对象价值的评估方法。

第三十六条 资产评估专业人员应当根据会计政策、企业经营等情况,要求被评估单位对资产负债表表内及表外的各项资产、负债进行识别。

资产评估专业人员应当知晓并非每项资产和负债都可以被识别并单独评估。识别出的表外资产与负债应当纳入评估申报文件,并要求委托人或者其指定的相关当事方确认评估范围。当存在对评估对象价值有重大影响且难以识别和评估的资产或者负债时,应当考虑不同评估方法的适用性。

第三十七条　采用资产基础法进行企业价值评估，各项资产的价值应当根据其具体情况选用适当的具体评估方法得出，所选评估方法可能有别于其作为单项资产评估对象时的具体评估方法，应当考虑其对企业价值的贡献。

资产评估专业人员应当知晓，在对持续经营前提下的企业价值进行评估时，单项资产或者资产组合作为企业资产的组成部分，其价值通常受其对企业贡献程度的影响。

第三十八条　采用资产基础法进行企业价值评估，应当对长期股权投资项目进行分析，根据被评估单位对长期股权投资项目的实际控制情况以及对评估对象价值的影响程度等因素，确定是否将其单独评估。

对专门从长期股权投资获取收益的控股型企业进行评估时，应当考虑控股型企业总部的成本和效益对企业价值的影响。对专门从长期股权投资获取收益的控股型企业的子公司单独进行评估时，应当考虑控股型企业管理机构分摊管理费对企业价值的影响。

第三十九条　对同一评估对象采用多种评估方法时，应当结合评估目的、不同评估方法使用数据的质量和数量，采用定性或者定量分析方式形成评估结论。

第五章　披露要求

第四十条　采用收益法或者市场法进行企业价值评估，通常在资产评估报告中重点披露下列内容：

（一）影响企业经营的宏观、区域经济因素；

（二）所在行业现状与发展前景；

（三）企业的业务分析情况；

（四）企业主要产品或者服务的经济寿命情况以及预期替代产品或者服务的情况；

（五）企业的资产、财务分析和调整情况；

（六）评估方法的运用过程。

第四十一条　在资产评估报告中披露影响企业经营的宏观、区域经济因素时，通常包括下列内容：

（一）国家、地区有关企业经营的法律、行政法规和其他相关文件；

（二）国家、地区经济形势及未来发展趋势；

（三）有关财政、货币政策等。

第四十二条　在资产评估报告中披露所在行业现状与发展前景时，通常包括下列内容：

（一）行业主要政策规定；

（二）行业竞争情况；

（三）行业发展的有利和不利因素；

（四）行业特有的经营模式，行业的周期性、区域性和季节性特征等；

（五）企业所在行业与上下游行业之间的关联性，上下游行业发展对本行业发展的有利和不利影响。

第四十三条　在资产评估报告中披露企业的业务分析情况时，通常包括下列内容：

（一）主要产品或者服务的用途；

（二）经营模式；

（三）经营管理状况；

（四）企业在行业中的地位、竞争优势及劣势；

（五）企业的发展战略及经营策略等。

第四十四条 在资产评估报告中披露企业的资产、财务分析和调整情况时，通常包括下列内容：

（一）资产配置和使用的情况；

（二）历史财务资料的分析总结，一般包括历史年度财务分析、与所在行业或者可比企业的财务比较分析等；

（三）对财务报表及评估中使用的资料的重大或者实质性调整。

第四十五条 在资产评估报告中披露评估方法的运用过程时，通常包括下列内容：

（一）评估方法的选择及其理由；

（二）评估方法的运用和逻辑推理过程；

（三）主要参数的来源、分析、比较和测算过程；

（四）考虑的控制权和流动性影响；

（五）对测算结果进行分析，形成最终评估结论的过程。

第四十六条 资产评估专业人员应当在资产评估报告中披露无法核查验证的事项及其对评估结论的影响。

第四十七条 资产评估报告应当载明：委托人或者其他资产评估报告使用人未按照法律、行政法规规定和资产评估报告载明的使用范围使用资产评估报告的，资产评估机构及其资产评估专业人员不承担责任；除委托人、资产评估委托合同中约定的其他资产评估报告使用人和法律、行政法规规定的资产评估报告使用人之外，其他任何机构和个人不能成为资产评估报告的使用人。

第四十八条 资产评估专业人员应当在资产评估报告中提醒资产评估报告使用人正确理解评估结论，评估结论不等同于评估对象可实现价格，评估结论不应当被认为是对评估对象可实现价格的保证。

第四十九条 资产评估专业人员可以根据评估对象的复杂程度、委托人要求，确定资产评估报告的详略程度。

第六章 附则

第五十条 本准则自2019年1月1日起施行。中国资产评估协会于2017年9月8日发布的《关于印发〈资产评估执业准则——企业价值〉的通知》（中评协〔2017〕36号）中的《资产评估执业准则——企业价值》同时废止。

第十三章 资产评估指南

第一节 企业国有资产评估报告指南

企业国有资产评估报告指南

第一章 总则

第一条 为规范企业国有资产评估报告编制和出具行为，保护资产评估当事人合法权益和公共利益，根据国有资产评估管理有关规定和《资产评估执业准则——资产评估报告》制定本指南。

第二条 资产评估机构及其资产评估师根据企业国有资产评估管理的有关规定开展资产评估业务，编制和出具企业国有资产评估报告，应当遵守本指南。

金融企业和行政事业单位国有资产评估报告另行规范。

第三条 本指南所指企业国有资产评估报告（以下简称资产评估报告），由标题及文号、目录、声明、摘要、正文、附件、评估明细表和评估说明构成。

第四条 资产评估机构及其资产评估师应当清晰、准确陈述资产评估报告内容，不得使用误导性的表述。

第五条 资产评估报告提供的信息，应当使企业国有资产监督管理机构和相关机构能够全面了解资产评估情况，使资产评估报告使用人正确理解评估结论。

第六条 资产评估报告内容应当完整，符合本指南的要求。

第二章 标题及文号、目录、声明和摘要

第七条 资产评估报告标题应当简明清晰，一般采用"企业名称＋经济行为关键词＋评估对象＋资产评估报告"的形式。

资产评估报告文号包括资产评估机构特征字、种类特征字、年份、报告序号。

第八条 目录应当包括每一部分的标题和相应页码。

第九条 资产评估报告声明通常包括以下内容：

（一）本资产评估报告依据财政部发布的资产评估基本准则和中国资产评估协会发布的资产评估执业准则和职业道德准则编制。

（二）委托人或者其他资产评估报告使用人应当按照法律、行政法规规定和资产评估报告载明的使用范围使用资产评估报告；委托人或者其他资产评估报告使用人违反前述规定

使用资产评估报告的，资产评估机构及其资产评估师不承担责任。

（三）资产评估报告仅供委托人、资产评估委托合同中约定的其他资产评估报告使用人和法律、行政法规规定的资产评估报告使用人使用；除此之外，其他任何机构和个人不能成为资产评估报告的使用人。

（四）资产评估报告使用人应当正确理解评估结论，评估结论不等同于评估对象可实现价格，评估结论不应当被认为是对评估对象可实现价格的保证。

（五）资产评估机构及其资产评估师遵守法律、行政法规和资产评估准则，坚持独立、客观、公正的原则，并对所出具的资产评估报告依法承担责任。

（六）资产评估报告使用人应当关注评估结论成立的假设前提、资产评估报告特别事项说明和使用限制。

（七）其他需要声明的内容。

第十条 资产评估报告摘要应当简明扼要地反映经济行为、评估目的、评估对象和评估范围、价值类型、评估基准日、评估方法、评估结论及其使用有效期、对评估结论产生影响的特别事项等关键内容。

资产评估报告摘要应当采用下述文字提醒资产评估报告使用人阅读全文："以上内容摘自资产评估报告正义，欲了解本评估业务的详细情况和正确理解评估结论，应当阅读资产评估报告正文。"

第三章 正文

第十一条 资产评估报告正文应当包括：

（一）绪言；

（二）委托人、被评估单位和资产评估委托合同约定的其他资产评估报告使用人概况；

（三）评估目的；

（四）评估对象和评估范围；

（五）价值类型；

（六）评估基准日；

（七）评估依据；

（八）评估方法；

（九）评估程序实施过程和情况；

（十）评估假设；

（十一）评估结论；

（十二）特别事项说明；

（十三）资产评估报告使用限制说明；

（十四）资产评估报告日；

（十五）签名盖章。

第十二条 绪言一般采用包含下列内容的表述格式：

"×××（委托人全称）：

×××（资产评估机构全称）接受贵单位（公司）的委托，按照法律、行政法规和资产评估准则的规定，坚持独立、客观和公正的原则，采用×××评估方法（评估方法名称），按照必要的评估程序，对×××(委托人全称)拟实施×××行为(事宜)涉及的×××(资产——单项资产或者资产组合、企业整体价值、股东全部权益、股东部分权益)在××××年××月××日的××价值(价值类型)进行了评估。现将资产评估情况报告如下。”

第十三条　资产评估报告正文应当介绍委托人、被评估单位和资产评估委托合同约定的其他资产评估报告使用人的概况：

(一) 委托人和资产评估委托合同约定的其他资产评估报告使用人概况一般包括名称、法定住所及经营场所、法定代表人、注册资本及主要经营范围等；

(二) 企业价值评估中，被评估单位概况一般包括：

1. 名称、法定住所及经营场所、法定代表人、主要经营范围、注册资本、公司股东及持股比例、股权变更情况及必要的公司产权和经营管理结构、历史情况等；

2. 近三年资产、财务、经营状况；

3. 委托人和被评估单位之间的关系(如产权关系、交易关系)；

(三) 单项资产或者资产组合评估，被评估单位概况一般包括名称、法定住所及经营场所、法定代表人、注册资本及主要经营范围等；

(四) 委托人与被评估单位为同一企业，按对被评估单位的要求编写；

(五) 存在交叉持股的，应当列示交叉持股图并简述交叉持股关系及是否属于同一控制的情形；

(六) 存在关联交易的，应当说明关联方、交易方式等基本情况。

第十四条　资产评估报告应当说明本次资产评估的目的及其所对应的经济行为，并说明该经济行为获得批准的相关情况或者其他经济行为依据。

第十五条　资产评估报告应当对评估对象进行具体描述，以文字、表格的方式说明评估范围。

企业价值评估中，应当说明下列内容：

(一) 委托评估对象和评估范围与经济行为涉及的评估对象和评估范围是否一致，不一致的应当说明原因，并说明是否经过审计；

(二) 企业申报的表外资产的类型、数量；

(三) 引用其他机构出具的报告结论所涉及的资产类型、数量和账面金额(或者评估值)。

单项资产或者资产组合评估，应当说明委托评估资产的数量(如土地面积、建筑物面积、设备数量、无形资产数量等)、法律权属状况、经济状况和物理状况等。

第十六条　资产评估报告应当明确价值类型及其定义。选择市场价值以外的价值类型，还应当说明价值类型选择理由。

第十七条　资产评估报告应当说明评估基准日及确定评估基准日所考虑的主要因素，包括下列主要内容：

(一) 本项目评估基准日是××××年××月××日；

(二) 确定评估基准日所考虑的主要因素(如经济行为的实现、会计期末、利率和汇率变化等)。

第十八条　资产评估报告应当说明本次评估业务所对应的经济行为、法律法规、评估准则、权属、取价等依据。

(一) 经济行为依据应当为有效批复文件以及可以说明经济行为及其所涉及的评估对象与评估范围的其他文件资料；

(二) 法律法规依据通常包括与国有资产评估有关的法律法规等；

(三) 评估准则依据包括本评估业务中依据的相关资产评估准则和相关规范；

(四) 权属依据通常包括国有资产产权登记证书、基准日股份持有证明、出资证明、国有土地使用证(或者国有土地使用权出让合同)、房屋所有权证、房地产权证(或者不动产权证书)、采矿许可证、勘查许可证、林权证、专利证(发明专利证书、实用新型专利证书、外观设计专利证书)、商标注册证、著作权(版权)相关权属证明、船舶所有权登记证书、船舶国籍证书、机动车行驶证、有关产权转让合同、其他权属证明文件等；

(五) 取价依据通常包括企业提供的财务会计、经营方面的资料，国家有关部门发布的统计资料、技术标准和政策文件，以及评估机构收集的有关询价资料、参数资料等；

(六) 其他参考依据。

第十九条 资产评估报告应当说明所选用的评估方法及其理由。

未采用两种以上评估方法进行评估，资产评估报告应当披露其他基本评估方法不适用的原因或者所受的操作限制。

采用两种以上方法进行评估的，还应当说明评估结论确定的方法。

第二十条 资产评估报告应当说明自接受资产评估业务委托起至出具资产评估报告的主要评估工作过程，一般包括以下内容：

(一) 接受项目委托，确定评估目的、评估对象与评估范围、评估基准日，拟定评估计划等过程；

(二) 指导被评估单位清查资产、准备评估资料，核实资产与验证资料等过程；

(三) 选择评估方法、收集市场信息和估算等过程；

(四) 评估结果汇总、评估结论分析、撰写报告和内部审核等过程。

第二十一条 资产评估报告应当说明资产评估所使用的假设。

第二十二条 资产评估报告应当以文字和数字形式清晰说明评估结论，并明确评估结论的使用有效期。评估结论通常是确定的数值。境外企业国有资产评估报告的评估结论可以用区间值表达。

(一) 采用资产基础法进行企业价值评估，应当以文字形式说明资产、负债、所有者权益(净资产)的账面价值、评估价值及其增减幅度，并同时采用评估结果汇总表反映评估结论；

(二) 单项资产或者资产组合评估，应当以文字形式说明账面价值、评估价值及其增减幅度；

(三) 采用两种以上方法进行企业价值评估，除单独说明评估价值和增减变动幅度外，应当说明两种以上评估方法结果的差异及其原因和最终确定评估结论的理由；

(四) 存在多家被评估单位的项目，应当分别说明评估价值；

(五) 评估结论为区间值的，应当在区间之内确定一个最大可能值，并说明确定依据。

第二十三条 资产评估报告应当说明评估程序受到的限制、评估特殊处理、评估结论瑕疵等特别事项，以及期后事项，通常包括下列内容：

(一) 引用其他机构出具报告结论的情况，并说明承担引用不当的相关责任；

（二）权属资料不全面或者存在瑕疵的情形；

（三）评估程序受到限制的情形；

（四）评估资料不完整的情形；

（五）评估基准日存在的法律、经济等未决事项；

（六）担保、租赁及其或有负债（或有资产）等事项的性质、金额及与评估对象的关系；

（七）评估基准日至资产评估报告日之间可能对评估结论产生影响的事项；

（八）本次资产评估对应的经济行为中，可能对评估结论产生重大影响的瑕疵情形。

资产评估报告应当说明对特别事项的处理方式、特别事项对评估结论可能产生的影响，并提示资产评估报告使用人关注其对经济行为的影响。

第二十四条　资产评估报告使用限制应当载明：

（一）使用范围；

（二）委托人或者其他资产评估报告使用人未按照法律、行政法规规定和资产评估报告载明的使用范围使用资产评估报告的，资产评估机构及其资产评估师不承担责任；

（三）除委托人、资产评估委托合同中约定的其他资产评估报告使用人和法律、行政法规规定的资产评估报告使用人之外，其他任何机构和个人不能成为资产评估报告的使用人；

（四）资产评估报告使用人应当正确理解评估结论，评估结论不等同于评估对象可实现价格，评估结论不应当被认为是对评估对象可实现价格的保证。

第二十五条　资产评估报告应当载明资产评估报告日。

资产评估报告日通常为评估结论形成的日期，可以不同于资产评估报告的签发日。

第二十六条　资产评估报告正文应当由至少两名承办该评估业务的资产评估师签名，并加盖资产评估机构印章。

声明、摘要和评估明细表上通常不需要另行签名盖章。

第四章　附件

第二十七条　资产评估报告附件内容应当与评估目的、评估方法、评估结论相关联，通常包括下列内容：

（一）与评估目的相对应的经济行为文件；

（二）被评估单位专项审计报告；

（三）委托人和被评估单位法人营业执照；

（四）委托人和被评估单位产权登记证；

（五）评估对象涉及的主要权属证明资料；

（六）委托人和其他相关当事人的承诺函；

（七）签名资产评估师的承诺函；

（八）资产评估机构备案文件或者资格证明文件；

（九）资产评估机构法人营业执照副本；

（十）负责该评估业务的资产评估师资格证明文件；

（十一）资产评估委托合同；

（十二）其他重要文件。

第二十八条　资产评估报告附件内容及其所涉及的签章应当清晰、完整，相关内容应当与资产评估报告摘要、正文一致。资产评估报告附件为复印件的，应当与原件一致。

第二十九条 按照法律、行政法规规定需要进行专项审计的，应当将企业提供的与经济行为相对应的评估基准日专项审计报告（含会计报表和附注）作为资产评估报告附件。按有关规定无须进行专项审计的，应当将企业确认的与经济行为相对应的评估基准日企业财务报表作为资产评估报告附件。

如果引用其他机构出具的报告结论，根据现行有关规定，所引用的报告应当经相应主管部门批准（备案）的，应当将相应主管部门的相关批准（备案）文件作为资产评估报告的附件。

第五章 评估明细表

第三十条 评估明细表可以根据本指南的基本要求和企业会计核算所设置的会计科目，结合评估方法特点进行编制。

（一）单项资产或者资产组合评估、采用资产基础法进行企业价值评估，评估明细表包括按会计科目设置的资产、负债评估明细表和各级汇总表；

（二）采用收益法进行企业价值评估，可以根据收益法评估参数和盈利预测项目的构成等具体情况设计评估明细表的格式和内容；

（三）采用市场法进行企业价值评估，可以根据评估技术说明的详略程度决定是否单独编制符合市场法特点的评估明细表。

第三十一条 资产、负债会计科目的评估明细表格式和内容基本要求如下：

（一）表头应当含有资产或负债类型（会计科目）名称、被评估单位、评估基准日、表号、金额单位、页码；

（二）表中应当含有资产负债的名称（明细）、经营业务或者事项内容、技术参数、发生（购、建、创）日期、账面价值、评估价值、评估增减幅度等基本内容。必要时，在备注栏对技术参数或者经营业务、事项情况进行注释；

（三）表尾应当标明被评估单位填表人员、填表日期和评估人员；

（四）评估明细表按会计明细科目、一级科目逐级汇总，并编制资产负债表（方式）的评估汇总表及以人民币万元为金额单位的评估结果汇总表；

（五）会计计提的减值准备在相应会计科目（资产负债类型）合计项下和相关科目汇总表中列示；

（六）评估结果汇总表应当按以下顺序和项目内容列示：流动资产、非流动资产、资产总计、流动负债、非流动负债、负债总计、净资产等类别和项目。

第三十二条 采用收益法中的现金流量折现法进行企业价值评估，评估明细表通常包括以下内容：

（一）资产负债、利润调整表（如果有调整时）；

（二）现金流量测算表；

（三）营业收入预测表；

（四）营业成本预测表；

（五）营业税金及附加预测表；

（六）销售费用预测表；

（七）管理费用预测表；

（八）财务费用预测表；

（九）营运资金预测表；

（十）折旧摊销预测表；

（十一）资本性支出预测表；

（十二）折现率计算表；

（十三）溢余资产和非经营性资产分析表。

第三十三条　收益法评估明细表表头应当含有评估参数或者预测项目名称、被评估单位、评估基准日、表号、金额单位等。

第三十四条　被评估单位为两家以上的，评估明细表应当按被评估单位分别归集，自成体系。

第六章　评估说明

第三十五条　评估说明包括评估说明使用范围声明、委托人和被评估单位编写的《企业关于进行资产评估有关事项的说明》和资产评估师编写的《资产评估说明》。

第三十六条　关于评估说明使用范围的声明，应当写明评估说明使用单位或部门的范围及限制条款。

第三十七条　委托人和被评估单位可以共同编写或者分别编写《企业关于进行资产评估有关事项的说明》。委托人单位负责人和被评估单位负责人应当对所编写的说明签名，加盖相应单位公章并签署日期。

《企业关于进行资产评估有关事项的说明》包括以下内容：

（一）委托人、被评估单位各自概况；

（二）关于经济行为的说明；

（三）关于评估对象与评估范围的说明；

（四）关于评估基准日的说明；

（五）可能影响评估工作的重大事项说明；

（六）资产负债情况、未来经营和收益状况预测说明；

（七）资料清单。

第三十八条　《资产评估说明》是对评估对象进行核实、评定估算的详细说明，应当包括以下内容：

（一）评估对象与评估范围说明；

（二）资产核实总体情况说明；

（三）评估技术说明；

（四）评估结论及分析。

第三十九条　评估对象与评估范围说明应当根据企业价值评估、单项资产或者资产组合评估的不同情况确定内容的详略程度。

第四十条　资产核实总体情况说明通常包括人员组织、实施时间、核实过程、影响事项及处理方法、核实结论。

第四十一条　评估技术说明应当考虑不同经济行为和不同评估方法的特点介绍评定估算的思路及过程。

第四十二条 采用成本法评估单项资产或者资产组合、采用资产基础法评估企业价值，应当根据评估业务的具体情况以及资产负债类型编写评估技术说明。各项资产负债评估技术说明应当包含资产负债的内容和金额、核实方法、评估值确定的方法和结论等基本内容。

第四十三条 采用收益法或者市场法评估企业价值，评估技术说明通常包括以下内容：

（一）影响企业经营的宏观、区域经济因素；

（二）所在行业现状与发展前景；

（三）企业的业务情况；

（四）企业的资产、财务分析和调整情况；

（五）评估方法的运用过程。

第四十四条 采用收益法进行企业价值评估，应当根据行业特点、企业经营方式和所确定的预期收益口径以及评估的其他具体情况等编写评估技术说明。企业的资产、财务分析和调整情况以及评估方法运用过程说明通常包括以下内容：

（一）收益法的应用前提及选择理由和依据；

（二）收益预测的假设条件；

（三）企业经营、资产、财务分析；

（四）收益模型选择理由及基本参数说明；

（五）收益期限及预测期的说明；

（六）收益预测的说明；

（七）折现率的确定说明；

（八）预测期后价值确定说明；

（九）其他资产和负债评估说明；

（十）评估价值。

第四十五条 采用市场法进行企业价值评估，应当根据行业特点、被评估单位实际情况以及上市公司比较法或者交易案例比较法的特点等编写评估技术说明。企业的资产、财务分析和调整情况以及评估方法运用过程说明通常包括以下内容：

（一）具体方法、应用前提及选择理由；

（二）企业经营、资产、财务分析；

（三）分析选取确定可比企业或者交易案例的说明；

（四）价值比率的选择及因素修正说明；

（五）评估对象价值比率的测算说明；

（六）评估价值。

第四十六条 评估结论及分析通常包括以下内容：

（一）评估结论，采用两种或两种以上方法进行企业价值评估，应当说明不同评估方法结果的差异及其原因和最终确定评估结论的理由；

（二）评估价值与账面价值比较变动情况及说明；

（三）折价或者溢价情况（如有）。

第七章 出具与装订

第四十七条 资产评估报告应当使用中文撰写。需要同时出具外文资产评估报告的，以中文资产评估报告为准。

评估结论一般以人民币为计量币种，使用其他币种表示的，应当注明该币种与人民币在评估基准日的汇率。

第四十八条　资产评估报告封面应当载明资产评估报告标题及文号、资产评估机构全称和资产评估报告日。

第四十九条　资产评估报告标题及文号一般在封面上方居中位置，资产评估机构名称及资产评估报告日应当在封面下方居中位置。资产评估报告应当用 A4 规格纸张印刷。

第五十条　资产评估报告一般分册装订，各册应当具有独立的目录。

声明、摘要、正文和附件合订成册，其目录中应当含有其他册的目录，但其他册目录的页码不予标注。评估说明和评估明细表一般分别独立成册，必要时附件可以独立成册。

单独成册的，其封面格式、标题中的"企业名称＋经济行为关键词＋评估对象"及文号等应当与资产评估报告相关格式和内容保持一致。

评估明细表一般按会计科目顺序装订。

第五十一条　资产评估报告封底或者其他适当位置应当标注资产评估机构名称、地址、邮政编码、联系电话、传真、电子邮箱等。

第八章　附则

第五十二条　本指南自 2017 年 10 月 1 日起施行。中国资产评估协会于 2011 年 12 月 30 日发布的《关于修改评估报告等准则中有关签章条款的通知》（中评协〔2011〕230 号）中的《企业国有资产评估报告指南》同时废止。

附 1："声明"编写指引（供参考）

附 2："资产评估师承诺函"编写指引（供参考）

附 3：《企业关于进行资产评估有关事项的说明》编写指引（供参考）

附 4：《资产评估说明》编写指引（供参考）

附 1　"声明"编写指引

（供参考）

一、本资产评估报告依据财政部发布的资产评估基本准则和中国资产评估协会发布的资产评估执业准则和职业道德准则编制。

二、委托人或者其他资产评估报告使用人应当按照法律、行政法规规定及本资产评估报告载明的使用范围使用资产评估报告；委托人或者其他资产评估报告使用人违反前述规定使用资产评估报告的，本资产评估机构及资产评估师不承担责任。

本资产评估报告仅供委托人、资产评估委托合同中约定的其他资产评估报告使用人和法律、行政法规规定的资产评估报告使用人使用；除此之外，其他任何机构和个人不能成为资产评估报告的使用人。

本资产评估机构及资产评估师提示资产评估报告使用人应当正确理解评估结论，评估结论不等同于评估对象可实现价格，评估结论不应当被认为是对评估对象可实现价格的保证。

三、本资产评估机构及资产评估师遵守法律、行政法规和资产评估准则，坚持独立、客观和公正的原则，并对所出具的资产评估报告依法承担责任。

四、评估对象涉及的资产、负债清单由委托人、被评估单位申报并经其采用签名、盖章或法律允许的其他方式确认；委托人和其他相关当事人依法对其提供资料的真实性、完整性、合法性负责。

五、本资产评估机构及资产评估师与资产评估报告中的评估对象没有现存或者预期的利益关系；与相关当事人没有现存或者预期的利益关系，对相关当事人不存在偏见。

六、资产评估师已经(或者未)对资产评估报告中的评估对象及其所涉及资产进行现场调查；已经对评估对象及其所涉及资产的法律权属状况给予必要的关注，对评估对象及其所涉及资产的法律权属资料进行了查验，对已经发现的问题进行了如实披露，并且已提请委托人及其他相关当事人完善产权以满足出具资产评估报告的要求。

七、本资产评估机构出具的资产评估报告中的分析、判断和结果受资产评估报告中假设和限制条件的限制，资产评估报告使用人应当充分考虑资产评估报告中载明的假设、限制条件、特别事项说明及其对评估结论的影响。

附 2 “资产评估师承诺函”编写指引

(供参考)

×××公司(单位)：

受你单位的委托，我们对你单位拟实施×××行为(事宜)所涉及的×××(资产——单项资产或者资产组合、企业整体价值、股东全部权益、股东部分权益)，以××××年××月××日为基准日进行了评估，形成了资产评估报告。在本报告中披露的假设条件成立的前提下，我们承诺如下：

一、具备相应的职业资格。

二、评估对象和评估范围与资产评估委托合同的约定一致。

三、对评估对象及其所涉及的资产进行了必要的核实。

四、根据资产评估准则选用了评估方法。

五、充分考虑了影响评估价值的因素。

六、评估结论合理。

七、评估工作未受到非法干预并独立进行。

资产评估师签名：

年　月　日

附 3 《企业关于进行资产评估有关事项的说明》编写指引

(供参考)

一、委托人、被评估单位概况

(一) 委托人概况

1. 企业名称及简称、住所、注册资本、法定代表人。

2. 企业性质、企业历史沿革(包括隶属关系的演变)。

3. 经营业务范围及主要经营业绩。

(二) 被评估单位概况

1. 企业名称及简称、住所、注册资本、法定代表人。

2. 企业性质、企业历史沿革(包括隶属关系的演变)。

3. 经营业务范围及主要经营业绩。

4. 近三年来企业的资产、财务、负债状况和经营业绩,已经审计的应当说明注册会计师发表的意见,以往不良资产处置情况。

5. 主要产品品种、生产能力,近年实际生产量、销售量,主要市场及其市场占有率,本企业产品在同类产品市场的地位,主要原材料、能源供应情况,环境污染及治理情况。

6. 形成企业主要生产能力的状况,正在或者计划进行的投资项目简况,企业的主要资产状况。

7. 执行的主要会计政策,生产经营是否存在国家政策、法规的限制或者优惠,生产经营的优势分析和各种因素风险。

(三) 委托人与被评估单位的关系

1. 委托人与被评估单位的关系一般包括产权关系、行政隶属关系、交易关系等。

2. 存在两家以上被评估单位,应当分别予以介绍。

3. 委托人与被评估单位为同一企业,按被评估单位要求的内容与格式编写。

4. 存在交叉持股的,还应当列示交叉持股图并简述交叉持股关系以及是否属于同一控制的情形。

5. 存在关联交易的,应当说明关联方、交易方式等基本情况。

二、关于经济行为的说明

(一) 说明本次资产评估满足何种需要、所对应的经济行为类型及其经济行为获得批准的相关情况,或者其他经济行为依据。

(二) 获得有关部门批准的,应当载明批件名称、批准日期及文号。

三、关于评估对象与评估范围的说明

(一) 说明委托评估对象,评估范围内资产和负债的类型、账面金额以及审计情况。

(二) 对于经营租入资产、特许使用的资产以及没有会计记录的无形资产应当特别说明是否纳入评估范围及其理由。

(三) 如果在评估目的实现前有不同的产权持有单位,应当列表载明各产权持有单位待评估资产的类型、账面金额等。

(四) 账面资产是否根据以往资产评估结论进行了调账。

(五) 本次评估前是否存在不良资产核销或者资产剥离行为等。

四、关于评估基准日的说明

(一) 说明所确定的评估基准日,评估基准日表述为:××××年××月××日。

(二) 说明确定评估基准日的理由,如果评估基准日受特定经济行为文件的约束,应当载明该文件的名称、批准日期及文号。

五、可能影响评估工作的重大事项的说明

一般包括下列内容：

（一）曾经进行过清产核资或者资产评估的情况、调账情况。

（二）影响生产经营活动和财务状况的重大合同、重大诉讼事项。

（三）抵（质）押及其或有负债、或有资产的性质、金额及其对应资产负债情况。

（四）账面未记录的资产负债的类型及其估计金额。

六、资产负债清查情况、未来经营和收益状况预测的说明

（一）资产负债清查情况说明

一般包括下列内容：

1. 列入清查范围的资产负债的种类、账面金额、产权状况、实物资产分布地点及特点。

2. 清查工作的组织如时间计划、实施方案。

3. 清查所采取的措施，待处理、待报废固定资产，高、精、尖设备和特殊建筑物以及毁损、变质存货检测或者鉴定的情况。

4. 清查中发现的盘盈、盘亏、毁损、变质、报废存货的数量和金额的确定情况、呆坏账损失及无须偿付负债的判断及原因分析。

（二）未来经营和收益状况预测说明

一般包括下列内容：

1. 所在行业相关经济要素及发展前景、生产经营历史情况、面临的竞争情况及优劣势分析。

2. 内部管理制度、人力资源、核心技术、研发状况、无形资产、管理层构成等经营管理状况。

3. 近年企业资产、负债、权益、盈利、利润分配、现金流量等资产财务状况。

4. 未来主营收入、成本、费用等的预测过程和结果。

5. 如果企业存在关联交易，应当说明关联交易性质及定价原则等。

七、资料清单

一般包括下列内容：

1. 资产评估申报表（由资产评估机构出具样式）；

2. 相关经济行为的批文；

3. 审计报告；

4. 资产权属证明文件、产权证明文件；

5. 重大合同、协议等；

6. 生产经营统计资料；

7. 其他资料。

附4 《资产评估说明》编写指引

（供参考）

资产评估说明是申请备案核准资产评估业务的必备材料，为方便企业国有资产监督管

理机构和相关机构全面了解资产评估情况，本指引结合国有资产评估业务备案核准的要求，为资产评估机构及其资产评估师编写资产评估说明提供指引。

第一部分 资产评估说明封面及目录

一、封面

资产评估说明封面应当载明下列内容：

1. 标题（一般采用“企业名称＋经济行为关键词＋评估对象＋资产评估说明”的形式）；

2. 资产评估报告文号；

3. 资产评估机构名称；

4. 资产评估报告日。

二、目录

1. 目录应当在封面的下一页排印，包括每一部分的标题和相应页码。

2. 如果资产评估说明中收录有关文件或者资料的复印件，应当统一标注页码。

第二部分 关于资产评估说明使用范围的声明

声明应当写明：资产评估说明供国有资产监督管理机构（含所出资企业）、相关监管机构和部门使用。除法律、行政法规规定外，材料的全部或者部分内容不得提供给其他任何单位和个人，不得见诸公开媒体。

第三部分 资产评估说明正文

一、评估对象与评估范围说明

（一）评估对象与评估范围内容

1. 说明委托评估的评估对象与评估范围。

2. 说明委托评估的资产类型、账面金额。

3. 说明委托评估的资产权属状况（含应当评估的相关负债）。

（二）实物资产的分布情况及特点

1. 说明实物资产的类型、数量、分布情况和存放地点。

2. 说明实物资产的技术特点、实际使用情况、大修理及改扩建情况等。

（三）企业申报的账面记录或者未记录的无形资产情况。

（四）企业申报的表外资产（如有申报）的类型、数量。

（五）引用其他机构出具的报告的结果所涉及的资产类型、数量和账面金额（或者评估值）。

单项资产或者资产组合评估，可以根据具体情况确定内容的详略程度。

二、资产核实情况总体说明

（一）资产核实人员组织、实施时间和过程。

（二）影响资产核实的事项及处理方法。

1. 一般包括资产性能的限制、存放地点的限制、诉讼保全的限制、技术性能的局限、涉及商业秘密和国家秘密，以及评估基准日时正在进行的大修理、改扩建情况等。

2. 对于不能采用现场调查方式直接核实的资产，应当说明原因、涉及范围及处理方法。

（三）核实结论

1. 资产核实结论。

2. 资产核实结果是否与账面记录存在差异及其程度。

3. 权属资料不完善等权属不清晰的资产。

4. 企业申报的账外资产的核实结论。

三、评估技术说明

（一）资产基础法或者成本法

采用成本法评估单项资产或者资产组合、采用资产基础法评估企业价值，应当根据评估业务的具体情况，以及资产负债类型，编写评估技术说明。各资产负债评估技术说明应当包含资产负债的内容和金额、核实方法、评估值确定的方法和结果等基本内容。

常见的资产负债类型，评估技术说明编写内容指引如下。

1. 货币资金

(1) 货币资金的内容(包括库存现金、银行存款及其他货币资金)和金额。

(2) 现金存放地点、核实方法和过程。

(3) 查阅银行对账单、银行余额调节表的情况；银行账户函证情况及不符情况下的处理方式；并说明未达账项(如存在)是否影响净资产及其金额。

(4) 其他货币资金的类型(银行汇票存款、银行本票存款、信用卡存款、信用证保证金存款、存出投资款、外埠存款等)及核实方法、评估值确定的方法。

(5) 如果现金出现负数，应当说明原因及评估处理方式。

(6) 评估结果及差异。

2. 交易性金融资产

(1) 交易性金融资产的种类(包括企业为交易目的所持有的债券、股票、基金及其他交易性金融资产等)、形成时间及对应的金额。

(2) 交易性金融资产的核实方法和结果。

(3) 交易性金融资产公允价值的形成，以及交易性金融资产的变现能力。

(4) 上市交易的债券、股票、基金应当说明评估基准日前后一段时间内的交易价格、持有量及评估计算过程；非上市的债券、股票、基金应当说明票面利率或者约定利率及评估计算过程。

(5) 交易性金融资产公允价值与评估价值类型的一致性，并说明评估值确定的方法和结果。

3. 应收票据

(1) 应收票据的种类(银行承兑汇票和商业承兑汇票)和金额。

(2) 查阅票据凭证过程及结果，已变现应收票据的数额。

(3) 可能形成坏账的应收票据的判断依据及评估值的确定过程及结论；并列示已成为坏账应收票据的证据。

4. 应收账款、应收股利、应收利息、预付账款和其他应收款

(1) 应收账款、应收股利、应收利息、预付账款和其他应收款的主要业务内容和对应金额。

(2) 应收账款、应收股利、应收利息、预付账款和其他应收款核实的方法及结果。

(3) 应收账款、应收股利、应收利息、预付账款和其他应收款发生时间和原因，收回的可

能性的判断过程及结果。

(4) 可能形成坏账款项的判断依据及评估值确定的过程及结论；并列示已成为坏账的应收账款、应收股利、应收利息、预付账款和其他应收款的证据。

(5) 坏账准备的评估处理。

5. 存货

(1) 存货的种类、金额等。应当分别按材料采购(在途物资)、原材料、在库周转材料、委托加工物资、产成品(库存商品)、在产品(自制半成品)、发出商品、在用周转材料等进行说明。

(2) 存货数量和品质核实的方法、过程和结论。

(3) 外购存货账面记录的构成，并分析构成的合理性，说明市场价格的查询情况。

(4) 自制存货的销售成本费用率及相关税费额或者比率的确定方法和数额。

(5) 对外销售存货的适销程度及判断理由。

(6) 在用存货成新率的确定方法。

(7) 失效、变质、残损、无用等存货的可变现价值的判断过程和结论，或者技术鉴定(如需要)情况及可变现价值的判断情况。技术鉴定应当说明鉴定方法及鉴定结论。

6. 一年内到期的非流动资产

(1) 一年内到期的非流动资产的内容和金额。

(2) 一年内到期的非流动资产核实的方法和结论。

(3) 一年内到期的非流动资产评估值确定的方法和结论。

7. 其他流动资产

(1) 其他流动资产的内容和金额。

(2) 其他流动资产核实的方法和结论。

(3) 其他流动资产评估值确定的方法和结论。

8. 可供出售金融资产

(1) 可供出售金融资产的种类(股票投资、债券投资、其他投资)、发生时间和对应金额。

(2) 可供出售金融资产核实的方法和结论。

(3) 可供出售金融资产公允价值与评估价值类型的一致性，并说明评估值确定的方法和结论。

9. 持有至到期投资

(1) 持有至到期投资的内容和金额。

(2) 持有至到期投资核实的方法和结论。

(3) 持有至到期投资可收回金额的判断理由，并说明评估值确定的方法、过程和结论。

10. 长期应收款

(1) 长期应收款的内容和金额。

(2) 长期应收款核实的方法和结论。

(3) 长期应收款评估值确定的方法和结论。

(4) 无法收回的长期应收款的判断理由和依据。

(5) 坏账准备的评估处理。

11. 长期股权投资

(1) 长期股权投资的内容和金额。

(2) 长期股权投资核实的内容(投资日期、持股比例、投资协议等)、方法和结论。

(3) 控股长期股权投资,应当说明对被投资企业的企业价值进行评估的情况以及评估结论,并说明控股长期股权投资评估值确定的方法和结论。

(4) 非控股长期股权投资,应当按投资项目分别说明非控股长期股权投资评估值确定的方法和结论。

12. 投资性房地产

(1) 投资性房地产的种类、内容和金额。

(2) 投资性房地产核实的方法和结论。并应当说明投资性房地产权属资料的查验情况、租赁合同约定的租金、租赁期限等内容。

(3) 采用收益法评估投资性房地产,应当说明现实租赁合同约定的租金、租赁期限,租赁合同到期后租金的确定方法,折现率确定方法和结论,评估值确定的方法和结论;采用市场法评估投资性房地产,应当说明可比交易实例的选取、可比因素比较调整、评估值确定的方法和结论。

(4) 公允价值计量的投资性房地产,应当说明评估值与公允价值及其变动的差异及原因。

13. 固定资产

(1) 机器设备类固定资产。

1) 机器设备类固定资产的数量、账面原值、账面净值、减值准备等。

2) 机器设备类固定资产的特点、购置日期、类别、工艺流程、技术状况、日常维护和管理制度、折旧及计提减值政策等。

3) 机器设备类固定资产核实的方法和结论。

4) 评估方法选取的依据和理由,并列示主要计算公式、参数含义及参数确定的方法。

5) 采用成本法评估,应当说明重置全价的构成、各费用项目的测算过程、采用的价格和费用标准等;说明设备成新状况(或者增值贬值因素)以及进行量化的方法及依据。对于待修理设备,应当说明修复的可能性及预计费用。

6) 采用收益法(对可单独获利的机器设备)评估,应当说明其收益状况及收益额预测过程和结论,折现率确定的方法及结论。

7) 采用市场法(对存在活跃二手设备市场的机器设备)评估,应当说明交易价格的基本内涵、交易时间等情况。

8) 根据评估业务的具体情况,应当选择典型设备(一般指单台金额大、技术典型的设备)举例说明评估参数的测算和判断以及评估值确定的方法、过程和结论。

9) 对于精密、大型、高价的设备,应当说明技术和使用状况;对于报废的设备,应当说明变现的可能性。

10) 对于国家强制淘汰、报废的设备,受火灾、水灾或者地震等其他因素导致设备严重毁损的情况,应当特别提示,并说明改变用途使用和原用途继续使用的可能性。

11) 大型或者重型设备的建筑基础,按房屋建筑物类固定资产评估技术说明的要求编写。

(2) 房屋建筑物类固定资产

1) 房屋建筑物类固定资产的类型、数量、账面原值、账面净值、减值准备等。

2) 房屋建筑物类固定资产购建日期、结构形式、权属状况、日常维护和管理制度、最近一次大修或者装潢情况、折旧及计提减值政策,以及房屋建筑物类固定资产所占用土地的情况。

3) 房屋建筑物类固定资产核实的方法和结论。对于复杂、大型、独特、高价的房屋建筑物,应当说明已经进行现场勘查以及勘查情况;对于国家强制报废的房屋建筑物,受腐蚀、火灾、水灾或者地震等其他因素导致建筑物严重毁损的情况,应当特别提示,并说明核实情况。

4) 评估方法选取的依据和理由,并列示主要计算公式、参数涵义及参数确定的方法。

5) 采用成本法评估,应当说明重置全价的构成、各费用项目的测算过程、采用的价格和费用标准等;说明房屋建筑物类资产成新状况(或者增值贬值因素)以及进行量化的方法及依据;对于待修理房屋建筑物,应当说明修复的可能性及预计费用。

6) 采用市场法评估,应当说明选取交易实例的依据或者理由、交易实例的基本情况、成交时间、交易状况及交易价格内涵等,对所选取的交易实例,应当全面介绍比较因素、比较结果以及评估值确定的方法。

7) 采用收益法评估,应当说明其租金预测情况,以及折现率确定的方法和结论。

8) 根据评估业务的具体情况,应当选择典型房屋建筑物举例说明评估参数的测算和判断以及评估值确定的方法和过程。典型房屋建筑物应当选择能代表不同的结构形式(一般包括框架结构、框剪结构、全现浇结构、排架结构、钢排架、砖混结构、砖木结构、简易结构、钢棚结构等)、不同的分布地点、不同的建筑年代,并且金额较大的房屋建筑物类资产。

9) 房屋建筑物中含大型附属设备的,应当按机器设备类固定资产评估的要求编写评估技术说明。

10) 对于在房屋建筑物科目核算的投资性房地产,应当按投资性房地产的要求编写评估技术说明。

14. 在建工程

(1) 在建工程的内容、账面价值、减值准备、开工日期和预计完工日期。

(2) 在建工程项目的合规性文件核实情况。一般包括:项目可行性研究报告及批复、初步设计及批复、建设用地规划许可证、建设工程规划许可证、建筑工程施工许可证等。对于停建和缓建等在建项目,应当说明已经进行现场勘查以及勘查情况。

(3) 在建工程账面记录的明细构成,并分析相关费用支出是否正常。

(4) 在建工程的形象进度、合同签订情况、已支付工程款和应付(未付)工程款情况,并说明对评估价值的影响。

(5) 参照房屋建筑物、机器设备类固定资产的要求编写评估技术说明。

15. 工程物资

(1) 工程物资的种类和账面金额。

(2) 工程物资核实的方法和结论。

(3) 工程物资的评估技术说明参照存货评估技术说明要求编写。

16. 固定资产清理

(1) 固定资产清理的内容(出售、转让、报废、毁损、对外投资、非货币性资产交换、债务重组等)和金额。

(2) 固定资产清理核实的方法和结论。

(3) 固定资产清理一般反映企业尚未清理完毕的固定资产清理净损失。应当根据不同内容,说明评估值确定的方法和结论。

17. 生产性生物资产

(1) 生产性生物资产的内容(未成熟生产性生物资产、成熟生产性生物资产)、种类、群别、取得方式、实物数量、账面金额构成及折旧政策等。

(2) 生产性生物资产核实的方法和结论。

(3) 生产性生物资产评估值确定的方法和结论。

(4) 根据评估业务的具体情况,举例说明评估参数测算的方法和过程。所举案例应当选择能代表不同种类、群别、取得方式的生产性生物资产。

18. 油气资产

(1) 油气资产的类别、不同矿区或者油田分布,油气资产构成(矿区权益和油气井及相关设施等)、账面金额等。

(2) 油气资产原值的构成、折耗政策。特别说明是否存在弃置费用现值以及对应的预计负债。

(3) 油气资产核实的方法和结论。

(4) 油气资产的评估值确定的方法和结论。

(5) 根据评估业务的具体情况,举例说明评估参数测算确定的方法和过程。所举案例,应当选择能代表不同矿区或者油田分布的油气资产。

19. 无形资产

(1) 土地使用权(含固定资产—土地)

1) 土地的宗数、面积、土地使用权取得方式、性质、原始入账价值、摊销政策、摊余价值等。

2) 土地的登记状况、权利状况、利用状况。土地的登记状况和权利状况,以土地登记、土地使用证和土地使用权出让合同中的有关内容为准,土地利用状况以建筑物、地上附着物等产权登记内容和实际勘查与调查的内容为准。

3) 土地的一般因素、区域因素和个别因素(一般包括:城市资源状况、房地产制度与房地产市场概况、产业政策、城市规划与发展目标、城市社会经济状况等;区域概况、交通条件、基础设施条件、环境条件、产业集聚状况和规划限制等;土地位置、面积、用途、宽度、临街状况、深度、形状、地质、地形、地势、容积率、基础设施以及评估对象现状利用或者规划利用等影响地价水平的因素)。

4) 土地使用权核实的方法和结论。

5) 土地使用权评估价值内涵,所选取评估方法的依据或者理由。

6) 采用市场法评估,应当说明所选交易实例的基本状况(名称、坐落、四至、面积、用途、产权状况、土地形状、土地使用期限、建筑物建成日期、建筑结构、周围环境等)、成交日期、成交价格(包括总价、单价及计价方式、付款方式)、交易情况(交易目的、交易方式、交易税费负担方式、交易人之间的特殊利害关系、特殊交易动机等)等内容,并说明交易情况、交易日期等修正情况。

7) 采用收益法评估,应当说明收益期限、净收益与折现率确定的过程和结论。

8) 采用成本法评估,应当说明费用项目的构成、各费用项目的测算过程、采用的价格和费用标准等;说明与地上建筑物费用项目的划分;说明评估对象的开发期限、开发状况和相应的开发费用标准及依据;说明土地增值标准的确定方法和依据;说明修正的因素及修正过程。

9) 采用基准地价修正法评估,应当说明基准地价的公布时间,批准机关和文号,基准地价的内涵,利用基准地价估算宗地价格的公式;说明宗地位置、用途及评估对象所在级别或者区域的基准地价和对应的因素修正系数;说明评估对象的价值内涵与基准地价内涵的差异,以及修正的内容(土地级别、用途、权益性质、交易日期修正、区域因素修正、个别因素修正、使用年期修正和开发程度等)。

10) 采用假设开发法评估时,应当说明开发完成后的不动产价值、后续开发建设的必要支出和应得利润等的确定方法、过程和结论。

11) 引用土地评估报告评估结论,应当说明引用的土地宗数、面积、土地使用权取得方式、性质、原始入账价值、摊销政策、摊余价值等;说明所引用土地评估结论的地价定义、评估方法、评估结论及调整使用的情况。

(2) 矿业权

1) 矿业权人的基本情况。

2) 矿床勘查、矿山建设规划或者矿山建设和生产经营等基本情况。

3) 矿业权取得时间、方式和以往矿业权价款(或者价值)评估、处置或者交易等情况。

4) 有效的勘查许可证、采矿许可证的主要信息(探矿权主要包括勘查许可证号、探矿权人、勘查项目名称、勘查范围、各拐点地理坐标、勘查面积、有效期限等。采矿权主要包括采矿许可证号、采矿权人、矿山名称、开采矿种、开采方式、生产规模、矿区面积、有效期限、各拐点地理坐标、开采深度等)。

5) 评估对象的矿产资源勘查和开发概况。

6) 选择评估方法的依据和理由,并列示主要计算公式及参数涵义。

7) 参数确定情况,包括所依据或者参考资料的来源出处;各评估参数的确定原则、依据、过程和结论。

8) 引用专业报告确定评估参数,应当说明专业报告的名称、形成时间、结论等主要情况。引用专业报告参数进行调整确定评估参数,应当说明其调整确定过程。利用专家协助确定价值指数,应当说明专家的数量、专业及资格、专家工作过程、结论等主要情况,并说明对其检查、汇总及分析的过程。

9) 引用矿业权评估报告评估结论,应当说明引用的矿业权名称、矿业权取得方式、性质、原始入账价值、摊销政策、摊余价值等。说明所引用矿业权评估结论的价值内涵、评估方法、评估结果以及引用处理情况,同时说明矿业权价款评估、备案及价款缴纳情况。

(3) 其他无形资产

1) 无形资产的名称、形成过程、存在形式、存在期限、权属、原始入账金额、摊销政策、摊余价值等。

2) 无形资产核实的内容、方法、过程和结论(从法律、经济、技术及获利能力等角度分析说明所申报评估的无形资产的存在;说明无形资产的特征、获利能力、获利期限;已实际应用的无形资产,应当说明其应用及效益状况)。

3) 选取评估方法的理由,并列示主要计算公式及参数涵义。

4) 采用收益法评估,应当说明收益预测的依据,如市场调查结论、订单合同、政府推广文件等。

5) 采用成本法评估,应当说明费用项目的构成、各费用项目的测算过程、采用的价格和费用标准等。

6) 采用市场法评估,应当说明所选交易实例的依据或者理由、交易实例的基本情况、成交时间、交易状况及交易价格内涵等,对所选取的交易实例,应当全面介绍比较因素、比较结果及评估值确定的方法和结论。

20. 开发支出

(1) 开发支出的内容和金额。

(2) 开发支出核实的方法和结论。

(3) 开发支出评估值确定的方法和结论。

21. 商誉

(1) 商誉的账面价值及其形成原因。

(2) 商誉所对应资产组的账面价值。

(3) 商誉的评估处理方法和结论。

22. 长期待摊费用

(1) 长期待摊费用的内容、原始发生额和摊销期。

(2) 所形成的资产或者权利是否已经在其他类型资产中反映,如果反映,应当说明不另计评估值。

(3) 长期待摊费用核实的方法和结论。

(4) 结合长期待摊费用的具体内容,说明尚未摊销完毕的长期待摊费用是否存在尚存的资产或者权利,如果存在,应当指明受益期。

23. 递延所得税资产

(1) 递延所得税资产的内容和种类。

(2) 递延所得税资产核实的方法和结论。

(3) 递延所得税资产评估值确定的方法和结论。

24. 其他非流动资产

(1) 其他非流动资产的内容、种类及形成原因等。

(2) 其他非流动资产核实的方法和结论。

(3) 其他非流动资产评估值确定的方法和结论。

25. 短期借款

(1) 借款的金额、发生日期、放贷银行名称、还款期限、贷款利率以及抵(质)押情况。

(2) 对借款的函证情况。

(3) 利息结算、支付情况，并说明利息支付情况对评估值的影响。

26. 交易性金融负债

(1) 交易性金融负债的种类和核实方法。

(2) 交易性金融负债票面利率计算、支付的情况。

(3) 承担的交易性金融负债的公允价值的形成。

(4) 交易性金融负债公允价值与评估价值类型的一致性，说明评估值确定的方法和结论。

27. 应付票据

(1) 应付票据的种类(银行承兑、商业承兑)、签发日、到期日。

(2) 应付票据核实的方法和结论。

(3) 带息票据，应当说明利息计息、支付情况，并说明已考虑利息支付对评估值的影响。

28. 应付账款、预收账款和其他应付款

(1) 应付账款、预收账款和其他应付款的主要业务内容、发生日期。

(2) 应付账款、预收账款和其他应付款核实的方法和结论。

(3) 对于无需支付的应付账款、预收账款和其他应付款，应当说明依据和理由。

29. 应付职工薪酬

(1) 应付职工薪酬的内容(包括工资、职工福利、社会保险费、住房公积金、工会经费、职工教育经费、非货币性福利、辞退福利、股份支付、按规定从净利润中提取的职工奖励及福利基金等)和对应金额等。

(2) 被评估单位相关职工薪酬政策。

(3) 工资、职工福利、社会保险费、住房公积金、工会经费、职工教育经费、非货币性福利、辞退福利、股份支付、按规定从净利润中提取的职工奖励及福利基金等的计提、发放或者使用核实的方法和结论。

(4) 对于无需支付的职工薪酬，应当说明依据和理由。

30. 应交税费

(1) 应交税费的内容(包括增值税、消费税、营业税、所得税、资源税、土地增值税、城市维护建设税、房产税、土地使用税、车船使用税、教育费附加、矿产资源补偿费、企业代扣代交的个人所得税等)和对应金额。

(2) 被评估单位相关的税负政策，说明被评估单位所享有的优惠税收政策，享有优惠政策的期限和批准单位等。

(3) 应交税费核实的方法和结论。

(4) 说明借方余额的原因及评估方法。

31. 应付利息

(1) 应付利息的内容(包括对应的本金、分期付息到期还本的长期借款、企业债券等应支付的利息等)、金额等。

(2) 应付利息核实的方法和结论。

(3) 按合同利率或者实际利率计算确定应付未付利息的过程和结论。

32. 应付股利(应付利润)

(1) 应付股利发生的期限和金额。

(2) 应付股利的核实内容(被评估单位股利或者利润分配政策、相关应付股利分配的文件的核实情况)和方法。

(3) 对于长期未付的(应付股利),应当说明原因,并说明是否考虑可能需要支付逾期利息对企业负债增加的因素。

(4) 应付股利评估值的确定方法和结论。

(5) 董事会或者类似机构通过的利润分配方案中拟分配的现金股利或者利润,尽管账面未记录,但应当特别说明根据会计附注披露的内容可能对企业价值的影响。

33. 一年内到期的非流动负债

(1) 一年内到期的非流动负债的内容和金额。

(2) 一年内到期的非流动负债核实的方法和结论。

(3) 一年内到期的非流动负债评估值确定的方法和结论。

34. 其他流动负债

(1) 其他流动负债的内容和金额。

(2) 其他流动负债核实的方法和结论。

(3) 其他流动负债评估值确定的方法和结论。

35. 长期借款

(1) 借款的金额、发生日期、放贷银行名称、还款期限和贷款利率以及抵(质)押情况。

(2) 对借款的函证情况。

(3) 长期借款评估值的确定方法和结论。

(4) 利率水平、结算方式和结算时间对评估结论的影响。

36. 应付债券

(1) 应付债券的种类(分期付息一次还本的债券、一次还本付息的债券等)、票面金额、债券票面利率、还本付息期限与方式、发行总额、发行日期和编号、委托代售单位、转换股份等情况。

(2) 应付债券核实的方法和结论。对可转换公司债券,应当说明应付债券为该项可转换公司债券包含的负债成分。

(3) 说明是否考虑可能需要支付逾期利息对企业负债增加的因素。

(4) 说明是否存在按票面利率计算确定的应付未付利息与按摊余成本和实际利率计算确定的债券利息费用的差额,以及评估值确定的方法。

(5) 可转换公司债券评估值确定的方法和结论。

37. 长期应付款

(1) 长期应付款的种类(应付融资租入固定资产的租赁费、以分期付款方式购入固定资产等发生的应付款项等)、发生日期和金额、约定的还款期限、方式等。

(2) 长期应付款核实的方法和结论。

(3) 长期应付款评估值确定的方法和结论。

38. 专项应付款

(1) 专项应付款形成依据、项目名称、性质(取得政府作为企业所有者投入的具有专项或者特定用途的款项)、内容、约定的验收时间和方式等核实情况。

(2) 用于工程项目的专项应付款资产形成的进度情况,不可能形成长期资产需要核销的情况。

(3) 尚未转销的专项应付款是否为企业真实的负债。

39. 预计负债

(1) 预计负债的金额和种类(企业确认的对外提供担保、未决诉讼、产品质量保证、重组义务、亏损性合同等)。

(2) 预计负债核实的方法和结论。

(3) 企业确认预计负债的证据以及第三方或者债权人的询证证据等。

(4) 预计负债评估值确定的方法和结论。

40. 递延所得税负债

(1) 递延所得税负债的金额、种类和企业确认依据。

(2) 递延所得税负债核实的方法和结论。

(3) 递延所得税负债的具体内容,说明递延所得税负债评估值确定的过程和结论。

41. 其他非流动负债

(1) 其他非流动负债的种类、形成原因、企业确认依据等。

(2) 其他非流动负债核实的方法和结论。

(3) 其他非流动负债评估值确定的方法和结论。

(二) 收益法

采用收益法进行企业价值评估,应当根据行业特点、企业经营方式和所确定的预期收益口径以及评估的其他具体情况等,确定评估技术说明的编写内容。一般编写内容指引如下。

1. 说明评估对象,即企业整体价值、股东全部权益和股东部分权益。

2. 收益法的应用前提及选择的理由和依据

(1) 收益法的定义和原理。

(2) 收益法的应用前提。

(3) 收益法选择的理由和依据。

3. 收益预测的假设条件

收益预测的假设条件应当结合评估业务的具体情况确定。一般包括:

(1) 国家现行的有关法律法规及政策、国家宏观经济形势无重大变化,本次交易各方所处地区的政治、经济和社会环境无重大变化。

(2) 针对评估基准日资产的实际状况,假设企业持续经营。

(3) 假设公司的经营者是负责的,并且公司管理层有能力担当其职务。

(4) 除非另有说明,假设公司完全遵守所有有关的法律法规。

(5) 假设公司未来将采取的会计政策和编写此份报告时所采用的会计政策在重要方面基本一致。

(6) 假设公司在现有的管理方式和管理水平的基础上,经营范围、方式与目前方向保持一致。

(7) 有关利率、汇率、赋税基准及税率、政策性征收费用等不发生重大变化。

(8) 无其他人力不可抗拒因素及不可预见因素对企业造成重大不利影响。

根据资产评估的要求，认定这些假设条件在评估基准日时成立，当未来经济环境发生较大变化时，将不承担由于假设条件改变而推导出不同评估结论的责任。

4. 企业经营、资产、财务分析

(1) 影响被评估单位经营的宏观及区域经济因素、被评估单位所在行业状况及发展前景、生产经营的历史情况、面临的竞争情况及企业战略等。

(2) 企业内部管理制度、人力资源、核心技术、研发状况、销售网络、特许经营权、管理层构成等经营管理状况。

(3) 企业历史年度财务分析。

一般包括收入、成本和费用分析，盈利能力、偿债能力和营运能力分析以及成长性分析等。

(4) 经营性资产、非经营性资产、溢余资产分析。

5. 评估计算及分析过程

(1) 收益模型的选取

1)选取收益法的具体测算方法及模型。

2)列示计算公式并对参数进行解释与说明。

(2) 收益年限的确定

确定的收益年限并说明其理由。

(3) 未来收益的确定

1)生产经营模式与收益主体、口径的相关性。

2)收入的预测。

①营业收入的预测。通常包括区域经济发展与市场环境、业内竞争情况与企业对策、公司的营业收入及构成分析和营业收入的预测。

②投资收益预测分析。

3)营业成本的预测。

4)销售费用的预测。

5)管理费用的预测。

6)财务费用的预测。

7)营业税金及附加的估算。

8)折旧与摊销的预测。

9)资本性支出预测。

10)营运资金预测、营运资金增加额的确定。

①企业历史年度有关资金营运指标

②营运资金增加额计算

(4) 折现率的确定

1)所选折现率的模型(公式与参数定义)。

2)模型中有关参数的选取过程。

例如：无风险报酬率(依据、过程、结论)、市场收益率(依据、参数、过程、结论)、Beta(贝塔)系数的测算。

6. 评估值测算过程与结论

(1) 列表说明公式中的各参数值以及测算过程。

(2) 终值的估算。

(3) 列示评估结论。

7. 其他资产和负债的评估(非收益性/经营性资产和负债)价值

(1) 评估的资产和负债类型。

(2) 评估方法。

(3) 评估结论。

8. 评估结论

9. 测算表格

采用收益法进行企业价值评估,应当编制必要的测算表格。测算表格中的数据应当与资产评估报告相应内容一致。

(三) 市场法

采用市场法进行企业价值评估,可以根据所采用的具体评估方法(上市公司比较法或者交易案例比较法)确定评估技术说明的编写内容。一般编写内容指引如下:

1. 说明评估对象,包括企业整体价值、股东全部权益、股东部分权益。

2. 市场法原理

(1) 交易案例比较法的定义、原理、应用前提。

(2) 上市公司比较法的定义、原理、应用前提。

3. 选取具体评估方法的理由

4. 基本步骤说明

(1) 搜集相关资料、对评估对象基本情况进行阐述。

(2) 对影响被评估单位经营的宏观、区域经济因素分析。

(3) 对被评估单位所在行业发展状况与前景进行分析。

(4) 对被评估单位提供的企业业务状况进行分析,对企业资产、财务状况进行分析、调整。

(5) 分析、确定可比上市公司或者交易案例。

(6) 对上市公司或者交易案例的可比因素进行分析、调整,确定可比因素数值。

(7) 估算评估对象价值。

5. 影响被评估单位经营的宏观、区域经济因素分析。

6. 被评估单位所在行业发展状况与前景的分析判断。

7. 被评估单位的业务、资产、财务状况分析。

8. 上市公司或者交易案例的选择及与评估对象的可比性分析。

9. 确定可比因素的方法和过程(特别说明对可比因素分析时考虑的主要方面),价值比率的确定过程,分析、调整评估对象财务状况的内容。

10. 评估值确定的方法、过程和结论。

11. 评估结论及分析。

四、评估结论及分析

（一）评估结论

1. 用文字叙述账面价值和评估价值，采用两种或者两种以上方法进行企业价值评估，应当分别说明评估价值，以及不同评估方法结论的差异及其原因和最终确定评估结论的理由。

2. 含有"评估结论根据以上评估工作得出"的字样。

3. 对于存在多家被评估单位的情况，应当分别说明评估价值。

4. 对于不纳入评估汇总表的评估结果，应当单独列示。

（二）评估价值与账面价值比较变动情况及说明

1. 说明评估价值与账面价值比较变动情况，包括绝对变动额和相对变动率。

2. 分析评估价值与账面价值比较变动原因。

（三）折价或者溢价情况（如有）

企业价值评估，在适当及切实可行的情况下需要考虑由于控股权和少数股权等因素产生的折价或者溢价，以及流动性对评估价值的影响，包括但不限于：

1. 说明是否考虑了折价或者溢价。

2. 说明折价或者溢价测算的方法，对其合理性做出判断。

第二节 以财务报告为目的的评估指南

以财务报告为目的的评估指南

第一章 总则

第一条 为规范以财务报告为目的的评估行为，保护资产评估当事人合法权益和公共利益，根据《资产评估基本准则》制定本指南。

第二条 本指南所称以财务报告为目的的评估，是指资产评估机构及其资产评估专业人员遵守法律、行政法规、资产评估准则和企业会计准则及会计核算、披露的有关要求，根据委托对评估基准日以财务报告为目的所涉及的各类资产和负债公允价值或者特定价值进行评定和估算，并出具资产评估报告的专业服务行为。

第三条 执行以财务报告为目的的评估业务，应当遵守本指南。

第四条 资产评估专业人员可以参照本指南执行以下与以财务报告为目的的评估业务相关的其他业务，主要包括：

（一）开展与价值估算相关的议定程序，以协助企业判断与资产和负债价值相关的参数、特征等，主要包括：

1. 估算或者测算资产的更新或者复原重置成本；

2. 协助企业判断、确定资产使用年限、尚可使用年限、实物状态、质量等参数、特征，以及验证资产的真实存在性；

3. 协助企业确定、判断资产获利能力和预测资产的未来收益；

4. 执行与负债价值有关的议定程序。

（二）协助企业管理层对能否持续可靠地取得公允价值做出正确的评价。

第二章　基本遵循

第五条　资产评估专业人员应当坚持独立、客观、公正的原则，勤勉尽责，保持应有的职业谨慎，独立进行分析和估算并形成专业意见。

第六条　执行以财务报告为目的的评估业务，应当理解相关会计准则的概念、原则及其与资产评估准则相关概念、原则之间的联系与区别，具备相应的专业知识和实践经验，胜任所执行的评估业务。

资产评估专业人员应当关注以财务报告为目的的评估业务的复杂性，根据自身的专业知识及经验，审慎考虑是否有能力受理相关评估业务。

执行某项特定业务缺乏特定的专业知识和经验时，应当采取弥补措施，包括利用专家及相关报告等。

第七条　由于会计准则和相关法规的修改，导致在执行以财务报告为目的的评估业务时无法完全遵守本指南的要求，应当在资产评估报告中进行说明。

第八条　执行以财务报告为目的的评估业务，应当与企业和执行审计业务的注册会计师进行必要的沟通，明确评估业务基本事项并充分理解会计准则或者相关会计核算、披露的具体要求。

第九条　资产评估专业人员应当提醒委托人根据会计准则的相关要求确定评估基准日。评估基准日可以是资产负债表日、购买日、减值测试日、首次执行日等。

第十条　资产评估专业人员应当要求委托人或者其他相关当事人提供涉及评估对象和评估范围的必要资料。委托人和其他相关当事人依法提供并保证其真实性、完整性、合法性。

资产评估专业人员应当依法对执行以财务报告为目的的评估业务中使用的资料进行核查验证。

第十一条　资产评估专业人员应当根据以财务报告为目的评估业务的具体情况合理确定评估假设。

第三章　评估对象

第十二条　执行以财务报告为目的的评估业务，应当与委托人进行充分协商，明确评估对象，并充分考虑评估对象的法律、物理与经济等具体特征对评估业务的影响。

第十三条　资产评估专业人员应当关注会计准则中特定会计事项所对应的评估对象，从委托人或者其他相关当事人处取得的评估对象的具体组成等详细资料，关注相关资产、负债在企业营运中的作用；并提请企业管理层按其经营意图以及会计准则的规定、相关核算要求对有关资产、负债进行妥当的分类。

第十四条　在执行会计准则规定的合并对价分摊事项涉及的评估业务时，对应的评估对象应当是合并中取得的被购买方可辨认资产、负债及或有负债，该评估对象与被购买方企业价值评估所对应的对象不同。

资产评估专业人员应当关注各类可辨认无形资产的识别及计量。

第十五条　在执行会计准则规定的包括商誉在内的各类资产减值测试涉及的评估业务

时，对应的评估对象可能是单项资产，也可能是资产组或者资产组合。其中，固定资产减值测试的评估对象一般以资产组的形式出现；商誉减值测试的评估对象主要以资产组或者资产组组合的形式出现。

第十六条　在执行会计准则规定的投资性房地产评估业务时，对应的评估对象包括已出租的土地使用权、持有并准备增值后转让的土地使用权、已出租的建筑物。

资产评估专业人员应当关注投资性房地产现有租约期限及租金内涵等对公允价值评估的影响，包括租期、租金收取方式、约定租金相对于市场租金的差异、租金内涵、特殊使用目的、分割或者合并使用的差异等，剔除不属于评估对象收益以及非正常因素的影响。

第十七条　资产评估专业人员应当关注金融资产和金融负债公允价值计量过程中是否以单项资产或者资产组为计量单位、资产核算分类、混合金融工具是否分拆等重要影响事项。

第四章　价值类型

第十八条　执行以财务报告为目的的评估业务，应当根据会计准则或者相关会计核算与披露的具体要求、评估对象等相关条件明确价值类型。会计准则规定的计量属性可以理解为相对应的评估价值类型。

第十九条　资产评估专业人员协助企业进行资产减值测试，应当关注评估对象在减值测试日的可回收价值、资产预计未来现金流量的现值以及公允价值减去处置费用的净额之间的联系及区别。

（一）可回收价值等于资产预计未来现金流量的现值或者公允价值减去处置费用的净额孰高者。在已确信资产预计未来现金流量的现值或者公允价值减去处置费用的净额其中任何一项数值已经超过所对应的账面价值，并通过减值测试的前提下，可以不必计算另一项数值。

（二）计算资产预计未来现金流量的现值时，对资产预计未来现金流量的预测应基于特定实体现有管理模式下可能实现的收益。预测一般只考虑单项资产或者资产组内主要资产项目在简单维护下的剩余经济年限，即不考虑单项资产或者资产组内主要资产项目的改良或重置；资产组内资产项目于预测期末的变现净值应当纳入资产预计未来现金流量现值的计算。

（三）计算公允价值减去处置费用的净额时，会计准则允许直接以公平交易中销售协议价格，或者与评估对象相同或相似资产在其活跃市场上反映的价格，作为计算公允价值的依据。

当不存在相关活跃市场或者缺乏相关市场信息时，资产评估专业人员可以根据企业以市场参与者的身份，对单项资产或者资产组的运营作出合理性决策，并适当地考虑相关资产或者资产组内资产有效配置、改良或重置前提下提交的预测资料，参照企业价值评估的基本思路及方法，分析及计算单项资产或者资产组的公允价值。

计算公允价值减去处置费用的净额时，应当根据会计准则的具体要求合理估算相关处置费用。

第二十条　净重置成本是指现在购买相同或相似资产所需支付现金或现金等价物的预计金额减去体现相关贬值因素的预计金额，贬值因素主要包括实体性贬值、功能性贬值以及经济性贬值。

第五章　评估方法

第二十一条　执行以财务报告为目的的评估业务，应当根据评估对象、价值类型、资料收集情况和数据来源等相关条件，参照会计准则关于评估对象和计量方法的有关规定，选择评估方法。

第二十二条　资产评估专业人员应当参照会计准则的规定，关注所采用的评估数据，并知晓公允价值获取层级受评估方法选择及评估数据来源的影响。

第二十三条　选择评估方法时应当与前期采用的评估方法保持一致。

如果前期采用评估方法所依据的市场数据因发生重大变化而不再适用，或者通过采用与前期不同的评估方法使得评估结论更具代表性、更能反映评估对象的公允价值或者特定价值，可以变更评估方法。

第二十四条　采用市场法进行以财务报告为目的的评估，应当关注相关市场的活跃程度，从相关市场获得足够的交易案例或者其他比较对象，尽可能选择最接近、比较因素调整较少的交易案例或者其他比较对象作为参照物。

第二十五条　采用市场法进行以财务报告为目的的评估，应当对参照物的比较因素进行比较并做出恰当调整，还应重点关注作为参照物的交易案例的交易背景、交易地点、交易市场、交易时间、交易条件、付款方式等因素。

第二十六条　采用收益法进行以财务报告为目的的评估，可以根据评估对象的特点及应用条件，采用现金流量折现法、增量收益折现法、节省许可费折现法、多期超额收益折现法等具体评估方法。

第二十七条　采用收益法进行以财务报告为目的的评估，应当结合相关会计准则的要求，按照资产评估准则对收益法应用的有关规定，恰当考虑收益法的适用性，合理选择收益口径。

第二十八条　采用收益法进行以财务报告为目的的评估，应当从委托人或者其他相关当事人获取评估对象的经营状况及相关收益预测资料，按照会计与评估相关准则的规定，与委托人及其他相关当事人讨论未来各种可能性，结合被评估单位的人力资源、技术水平、资本结构、经营状况、历史业绩、发展趋势，考虑宏观经济因素、所在行业现状与发展前景，分析未来收益预测资料与评估目的及评估假设的适用性。

第二十九条　资产评估专业人员应当按照资产评估准则的规定，确信折现率与预期收益口径保持一致。

第三十条　采用成本法进行以财务报告为目的的评估，应当按照资产评估准则的规定，考虑评估对象的实体性贬值、功能性贬值及经济性贬值。

第三十一条　对于不存在相同或者相似资产活跃市场的，或者不能可靠地以收益法进行评估的资产，可以采用成本法进行评估。但资产评估专业人员应当获取企业的承诺，并在资产评估报告中披露，其评估结论仅在相关资产的价值可以通过资产未来运营得以全额回收的前提下成立。

第三十二条　对同一评估对象采用多种评估方法时，应当对形成的各种测算结果进行分析，在综合考虑不同评估方法测算结果的合理性及所使用数据质量及数量的基础上，形成评估结论。

第三十三条 资产评估专业人员应当知晓相关经济合同所记载的与资产或者负债价值相关的金额不一定等同于该项资产或者负债于某一时点的公允价值。

第三十四条 资产评估专业人员应当知晓相关税收法律、行政法规对评估对象价值估算的影响，并在相关评估过程中予以恰当的考虑和处理。

第六章 披露要求

第三十五条 资产评估报告应当包含必要信息，使资产评估报告使用人能够正确理解评估结论，其中应当重点披露以下内容：

（一）评估对象的具体描述；

（二）价值类型的定义及其与会计准则或者相关会计核算、披露要求的对应关系；

（三）评估方法的选择过程和依据；

（四）评估方法的具体运用，结合相关计算过程、评估参数等加以说明；

（五）关键性假设及前提；

（六）关键性评估参数的测算、逻辑推理、形成过程和相关评估数据的获取来源；

（七）对企业提供的财务等评估中使用的资料所做的重大或者实质性调整。

第三十六条 执行以财务报告为日的的评估业务，应当在资产评估报告中披露评估结论所受到的限制，并提醒委托人关注其对财务报告的影响。

第三十七条 资产评估报告应当披露本次与前次评估相同或者类似资产或者负债时采用的评估方法是否一致；当出现不一致时，应当描述相应的变动并说明变动的原因。

第七章 附 则

第三十八条 本指南自2017年10月1日起施行。中国资产评估协会于2007年11月9日发布的《关于印发〈以财务报告为目的的评估指南（试行）〉的通知》（中评协〔2007〕169号）同时废止。

第三节 资产评估机构业务质量控制指南

资产评估机构业务质量控制指南

第一章 总则

第一条 为规范资产评估机构的业务质量控制行为，明确资产评估机构及其人员的质量控制责任，保护资产评估当事人合法权益和公共利益，根据《资产评估基本准则》制定本指南。

第二条 资产评估机构应当结合自身规模、业务特征、业务领域等因素，建立质量控制体系，保证评估业务质量，防范执业风险。

第三条 质量控制体系包括资产评估机构为实现质量控制目标而制定的质量控制政策，以及为政策执行和监控而设计的必要程序。

第四条 质量控制体系包含的控制政策和程序通常包括：

（一）质量控制责任；

（二）职业道德；

（三）人力资源；

（四）资产评估业务受理；

（五）资产评估业务计划；

（六）资产评估业务实施和资产评估报告出具；

（七）监控和改进；

（八）文件和记录。

第五条 资产评估机构制定的质量控制政策和程序，应当形成书面文件。政策和程序的执行情况应当有适当的记录。

第六条 资产评估机构对资产评估业务进行质量控制，应当遵守本指南。

第二章 质量控制责任

第七条 资产评估机构应当合理界定和细分质量控制体系中控制主体承担的质量控制责任，并建立责任落实和追究机制。控制主体通常包括：

（一）最高管理层；

（二）首席评估师；

（三）项目负责人；

（四）项目审核人员；

（五）项目团队成员；

（六）资产评估机构其他人员。

第八条 最高管理层是指公司制资产评估机构的董事会（执行董事）或者合伙制资产评估机构的合伙人管理委员会（执行合伙事务的合伙人）。

最高管理层对业务质量控制承担最终责任。

第九条 最高管理层应当在股东会（或者合伙人会议）授权的或者章程（或者合伙人协议）规定的范围内行使职权，并承担以下职责：

（一）树立质量管理意识，让全体人员充分认识到业务质量控制的重要性，全员参与，以达到质量控制目标；

（二）制定资产评估机构的服务宗旨，使全体人员理解服务宗旨的内涵，并评审其持续适宜性；

（三）在相关职能部门层次上建立质量目标，质量目标应当具体、可测量和可实现，并与服务宗旨保持一致；

（四）策划组织架构和质量控制体系，并对其进行定期评审，使其处于适宜、充分和有效的状态；

（五）合理授权分支机构的业务权限，对分支机构的业务开展实施控制。

第十条 资产评估机构应当建立首席评估师制度。

首席评估师应当为资产评估机构的股东（或者合伙人），并且应当具备履行职责所需要的经验和能力，由最高管理层指定并授予其管理权限，直接对最高管理层负责。

除本指南外，首席评估师的产生和任职条件有其他相关规定的，还要符合相关规定要求。

第十一条 首席评估师承担以下职责：

（一）建立、实施和保持质量控制体系；

（二）监控质量控制体系的运行情况，向最高管理层报告并提出改进的建议和方案；

（三）促进全体人员不断提高业务质量意识。

除本指南外，首席评估师的职责权限有其他相关规定的，还要符合相关规定要求。

第十二条 资产评估机构应当制定评估业务项目负责人制度。项目负责人应当是具备履行职责所要求职业道德、专业知识、执业能力、实践经验的资产评估专业人员，其中法定评估业务的项目负责人应当为资产评估师。

资产评估机构应当根据业务特征对每项资产评估行业务委派项目负责人。

第十三条 项目负责人承担以下职责：

（一）评估计划的制订和组织实施；

（二）评估业务实施中的协调和沟通；

（三）按照程序报告与评估业务相关的重要信息；

（四）组织复核项目团队人员的工作；

（五）合理利用专家工作及工作成果；

（六）组织编制资产评估报告，并审核相关内容；

（七）在出具的资产评估报告上签名；

（八）组织处理资产评估报告提交后的反馈意见；

（九）组织整理归集资产评估档案。

第十四条 项目审核人员应当符合下列要求：

（一）具备履行职责的技术专长；

（二）具备审核业务所需要的经验和权限；

（三）保证审核工作的客观性。

第十五条 项目审核人员承担以下职责：

（一）审核评估程序执行情况；

（二）审核拟出具的资产评估报告；

（三）审核工作底稿；

（四）综合评价项目风险，提出出具资产评估报告的明确意见。

第十六条 项目团队成员通常包括承担或者参与资产评估业务项目工作的资产评估专业人员、业务助理人员等。项目团队成员承担以下职责：

（一）接受项目负责人的领导，了解拟执行工作的目标，理解项目负责人的工作指令；

（二）按照资产评估机构质量控制政策和程序的要求从事具体评估业务工作，形成工作底稿；

（三）汇报执行业务过程中发现的重大问题；

（四）复核已经完成的工作底稿并接受审核。

第十七条 资产评估机构应当明确处于质量控制体系中其他人员的职责，该类人员通常包括：

（一）业务洽谈人员；

（二）业务部门负责人；

（三）分支机构负责人；

（四）人力资源管理人员；

（五）信息管理人员；

（六）档案管理人员；

（七）文秘人员。

第三章　职业道德

第十八条　资产评估机构应当制定政策和程序，以利于全体人员遵守资产评估职业道德准则。

第十九条　资产评估机构制定的政策和程序，应当强调遵守资产评估职业道德准则的重要性。资产评估机构可以采用管理层的示范、教育和培训、监控以及对违反资产评估职业道德准则行为的处理等方式予以强化。

第二十条　资产评估机构应当按照资产评估职业道德准则的要求，坚持独立、客观、公正的原则。资产评估机构可以针对具体评估业务特点采用适当的处理方式保持独立性，如：

（一）对影响独立性和客观性的利益关系等因素进行分析和判断，最大限度地减少或者消除不利因素，直至放弃评估业务，以使对独立性和客观性的不利影响降至可接受水平；

（二）要求内部相关人员就有关独立性的信息进行沟通，以确定是否存在违反独立性的情形；

（三）排除影响资产评估专业人员做出独立专业判断的外部因素干扰。

第二十一条　资产评估机构制定的保密政策，应当要求资产评估专业人员及其他人员对国家秘密、委托人和其他相关当事人的商业秘密、所在资产评估机构的商业秘密负有保密义务。除下列人员和机构依法从资产评估机构获取和保留国家秘密及商业秘密外，不得向他人泄露在评估活动中获得的不应当公开的信息以及资产评估结论：

（一）委托人或者由委托人书面许可的人；

（二）法律、行政法规允许的第三方；

（三）具有管辖权的监管机构、行业协会。

资产评估专业人员及其他人员在为委托人和其他相关当事人服务结束或者离开所在资产评估机构后，应当按照有关规定或者合同约定承担保密义务。

第四章　人力资源

第二十二条　资产评估机构应当配置必需的人力资源，并根据业务的变化，对人力资源进行调整和更新。

第二十三条　资产评估机构在制定人力资源政策和程序时，通常可以考虑以下内容：

（一）人力资源规划；

（二）岗位职责和任职要求；

（三）招聘与选拔；

（四）教育与培训；

（五）绩效考评；

（六）薪酬制度。

第二十四条 资产评估机构在制定项目团队成员配备政策和程序时，可以重点考察项目团队成员是否具备下列条件：

（一）必要的职业道德素质，能够保持独立性；

（二）必要的专业知识和实践经验；

（三）遵守资产评估机构业务质量控制政策和程序的意识。

第二十五条 资产评估机构聘请专家和外部人员协助工作的，应当制定利用专家和外部人员工作的政策和程序，使其承担的工作符合项目质量要求。

第五章 资产评估业务受理

第二十六条 资产评估机构应当制定资产评估业务受理环节的控制政策和程序，确保在与委托人正式签订资产评估委托合同之前，对拟委托事项进行必要了解，以决定是否接受委托。

第二十七条 资产评估机构应当谨慎地选择客户和业务，在制定业务受理环节政策和程序时，通常考虑以下方面：

（一）业务洽谈；

（二）资产评估委托合同的审核和签订；

（三）发生资产评估委托合同变更、中止、终止情形时的处置。

第二十八条 资产评估机构应当规定业务洽谈人员所具备的条件。业务洽谈人员在洽谈业务时，可以重点关注下列事项：

（一）资产评估业务基本事项；

（二）法律、行政法规、资产评估准则规定；

（三）拟委托内容；

（四）被评估单位的情况。

第二十九条 在订立资产评估委托合同之前，资产评估机构应当通过考虑与资产评估业务有关的要求、风险、胜任能力等因素，正确理解拟委托内容，初步识别和评价风险，以确定是否受理评估业务。

第三十条 资产评估机构应当根据业务风险对资产评估业务进行分类，分类时可以考虑下列因素：

（一）来自委托人和其他相关当事人的风险；

（二）来自评估对象的风险；

（三）来自资产评估机构及其人员的风险；

（四）资产评估报告使用不当的风险。

第三十一条 当发生资产评估委托合同变更、中止、终止情形时，资产评估机构应当采取措施进行处置，并保持记录。采取的措施通常包括：

（一）对变更、中止、终止的情形进行重新审核；

（二）就拟采取的行动及原因与委托人沟通；

（三）将信息传达到相关人员。

第六章　资产评估业务计划

第三十二条　资产评估机构可以通过制定资产评估业务计划的控制政策和程序等达成以下目的：

（一）项目团队成员了解工作内容、工作目标、重点关注领域；

（二）项目负责人有效组织和管理资产评估业务；

（三）管理层人员有效监控资产评估业务；

（四）使委托人和其他相关当事人了解资产评估计划的内容，配合项目团队工作。

第三十三条　资产评估机构制定资产评估业务计划控制政策和程序，通常可以按照计划编制的流程分别考虑：

（一）计划编制前对资产评估业务基本事项进一步明确；

（二）资产评估计划编制和批准的参与者；

（三）资产评估计划的内容和繁简程度；

（四）资产评估计划的编制、审核、批准流程。

第三十四条　资产评估机构制定的资产评估业务计划环节的控制政策和程序，应当要求资产评估项目负责人在编制资产评估计划时开展如下工作：

（一）为编制资产评估计划、开展后续工作而组织资源；

（二）确定是否对委托人和其他相关当事人进行必要的业务指导；

（三）确定是否对项目团队成员进行适当的培训；

（四）确定是否开展初步评估活动。

第七章　资产评估业务实施和资产评估报告出具

第三十五条　资产评估机构应当制定资产评估业务实施和资产评估报告出具环节的控制政策和程序，以保证法律、行政法规和资产评估准则得以遵守，满足出具资产评估报告的要求。

第三十六条　资产评估机构应当针对以下事项制定资产评估业务实施和资产评估报告出具环节的控制政策和程序：

（一）项目团队组建及工作委派；

（二）现场调查、评估资料收集和评定估算；

（三）资产评估报告编制；

（四）利用专家及相关报告；

（五）疑难问题或者争议事项的解决；

（六）项目负责人的指导与监督；

（七）内部审核；

（八）资产评估报告签发及提交。

第三十七条　资产评估机构在制定不同特征资产（企业）的现场调查、收集评估资料、评定估算以及编制资产评估报告的控制政策和程序时，通常考虑以下要素：

（一）现场调查方案的可行性；

（二）评估资料的真实性、完整性和合法性；

（三）评估方法的恰当性、评估参数的合理性；

（四）资产评估报告的合规性。

第三十八条 资产评估机构制定的解决疑难问题或者争议事项的控制政策和程序，通常包括：

（一）疑难问题的内部报告及处理；

（二）处理项目执行过程中的意见分歧。

只有对分歧意见形成结论，资产评估机构才能出具资产评估报告。

第三十九条 资产评估机构制定的项目负责人对项目团队成员的工作进行指导、监督的控制政策和程序通常包括：

（一）项目团队的组建和管理；

（二）业务时间进度；

（三）业务沟通；

（四）业务风险。

第四十条 资产评估机构应当设置专门部门或者专门岗位实施资产评估业务的内部审核，内部审核政策和程序的目标是未经审核合格的事项不进入下一程序。内部审核的政策和程序，通常包括：

（一）内部审核流程；

（二）项目审核人员的专业能力要求；

（三）审核的时间、范围和方法。

第四十一条 资产评估机构应当制定资产评估报告签发政策和程序。

资产评估报告签发政策和程序应当规定，一旦发现已经提交的资产评估报告存在瑕疵、错误等问题时，资产评估机构为挽回不良影响，根据问题的严重程度或者潜在影响程度应当采取的相应措施。

第八章 监控和改进

第四十二条 资产评估机构应当制定政策和程序，对质量控制体系运行情况进行监控。监控应当关注以下内容：

（一）质量控制体系是否符合本指南要求，是否符合资产评估机构实际情况；

（二）质量控制体系是否达到了质量目标；

（三）质量控制体系是否得到有效的实施和保持。

第四十三条 资产评估机构应当根据本机构的管理特点对质量控制体系运行情况实施监控。监控措施通常包括：

（一）收集、管理和利用不同渠道来源的相关信息，为评价和改进质量控制体系提供依据；

（二）对质量控制体系运行的过程进行监控；

（三）对质量控制体系的运行情况进行定期检查和评价。

第四十四条 对监控中发现的问题和隐患，质量控制体系中的相关控制主体应当采取适当的纠正和预防措施，并对所采取措施的有效性和效率进行评价。

第四十五条 资产评估机构应当根据监控和其他方面的信息对质量控制体系的适当性和有效性进行评价，并提出改进意见。

第九章　文件和记录

第四十六条　资产评估机构应当制定文件控制政策和程序，确保质量控制体系各过程中使用的文件均为有效版本，防止误用失效或者废止的文件和资料。

第四十七条　资产评估机构应当制定政策和程序，保持业务质量控制的相关记录并及时归档。

记录控制的政策和程序，应当规定记录的标识、储存、保护、检索、保存期限和超期后处置所需的控制要求。

第四十八条　资产评估业务质量控制记录主要包括：

（一）评估业务工作底稿；

（二）监控和改进记录；

（三）质量控制体系评审记录。

第四十九条　资产评估业务质量控制记录，应当根据重要性和必要性设计其内容，以符合法律、行政法规和资产评估准则的要求。

第十章　附则

第五十条　具有证券评估业务资格的资产评估机构应当遵守本指南，其他资产评估机构可以参照本指南。

第五十一条　本指南自 2017 年 10 月 1 日起施行。中国资产评估协会于 2010 年 12 月 18 日发布的《关于印发〈评估机构业务质量控制指南〉的通知》（中评协〔2010〕214 号）同时废止。

第十四章 资产评估指导意见

第一节 资产评估对象法律权属指导意见

资产评估对象法律权属指导意见

第一条 为规范资产评估机构及其资产评估专业人员执业行为，保护资产评估当事人合法权益和公共利益，根据《资产评估基本准则》制定本指导意见。

第二条 本指导意见所称资产评估对象法律权属，是指资产评估对象的所有权和与所有权有关的其他财产权利。

第三条 委托人和其他相关当事人委托资产评估业务，应当依法提供资产评估对象法律权属等资料，并保证其真实性、完整性、合法性。

第四条 资产评估对象法律权属对理解资产评估结论有重大影响，执行资产评估业务应当予以关注并恰当披露。

第五条 执行资产评估业务，应当明确告知委托人和其他相关当事人，执行资产评估业务的目的是对资产评估对象价值进行估算并发表专业意见，对资产评估对象法律权属确认或者发表意见超出资产评估专业人员的执业范围。资产评估专业人员不得对资产评估对象的法律权属提供保证。

第六条 对于法律权属不清、存在瑕疵，权属关系复杂、权属资料不完备的资产评估对象，资产评估专业人员应当对其法律权属予以特别关注，要求委托人和其他相关当事人提供承诺函或者说明函予以充分说明。资产评估机构应当根据前述法律权属状况可能对资产评估结论和资产评估目的所对应经济行为造成的影响，考虑是否受理资产评估业务。

第七条 资产评估专业人员发现委托人和其他相关当事人提供虚假的法律权属资料，或者委托人和其他相关当事人拒绝或者无法提供执行资产评估业务必要的权属证明，资产评估机构有权依法拒绝其履行合同的要求。

第八条 执行资产评估业务，应当对委托人和其他相关当事人提供的资产评估对象法律权属资料进行核查验证，并对核查验证情况予以披露。

对资产评估对象法律权属资料核查验证的方式通常包括核对原件与复印件的一致性、通过公开的信息渠道进行查询、到相关产权登记部门现场查询等。

资产评估对象是股权的，应当按照重要性原则，对相关资产的法律权属资料进行核查验证。

超出资产评估专业人员能力的核查验证事项，资产评估专业人员可以委托或者要求委托人委托律师事务所等相关机构出具专业意见。无法核查验证的事项，可以根据其对评估结论的影响程度采取在资产评估报告中披露等措施，直至终止执行资产评估业务。

第九条　资产评估专业人员应当在资产评估报告中描述资产评估对象法律权属，对评估对象法律权属存在的瑕疵予以披露。

资产评估专业人员以设定产权为前提进行资产评估，应当对资产评估对象法律权属和设定产权前提予以充分披露。

第十条　委托人和其他相关当事人提供的资产评估对象法律权属资料、核查验证情况以及其他相关说明材料，应当在资产评估报告和工作底稿中反映。

第十一条　本指导意见自 2017 年 10 月 1 日起施行。中国注册会计师协会于 2003 年 1 月 28 日发布的《关于印发〈注册资产评估师关注评估对象法律权属指导意见〉的通知》(会协〔2003〕18 号)同时废止。

第二节 资产评估价值类型指导意见

资产评估价值类型指导意见

第一章　总则

第一条　为规范资产评估专业人员选择、使用和定义价值类型行为，保护资产评估当事人合法权益和公共利益，根据《资产评估基本准则》制定本指导意见。

第二条　执行资产评估业务，应当遵守本指导意见。

第二章　价值类型及其定义

第三条　本指导意见所称资产评估价值类型包括市场价值和市场价值以外的价值类型。

第四条　市场价值是指自愿买方和自愿卖方在各自理性行事且未受任何强迫的情况下，评估对象在评估基准日进行正常公平交易的价值估计数额。

第五条　市场价值以外的价值类型包括投资价值、在用价值、清算价值、残余价值等。

第六条　投资价值是指评估对象对于具有明确投资目标的特定投资者或者某一类投资者所具有的价值估计数额，亦称特定投资者价值。

第七条　在用价值是指将评估对象作为企业、资产组成部分或者要素资产按其正在使用方式和程度及其对所属企业、资产组的贡献的价值估计数额。

第八条　清算价值是指评估对象处于被迫出售、快速变现等非正常市场条件下的价值估计数额。

第九条　残余价值是指机器设备、房屋建筑物或者其他有形资产等的拆零变现价值估计数额。

第十条 某些特定评估业务评估结论的价值类型可能会受到法律、行政法规或者合同的约束，这些评估业务的评估结论应当按照法律、行政法规或者合同的规定选择评估结论的价值类型；法律、行政法规或者合同没有规定的，可以根据实际情况选择市场价值或者市场价值以外的价值类型，并予以定义。

特定评估业务包括：以抵（质）押为目的的评估业务、以税收为目的的评估业务、以保险为目的的评估业务、以财务报告为目的的评估业务等。

第十一条 执行资产评估业务，应当合理考虑本指导意见与其他相关准则的协调。采用本指导意见规定之外的价值类型时，应当在资产评估报告中披露。

第三章 价值类型的选择和使用

第十二条 法律、行政法规或者合同对价值类型有规定的，应当按其规定选择价值类型；没有规定的，可以根据实际情况选择市场价值或者市场价值以外的价值类型。

第十三条 执行资产评估业务，选择和使用价值类型，应当充分考虑评估目的、市场条件、评估对象自身条件等因素。

第十四条 资产评估专业人员选择价值类型，应当考虑价值类型与评估假设的相关性。

第十五条 评估方法是估计和判断市场价值和市场价值以外的价值类型评估结论的技术手段，某一种价值类型下的评估结论可以通过一种或者多种评估方法得出。

第十六条 执行资产评估业务，当评估目的、评估对象等资产评估基本要素满足市场价值定义的要求时，一般选择市场价值作为评估结论的价值类型。

资产评估专业人员选择市场价值作为价值类型，应当知晓同一资产在不同市场的价值可能存在差异。

第十七条 执行资产评估业务，当评估业务针对的是特定投资者或者某一类投资者，并在评估业务执行过程中充分考虑并使用了仅适用于特定投资者或者某一类投资者的特定评估资料和经济技术参数时，通常选择投资价值作为评估结论的价值类型。

第十八条 执行资产评估业务，评估对象是企业或者整体资产中的要素资产，并在评估业务执行过程中只考虑了该要素资产正在使用的方式和贡献程度，没有考虑该资产作为独立资产所具有的效用及在公开市场上交易等对评估结论的影响，通常选择在用价值作为评估结论的价值类型。

第十九条 执行资产评估业务，当评估对象面临被迫出售、快速变现或者评估对象具有潜在被迫出售、快速变现等情况时，通常选择清算价值作为评估结论的价值类型。

第二十条 执行资产评估业务，当评估对象无法使用或者不宜整体使用时，通常考虑评估对象的拆零变现，并选择残余价值作为评估结论的价值类型。

第二十一条 执行以抵（质）押为目的的资产评估业务，应当根据《中华人民共和国担保法》等相关法律、行政法规及金融监管机关的规定选择评估结论的价值类型；相关法律、行政法规及金融监管机关没有规定的，可以根据实际情况选择市场价值或者市场价值以外的价值类型作为抵（质）押物评估结论的价值类型。

第二十二条 执行以税收为目的的资产评估业务，应当根据税法等相关法律、行政法规规定选择评估结论的价值类型；相关法律、行政法规没有规定的，可以根据实际情况选择市场价值或者市场价值以外的价值类型作为课税对象评估结论的价值类型。

第二十三条 执行以保险为目的的资产评估业务，应当根据《中华人民共和国保险法》等相关法律、行政法规或者合同规定选择评估结论的价值类型；相关法律、行政法规或者合同没有规定的，可以根据实际情况选择市场价值或者市场价值以外的价值类型作为保险标的物评估结论的价值类型。

第二十四条 执行以财务报告为目的的资产评估业务，应当根据会计准则或者相关会计核算与披露的具体要求、评估对象等相关条件明确价值类型，会计准则规定的计量属性可以理解为相对应的资产评估价值类型。

第二十五条 执行资产评估业务，应当根据《资产评估执业准则——资产评估报告》对价值类型及其定义进行披露。

第四章 附则

第二十六条 本指导意见自 2017 年 10 月 1 日起施行。中国资产评估协会于 2007 年 11 月 28 日发布的《关于印发〈资产评估准则——评估报告〉等 7 项资产评估准则的通知》（中评协〔2007〕189 号）中的《资产评估价值类型指导意见》同时废止。